KB033418

재중 동포의 현대사

조선족 역사가 김우종의 생애

재중 동포의 현대사

조선족 역사가 김우종의 생애

초판 1쇄 인쇄 2019년 9월 20일
초판 1쇄 발행 2019년 9월 30일

구 술 김우종
엮 음 류승주

발행인 윤관백
발행처 ☒돌신한선인

영 업 김현주

등 록 제5-77호.1998.11.4
주 소 서울시 마포구 마포동 324-1 곳마루 B/D 1층
전 화 02718-6252/6257
팩 스 02718-6253
E-mail sunin72@chol.com

정 가 38,000원
ISBN 979-11-6068-298-4 93990

·잘못된 책은 바꿔 드립니다.

재중 동포의 현대사

조선족 역사가 김우종의 생애

김우종 구술 · 류승주 엮음

도서출판선인

김우종 선생이 구술한, 재중동포의 20세기
– 중국 조선족 역사가 김우종의 생애

김우종 선생은 흑룡강성에 거주해 온 조선족 역사가로서 20세기 재중동포의 항일운동과 민족화합의 역사를 증언할 수 있는 가장 존경받는 분이다.

김 선생을 알게 된 것은 1990년대 중반부터다. 그 뒤 2000년대에 들어와 몇 차례 학술 행사와 학술 사업을 통해 더 가까워졌다. 학술행사에서 그를 처음 만나게 된 것은 2000년 9월이었다. 그 때 연변대학교 민족연구원 주최로 연변에서 학술회의가 있었는데, 한국에서는 국가보훈처의 후원으로 몇몇 학자들이 참석하게 되었고, 북한에서도 당역사연구소 최진혁 부소장과 몇 분이 왔다. 그 때 김우종 선생이 하얼빈에서 와서 이 학술회의를 빛내 주었다.

그 후에도 남북 학술행사는 북한과의 직접적인 교섭을 통해 이뤄지지는 않았고, 연변대학교나 재중동포 학자들을 통해 이뤄졌다. 그 무렵 국사편찬위원회에서 처음으로 예산을 확보하고 흑룡강성의 김우종 선생 등을 통해 북한과의 학술교류를 시도하자는 계획을 수립하고 있었다. 국사편찬위원회 안에서도 북한과의 학문적 교류를 위한 시스템을 구축해야 한다는 논의도 있었다.

2001년 8월 초 나는 하얼빈에서 열렸던 북한·중국·한국의 3국 학술회의에서 김우종 선생을 다시 만나게 되었다. 이 학술회의는 흑룡강성 사회과학원이 중간역할을 하여 이뤄졌는데, 이 때 북한에서는 당역사연구소 부소장인 현혁을 비롯하여 정철·김용기 등 일곱 분이 참석했고, 한국에서는 이성무 국편위원장과 윤병석 교수, 필자 등 몇 명이 참석했다. 김우종 선생은 이 학술회의에서 사회와 발표를 맡았다. 그의 발표 중, 봉오동 전투의 일본인 희생자 수와 관련, 윤병석 교수의 발표와 차이가 있었는데, 이는 일제측 기록을 중심으로 산출한 윤 교수와는 달리 김우종 선생은 참전자들의 증언을 중심으로 했기 때문이다.

이 학술회의에서 김우종 선생은 우리들에게 깊은 인상을 남겼다. 그는 이 학술회의 총평에서, 이번 학술회의가 항일전쟁의 영도중심이었던 곳에서 항일 경험을 공동의 자산으로 하여 모았다는 것, 일본 우익의 역사왜곡을 비판하기 위해 북·중·한의 학자들과 일본의 학자들이 뜻을 같이 하고 있다는 것, 이번 학술회의를 총화하면서 두 민족 사이에 교류 협력의 필요성을 절감하게 되었다는 것 등을 들어 '부동不同한 것을 통해 오히려 공동의 영역을 발견'하게 되었다고 했다.

처음 모인 이 학술회의에서 하루 반 동안에 세 나라 학자들 70여 명이 발표 토론했던 것도 인상적이었다. 북한에서 온 현혁 단장은 이 회의를 '긴장한 하얼빈 토론회'라고 했다. 이 학술회의는 형식적으로는 흑룡강성 사회과학원이 주최했지만, 사실은 김우종 선생이 역할을 했기 때문에 성사되었던 것이다.

이렇게 시작된 북한 역사학계와의 교류는 2003년 6월 필자가 국사편찬위원장에 취임한 이후에도 적극 추진하여 정례화 되었다. 북한 학계와의 직접 교류가 어려웠던 상황에서 김우종 선생과 흑룡강성 사회과학원을 통해 이뤄졌다. 때문에 매번 모일 때마다 중간에 선 김우종 선생의 노고가 컸다. 2005년에도 조선 측의 이광 부소장을 비롯해서 몇 분이 오기로 되었는데, 약속한 때에 오지 않았다. 그 때 손전화를 들고 초조하게 체크하는 김 선생을 보면서 김 선생이 얼마나 남북 역사학의 교류에 깊은 관심을 갖고 지원하고 있는가를 알게 되었다.

학술회의가 마칠 때쯤이면 다음 모임의 속행續行을 위해서 자신의 소견을 말하고 우리의 의사를 묻기도 했다. 그 당시 북한·중국과의 학술회의에서 다룰 수 있는 공통의제는 결국 중국 동북지역에서의 항일투쟁이었는데, 이 방면을 전공한 김 선생은 문헌적 자료뿐만이 아니고 항일투쟁의 현장까지도 잘 꿰고 있었다.

김우종 선생은 1929년 함경남도 단천에서 동학운동과 독립운동에 참여한 가문에서 태어나 8살 때 흑룡강성 목단강 지역으로 옮겼다.

'해방' 이후 김 선생은 교원훈련반에서 새로운 사상사조 학습을 받는 등 조선족 민족 간부 양성을 위한 교육을 받았고, 20세에 목단강 조선중학교 교원으로 물리와 수학을 가르치면서 "두 시간의 수업을 위해 20시간씩 수업 준비를 하는" 성실성을 보였다. '조선전쟁'이 일어나고, 그 이듬해 1월 조선로동당 중앙당학교가 흑룡강성으로 옮겨오자, 그는 중앙당학교에서 체계적으로 마르크스·레닌주의 교육을 받았다. 이 때 강의 담당은 한국전쟁 때 공산 치하에서 잠시 서울대학교 총장을 맡았던 유성훈 교수다. 당시 받은 교육을 토대로 그는 뒷날 중국공산당 간부로 성장할 수 있었고, 중국 안에 몇 사람 안 되는 조선족 고위간부로 조선족 사회 발전에 기여하게 되었다.

김우종 선생은 그 후 목단강시 조선중학교 교도주임을 거쳐 24세에 교장으로 승진했고, 이어서 흑룡강성 교육청 시학으로 발령받았다. 이어서 북경 중앙교육행정학원을 수료, 대학 졸업자의 학력을 취득하였다. 이 시절 그는 주은래를 만났고 모택동과의 단체기념사진을 촬영했다. 여러 과목을 강의할 수 있는 '팔방미인'으로 통하게 된 그는 흑룡강성 교육학원에서 7년간 조선족 중등교육을 담당하게 되었다.

그의 학문과 성실성은 그를 한 자리에만 머물지 못하도록 했고 더 필요한 사업에서 그를 찾았다. 김 선생은 1963년에 흑룡강성 당사연구소로 옮겨 1996년 은퇴할 때까지 30여 년간 역사 연구에 몰두하게 했다.

당사연구소로 옮긴 그는 역사 문헌과 항일 노투사들의 회고록과 방문록, 조선과 일본의 자료를 수집 번역하여 동북항일연군 연구와 열사 기념 사업에 주력했다. 문화대혁명으로 잠시 고초를 겪었으나, 곧 흑룡강조선신문사를 거쳐 1973년 10월에 다시 당사연구소로 복직되었다. 그는 흑룡강성 당사연구소를 사회과학원으로부터 독립(1981)시켰고, 6년간 당사연구소장을 맡았다. 이어서 『동북항일열사전』 세권과 『동북항일연군투쟁사』등을 간행했고, 뒷날 국사편찬위원회와 공동사업으로 『동북지역 조선인 항일력사 사료집』도 출판하여 동북항일투쟁사 연구의 제 1인자로 국내외에서 각광받게 되었다.

이런 학문적 성과를 통해 북한과 교류하며 많은 자료를 제공했고, 한국의 여러 학자들, 일본의 와다和田春樹, 스즈키鈴木昌之 오코노키小此木政夫 교수와도 교류하게 되었다.

김우종 선생은 1996년 은퇴 후에 남북한과 중국 학계의 교류협력사업에 힘써 흑룡강성사회과학원을 중개로 국사편찬위원회와 북한의 당사연구소의 학술회의를 정례화하도록 매개하여 현재도 진행되고 있다.

은퇴한 후에 그는 안중근 선양사업에 힘써 안중근의 전기를 간행하고, 안중근 기념관 건립 및 안중근 연구회 활동에도 힘쓰고 있다. 그는 중국공산당 조선족 고위 간부로 중국공산당과 조선로동당의 친선관계를 유지하기 위한 메신저 역할도 감당하고 있다.

김 선생이 구술하여 엮은 이 책은 읽으면 읽을수록 깊은 흥미를 느끼게 된다. 선생의 총기와 입담으로 풀어내는 파노라마는 읽는 이들로 하여금 이 책을 놓지 못하도록 한다.

나는 이 책을 통독하면서 일반 역사를 통해서는 잘 알려지지 않은 많은 사실들을 들을 수 있게 되었다.

해방 직후 '공산 중국'이 안정화되어 가는 과정과 북한·중국과의 관계, 해방 후 김일성이 목단강시로 먼저 들어왔다가 다시 연해주를 거쳐 입국했다는 것, 조선전쟁 때 북한의 기관들이 중국으로 옮겨 갔다는 것, 중국의 조선족 학생들이 소련에서 핵물리학을 공부하고 귀국하여 북한으로 갔다는 것, 중국·북한의 제반 관계에서 주은래의 역할, 한때 가짜 김일성론을 주장하던 이명영을 만나 토론한 일, 6·25전쟁 때 중국이 조선을 지원하게 되는 과정, 6·25후에 박헌영·이승엽 등 남로당계와 '연안파'가 축출되는 과정 등에 대해서 김 선생의 주관적인 견해를 여과한 것이지만, 매우 흥미롭게 읽을 수 있었다.

김우종 선생은 중국공산당 연구에 탁월한 학자이며 특히 동북지방 항일혁명운동 연구의 대표적인 인물로서 그 사료를 꿰고 있는 분이다. 평생 중국공산당원으로서 자부심을 갖고 살았고, 그러면서도 어느 누구보다도 한반도의 남북한을 고루 사랑했으며, 남북의 평화통일과 이를 위한 민족단합에 일생을 바친 인물이다.

아흔이 넘었는데도 그의 총기는 더욱 빛나 자신의 일생을 가감 없이 구술□述로 꿰어 후세에 전하고 있다. 그는 조선어와 일본어에 능통하여 귀하게 쓰임 받았으며, 비상한 두뇌에 부드러운 인품과 굽히지 않는 소신을 가졌으며, 늘 인간관계가 부드러워 인화와 단결을 이뤄내고 어려운 문제가 부딪쳤을 때는 해결사 역할을 제대로 했기 때문에 어느 일터를 가도 더 남아달라고 간청 받는 존재가 되었다. 그래서 그는 더욱 복된 삶을 살고 있다.

김우종 선생과 같이 항일운동의 역사와 한반도의 평화통일, 동양 3국의 친선과 화해를 염원하는 이들은 이 책을 통해 많은 감명을 받을 것으로 확신하며 일독을 권하고 싶다.

이 만 열
상지대학교 이사장

김우종 약력

1929년 함경남도 단천 출생

1936년 만주로 이주

1942년 목단강국민고등학교 입학

1946년 목단강 고려중학교 졸업

　　　　사도령자소학교 교원

1947년 목단강시 모범교사상 수상

1948년 목단강시 조선중학교 물리·수학교원

1952년 송강성 '1등 우수교사' 표창

　　　　목단강시 조선중학교 교도주임

1954년 목단강시 조선중학교 부교장

1954년 흑룡강성 교육청 시학

1955년 전국 제2차 소수민족교육회의 참가

1957년 중앙교육행정학원 졸업

　　　　흑룡강성교육학원 당 총지서기, 훈련부 및 정치학부 주임

1963년 흑룡강성 당사연구소에서 동북항일투쟁 연구 시작

1964년 흑룡강성당사연구소 부소장

　　　　중국공산당 동북국 당사연구실 연구원 겸직

1968년 문화대혁명 시기 7개월간 수감생활

1972년 흑룡강조선신문사 당지부서기 겸 부총편

1973년 흑룡강성 사회과학원 지방당사연구소 주임

1981년 흑룡강성당사연구소 부소장

1985~1991년 흑룡강성 당사연구소 소장

1996년 당사연구소에서 퇴직

2000년 흑룡강성당사연구실 동북3성 항일연군사 편찬 고문

2017년 흑룡강성 당대중러경제연구원 조선반도연구소에서 '김우종동지의 찬란한 인생'
　　좌담회 개최

원로 조선족 역사학자 김우종은 동북항일투쟁사 연구의 선도자이며 중국공산당 조선
족 고위간부이다. 그는 일생 항일역사 발굴과 보급, 흑룡강성 조선족 사회 발전, 그리고
동아시아 각국의 친선에 힘썼다. 1990년대 이후에는 한국과 중국 간 사료 교류와 공동
역사연구 사업을 진행하였다. 한편 중국공산당의 비공식 사절로서 북한-중국 간 친선
관계를 회복 발전시키는 가교 역할을 하였다.

편저서

『동북항일열사전』 전3권

『동북항일연군투쟁사』

『중국공산당 역사자료총서; 동북항일연군사료(상·하)』

『안중근』

『안중근과 하얼빈』

『우의의 장정』

『동북지역 조선인 항일력사 사료집』 1~11 외 다수

차례

① 목단강국민고등학교 4학년 시절(1945. 3)
② 사도령자조선소학교 제1회 졸업기념사진(1946. 12) 앞줄 우측에서 세 번째가 김우종

① 청년단 목단강시 제1차 대표대회에 참가한 목단강조선중학교 대표들(1951. 3)
② 송강성 중등학교 1등 우수교사 표창식에서(1952. 1)
③ 목단강조선중학교 재직 시절

① 1955년 전국소수민족교육회의에 참석한 각 민족 대표들과 주은래 총리(앞줄 왼쪽으로부터
　다섯 번째) 가운데 줄 왼쪽에서 두 번째가 김우종
② 중앙교육행정학원생들과 함께 한 모택동 주석(1957. 4. 29)

① 천안문 앞에서
② 중앙교육학원 숙사 앞에서(1957. 3)

① 중앙교육학원의 체육시간(1957. 5)
② 북해공원에서. 길림성교육청 임서훈 처장과 함께(1957. 5)

① 아내 주옥의와 약혼 시절(1958. 5)
② 1960년 하얼빈에서 촬영한 가족사진. 앞줄 왼쪽부터 아내 옥의와 딸 춘하, 조모, 조부,
계모 박경숙 뒷줄 왼쪽부터 동생 영자, 우용, 외삼촌, 부친, 나 김우종, 동생 우현

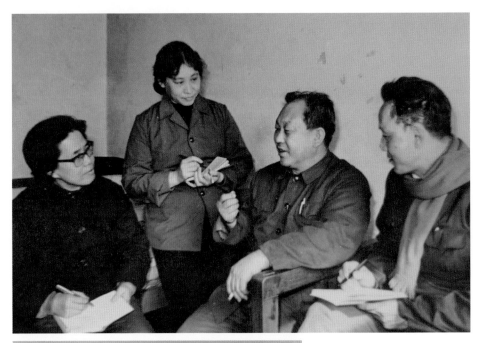

① 항일투사를 찾아 채방
② 항일전쟁 승리 30주년 기념 항일전쟁학회 성립대회 참가 후 로구교 참관(1975. 9)

① 양정우장군 순국 40주년 기념행사에 참가한 흑룡강성 대표단과 길림성위원회 대표들(1980. 2)
② 양정우장군 순국 40주년 기념식의 참배 대열(1980. 2)

① 동북3성 항일연군사 연구회에 참석한 학자들과 흑룡강성위 영도간부들. 앞줄 우측에서 세 번째가 김우종(1982. 6)
② 1987년 5월 흑룡강성 제2차 당사공작회의 전체회의 기념사진 앞줄 왼쪽에서 다섯 번째가 김우종(당시 성 당사공작위원회 상무부주임 겸 당사연구소 소장)

① 『동북항일투쟁사』 편찬령도소조 부조장, 요녕성위 서기 리황 동지와 함께(1987. 3)
② 1986년 6월 하얼빈에서 동북항일연군투쟁사 총편실 주임 부주임들, 왼쪽부터 김우종, 왕성례, 왕경, 온영록
③ 동북지역 당조직의 로 지도자 조의민(趙毅敏) 왕학수(王鶴寿) 한광(韓光) 동지들과 동북 3성 당사연구책임자들을 초청하여 연구 및 자문회의를 열었다. 앞줄 왼쪽으로부터 한광, 왕학수, 조의민

① 조의민 동지와 1989년 8월 하얼빈 송화강에서. 조의민은 1930년대 만주성위 조직부장, 건국 후 당중앙 연락부장, 기율검사위원회 서기를 지냈다. 당사연구소에서는 그를 할빈에 초청하여 당력사 회고를 청취하였다.

② 1930년대 공청단 만주성위 위원, 1950년대 흑룡강성 성장, 중앙기율검사위원회 상무서기를 지 낸 한광 동지와 함께(1996)

① 나와 왕경 소장(1984. 6)
② 진뢰 성장 자택 앞에서 진뢰·리민 동지와 함께(1989. 7) 진뢰 동지는 동북항일연군 제3로군 3
　지대 정치위원을 지낸 로투사이며 흑룡강성 성장 및 중공당 중앙위원을 지냈다. 진뢰·리민 부
　부와는 문화대혁명으로 고난을 겪던 시기에 인연을 맺었고 노년까지 오랜 우정을 나누었다.

① 1989년 2월, 전국 당사연구 기구 명칭이 '당사연구실'로 통일되었다. 우리 흑룡강성 당사연구
소도 당사연구실로 명칭을 바꾸고 새 현판을 걸었다.
② 1991년 2월 전국 당사공작회에 참석한 동북삼성 당사연구실 주임·부주임들

① 중국공산당 창건 70주년 기념학술회의 주비위원회. 가운데 료개륭
　(1991. 5. 청화대학 초대소 앞에서)
② 『중국혁명로근거지』 총서 편찬회의(1994. 9) 하얼빈 총서 동북편찬실 일동

① 총서 『동북혁명로근거지』 편찬회의를 주최하는 리검백(李劍白) 부서기
② 허형식장군이 활동하던 밀영을 찾아(2008. 5)

① 한락연 기념학술회의에서 한락연의 딸, 사위와 함께(2011. 8, 연길)
② 중공 흑룡강성위 성·시 조선족 간부 자문회의(1997. 9), 앞줄 왼쪽부터 서명훈, 문도홍, 순위번(성
위 서기), 김우종, 마국량(성위 비서장)

① 일본 마쯔야마발레단을 안내하여 송화강변을 산책 중(1964. 11)
② 하얼빈시–니가타시 자매결연 기념식에서 단장 문민생의 통역을 하는 김우종(1979. 12)

① 북경대학에서 열린 한국학국제세미나에서 일본 도쿄대학 와다 하루키 교수 일행과 함께(1988. 8)
② 필라델피아의 서재필 박사 기념관에서(1994)

① 한국의 안중근의사숭모회에 진뢰 성장의 휘호를 전달하는 장면(1990. 4)
② 우사 김규식선생 친속들과 우사연구회 연구원들과 함께(1990. 4)

① 한국에서 나에게 많은 도움을 준 종형 김재철(左) 종제 김유혁(右)
② 안중근숭모회 회장 윤치영 선생을 방문(1992. 3)

① 1992년 하얼빈시예술단이 공연한 〈안중근〉 가극 관람차 방문한 독립기념관 관장 안춘생 선생 과 함께
② 강영훈 전 총리 부부를 하얼빈에 초청하였다. 총리의 부인이 하얼빈 출신이다.(1991. 10)
③ 안중근의사 순국 90주년 기념 국제학술대회(료녕대학, 2000. 3)

① 2014년 하얼빈역에 조성된 안중근의사기념관. 2017년 하얼빈역 증축공사에 따라 임시 이전하였다가 2019년 3월 재개관하였다.
② 하얼빈 조선민족예술관의 안중근의사 동상

① 북경에서 열린 '중한 양국 해양문화교류와 경제협력에 관한 토론회(1994. 11), 중국 사회과학원이
   주최하고 김대중 당시 한국 아태재단 이사장이 참석하였다.
② 재외동포재단 주관 유공동포 모국방문 정착사례 발표회에서 중국 조선족 항일역사를 소개하였
   다.(2003. 10)
③ 한겨레통일연구소 학술심포지엄에서 주제발표하는 김우종(2000. 10)

① 2001년 하얼빈에서 열린 '9·18 사변 70주년 국제학술토론회'. 앞줄 왼쪽부터 김우종, 곡위, 현두혁, 진뢰, 이성무, 리민, 조배성
② 제2차 국제학술토론회(2002). 이 해부터 일본과 러시아 학자들도 참여하였다.

① 국제학술회의 참석자들과 함께 일본군 동녕요새 참관. 나의 왼쪽이 조선로동당 력사연구소 부소장 리광, 오른쪽이 한국 국사편찬위원회 위원장 이성무.
② 흑룡강성사회과학원 애서금 서기와 한국 국사편찬위원회 이만열 위원장실을 방문(2008. 6)
③ 조선로동당 력사연구소 소장 김정임 동지와 함께(2011. 7)

① 1983년 김일성 주석을 만난 흑룡강성 당정대표단. 제일 좌측이 김우종, 김 주석의 왼편이 진뢰, 오른편이 리민.
② 흑룡강성대표단의 함경북도 방문 당시 함경북도당위원회 위원장 조세웅동지와 함께. 왼편으로부터 장빈, 두현중, 조세웅, 김우종, 마국량(1982. 9)
③ 만경대 김일성 생가에서 배석숭 동지와 함께(1983)

① 1994년 4월 중국공산당의 비공식 사절로서 평양을 방문하여 조선로동당 동지들과 담화를 나누었다. 조선로동당 력사연구소 소장 강석숭과 담화
② 외무성 아시아국 주진극 국장과 담화
③ 모란봉 지하의 옛 김일성 수상 집무실에서(1994. 5)

① 김일성 주석의 장례식 당일 밤 조선인민군 총참모장 최광 동지가 마련한 연회에 참석했다. 왼쪽
  3번째부터 김우종, 최광, 진뢰, 강석숭, 리민, 김옥순
② 연회에서 최광 동지에게 조문의 뜻을 표하였다.

① 1995년 김정일 국방위원장의 연하장
② 조선 학자들과 함께 남호두회의 유적지 답사. 김우종의 왼쪽이 리광 조선로동당 역사연구소 상근
　부소장.
③ 1998년 9월 조선민주주의인민공화국 창건 50주년 경축대회에 참가하였다. 경축대회 관례대에서
④ 조선최고인민회의 상임위원회 부위원장 양형섭 동지가 진뢰 성장 일행을 위해 연회를 마련하였다.

① 2002년 4월 조선로동당 중앙위원회 비서 겸 당력사연구소 소장 김기남 동지가 하얼빈의 진뢰 성장을 방문하였다. 앞줄 왼쪽부터 리민, 진뢰, 김기남, 김우종
② 김정일 동지가 나에게 보내는 선물을 전달하였다.

① 가족 기념사진(2004. 2)
② 한 가족처럼 친하게 지내온 하얼빈 100세회 친우들(2017. 7)

1부

—

나의 생애

—

1장 어린 시절

1. 나의 가계

나는 1929년 12월 18일 함경남도 단천군 수하면 용원리 두메산골에서 아버지 김원 창金元昌과 어머니 김성도金成道의 맏아들로 태어났다. 나의 본관은 청풍淸風 김씨이다. 우리 집안은 선대에 충청북도 청풍에서 살았다고 한다. 나의 증조부 김석필이 동학교 도가 된 이래로 우리 가문 사람들은 모두 동학을 신봉했고 동학이 천도교로 이름을 바 꾸자 자연스레 천도교도가 되었다. 증조부가 천도교에서 어떤 직책을 맡았는지 주변에 서 증조부를 '석필회장'이라고 불렀다고 한다. 증조부에게는 아들이 셋 있었는데, 우리 조부 김인수金仁洙는 셋째 아들이었다.

동학의 교지敎旨는 인내천人乃天, 곧 사람이 바로 하늘이며 내 자신이 스스로를 구해 야 한다는 사상이다. 1894년 동학농민전쟁이 일어나 '척양, 척왜'의 기치를 내걸고 봉 건 왕조에 대항했다. 우리 증조부와 할아버지들, 그 외 집안사람들이 모두 동학군에 참 가하였다. 동학농민군은 전라도 각지에서 흥기하여 전주성까지 진격하고 정부군과 '화 약和約'을 맺는 등 처음에는 승승장구하였다. 그러나 일본군과 관군의 토벌로 봉기한 지

1년 만에 소멸되었다. 동학농민전쟁이 실패하자 참여자들은 모두 역도로 몰려 쫓기는 신세가 되었다. 증조부는 가솔을 거느리고 청풍을 떠나 원산으로 이주했다. 우리 집안은 원산에서 한동안 정착하고 살다가 다시 함흥으로 이사했다. 내가 어릴 때 마을 사람들은 우리 집을 '원산집'이라고 불렀다.

우리 집안 어른들은 3·1운동에도 참여했다. 3·1운동은 우리 민족의 독립 의지를 대내외에 알리기 위하여 각계의 민족지도자들이 뜻을 모아 독립선언서를 작성해 발표하며 일으킨 만세 운동이다. 할아버지와 아버지는 천도교단의 일원으로서 3·1운동에 가담했다. 할아버지는 파고다공원에서 만세 시위에 참여했던 경험을 종종 들려주곤 했다. 3·1운동 이후에는 또다시 일본 경찰의 추적을 받았기에 우리는 함흥에서도 더 이상 살지 못하고 피신해야 했다. 할아버지 3형제가 어울려 살던 대가정은 이때에 뿔뿔이 흩어졌고 나의 할아버지는 단천군 수하면 용원리의 두메산골에 숨어 들어갔다. 거기에서 내가 태어난 것이다.

우리 할아버지의 두 형, 나에게는 큰할아버지가 되는 분들도 산골로 들어갔지만 농토를 좀 마련하여 생활이 풍족했다고 한다. 친척 몇 분은 일본 유학도 하였다. 나의 5촌 백부가 되는 김원택金元澤은 일본 유학을 떠나 고학하다가 공산주의 활동에 가담했다. 귀국 후에는 단천에서 사상단체를 만들어 활동하다가 일제의 추적에 쫓겨 간도로 떠났고, 다시 북만으로 들어가 목단강 지역에서 공산주의 운동에 참여하고 항일 무장투쟁을 지원했다. 할아버지의 작은 형님은 일본 유학을 가서 일본 여자와 결혼하고 경응대학 교수가 되었다. 한 집안에서 어떤 사람은 반일 운동가가 되고 어떤 사람은 친일의 편에 서게 되는 것은 우리 민족사에서 드문 일이 아니었다.

나의 할아버지는 큰할아버지들처럼 농토를 마련하여 집안을 부유하게 하지 못했고, 화전농이 되어 전전하면서 어렵게 생계를 유지했다. 할아버지는 열한 살 때부터 천도교 선전대에 들어가 여러 곳을 다니면서 천도교와 반일 사상을 전파했다고 한다. 할아버지는 그렇게 전국을 다니다가 어느 지방 서당 훈장의 딸인 할머니를 만나 결혼하였다. 할아버지는 일본 경찰에 쫓겨 깊은 산골에 숨어 화전농 생활을 하면서도 천도교 연락책으로 종종 나다녔고, 아버지는 농사일을 잘 하지 못했으므로 가정 형편은 극도로 곤란했다.

내 어린 시절 먹을 것이라곤 감자떡이나 귀밀귀리밥 밖에 없었다. 귀밀은 성장 기간이 짧고 추위에 강하여 함경도 산간지대에서는 지금도 많이 키우고 있다. 이것으로 떡을 만들면 매끌매끌하여 먹기에는 좋았다. 산에서 화전을 일구는 생활은 해에 따라서 형편이 많이 다르다. 풍족하지는 않으나 그럭저럭 지낼 만한 해도 있고, 아주 곤란하여 굶주리게 되는 해도 있다. 만일 서리가 일찍 오면 아무것도 수확할 수 없게 된다. 귀밀조차 거두지 못하는 해에는 약간의 감자로 연명해야 했다.

어느 해에는 우리가 살던 용원리에 사금광이 생겨서 할아버지와 아버지가 사금광에 노동을 하러 갔다. 강 옆을 파서 사금을 일어 채취하는 일이다. 그러던 중 할아버지는 다시 천도교 방면의 심부름을 맡아 만주에 문건을 전달하러 잠시 집을 비우게 되었다. 할아버지는 두만강을 건너 도문으로 가는 길이었는데, 두만강을 건너기 전에 일본 경찰에게 붙잡혀 함흥 감옥에서 1년간 징역살이를 했다.

할아버지가 감옥 생활을 하는 동안 가정은 더욱 어려워졌다. 아버지가 금광에서 일하고 있었지만 금광에서 금이 나지 않는 날도 있어서 며칠 동안이나 아무 수입도 없는 날이 생기곤 했다. 생계를 잇기 어려운 형편이 되어 아버지와 어머니는 차라리 다시 화전을 일구러 간다며 내 동생을 업고 더 깊은 산골로 떠났다. 집에는 할머니가 남아서 나보다 두 살 아래의 삼촌과 나를 돌보았다. 하루 두 끼 좁쌀죽을 끓여 겨우 연명하고 살던 시절이었다.

7~8월쯤 되는 어느 날이었다. 좁쌀도 다 떨어지고 양식이 완전히 바닥났다. 우리는 3일 동안 아무 것도 먹지 못했다. 나와 삼촌은 탈진하여 맥없이 축 늘어져 있었다. 하늘이 노랗게 보였다. 할머니는 사금광 주인을 찾아가 사정하고 50전을 빌려 장터에서 좁쌀을 사다 죽을 끓여 주었다. 그러나 우리는 너무 기진하여 좁쌀죽조차 먹을 수 없었다. 메스꺼워서 삼킬 수 없었던 것이다. 옆집 노인은 할머니에게 금광이 있는 강 옆의 뽀얀 흙을 가져다 좁쌀죽에 섞어 먹이라고 일러주었다. 할머니가 그 말을 따라 그대로 하니

정말로 조금씩 먹을 수 있게 되었다.

할아버지는 얼마 후 감옥살이를 마치고 집으로 돌아왔다. 감옥에서 노역하고 받은 급료를 모아 옷감 등을 사서 가져왔다. 할아버지는 호방하게 말씀하셨다.

"감옥 생활이 이런 화전 생활보다 훨씬 좋더구먼. 일본인들은 위생에 철저해서 감옥도 깨끗하다. 매일 저녁이면 목욕도 할 수 있고, 밤에 잘 자고 밥도 거르지 않고 먹으니 얼마나 좋은가. 일을 시키기야 하지만 그까짓 일은 산에서 땅 파는 화전농으로 고생하는 것에 비하면 아무것도 아니다. 그까짓 감옥 생활은 이젠 아무런 겁도 안 난다."

주변에서는 할아버지를 "무식영웅"이라고 불렀다. 학교 한 번 다녀보지 못했지만 언변이 좋고 노래를 잘 해서 대중을 이끄는 힘이 있다는 것이다. 또 할아버지는 기억력이 아주 좋았다. 3·1운동 당시에 할아버지는 앞장서서 만세를 부르고 구호도 외쳤는데, 다른 사람들이 하는 연설을 들으면 그 내용을 바로 외워버렸다. 그리고는 지방을 다니면서 마치 자기 생각인 양 연설을 풀어내는 그런 기억력과 웅변 재능을 가진 분이었다.

용원리에서 살던 시절, 우리는 집도 제대로 짓고 살지 못했다. 대충 기둥 몇 개를 세워 마대를 걸쳐놓은 것이 집이었다. 워낙 두메산골이므로 간혹 들짐승이 내려와 먹을 것을 찾아 헤맸다. 가을걷이가 끝나고 추워지면 먹을거리도 떨어져 어른들은 삯일을 나가고 집에는 할머니와 어린아이들만 남아있었다. 한번은 밤에 호랑이 한 마리가 집 앞까지 내려왔다. 호랑이는 먹잇감을 노리는 듯 우리 집 주위를 천천히 맴돌았다. 우리는 무서워서 꼼짝도 못하고 떨고 있는데, 할머니가 의연히 큰 양푼을 들고 밖으로 나가는 것이었다. 할머니가 양푼을 요란스레 두드려대자 호랑이는 도망쳐버렸다.

살림살이는 궁핍했으나 집안 어른들은 천도교 교도로서 신앙과 실천 생활을 게을리하지 않았다. 매일 아침마다 밥을 먹기 전에 물 한 그릇 떠놓고 천도교 경전을 외곤 했다. 시천주, 조화정, 인내천. 이런 구절을 외던 기억이 난다.

2. 할머니의 교육

나는 할머니에게서 글을 배웠다. 할머니 염해운廉海云은 서당 훈장의 딸이었다. 외증조부는 서당에 숱한 학생들을 데려다 공부시키면서도 당신 딸에게는 공부를 시키지 않았다. 여자에게는 한학 공부를 시키지 않는 해묵은 관습 때문이었다. 할머니가 같이 배우려고 서당에 앉아 있으면 외증조부는 할머니를 쫓아냈다. 할머니는 천자문 책을 한권 훔쳐서 홀로 글을 익혔다. 학생들이 공부하는 방 밖에 몰래 앉아서 글 읽는 소리를 듣고 발방아 찧으며 따라 읽으면서 천자문을 다 익힌 것이다. 천자문을 뗀 뒤에는 동몽선습을 배우고자 했으나, 책을 구할 수 없었기에 그저 소리를 듣고 따라 읽으며 외웠다고 한다.

할머니는 어릴 때 보았던 천자문 책을 시집올 때에도 가져와서 잘 간직하였다가 나에게 그 책을 가르쳐주었다. 할머니는 당신 아들들에게도 천자문을 가르쳐주지 않았으나, 맏손자인 나에게만은 글을 가르치고자 했다.

내가 할머니에게 천자문을 배운 것은 여섯 살 때였다. 할머니는 천자문 책의 글자를 하나씩 짚으며 뜻을 일러주고 쓰는 것까지 가르쳐주었다. 우리 집 형편에 종이나 붓으로 쓰기 연습을 할 수는 없었다. 할머니는 나무로 모래판을 하나 만들었다. 가장자리에 테두리를 두른 네모진 쟁반처럼 된 사판이었다. 거기에 하얀 모래를 붓고 평평하게 하여 손가락으로 글씨를 썼다. '하늘 천天' 자 하나를 쓰고 사판을 흔들면 글자가 없어진다. 다시 '따 지地' 자를 쓰고는 흔들어 지우고 다시 쓰기를 반복했다.

할머니는 나에게 매일 천자문을 가르쳐주고 익히도록 했다. 아침에 내가 잠에서 깨어나면 바로 붙들어 앉혀 가르쳐주고, 그날 낮에 공부해 복습하도록 하고, 저녁에 자기 전에 꼭 외워서 한 번씩 써보도록 했다. 밤에 제대로 외워 쓰지 못하면 재우지 않았다. 이렇게 하루에 서너 장, 스무 글자 정도를 배우고 익혔다.

이렇게 '하늘 천天 따 지地'부터 '온 호乎 잇기 야也'까지 1천 자를 모두 배운 뒤에는 다시 처음부터 마지막까지 외우게 했다. 낮에는 혼자 외우도록 하고 저녁에 자기 전에 반드시 할머니 앞에서 외게 했다. "천지현황 우주홍황 일월영측 진숙열장 한래서왕 추수

동장" 이렇게 여섯 살 때 계속해서 천자문을 반복해 외웠다. 그러니 천자문의 뜻과 쓰임까지 여섯 살 때 완전히 통달하게 되었다.

이렇게 천자문을 배운 것은 나에게 아주 중요한 공부였다. 한자 1천 자를 외우게 되니 나중에 학교에서 공부하는 데도 기초가 되었고, 성인이 된 후에 중국어를 배우기도 수월하였다. 그런데 이보다 더 중요한 의미는, 내가 천자문을 배우면서 공부에 대한 열성과 흥취를 갖게 되었다는 점이다.

할머니는 나에게 천자문을 가르쳐주며 늘 잘한다고 칭찬해주었다. 매일 칭찬을 받으면서 공부하니 나는 공부를 아주 좋아하고 잘 하게 되었다. 공부에 재미와 자신감을 가졌으므로 나는 이후에 무슨 공부를 하더라도 아주 열중하고 열성적으로 공부했다.

일곱 살이 되어 나는 학교에 들어갔다. 학교는 우리 집에서 8리 정도 떨어진 곳에 있고 큰 강 하나가 가로놓여 있었다. 강 위에는 좁은 나무다리가 놓여 있었는데, 전봇대로 만들어져 난간도 없는데다 길이도 20미터나 되었다. 바람이 세게 부는 날이면 나는 무서워 건너지 못하고, 바람이 잠잠해지길 기다려 건너곤 했다. 학교에서는 일본어, 조선어, 산수를 배웠다. 나는 소학교 2학년 때에 만주로 이주하기까지 열성으로 학교에 다녔다.

3. 만주로 이주

1935년 초겨울이었다. 할아버지의 둘째 형, 나에게는 둘째 큰할아버지가 되는 분이 불쑥 우리 집을 찾아왔다. 그분은 일찍이 간도에 이주하여 살다가 목단강 사도령자로 옮겨 정착했다. 큰할아버지는 고향을 돌아보려고 왔다가 우리 집을 찾아왔다. 우리 형편을 보더니, 만주 땅이 여기보다는 살기 좋을 것이라며 우리에게 만주 이주를 권유하였다. 큰할아버지는 돈을 조금 내놓으면서 가서 다 같이 살자고 말했다.

그러나 우리는 선뜻 따라나서지 못했다. 가진 게 아무것도 없고 여비마저 없는 우리 형편에서 무작정 큰집에 신세만 질 수는 없었기 때문이다. 할아버지는 둘째 삼촌을 면저 만주로 보내 큰할아버지의 아들 집에서 일하도록 했다. 둘째 삼촌은 그때 20대의 청년이라 아주 성숙한 노동력을 갖고 있었다. 큰할아버지의 아들인 나의 백부는 일본 유학까지 경험한 인텔리였으므로 몸은 건강했으나 노동에는 익숙하지 않았다. 삼촌은 큰할아버지를 따라 만주에 가서 그 해 겨울 동안 백부네 집안일을 돕고 급료를 받아 집에 부쳐주었다. 우리는 그 돈을 여비 삼아 1936년 2월에 만주로 떠났다.

고향집을 떠나던 그날의 기억이 아직도 생생하다. 설을 보내고 얼마 지나지 않은 2월 하순경이었다. 마침 도문에서 목단강을 연결하는 목도선 철도가 막 개통된 시기였다. 우리는 단천역에서 기차를 타고 떠나기로 되어 단천역 근처의 친척집에 가서 하룻밤을 묵었다. 어른들은 친척들과 밤늦도록 이야기를 나누었다. 고국을 떠나 만주 땅에 가서 어떻게 살 것인가 푸념하며 눈물을 쏟기도 했다. 아버지 친구들이 찾아와서 "어떻게든 조선에서 자리를 잡고 살아야지, 머나먼 만주 땅에 가서 어찌 하려느냐?"하고 만류하기도 했다. 그러나 나는 부유한 큰집으로 간다는 기대감에 철없이 마음이 부풀어 있었다.

이튿날 점심 무렵 만주로 향하는 기차에 올랐다. 태어나서 처음으로 기차를 탄 나는 모든 것이 신기했다. 기차는 몇 시간을 달려 저녁 무렵에 두만강을 건넜다. 만주 땅으로 들어온 것이다. 두만강을 건너자 눈앞으로 완전히 다른 풍경들이 펼쳐졌다. 조선의 마을에는 야트막한 흰색 초가집들이 늘어서 있는데 중국의 집들은 온통 붉은색의 벽돌집이었고, 연기를 내뿜는 높은 굴뚝들이 시야에 들어왔다.

우리는 목단강역에 내려 작은 판잣집에 임시로 짐을 풀었다. 당시 목단강에는 그런 판잣집이 많았다. 이튿날에 큰아버지가 바퀴 네 개 달린 마차 두 대를 몰고 우리를 데리러 왔다. 마차에는 추위를 막기 위해 두툼한 솜이불을 펼쳐놓았다. 어른들은 서둘러 조선에서 가지고 온 궤짝과 놋그릇들을 실었다. 놋그릇 보따리는 꽤나 컸다. 우리 집은 가난했지만 할아버지부터 어린 아이들까지 식구들 모두 놋그릇 한 틀씩 자기 몫으로 갖고 있었다. 할아버지는 아이가 태어나면 밥그릇과 국그릇만은 모두 놋그릇으로 장만해 주었다.

우리 큰집은 목단강에서 20리 떨어진 사도령자라는 철길 옆 마을에 있었다. 큰집은 철길에서 200미터 정도 떨어진 널찍한 초가집으로, 판자로 된 울타리가 단단하게 둘러싸고 있었다. 그 시절에 울타리는 부와 힘의 상징이었다. 만주에는 도둑이 많아 울타리를 든든하게 해서 도둑들이 함부로 침범하지 못하도록 했다. 백부는 사냥개를 키웠고 총도 있었다. 소와 말을 몇 마리씩 키웠으며 마차도 2대나 있고 머슴을 부렸다. 지주까지는 아니었으나 부농이었다.

우리는 큰집에서 한동안 머물다가 사도령자에서 2킬로미터 정도 떨어진 산골에 나와 살았다. 백부가 주선하여 중국인 지주의 밭을 빌려 소작하게 된 것이다. 할아버지는 발에 병이 있어 수전농사를 짓지 못하고 밭농사만 할 수 있었다. 조 씨 성을 가진 중국인 지주의 밭 5상垧지기5헥타르를 빌려 경작했다. 지주는 밭 근처에 집도 한 채 내주었다.

집은 토피방土坯房: 흙벽돌집으로, 벽은 두께 1미터나 되는 흙으로 다져 쌓고 그 위에 이엉을 얹은 큰 집이었다. 벽 한 모퉁이에 문이 있는데, 집안에 들어가면 집 중간에 복도를 두고 복도 양 옆으로 높은 온돌방이 있었다. 창문이 없는 대신 벽에 둥그런 구멍을 몇 개 뚫어놓고 공기를 통하게 했다. 토피방은 만주의 혹독한 추위를 견디기에 훌륭한 집이었다. 아무리 추운 날에도 집안에 들어서면 따뜻했고 적당히 건조해서 쾌적했다.

토피방은 치안 상황이 좋지 않던 만주에서 안전을 지키기에도 유리했다. 당시 만주에서는 갑자기 전투가 벌어지는 일이 많았다. 일본군과 항일 부대들, 토비들이 이따금씩 집 주위에서 전투를 벌였다. 이들은 아무 집에나 대고 마구 총을 쏘고 지나가는데, 토피방에는 창문도 없고 벽이 두꺼우니 총탄이 벽을 뚫지 못했다. 그래도 전투가 벌어져 총 쏘는 소리가 나면 우리는 모두 온돌에서 내려와 온돌 사이 복도에 들어가 엎드리곤 했다.

중국인 지주에게 빌린 밭은 토질이 아주 좋았다. 할아버지는 한전 농사를 참 잘 경영했다. 지주의 밭을 아주 잘 가꾸어주고 깨끗이 관리하고, 두엄 비료도 많이 주어 토지를 비옥하게 해주었다. 소출이 좋아 주자租子: 토지 임대료를 늘 제때에 좋게 바쳤으므로 지주가 할아버지를 아주 좋아했다. 할아버지가 양곡을 우차에 싣고 지주의 집에 가져가면,

지주는 고기와 술을 마련해서 할아버지를 잘 대접해 보내주었다.

만주 생활은 조선에 비해 훨씬 풍요롭고 안정적이었다. 조선에서는 구경하기 힘들었던 고기도 만주에 온 후에는 가끔 먹을 수 있었고 밥도 늘 배불리 먹을 수 있었다. 어린 나는 그곳이 타국이라는 생각이 들지 않고 마냥 좋기만 했다. 태양이 따뜻하게 내리쬐는 날이면 우리 형제들은 토피방 문지방 앞에 옹기종기 모여앉아 햇볕을 쪼였다. 그 장면은 내 유년 시절의 따사롭고 정겨운 추억으로 각인되어 있다.

할아버지는 돈에 큰 욕심이 없고 가난한 사람을 도와주기 좋아했다. 큰집 머슴들은 다들 할아버지를 좋아해서, 품삯을 받는 날이면 우리 집을 찾아와 할아버지와 함께 술을 마시곤 했다.

성격이 호탕하며 인심이 후하고 나를 각별하게 귀여워해주었던 할아버지, 나에게 천자문을 가르쳐준 나의 계몽 선생 할머니, 공부 잘하고 모범적이라며 나를 자랑스러워했던 아버지, 무던하고 예절 밝기로 동네에서 소문난 어머니, 그리고 큰집 어른들, 삼촌들과 함께 한 나의 유년 시절은 풍요로웠다. 대가족의 예의범절을 몸으로 익힐 수 있었던 것도 나의 향후 인생 항로에 큰 자산이 되었다. 비록 넉넉하지는 못했으나 집안 어른들의 귀여움과 사랑을 받으며 그늘 없이 밝고 씩씩하게 자라날 수 있었음에 나는 지금도 감사할 뿐이다.

4. 소학교 시절

사도령자 마을은 빠르게 번창해갔다. 조선에서 목단강까지 열차가 통하니 많은 조선인들이 이주해 왔다. 우리가 이사 온 후 불과 1년 사이에 사도령자에는 1백 호나 되는 조선인 마을이 생겨났다. 만주에 조선인 마을이 서면 제일 먼저 학교가 세워진다. 조선인은 어디를 가나 아이들 교육을 제일 중요시했기 때문이다.

사도령자 소학교는 1936년 7월에 설립되었다. 동네의 어른들이 뜻을 모아 세운 학교였다. 큰아버지가 학교 후원회 회장을 맡아 학교를 세우는 데 물심양면으로 앞장섰다.

관계기관으로부터 여러 가지 허가를 받아오기도 하고, 학교를 세우는 데 필요한 목재를 조달하는 일 등을 도맡아 하셨다. 설립 당시 학교의 유일한 교사였던 정이진 선생님을 함경남도에서 직접 모셔오고 큰집에서 기숙하도록 해주었다. 삼촌들도 학교 일이라면 마다하지 않고 심부름을 해주었다.

사도령자 소학교가 만들어지자 나는 다시 학교에 다니게 되었다. 큰집에서는 나를 큰집에 와서 살면서 학교에 다니도록 배려해주었다. 우리가 살던 산골 지주의 집은 학교까지 5리나 되는 먼 길이었기 때문이다. 나는 조선에서 소학교 1년을 다니고 만주에 왔으므로 2학년 과정으로 입학하여 소학교 4학년을 졸업할 때까지 큰집에서 자랐다.

큰집 어른들이 나를 큰집에서 지내게 한 것은 큰집 아이들 공부를 돌보아 주라는 이유도 있었다. 큰집에는 나보다 손위가 되는 누이 둘과 남동생 둘이 있었다. 모두 학교라고는 다녀본 적이 없어 사도령자 소학교가 개교하자 1학년으로 한꺼번에 입학하게 되었다. 나는 이미 조선에서 소학교를 다녔으므로 공부로는 누이들보다 선배였던 것이다. 또 내가 똑똑하고 공부를 잘한다 하여 어른들은 내게 동생들의 공부 선생을 해 주라고 하였다.

어른들은 내가 예의바르고 부지런하다고 늘 칭찬하면서 사촌들이 나를 본보기로 삼기를 바라셨다. 큰집에서는 제사를 자주 지냈는데, 제사를 주재하는 일은 보통 장손이 맡기 마련이었으나 큰할아버지는 한자를 잘 썼던 나에게 그 일을 시키곤 하셨다. 큰어머니는 내가 기거하는 동안 나를 당신 자식보다도 아끼며 보살펴주셨다. 누이들과는 서먹했지만 두 남동생은 나를 친형처럼 따랐다. 나는 더부살이의 설움 같은 것은 전혀 느끼지 못하고 행복하게 소학교 시절을 보냈다.

당시 만주는 일제가 세운 만주국이 통치하고 있었으므로 우리 학교도 만주국 학제를 따랐다. 소학교는 '국민학교'라고 하여 1학년부터 4학년까지 두었고, 5·6학년은 따로 '국민우급학교國民優級學校'에 진학해야 마칠 수 있었다. 사도령자는 1백 호에 불과한 작은 마을이었으므로 사도령자 소학교 역시 규모가 작았다. 1학년부터 4학년까지 4개 학년을 선생님 두 분이 도맡아 가르쳤다. 1·2학년이 한 학급, 3·4학년이 한 학급으로 복식교학을 했고, 한 학급에 25명 정도였다. 거기에서 일본어·조선어·산수를 배웠다.

사도령자 소학교의 정이진 선생님은 유머가 있는 분이라 수업이 재미있었다. 나는 조선에서 덧셈, 뺄셈까지만 배웠는데, 사도령자 소학교의 2학년에게는 벌써 곱셈을 가르쳤다. 나는 구구단도 외울 줄 몰라서 당황하고 있으니 선생님은 나에게 특별히 구구단표를 주며 외우게 했다. 큰집은 창문이 환하고 격자 모양으로 만들어져 있어서 구구단표와 비슷했다. 네모난 창문 창살을 보면서 구구단을 외우니 어렵지 않게 금방 외울 수 있었다. 나는 사도령자 소학교에 다니는 내내 성적이 좋아서 4학년을 마칠 때까지 1등을 놓치지 않았다. 특히 산수 성적이 월등하게 좋았다.

나는 소학교를 1등으로 졸업하였다. 1등 졸업자에게는 목단강시 시장 명의의 상이 수여되는데, 졸업식장에서 시장이 보낸 대리자가 단상으로 나를 불러내 상장과 상품을 주었다. 상품은 커다란 한화사전漢和辭典 한 권과 나무함에 든 문방사우였다. 나는 다른 졸업생들보다 나이도 어리고 몸집이 작았으므로 상을 제대로 받아들지 못하고 떨어뜨릴 뻔 했다. 정이진 선생님이 급히 달려와서 상품을 받아주셨다.

국민학교를 졸업하고 액하 국민우급학교 5학년에 진학했다. 액하는 사도령자에서 10리 가량 떨어진 마을이다. 국민우급학교에 진학한 뒤에는 집에서 걸어서 통학했다. 나는 더욱 공부를 열심히 했다. 걸어 다니면서도 공부하곤 했다.

액하 국민우급학교에는 여러 곳에서 학생들이 모였으므로 한 학급에 50명이 넘었다. 우리 담임을 맡은 배구선裵具善 선생님은 키가 아담한 남자 선생님이었다. 상해에서 태어나 학교를 다녔고 평양에서도 공부하신 분이라고 했다. 만주국은 일본의 식민지였으므로 학교에서는 조선말을 금지했다. 그러나 역사 시간이 되면 배 선생님은 조선말을 간간이 섞어가며 을지문덕·이순신·강감찬 등 우리 민족 위인들의 이야기를 들려주곤 하셨다. 식민지 교육제도 속에서도 조선 학생들이 민족정신을 키워나갈 수 있도록 애썼던 것이다.

국민우급학교 시절에도 나는 성적이 좋았다. 나는 우급학교를 2등으로 졸업했다. 지필시험 성적은 1등이었으나 음악과 습자붓글씨 성적이 낮아 1등을 놓친 것이다. 2등으로 졸업하니 시장상은 받지 못하고 액하구 구장상을 받았다.

5. 목단강 국민고등학교 진학

국민우급학교를 졸업하니 우리 집 어른들은 나를 중학교에 보내는 문제로 고민에 빠졌다. 나를 중학교에 보낼 만큼 생활이 여유롭지 못했기 때문이다. 우리는 5헥타르나 되는 토지를 소작했으므로 만주에 온 지 2~3년이 지나고부터는 생활이 쑥 올라가는 듯했다. 그런데 만주에 먼저 와서 일했던 삼촌이 너무 고생한 탓인지 폐결핵에 걸려버렸다. 삼촌의 병을 치료하느라 생활이 나아지지 못했고, 살림은 늘 곤궁한 형편이었다.

당시에는 중학교에 가기가 아주 어려웠다. 성적이 특별히 우수한 아이들만이 시험을 거쳐 중학교에 진학할 수 있었다. 중학교에 합격하면 마을에서 아주 대단한 인재가 났다며 기뻐했는데, 지금으로 치자면 북경대학에 합격한 것 만큼이나 높이 평가했다.

내가 성적이 매우 우수하니 우리 집에서는 나를 꼭 중학교에 보내고 싶어했다. 우리 집 어른들 뿐 아니라 우리 가문에서도 나만은 꼭 중학교에 보내야 한다고 주장했다. 우리 집안에서 중학교 시험에 합격할 만큼 우수한 아이가 없었던 것이다. 큰집에서는 만일 우리 집에서 어렵다면 학비를 보태 주겠다고도 말씀해주셨다.

나는 목단강 국민고등학교 입학시험을 치렀다. 당시에는 중학교를 국민고등학교라고 불렀다. 만주국에는 일반 중학교가 없고, 중등 과정 학교는 기술전문학교만이 있었다. 목단강 국민고등학교 역시 기술학교였다. 모집 인원은 110명 가량이었는데 입학시험에는 1,300명이 몰려들었다.

입시는 3개 관문을 통과해야 했다. 제일 처음에 필기시험을 치러서 1차 220명을 선발했다. 필기시험 뒤 신체검사를 보아 통과하면 3차 구두시험을 치르게 되어 최종 합격자가 결정된다.

필기시험은 국어와 산수 시험인데 나는 3등으로 합격했다. 신체검사에서는 색맹 때문에 떨어졌다. 학교에서는 나의 필기시험 성적이 최상급이었으므로, 색맹을 '색약'으로 고쳐주어 면접시험을 보도록 하였다. 내가 학교에 합격한 후에 나의 담임 선생님이 나에게 알려주었다.

"네가 신체검사에서 색맹 판정을 받아 원래는 떨어졌는데, 그래도 붙게 된 것은 네 필기시험 성적이 워낙 좋았기 때문이다. 학교에서는 너를 떨어뜨리기 아까워서 면접시험이라도 한 번 보자고 하여 임시로 합격시켰던 것이다. 면접시험에서 다들 너를 주시하였는데, 네가 아주 똑똑하였으므로 최종 합격시켰다."

나는 이렇게 목단강 국민고등학교에 합격하였다. 마을에서는 나의 합격을 큰 경사로 여겼고, 나는 집안의 영광이 되었다.

내가 입학한 것은 1942년으로 13세 때였다. 학교에는 야금과와 토목과 2개 과가 있었다. 야금과는 화학 실험이 많은 과였으므로 색맹인 나는 들어갈 수 없어서 토목과밖에 선택의 여지가 없었다.

토목과에 들어가니 처음에는 어려움이 많았다. 기하나 삼각함수 같은 수학 과목을 배우지 못한 상태에서 측량, 제도, 응용역학을 배워야 했다. 특히 응용역학은 고등수학을 마스터 해야만 따라갈 수 있는 과목이다. 나뿐만 아니라 거의 모든 학생들이 수업시간에 제대로 문제를 풀 수 없었다. 시험을 보면 두 문제 중 한 문제를 푸는 학생이 50명 가운데 두세 명에 불과했고, 50점을 맞으면 최고 점수였다.

학교 선생님들도 학생을 제대로 지도하려는 열의가 없었다. 학생 수준을 고려하지 않고, 자기들이 대학교 때 썼던 수업노트를 가져와 그대로 강의하는 실정이었다. 그러니 어린 중등학생들이 강의를 이해하기 어려웠고, 교사들도 제대로 이해하지 못하는 내용을 가르치다 보니 제대로 전달할 수 없었던 것이다. 내가 후에 결혼하고 나서 아내가 대학교에서 공부를 했는데, 아내의 교과서를 보니 내가 13세 때 배웠던 내용과 비슷했다. 그러니 만주국 국민고등학교의 교학이란 엉터리였던 셈이다.

교사들은 일본인이 가장 많았고, 그 다음으로 한족 교사들이 많았다. 조선족 교사는 10% 정도 있었다. 국어일본어와 역사·지리 등 인문과목은 일본인 선생님이 맡았고, 측량·제도·응용역학·시공 등 기술교학은 한족 교사들이 주로 담당했다. 한족 교사들은 하얼빈 공업대학과 대련 공업대학을 졸업한 사람들이었다.

학생들은 반 이상이 조선인이었고 3분의 1가량이 중국 학생이었으며, 일본인 학생도 소수 있었다. 일본인 학생은 대체로 나이가 많았다. 나이가 많아 일본에서 중학교에 가기 불편한 아이들이 만주에 와서 국민고등학교에 다녔다. 그러니 일본인 학생들은 보통 나이가 네댓 살이 많고 키도 컸으며 까불지 않고 성실하게 공부했다.

학교에서는 일본 교과서를 가지고 일본어, 일본 역사, 지리 등 중학교 과정을 배우면서 기술전문학교 과정의 기술들도 배웠다. 토목과 학생들은 측량·제도·평면측량 등 토목 기술을 습득했다. 나는 국민고등학교 때에도 성적이 늘 좋은 편이었다.

제도 과목을 위해 제도기가 있어야만 했다. 내가 가진 제도기는 당시 돈으로 35원이라는 거금을 주고 구입한 아주 품질 좋은 제도기였다. 나는 졸업한 뒤에도 제도기를 버리지 않고 잘 간직하였다가, 내 자식이 하얼빈공업대학에 들어가자 물려주었다. 제도기가 워낙 성능이 좋아 작도가 잘 되었으므로 성적이 잘 나왔다.

6. 국민고등학교 시절

내가 고등학교에 들어갈 무렵 우리 집은 조씨 지주의 토피방을 떠나 사도령자 조선인 마을로 이사했다. 학교는 목단강에 있었으므로 통학 거리가 20리가 좀 넘었다. 사도령자는 철길 옆 마을로 작은 기차신호소가 있었다. 사도령자의 기차역은 역이라고 부르지 않고 '신호소'라고 하여 기차가 정차하지 않을 때가 많았다.

나는 학교까지 기차로 통학할 때도 있었고 걸어 다닐 때도 있었다. 열차 운행표가 봄 가을로 바뀌었는데, 아침 통근 시간에 열차가 사도령자 신호소에서 멈추는 해도 있고 그렇지 않은 해도 있었기 때문이다. 기차가 사도령자 신호소에 서는 해에는 아침 일곱 시에 기차를 타고 목단강역에 내려 학교로 가면 되었다.

어느 해에는 기차가 사도령자에 서지 않았으므로 걸어서 통학해야 했다. 어느 날 아침에 일어나니 장대비가 쏟아지고 있었다. 어른들도 밭일을 나갈 수 없을 정도였으므로 하루쯤 결석하면 되지 않느냐고 어른들은 나에게 말했다. 그러나 나는 한 번도 무단 결석을 해보지 않았으므로 비 때문에 결석할 수는 없었다.

비옷도 우산도 없는데 어떻게 학교까지 걸어갈 것인가! 어른들은 마대를 뒤집어쓰고 가라고 했다. 밭에서 일하다가 갑자기 비가 오면 늘 그런 식으로 비를 피했던 것이다. 그러나 마대는 금방 비에 젖어 무거워진다. 빗물을 흠뻑 먹은 마대의 무게를 몸집이 작은 내가 어떻게 감당하겠는가.

결국 나는 비를 가릴 아무것도 쓰지 않은 채 무작정 집을 나섰다. 장대비를 온몸으로 맞아내며 20여 리를 달려 학교에 도착하니 이미 수업 중이었다. 복도에서 젖은 옷을 대충 짜서 다시 걸치고 살그머니 교실로 들어갔다. 마침 일본인 아베 선생이 가르치는 화학 시간이었다. 내가 먼 길을 통학한다는 사실을 알고 있던 아베 선생은 "이 비를 맞으며 학교에 오느라 수고했다"며 어서 들어와 앉으라고 말해주었다.

그날 점심시간에 우리 담임 선생이 교실에 와서 나에게 말했다.

"너는 참으로 강건한 녀석이로구나. 이렇게 큰비를 맞으면서 먼 길을 걸어 학교에 나오다니, 참으로 기특하구나."

우리 담임인 무라오 쇼조村尾省三는 당시 30대의 나이로, 군인 출신이었다. 검도와 권투를 잘 했고, 성격이 고약하여 걸핏하면 학생들에게 욕하고 손찌검하였으나 가끔은 학생들을 칭찬해주기도 했다. 그는 일본에서 여러 대학을 나왔다고 했는데, 특히 국어 수업을 재미있게 잘 했다. 나는 담임이 싫지 않았다. 담임 선생은 가족을 일본에 두고 홀로 만주에 나와 살고 있었다.

어느 해 겨울, 음력설을 앞두고 큰집에서는 앙꼬모찌앙금을 넣은 떡를 만들었다. 담임 선생님께 갖다드리면 좋을 것 같아 어른들께 부탁드려 떡을 조금 얻었다. 나는 깨끗한 포대에 떡을 싸 가지고 친구들 두 명과 함께 담임 선생님을 찾아갔다.

선생님 방은 넓은 다다미방이었다. 별다른 살림살이도 없이 휑한 방 안에는 숯을 피우는 화로 한 개만 놓여 있었다. 내가 생활하는 온돌방에 비하면 참으로 삭막하고 쓸쓸해 보였다. 선생님은 우리가 떡을 내놓으며 인사하자 아주 기뻐했다. 우리들은 방에 둘러앉아 이런 저런 이야기를 나누었다.

한 아이가 안부를 물었다.

"선생님 댁은 도쿄에 있다고 들었습니다. 얼마 전에 폭격이 있었는데 괜찮으십니까?"

선생님은 가족들이 이미 시골에 대피했으므로 걱정할 것 없다며 가정의 이야기를 들려주었는데, 그때 선생님의 이야기가 아주 인상적이어서 지금까지도 기억하고 있다.

선생님은 만주에 온 지 3년쯤 되었고, 그동안 한 번도 일본에 가지 못했다고 했다. 그 뒤에 선생님이 한 말에 우리는 모두 놀랐다. 일본에는 아내가 있는데, 아내가 얼마 전 아들을 낳아 자신이 아버지가 되었다는 것이었다. 선생님은 그렇게 말하면서, 마침 동생이 집에 있어 아내를 돌봐주니 참으로 마음이 놓인다고 말해주었다.

같이 간 급우들 가운데는 나이 많은 학생도 있어서 선생의 말뜻을 금방 알아챘다. 그의 아내가 낳았다는 아이는 분명 선생님의 아이가 아닐 텐데, 그렇다면 아이의 친부는 누구라는 말인가! 더욱 놀라운 것은, 담임 선생이 이 이야기를 너무나도 스스럼없이 들려주었다는 사실이다. 나는 일본인이란 참으로 특이한 민족이라고 생각했다.

그때 목단강시 일대는 일본의 주요 군사지역이었다. 일본군 제3군과 제5군 사령부가 목단강에 주둔하고 있었던 탓으로, 목단강시 총 인구 20만 명 가운데 일본인이 5만 명이나 되었다. 조선인은 3만 5천 명, 나머지는 한족이었다. 목단강시에는 일본 학교가 2개나 있었고, 일본인이 경영하는 백화점도 있었다. 그러니 우리 담임 선생과 같이 가족과 떨어져 만리타향에서 외로이 생활하는 젊은 일본인들이 어디 한두 명 뿐이었겠는가! 어찌 보면 그들도 일본의 침략전쟁에 젊음과 삶을 빼앗긴 희생자였을 뿐이리라.

나는 한 해 여름을 꼬박 걸어서 통학하며, 사도령자에 다시 기차를 정차하게 할 방도를 구해야겠다고 생각했다. 예전에는 사도령자에 기차를 세워주었으니 무슨 방법을 찾을 수 있을 것 같았다. 나는 우리 학교 교무주임을 찾아가 사정을 이야기했다. 교무주임은 학교 소개신紹介信: 소개장을 한 장 써 주면서 목단강역 역장을 찾아가 만나보라고 말해주었다. 나는 소개신을 들고 목단강역으로 가서 역장을 찾았다. 나는 그때 열 네 살이었는데, 학생들 가운데 제일 어리고 키도 제일 작았다. 내가 큰 책가방을 메면 가방에 눌려 더 작아 보였다. 그런 차림으로 목단강역에 찾아가 당당히 역장 면담을 요구한 것을 생각하면 참으로 우스꽝스럽게 느껴지기도 하고 어린 시절의 내 자신이 기특하게 생각되기도 한다.

타이프라이터 앞에 앉아 있는 젊은 여성이 역장 비서였다. 그녀의 안내를 받고 역장에게 들어가 내가 찾아온 사정을 그대로 이야기했다.

"역장님, 저는 사도령자에서 목단강으로 학교를 다니고 있습니다. 지난해에는 사도령자 신호소에 열차가 정차하여 기차 통학을 할 수 있었으나 올해 시간표가 바뀌어 사도령자에 열차가 정차하지 않으니 아주 어려움이 많습니다. 저 같은 학생들이 통학하기도 어렵고 어른들 중에서도 목단강으로 통근하는 사람들이 있는데 매일 20리 길을 걸어 다니자니 다들 곤란합니다. 우리 마을 사람들 편의를 생각하여 사도령자에 정차하도록 해 주십시오."

내 말을 들은 역장은 다소 난감해하며 나에게 다음과 같이 말하였다.

"너의 말은 잘 알겠다. 그런데 나는 목단강역 역장이므로 목단강 관내의 철도 문제라면 내가 모두 관장하지만, 목단강에서 한 치라도 벗어나면 나에게는 권한이 없다. 사도령자 신호소는 목단강 관할이 아니므로 내가 해결해 줄 수 없는 일이구나. 내가 쪽지를 써 줄 테니, 삼도가에 있는 철도국 국장을 찾아가 이야기해 보거라."

나는 목단강 역장이 써 준 쪽지를 가지고 철도국 국장을 찾아갔다. 지금으로부터 반세기가 훨씬 지난 옛날이지만 만주국 시대 일본인들이 경영하던 만철회사의 사무 방식은 아주 선진적이었고 규모도 상당했다. 철도국 사무실에 들어가니 커다란 사무실 안에는 책상이 스무 개가 넘었다. 우께쯔께受付: 접수계라고 불리는 접수 담당이 공손한 태도로 나에게 용건을 물었다. 그에게 대략의 용건을 이야기하니 사무실 안쪽 커다란 테이블을 가리키며, 거기 앉은 사람이 총무과장이니 거기 가서 직접 이야기하라고 말해 주었다. 총무과장에게 가서 다시 용건을 말하니 국장실로 나를 안내해주었다.

내가 국장실로 들어가니 국장은 방 안쪽 의자에 앉아 있었다. 나는 철도국장에게 경례하고 목단강 역장의 소개신을 보이고 나서 사정을 설명했다. 나는 내가 사도령자의 첫 번째 중학생이며, 내 후배들도 10여 명이나 매일 목단강까지 걸어서 통학하고 있다는 것, 이밖에 사도령자에는 목단강 시내까지 출퇴근하는 철도국 직원 등 직장인들이 10여 명이나 있다는 것을 설명했다.

국장은 내가 말하는 중간 중간에 "학생은 얼마나 되는가?" "학생들 외에 매일 차를 타고 내리는 사람이 몇이나 되는가?" 하고 질문을 던져가며 내 이야기를 주의 깊게 들었다. 까까머리의 애송이 학생이 조리 있게 조목조목 논리를 펴는 것을 대견하게 생각하고 재미있어 했던 것 같다. 이야기가 끝나자 국장은 내게 총무과장을 불러오라고 지시했다. 총무과장이 들어오니 국장은 총무과장에게 말하기를, "학생들 통학 문제는 편의를 봐주어야 하지 않겠는가? 내일부터 즉시 사도령자 신호소에 아침 저녁으로 1분간 정차하라는 명령을 내리라"고 지시했다.

나는 이렇게 사도령자의 통학·통근 문제를 해결했다. 작은 일이었지만 내가 이 일을 해결하니 곧 주변에 소문이 퍼지고 많은 사람들이 기뻐했다.

그때 사도령자에 살며 목단강으로 통근하던 철도국 직원 가운데는 철도국에 4~5년 이상 오래 근무하고 일정 직급까지 올라간 직원도 있었다. 또 하얼빈 의과대학을 졸업하고 목단강 철도병원 의사로 근무하던 내과의사도 있었고, 철도경호대 별을 달고 반장으로 행세하는 사람들도 여럿 있었다. 그런 사람들이 모두 교통편 문제로 애를 먹으면서도 아무도 해결할 의지조차 갖지 못했던 것이다.

"철도 일이 어디 우리가 말해서 될 일인가? 우리는 모두 말해 보아야 소용없다고 생각하고 엄두를 내지 못했었다. 네가 그렇게 가서 해결하니 참으로 대단하구나!"

어른들은 이렇게 나를 칭찬했고 학생들도 모두 기뻐해주니, 나도 보람이 있어 더욱 뿌듯했다.

국민고등학교 학비는 한 달에 5원이었다. 시골에서 5원은 큰 돈이었다. 어머니는 산에서 도라지를 캐다 팔아서 나의 학비를 마련했다. 산에서 캔 도라지를 집에 가져와 물에 깨끗이 씻어서는 목단강 시내 장터에 나가 팔았다. 한 광주리를 가져가 모두 팔면 겨우 2~3원을 벌 뿐이었으니, 어머니는 여름 내내 산을 오르내리며 도라지를 캐는 것이 일이었다.

그 시절 장터에서는 '아이스케끼'라는 얼음과자를 팔았다. 한 개에 1전이었는데, 어머니는 무더운 여름에 도라지를 팔고 돌아오면서도 그 1전을 아끼느라 아이스케끼 하나 사 드실 줄 몰랐다. 어느 여름날 나는 학교를 마치고 장터로 어머니를 마중 나갔다. 그때 어머니가 아이스케끼 하나를 사서 나에게 주셨다. 내가 반 개만 먹고 나머지를 어머니에게 드리니, 어머니는 웃으며 받아 드시고는 한 입만 드시고 도로 나에게 주는 것이다. 나는 아무 생각 없이 받아서 다 먹어치웠다. 그날의 어머니 모습을 생각하면 지금도 가슴이 먹먹하게 미어져온다.

내가 3학년 2학기를 다니던 1944년이었다. 나는 갑자기 상한병傷寒病에 걸렸다. 상한병은 몸이 으슬으슬 춥고 콧물과 땀이 나며 머리와 배, 어깨 등 온몸이 아픈 병이다. 병세는 매우 심각해서 체온이 40도를 넘어 사경을 헤매며 오래도록 앓았다. 그때 나를 치료해 준 생명의 은인이 있었는데, 목단강 철도병원 내과의사로 있던 이철범 선생이다. 그는 하얼빈 의과대학 출신으로 지주 집안에서 태어났다. 항미원조전쟁 때에는 중국인민지원군 의료대표단 고문으로 조선에 가서 활동한 분이다. 평소에 우리 집과 친분이 있었던지라 내가 앓고 있는 20여 일 동안 매일 우리 집에 와서 무료로 나를 치료해주었다.

병이 좀 낫자 할아버지는 어디서 구했는지 송아지 한 마리를 잡아다가 오직 나 혼자 먹도록 하였다. 난생 처음이자 마지막으로 그때에 송아지 한 마리를 온전히 다 먹었다. 마침내 병이 다 나아 석 달 만에 학교에 가니 선생님과 친구들이 나를 알아보지 못했다. 나는 늘 키가 제일 작아 맨 앞줄에 앉았었는데, 앓는 사이에 키도 훌쩍 컸고 얼굴도 많이 변화하여 의젓한 청년이 되었던 것이다.

7. 전시총동원체제하 '근로봉사' 참가

내가 국민고등학교에 다니던 시기는 중일전쟁과 태평양전쟁이 한창 진행 중인 시기였다. 일본 제국주의는 멸망을 향해 치닫고 있었고 일제는 전시총동원을 외치면서 일반 대중들을 옭아맸다. 학생들의 삶까지도 전쟁의 굴레에 얽혀 들어갔다. 학생들은 정상적으로 공부하지 못했고, 매년 적어도 한두 달은 근로봉사를 나가 일해야 했다. 근로봉사에는 두 가지가 있는데, 하나는 사회봉사이고 다른 하나는 일본군부대 봉사이다. 주로 도로에 자갈을 깔거나 석탄을 운반하는 일이었다.

우리 국민고등학교 뿐 아니라 사도학교나 주로 일본인 군관 자제들이 다니는 일본인 중학교 학생들이 모두 다 그런 노무에 동원되었다. 그런데 우리 국민고등학교는 기술학교였으므로, 학생들 가운데 우수한 몇몇을 뽑아 일반 노무가 아닌 기술 작업을 하도록 배치했다. 나는 일반 노무에 동원된 때도 있었고, 때로는 기술 작업에 나가기도 했다.

나는 두 번 측량대에 들어가 측량 업무를 맡았다. 처음에 간 곳은 목단강 부근 신안진이라는 곳의 큰 농장이었다. 조선인들이 벼농사를 지어 쌀을 생산하는 농장이었다. 그곳 수로가 순조롭지 못하다 하여 우리가 2학년 때 거기에 가서 수로 측량을 하고 개조 방안을 마련해 주었다. 측량이라고 하면 일반 노무보다는 쉬운 듯하지만 무거운 측량기기를 메고 하루에 시골길을 백 리씩 걷는 일이 결코 수월하지는 않았다. 다음에는 일본군 창고 건설장에 가서 창고 부지를 측량하고 건물 배치를 설계하는 작업에도 참여했다.

한 번은 일본인이 경영하는 목단강시 석탄주식회사에서 근로봉사를 하게 되었다. 그곳에서는 석탄을 차에 싣고 부리는 일을 했다. 회사에서는 우리 모두에게 검정색 작업복을 나누어주었다. 검정 작업복을 입고 일하면 옷과 얼굴은 온통 새카만 검댕이와 땀으로 범벅이 되었다. 우리는 150명이 들어가는 넓은 강당 바닥에 누워 자면서 일했다.

일본인 사장에게는 우리 또래의 아들이 있었다. 그는 일본에서 살았는데 어느 날 목단강을 방문해서 며칠간 머물렀다. 사장 아들은 일은 전혀 하지 않으면서 걸핏하면 우리가 일하고 있는 곁에 다가와 "쿠리, 쿠리苦力, 노동자"하며 놀리는 것이었다. 우리는 참다못해 그 녀석을 혼내주기로 결심했다. 가장 힘이 센 두 명을 앞세워 녀석과 맞붙었다. 그런데 사장 아들이 목검을 휘두르며 달려드는 바람에 우리 학생 한 명이 이마에 상처가 나서 피가 흘렀다.

그날 밤 우리 조선인 학생들 몇몇은 사장 집으로 가서 그 녀석을 불러냈다. 친구의 이마에 상처를 냈으니 사과하라고 하자, 녀석은 오히려 "낮에 맞아 놓고 아직도 굴복하지 않느냐?"하며 이죽거렸다. 우리들은 화가 나 우르르 달려들어 녀석에게 주먹세례를 안겼다. 그는 우리의 위세에 겁을 잔뜩 먹고는 소리를 지르며 근처 파출소로 달려갔다. 이윽고 경찰들이 호루라기를 불며 달려왔는데, 그때 경찰들은 총이 없고 단도만 갖고 있었으므로 우리는 전혀 두렵지 않았다. 우리는 길가에 있던 방공용 몽둥이를 휘두르며 경찰과 맞섰다.

이튿날 일본인 교장이 우리를 호출했다. 으레 불호령이 떨어질 것이라고 각오하고 있었는데, 뜻밖에도 교장이 웃으며 묻는 것이다.

"어제 너희들이 싸움을 했다고 들었다. 이겼느냐, 졌느냐?"

우리가 이겼다고 대답하자, 교장은 말했다.

"좋다! 내가 가르치는 학생들이 지는 것은 나 역시 싫다. 그러나 1대 1로 싸워서 이기면 용감한 것이지만 여러 명이 한 사람과 싸워서 이긴 것은 비겁한 일이다. 그런 싸움은 앞으로 하지 말아라. 그리고 학생이 경찰과 맞서는 것도 옳지 않다."

교장은 이렇게 우리를 타일렀다.

4학년이 되자 학교 수업은 아예 없었고 우리 학년 모두 근로봉사를 나갔다. 나는 일본군 부대로 나가게 되었다. 우리는 모두 일본 군복을 입고 군화를 신었는데, 모자만 학생 모자를 써서 군인과 구별되었다. 부대에는 우리 외에 일본 중학교 학생들도 근로봉사를 나와 있었다. 우리 학교 학생들이 나름 기술인력들이었으므로 군대에서는 우리에게 더 좋은 대우를 해주었고, 좋은 일을 맡겼다.

우리가 근무한 부대는 일본군 동북전선 전체를 관장하는 후근사령부의 창고를 관리 운영하는 공급부대였다. 이 공급부대 대장이 일본군 중장으로 사단장급이었다는 사실을 보면 이 부대 창고의 크기와 중요성을 알 수 있다.

우리는 1945년 2월부터 이 부대 창고에서 근무하게 되었다. 부대에는 수백 개의 창고가 있었는데 그 규모가 어마어마했다. 가령 일본군 모자에는 끈이 달려 있고 그 끈을 턱에 걸어 모자를 고정하게 되어 있는데, 그 끈만 보관하는 창고가 따로 하나 있을 정도였다. 일본군 비상식량으로 지급하는 건빵만 따로 한 창고, 엿과 사탕을 보관한 창고도 따로 하나, 이렇게 품목마다 창고들이 별개로 하나씩 있었으므로 창고 수가 매우 많았고, 창고마다 군수물자들로 가득했다. 이 공급부대만 보아도 일본이 얼마나 철저하게 전쟁을 준비하고 벌여나갔는가 실감이 났다.

나는 그 부대의 영선반營繕班 전기조에 배치되었다. 영선반은 부대 각 건물을 보수 작업하는 단위로, 부대의 곳곳을 순회 검사하며 잘못된 곳이 있으면 보수 작업을 했다. 내가 속한 전기조는 부대 내 전기선로 점검을 전담하는 단위로, 조원들은 모두 전동공구를 한 일씩 지급받고 손전등도 한 개씩 받았다. 처음에 일본군 반장이 우리를 데리고 다니며 창고 위치와 전기선 배치 구조를 가르쳐주었다. 이후에는 조원 두세 명씩 한 조로 편성되어 조원들끼리 자유로이 순회 검사하며 수리해야 할 것이 있으면 보수 작업을 하도록 했다. 일 자체도 그리 힘들지 않았고, 감시하는 사람도 없이 부대 안에서 자유롭게 행동할 수 있었다.

우리가 일본군 부대 창고에서 근무한 때는 전쟁도 막바지에 다다랐을 때였다. 일본은 전쟁으로 분주했고 바깥세상은 뒤숭숭했다. 우리가 군부대에서 근로봉사를 강제당하는 생활은 고생스러웠고 식사량도 충분하지 못했지만 비교적 자유롭고 평온한 생활을 누렸다.

부대 창고마다 물품 상자들이 5~6미터 높이로 쌓여있었으므로 전선을 점검 보수하려면 사다리를 대고 물품 상자 위로 올라가야 했다. 상자들 위에 올라가 있으면 누가 창고에 들어와도 우리를 발견하지 못했다. 우리는 모든 창고를 자유롭게 드나들며 전기선 검사를 했으므로 어디에 과자 상자가 있고 어디에 통조림이 있는지 훤히 알고 있었다. 먹을거리들은 낱개로 진공 압축 포장되어 얇은 철판상자 안에 들어있는데, 칼로 쭉 그으면 다 뜯어졌다. 통조림 같은 것은 우리가 가진 공구로 쉽게 열 수 있었다. 우리는 때때로 물품 상자 위에 올라가 건빵을 뜯어 먹으며 한가롭게 놀기도 했고, 군용 비상식을 몰래 숙소로 가져다가 친구들과 나누어 먹기도 했다.

우리가 머물던 학생 숙소는 일본군 병사兵舍 한쪽에 자리 잡은 건물이었다. 우리 숙소 옆 20미터 정도 떨어진 곳에는 철조망으로 둘러싸인 건물이 하나 있었다. 일본군 반장은 그곳이 중국인 쿠리의 숙소라고 하였으므로 우리는 그곳에 별 주의를 기울이지 않았다. 그런데 지내다 보니 이상한 점이 하나 둘 눈에 띄었다.

그곳은 다른 숙소나 병사와 달리 일반 철조망에 전기 철조망까지 둘러쳐진 감금 시설이었다. 그리고 그 안에서 생활하는 중국인들을 보면 중국인 인부들이라고 믿어지지 않았다. 중국인 인부들은 보통 위생에 거의 신경 쓰지 않으므로 따로 빨래하거나 하는 일이 없는데, 그곳에 갇힌 중국인들은 매일 빨래를 하고 옷을 밖에 널어 말리는 것이 일과였다. 그 숙사 앞에는 철봉 같은 운동기구가 몇 개 있었는데, 그들은 아주 능숙하게 철봉 체조를 하며 체력을 단련했다. 우리 학생들도 고작 몇 명만이 할 수 있는 어려운 체조 동작을 그 중국인 쿠리라는 사람들이 멋지게 척척 해내다니 아주 신기했다.

어느 날 나는 친하게 지내던 중국인 학생에게 물었다.

"저 쿠리들은 참으로 별나다. 무슨 쿠리들이 저렇게 청결하고, 체조를 저렇게 잘하는가?"

내 말을 들은 중국인 친구는 은밀하게 한 손을 들어 엄지와 검지로 '여덟 팔八'자를 그려 보이며, 가만히 "파루, 하치로"라고 말했다. 팔로군 포로라는 것이다. 그때 팔로군 포로수용소가 이곳 목단강 후근사령부에 있었던 것이다.

8. 소련군 진공, 해방

일본군 부대에서 근무한 지 반 년쯤 지나 1945년 7월이 되니, 벌써 소련과의 전쟁이 임박했다는 소문이 들려왔다. 곧 일본이 패전할 것이라는 분위기가 팽배해졌다. 일본군은 황황해서 목단강 후근사령부 창고의 물품들을 트럭에 실어 남만이나 조선으로 가져갔다. 이전에는 창고에 물품을 주로 채워 넣고 그것을 수분하綏芬河·동녕東寧 등 전선으로 실어 날랐는데, 7월 이후로는 물품을 채우는 일은 없고 남쪽으로 실어 내려보내기만 했다. 이미 최고급 지휘부 단위에서는 후퇴 방안이 마련되었던 것 같다.

우리는 이런 움직임을 지켜보며 '일본이 망할 때가 되었구나' 짐작하게 되었다. 그런데 마냥 기뻐하고 있을 수만은 없었다. 일본이 패주하고 소련군이 들어올 때를 대비해야만 했다. 소련군이 일본 군복을 입은 우리를 보면 당연히 일본군이라고 생각하여 우리를 쏘거나 포로로 억류할 것이 아닌가? 우리는 시내에 나갈 기회가 생기면 몰래 서점에 가서 러시아어 사전이나 회화책 같은 것을 사 가지고 들어와 기초적인 러시아어를 익혔다.

"야 니 쏠다트나는 군인이 아니다"

"야 스뚜덴트나는 학생이다"

"야 니 야뽄스키나는 일본인이 아니다"

"야 까레예츠나는 조선 사람이다"

이런 간단한 러시아어를 연습하곤 했다.

8월 9일이 되어 마침내 소련이 일본에 선전포고하고 전쟁을 개시했다. 8월 10일 소련군 전투기가 목단강 시내 상공에 나타났고 소련군의 폭격이 시작되었다.

그날 저녁 날이 저물어 어슴푸레해질 무렵 숙사 밖에서 요란한 소리가 들렸다. 밖으로 나가보니 팔로군 포로들이 부대를 탈출하고 있었다. 포로들은 철조망을 뜯어 부수고 몰려나와 마차 7~8대에 나누어 타기도 하고 일부는 뛰어 달아났다. 그들은 붉은 기를 휘두르고 "와-!" 함성을 지르면서 해림 쪽을 향해 빠른 속도로 사라져갔다. 일본군 추격 부대가 공중에 총을 쏘며 쫓아가다가 얼마 안 가 철수하고 돌아왔다. 예전 같으면 일본군이 사력을 다해 쫓아가 기관총을 걸고 전투를 벌일 만 한 일이었다 전쟁에서 패하는 마당에 포로 몇을 쫓는 것이 별 의미 없는 일이라고 생각했던 것 같다.

팔로군 포로들이 탈출하자 학생들 가운데서도 동요가 일어났다. 상황이 급박하게 돌아가는 마당에 이대로 부대 안에 있다가는 큰 화를 당할 것만 같았다. 나를 비롯한 몇몇의 학생들은 탈출할 것을 주장했다. 부대가 전기 철조망으로 둘러싸여 빠져나가기

1 부
나
의
생
애

73

쉽지 않았지만, 우리는 전기조에서 일했으므로 전기 철조망에 늘 전류가 흐르는 것이 아니라는 것을 잘 알고 있었다. 또 철조망에 전류가 흐르는지 여부도 우리는 쉽게 알 수 있었다.

이튿날인 8월 11일 낮, 나를 비롯하여 탈출을 주장하는 학생들은 비밀리에 조선인 학생들과 접촉하고 탈출 문제를 논의했다.

"팔로군 포로가 도망가는데도 일본놈들이 조금 추격하다가 포기하고 돌아왔다. 그러니 학생들이 도망간다 해서 굳이 총을 쏘고 추격하지는 않을 것이다. 이대로 있다가 소련군에게 잡히면 무슨 일을 당할지 모르지 않는가? 어서 탈출해야 한다. 오늘 밤에는 아직 준비가 부족하니 내일 밤에 탈출하도록 하자."

우리가 이렇게 친구들을 설득하니 동참하겠다고 따라 나서는 학생들이 많았다. 반면 탈출은 위험한 일이므로 부대에 남아있어야 한다는 의견도 반이나 되었다. 나는 중국 학생들과도 친했으므로 그들에게도 연락을 돌려 탈출을 제안했다. 중국 학생들은 더욱 보수적이어서 탈출하겠다는 학생은 3분의 1밖에 없었다.

우리는 탈출 여부를 각자 선택하기로 했다. 그러나 남아있는 사람들은 절대 비밀을 지키고 우리가 탈출해도 가만히 자는 척하고 있기로 굳게 약속했다. 80명의 학생들 중 절반 정도가 탈출에 동참하기로 결의했다. 탈출하기로 한 학생들은 몇 명씩 따로 부대를 빠져나와 부대에서 2킬로미터쯤 떨어진 산에서 모여 뒷일을 토론하기로 했다.

우리는 8월 12일 밤 11시쯤 몰래 부대를 빠져나왔다. 철조망 위에 널빤지를 겹쳐 얹어놓고 한 사람씩 철조망을 뛰어넘었다. 아무도 총을 쏘거나 추격하지 않았고, 탈출에 가담한 모두가 무사히 집결지에 모였다.

우리는 모두 허기지고 지쳐 있었다. 학생들의 집도 제각각으로 달랐다. 목단강 시내에 집이 있는 학생도 있었지만 목단강 외현에 집이 있는 학생도 있었다. 우리 집이 있는 사도령자 마을도 목단강 시내에서 한참을 벗어난 곳이다. 우리 가운데 해남촌이라는 조선인 마을 촌장의 아들이 있었는데, 해남촌은 군부대에서 비교적 가까운 마을이었다. 우리는 일단 해남촌에 가서 밥을 얻어먹고 좀 쉰 후에 헤어져 각자 집으로 떠났다. 일본 군복 차림이었으므로 낮에는 움직일 수 없었기에 13일 저녁에 집으로 떠났다.

해남촌에서 사도령자로 가려면 다시 목단강으로 들어와 시내를 거쳐서 목단강 인도교를 건너야 했다. 군인이라고 여겨지면 검사가 심했으므로 학생 모자를 꼭 쓰고 걸어갔다. 목단강 시내를 거쳐 인도교에 다다르자 경찰과 일본 군인들이 다리를 막아서고 지나가는 사람들을 검색했다. 나는 탈출한 것이 발각될까 걱정되었다.

'붙잡혀도 어쩔 수 없지 않는가? 만일 붙잡힐 것 같으면 일단 달아나자. 총을 쏘지는 않을 것이다.'

이렇게 생각하고 마음을 가다듬으며 침착하게 인도교 쪽으로 걸어갔다. 군복을 입은 차림새에 학생 모자를 단정히 쓰고 학생 가방을 멘 내가 담담하게 다가가 경례를 붙이니, 군인들도 묵묵히 경례에 답하며 별다른 검사를 하지 않고 보내주었다. 나는 아무렇지 않은 태도를 애서 지으며, 속으로는 '아! 다행이다!' 하는 탄성을 눌렀다.

목단강 인도교를 건너면 하예허라는 곳이 나온다. 나는 성이 왕王씨인 중국 학생과 동행하고 있었는데, 그 학생의 집이 하예허에 있었다. 나는 그의 집에서 저녁을 먹고 하룻밤을 잔 뒤 이튿날인 8월 14일 아침에 다시 길을 떠났다.

하예허에서 우리 집이 있는 사도령자로 가려면 15리 산길을 걸어 봉우리를 두어 개 넘어야 했다. 산속에는 목단강을 수비하는 일본군 고사포 부대와 야포부대가 있어서 이미 전쟁터가 되어 있었다. 소련 비행기가 날아와 폭격하고 기총소사하는 장면을 나는 그대로 목격하였다. 일본군 장교가 산 위에서 흰 말을 타고 더거덕더거덕 달리며 부대를 지휘하고 소련 비행기가 날아와 저공비행하며 "두두두두" 쏜다. 일본군 장교는 소련군 기총소사에 맞아 거꾸러져 말에서 떨어진다. 이런 장면들이 마치 영화의 한 장면인 양 눈앞에 펼쳐졌다.

사도령자 마을 뒷산에 거의 다다랐을 즈음 양측 부대가 전투하는 장면도 목격했다. 일본군 부대는 분산되어 여기 한 무리, 저기 한 무리 숨어서 흙으로 진지를 쌓고 기관총을 겨누고 지키고 있는데 소련 군대가 몰려왔다. 탱크가 앞장서서 밀고 들어와 일본군이 있을 만한 곳을 무차별 포격했다. 소련군 부대가 탱크 뒤를 따라서 진격하는데, 부대가 나아가면 탱크는 옆으로 피하며 길을 내주었다. 소련군 부대는 일렬횡대로 쭉 늘어서서 산을 쳐 올라왔다.

소련 군인들은 따발총이라고 불린 연발총을 들고 있었다. 소련군 지휘 장교가 신호총을 "팡!"하고 한 번 쏘니 신호총이 위로 쭉 올라갔다가 저쪽으로 뚝 떨어졌다. 그것은 신호총이 떨어진 자리까지 전진하라는 뜻이었다. 그 다음에는 소련 군인들이 큰 소리로 노래 부르면서 "우라! 우라!" 하고 전진하면서, 일본군이 있건 없건 총을 "두룩, 두룩, 두룩" 쏘아댔다. 그리고 목표 지점에 도착하면 모두들 앉거나 엎드렸다. 그런 다음에 다시 지휘관이 전방을 파악하고 전열을 가다듬어 신호총을 쏘면 또다시 같은 방식으로 전진했다. 소련군은 그러다가 피해를 입기도 했다. 일본군이 풀숲이나 나무그루 뒤에 기대어 기관총을 끼고 숨어 있다가, 혹은 죽은 체하고 쓰러져 있다가 소련군이 다가오면 기관총으로 쏘아대곤 했던 것이다.

내 나이 17세 때에 이렇게 전투를 목격했다. 아마도 어렸기 때문이겠지만, 그런 전투를 바로 옆에서 목격하는 것이 그리 무섭지 않았다. 다만 우리는 일본 군복 차림이었으므로 소련군에게 발각되지 않도록 아주 조심했다. 소련군이 횡포하다는 소문도 많았기 때문에 더욱 조심했다. 우리는 전투 장면을 구경하다가 군인들의 눈에 띄지 않도록 조심하며 산 위로 올라가 나무 뒤에서 몸을 피해 있었다. 소련 군대가 지나가자 다시 일어나서 마을로 향했다.

마침내 사도령자 마을 뒷산 중턱에 다다랐다. 마을은 전쟁터가 되어 포격을 받고 아수라장이 되어 있었다. 마을 사람들은 피난하여 산골로 들어와서 막을 치고 지내고 있었다. 저녁이 되니 흰 옷을 입은 조선 사람들이 나다니는 모습이 보였다. 나는 사람들이 산막을 치고 있는 곳을 찾아갔다. 할아버지가 멀리서부터 나를 알아보고 달려왔다.

"아! 네가 죽지 않고 살아 왔구나!"

할아버지는 눈물을 흘리며 나를 반겨주셨다. 나는 집으로 가서 일본군복을 벗어버리고 흰 조선옷으로 갈아입었다.

내가 가족의 품으로 돌아온 8월 14일 저녁, 소련군은 목단강 시내를 향해 진격했다.

15일까지 진격과 반격이 거듭되었다. 소련군은 꼬리에 불을 뿜으며 번개치듯 단번에 30발씩 총탄을 쏟아내는 그 유명한 카츄샤포를 쏘아대며 목단강 시내를 공격했다. 소련군은 목단강에 진입할 때 현대적인 작전을 썼다. 탱크 부대를 먼저 보내면서 카츄샤포를 쏘며 전진했다. 나는 그때 카츄샤포를 처음 보았는데, 저녁 무렵에 포탄 소리가 소나기 소리가 나듯이 "우릉우릉우릉우릉" 해서 쳐다보면 하늘로 번쩍번쩍하는 불이 지나가고 이내 목단강 쪽에서 포탄이 "꽝, 꽝, 꽝" 하고 터지는 소리가 났다. 마침내 15일 소련군이 목단강 시내에 입성하였다.

나는 마을에 들어온 뒤에도 한 사흘간은 매일같이 전쟁 구경을 했다. 소련군이 목단강 시내에 들어온 날 일왕도 항복을 선언했지만 국지적인 전투는 계속되었던 것이다. 일본군의 최전선 부대들이 항복하라는 통지를 못 받은 것도 있겠지만, 항복 사실을 알고도 불복하고 전쟁을 계속했다.

이튿날 낮에는 일본군의 저항이 없었다. 8월이라 매우 더웠다. 소련군 부대는 강 옆에 탱크를 세워놓고는 다들 발가벗고 강물에 들어가 목욕을 즐겼다. 8월이라 매우 더웠고, 소련 군인들은 전투가 없을 때에는 규율도 엄격하지 않아 호방하게 놀곤 했다. 그런데 소련군이 목욕하던 동쪽 산 위에 어떤 부대가 나타났다. 소련군은 서둘러 탱크로 돌아가 상대편 부대에 포격했다. 상대편 부대는 소련군 야포 부대였으나 소련군은 일본군으로 오인했던 것이다.

야포 부대에서도 맞받아 탱크 쪽으로 대응사격하기 시작했다. 그쪽에서는 탱크 부대가 소련군 부대라는 것을 감지했으므로 탱크를 직접 쏘지 않고 탱크 옆으로 쏘았다. 수전에 유단포를 쏘아 터뜨리니 "꽝" 하고 포탄이 떨어지며 흙물이 10미터씩 치솟았다. 이렇게 한동안 전투 아닌 전투를 벌이다 보니 이쪽 탱크 부대에서도 자기 편 부대를 오인 포격했다는 것을 알아차렸다. 큰일을 저질렀으니 어쩔 줄을 모르고 서둘러 도망쳐 자기 기지로 돌아갔다.

이 사건이 일어난 뒤 얼마간은 소련군이 우리에게 아주 무섭게 대했다. 처음 목단강에 들어올 때에는 주민들을 만나면 손도 흔들고 친절하게 대하였으나, 이후로 태도가 아주 경직되었다. 포격을 받은 야포 부대에 부상자가 상당히 있었으며, 아마 사망자도 있는 것 같았다. 부상병을 실은 위생차가 사이렌을 울리고 지나가서 우리가 나가 구경하면, 소련군은 공중에 총을 쏘고 위협하며 "들어가라! 보지 말라!" 명령했다. 또 어른들 말씀에 따르면 당시 소련군 기율이 문란하고 부녀자들을 겁탈하는 일이 종종 일어났다고 한다. 큰집 누나들이 이미 성숙했으므로 어른들은 움을 파서 낮 동안에 누이들을 숨겼다.

2장 해방, 교육사업

1. 해방

일본군이 완전히 물러가자 우리는 마을로 돌아갔다. 마을은 포격을 당해 엉망이었고 우리 큰집도 불타 잿더미가 되었다. 다행히 우리 집은 피해 없이 그대로 있었으므로 큰집 식구들이 당분간 우리 집에서 기거하였다.

일본군은 퇴각하며 버리고 간 것들이 많았다. 중국인이고 조선인이고 다들 일본군 관사에 몰려가 무엇이든 주워오느라고 법석이었다. 주로 먹을거리나 옷가지 종류였다. 할아버지도 막내삼촌을 데리고 우차를 몰고 일본인이 살다가 떠난 집들을 돌아다니며 쓸 만한 것들을 주워왔다. 막내삼촌은 나보다 두 살 아래지만 키도 크고 힘도 세었다. 어른들은 막내삼촌에게는 소학교만 마치고 일하게 하였으므로 이때 이미 건장한 일꾼이었다. 삼촌은 후에 조선인민군 군무관을 지내다 제대하여 계속 조선에서 살고 있다.

할아버지와 삼촌은 일본인들 집에서 널판자, 양철기와 같은 것들을 뜯어왔다. 그리고는 우리 초가집 위에 나무판자를 대고 그 양철 기와를 얹었는데 집이 모자를 쓴 것처럼 모양이 우스워졌다. 사람들이 일본인 집에서 가져온 것들을 보면 다 그런 판이었다.

필요가 있으나 없으나 마구 거두어 와서는 나름대로 쓰곤 했다. 우리가 일본군 물건들을 거두어 오는 것을 소련군도 따로 제지하지 않았다. 소련군은 시내를 관리하기에도 분주했으므로 일본군 창고 문제까지 관여할 여력이 되지 않았던 것이다.

나도 일본군 관사에 가서 쓸만한 것들을 찾아 거두어 왔다. 책이나 종이, 그리고 등 사용구로 쓰이는 등사판, 강판, 원지, 먹 같은 것들을 찾으면 챙겨왔다. 그리고 군대 위생소에 남아있는 약을 거두어오기로 했다. 약마다 이름과 설명이 쓰여 있었으므로 사용하기 어렵지 않았다. 나는 거두어 온 것들을 집에 두고 이후 필요할 때 요긴하게 썼다. 약품은 나의 생명의 은인인 이철범 선생이 원장으로 있던 목단강군구 병원에 기증하기도 했다.

학교가 어떻게 되었는지 궁금하여 나는 자주 목단강 시내에 나가보았다. 내가 다니던 목단강 국민고등학교는 자연히 해체되어 있었다. 그때 목단강 시내는 완전히 자유세계였고 무정부 상태였다. 사방에 여러 종류의 삐라가 나붙었는데, 그 중 〈서울소식〉이라는 삐라를 우리는 자주 돌려보았다. 〈서울소식〉을 보고 우리는 조선에 통일정부가 만들어졌으며 그 정부는 대통령에 이승만, 부통령에 김구, 총리 여운형, 외교부장 김규식, 군사부장 김일성 등으로 꾸려졌다는 소식도 알게 되었다. *

당시 목단강에 살고 있던 조선인들은 각기 사상이나 정치적 입장이 달랐다. 소련을 옹호하는 사람도 있고 반대하는 사람도 있었으며, 이승만을 추종하는 사람도 있고 반대하는 사람도 있는 등 다양했다. 그러나 누구를 추종하고 반대하는 것도 뚜렷한 이유나 이념적 배경이 있어서가 아니라, 그저 제멋대로 이끌고 이끌려가는 뿐이었다.

....
* 1945년 8월 16일 서울에서는 여운형을 중심으로 '조선건국준비위원회'가 조직되어 해방 직후의 치안·행정권을 행사하였다. 이 조직은 정국의 변화에 따라 1945년 9월 6일 '조선인민공화국'으로 개편하고 대통령과 국무총리, 각 부 부장 등 정부 조각을 선포하였다. 상징적이고 선언적인 조직이었으며, 뒤이어 서울에 진주한 미 군사령부는 이를 불법화하고 해산 조치하였다.

2. 목단강시 고려중학교

해방되고 얼마가 지나자 학교가 회복된다는 소식이 들려왔다. 목단강시 고려중학교가 1945년 9월 중순에 개교한 것이다. 해방 후 불과 한 달 사이에 학교가 회복되었으니, 당시 상황으로서는 아주 신속하게 회복된 셈이었다.* 나는 목단강 고려중학교 4학년으로 들어갔다.

고려중학교 학생 가운데 절반은 국민고등학교 학생들이고 나머지 절반은 가목사·연변 등지에서 온 모르는 학생들이었다. 교사로는 중국 관내, 북만 등 사방에서 모여온 지식인들이 충원되었다. 내가 고려중학교에 다닌 것은 이듬해 1월 졸업할 때까지 불과 4개월 정도에 불과하지만 몇 가지 인상적인 기억들이 남아 있다.

해방이 되자 고려중학교에서 조선어를 쓰도록 하고 일본어 사용을 금지시켰다. 그러나 고려중학교에 다니는 학생들은 소학교 1~2학년 때에 조선어를 조금 배웠을 뿐 이후로는 조선말을 배운 적이 없었다. 일제는 학교에서 조선말 사용을 금지했으므로 학생들 모두 조선말이 서툴렀고, 따라서 일본어로 대화하는 경우가 많았다. 특히 싸움이라도 할 때면 일본어를 주로 썼다. 조선어로는 싸움을 할 수 없었던 것이다. 조선말 욕은 '개새끼' 밖에 몰랐지만 일본어로는 여러 표현을 자유롭게 쓸 수 있었다. 당시 학생들이 주로 그랬다. 그러나 학교에서는 아무리 급하고 싸움할 때라 하더라도 일본어를 쓰지 말라고 교육했으니, 서로 이야기하다가 말이 막혀 난감할 때가 많았다.

그러므로 고려중학교에서는 학생들의 조선말 수준을 높이는 것이 교육의 1차 과업이었다. 우리 4학년생들도 모두 한글을 새로 배워야 했다. 조선어 교사가 교실에 들어와서 "가나다라 모두 아는가?" 하고 물으니 모두들 안다고 대답했다. 가나다라, 가갸거겨 등 자음 모음은 모두 안다고 자신했다.

"그럼 글을 쓸 줄 아는가?" 하고 물으니 역시 다들 안다고 손을 들었다. 교사는 손 든 사람 가운데 열 사람을 앞으로 불러내 흑판 앞에 세우고는, 부르는 것을 받아쓰라고 시

....
* 1945년 9월 10일 목단강시 고려인민협회(회장 김동렬)는 '목단강시 조선인중학교 건교대회'를 개최하고 고려중학교, 고려소학교를 세울 것을 결정하였다(염인호, 『또 하나의 한국전쟁』, 역사비평사, 2010, 315쪽).

켰다. 그때 흑판은 아주 커서 한 8미터 길이나 되었던 것 같다. 교사가 '꽃이 활짝 핍니다'라고 불러주니 다들 교사가 시킨 대로 써나갔다. 교사가 "다들 잘 쓸 줄 아는가?" 하고 묻자 다들 자신 있다며 흑판에 쓰고 자리에 들어와 앉았다.

교사는 흑판 중간에 '꽃이 활짝 핍니다'를 직접 쓰고 나서 다시 우리들에게 말했다.

"자, 이제 너희들이 쓴 글과 내가 쓴 글을 비교해 보아라. 내가 쓴 글과 똑같이 쓴 사람이 있는가?"

비교해보니 한 사람도 맞게 쓴 사람이 없는 것이다. '꽃'을 '꽃'이라고 쓰거나 '꼿'이라고 쓰는 등 맞춤법을 정확히 쓴 사람이 아무도 없었다. 중학교 졸업반 학생들의 조선어 수준이란 이렇게 한심한 상황이었다. 비로소 학생들이 진지해져서 조선어 학습에 매진했다. 4개월간 공부하는 동안 다들 철자법을 익히고, 나름대로 문장을 구사할 수 있는 수준이 되었다. 심지어 나에게는 졸업 후에 신문사 기자로 오라는 의뢰가 들어오기도 했다.

고려중학교는 해방을 맞아 급조된 학교였으므로 재미있는 일이 많았다. 우리 4학년에는 정치학, 경제학 과목이 개설되었는데, 그때까지 들어본 적도 없는 학문이었다. 교사들도 각양각색의 사람들이 있었다. 우리 반은 제일 상급반이었으므로 교사들은 수준 높은 과목을 여러 개 넣어 우리에게 선진 고급 학문을 가르쳐주고자 열의를 보였다.

우리의 경제학 교사는 아담 스미스의 국부론, 마르크스의 자본론 같은 것들을 가르쳐주었다. 당시 우리들은 그 강의를 듣고도 이해하지 못하는 수준이었으나, 교사는 어려운 내용을 아주 쉽게 풀이해주었다. 그만큼 소양이 높은 선생님이었던 것이다.

한편 정치학 교사는 엉터리였다. 현 씨 성을 가진 교사였는데, 마르크스주의를 강의했으나 본인도 제대로 이해하지 못했던 것 같다. 한번은 마르크스와 엥겔스의 이야기를 들려주면서 "카를하고 마르크스가 친형제처럼 친한 친구였다"고 말하는 것이다. 아마도 마르크스와 엥겔스의 친분에 대해 들은 게 있었던 모양인데, 그저 단편적인 이야기만 알 뿐이었으므로 '칼'과 '마르크스'가 서로 다른 사람이라고 혼동했던 것이다. 당시 시류가 일제강점기에 금지되었던 외래 사상들이 급격히 밀려들어오던 판국이었으며, 특히 사회주의 사상을 앞다투어 받아들이던 시기였다. 그러므로 마르크스주의에 대해 흥미는 가지고 있으나 사실 여기저기서 얻어들었을 뿐 책 한 번 제대로 읽어보지 않은 상태에서 이야기를 늘어놓는 그런 교사도 있었던 것이다.

그러나 참으로 수준 높은 교사도 몇 있었다. 특히 예술 방면 교사들의 수준이 높았다. 3학년 도화를 담당했던 교사는 목단강시 〈항일전쟁승리기념탑〉을 만든 유명한 미술가였다. 그는 이후 북조선의 초청을 받아 조선으로 들어가게 되었으나 장질부사에 걸려 이른 나이에 사망한 아까운 인재였다. 또 음악 교사로 박한규라는 사람이 있었는데, 그는 이후 조선에 들어가 조선인민군협주단 단장이 되었다.

고려중학교 교장 오원근은 광주 중산대학 출신이며 중국의 역사와 문화에 아주 조예가 깊은 사람이었다. 그는 4학년 도덕과를 가르쳤는데, 독특하고도 인상적인 수업으로 인기가 많았다. 그는 수업을 시작할 때 문자 하나를 크게 흑판에 써 놓고 한 시간 동안 그 글자에 대해 풀이하는 방식으로 강의하였다.

하루는 "오늘은 '인仁'을 공부하겠다"며 '인仁' 글자 하나를 크게 써 놓고는 글자에 대해 풀이하는데, "사람이 서로 사랑하면서 걸어가야 바르게 갈 수 있다" 하고 설명하였다. 그 다음날은 '의義' 자를 써 놓고 풀이하면서 "양羊 같은 내가 되어라. 양은 온순하다. 죽여도 도망가지 않는다" 이렇게 수업했다. 예禮에 대해서는 "옷차림부터 단정히 하고 선조와 부모님을 모셔라"고 하였다.

오원근 교장이 글자를 풀이하는 내용은 아주 수준이 높았다. 중국의 각종 고전을 들어가며 풀이하고, 그 다음에는 자기 생활의 실천 경험을 사례로 들면서 설명을 풍부하게 하였다. 그렇게 인·의·예·지·신을 익히고 또 다른 글자와 용어들을 풀어나갔다.

막 해방을 맞은 시대 상황에서 그러한 고전 강의는 그다지 인기가 없는 학문일 것이나 오원근 교장의 강의는 아주 깊이가 있고 재미있었으므로 학생들은 탄복하며 그의 강의를 경청했다. 학생들은 오원근 교장이 아주 학식이 깊은 사람이라며 존경하는 마음을 품었다. 나는 오원근 교장의 강의를 비롯하여 고려중학교 4개월간 배운 내용이 국민고등학교에서 배운 것보다 훨씬 알찼다고 생각한다. 내가 안중근 의사의 의거에 대해 처음 알게 된 것도 고려중학교의 역사 수업에서였다.

졸업이 다가오자 학생들은 진로에 대해 고민했다. 대학에 진학할 것인지, 아니면 바로 새로운 사회의 건설에 참여해야 할 것인지를 함께 토론하며 고민했다. 정치적 견해를 두고 열띤 논쟁을 벌이기도 했다. 미국식 민주주의가 좋은가, 소련식 사회주의가 좋은가, 공산주의의 장점은 무엇인가, 해방된 조선은 어떠한 이념을 가지고 국가를 건설해야 하는가, 이런 주제를 넘나들며 토론을 이어갔다. 공개 토론회도 자주 열렸다. 나는 "공산주의도 민주주의다"라는 주장을 펼쳤다. 물론 우리의 토론은 한 가지도 결론을 맺을 수 없는 것들이었다.

나는 대학에 진학할 것인가 고민해 보았으나 마땅히 갈 만한 학교가 없었다. 평양에는 대학교가 하나도 없었고 숭실전문학교뿐이었다. 북경은 여전히 국민당 통치 하에 있었으므로 섣불리 갈 수 없었다. 서울에는 물론 경성제국대학과 연희전문학교가 있었지만 나는 서울에 연고가 없었으므로 무작정 갈 처지가 되지 못했다.

졸업을 한 달 앞두고 뜻하지 않은 사건이 일어났다. 학생들에게 인기와 신망이 높았던 오원근 교장이 고려경찰대에 체포된 것이다.

3. 목단강 고려경찰대와 김광협

목단강 고려경찰대는 동북항일연군 출신인 김광협이 해방 후 목단강으로 들어와 그의 지도하에 조직된 조선인 무장대오이다.

동북항일연군은 1930년대에 만주에서 활동하던 항일무장조직으로, 1940년 이후 소련령으로 이동하여 동북항일연군 교도려를 편성했다. 동북항일연군 교도려는 일본이 패전하자 '동북당위원회'와 '조선공작단위원회'로 분할 편성하고 소련군과 함께 들어와 만주와 조선의 각 거점 도시에 배치되었다. 만주에는 중소 도시까지 합쳐 1백여 개의 도시에 항일연군 인원이 배치되었다.

소련군은 조선·만주의 도시마다 소련군 위수사령부를 설치했는데, 각 지역 위수사령부 사령관은 소련군이, 부사령관은 항일연군 간부가 맡았다. 그 외 항일연군 출신자들은 위수사령부의 방위·통역 등으로 소련군을 도왔다. 만주의 중심지인 장춘 위수사령부 부사령관은 주보중, 심양 부사령관은 풍중운, 하얼빈 부사령관은 리조린, 연길 부사령관은 강신태강건였는데, 목단강 위수사령부 부사령관이 김광협이었다.

김광협은 목단강 위수사령부 부사령이자 목단강군구 정치위원으로서 공산당 조직 활동을 진행하면서 동시에 목단강 고려경찰대를 조직해 목단강지역 치안을 관장하였다. 목단강에서는 고려경찰대라고 하면 다들 무서워할 만큼 힘이 셌다. 이러한 고려경찰대에서 고려중학교 교장 오원근을 체포하였다는 소식에 학생들은 시위행진을 하고 고려경찰대로 몰려가서 교장을 풀어달라고 요구했다.

"우리 교장은 학식 있는 학자이며 존경할 만한 분입니다. 무엇 때문에 오원근 교장을 잡아들입니까? 그를 풀어주시오!"

그러나 고려경찰대 대원들은 잘라 말했다.

"너희 같은 학생들은 아무것도 모른다. 오원근은 국민당에서 파견해 온 특무다."

오원근 교장이 국민당의 특무라는 말에 우리는 큰 충격을 받았다.

당시 목단강은 정치적으로 아주 복잡했다. 우리 조선인 청년들 가운데에 국민당을 지지하는 경향은 없었지만, 이승만과 김구를 지지하는 학생들은 상당히 있었다. 그런데 나는 다른 이들에 비해 아주 이른 시기에 공산당 편에 서게 되었다. 여기에는 우리 백부와 김광협의 영향이 컸다.

나의 5촌 백부가 되는 김원택金元澤은 일찍이 일본 유학을 떠나 일본공산당 활동에 가담하였다. 유학을 중단하고 조선에 돌아와서도 공산주의 단체 활동을 계속하였고, 만주로 이주한 후에도 꾸준히 활동하였다. 목단강에서 공산당 소조를 처음 조직할 때 김원택이 주요 참여자였다. 김원택이 당 활동에 참가한 사실은 일본 문서와 중국의 지방 당안사료에도 기록되어 있다. 백부는 1937년 김이세金利世로 개명하였다. 당 조직에서는 백부의 가정 형편이 부유하므로 직접 항일전쟁 전선에 나가지 말고 후방 공작사업을 맡을 것을 지시했다. 그래서 백부는 마을에 남아 정보 수집과 식량·의복 조달 등의 임무를 받아 수행했다.

나의 고모들도 역시 항일 활동에 참가하였다. 나는 어릴 때 고모들이 항일유격대에 나갔다가 돌아와 동상으로 발가락이 썩어 고름이 줄줄 흐르는 것을 보았다. 큰집의 여러 사람들이 이렇게 지속적으로 항일 활동에 참여했으므로 집안 어른들의 반일 정서와 공산주의 활동 경력은 나의 사상에도 영향을 미쳤다.

김광협과 우리는 같은 청풍 김씨 집안이며, 백부 김원택과 예전에 함께 활동한 인연이 있었다. 김광협은 항일부대원으로 활동했고, 우리 백부는 목단강에서 항일부대를 지원하는 관계를 맺어왔던 것이다.

목단강이 해방되고 목단강 위수사령부 부사령관으로 들어온 김광협은 소련군 지프차를 타고 사도령자로 우리 백부를 찾아왔다. 김광협은 우리 백부를 '형님'이라고 불렀고, 백부네 집에 식사하러 오곤 했다. 우리 백부를 비롯하여 이전에 공산당 활동에 참가했던 사람들은 김광협의 지도 하에 다시 공산당 조직을 만들었다.

백부와 김광협은 이제 막 사회로 나가게 되는 나를 적극적으로 교양하였다. 공산당의 과거 투쟁 역사에 대해 들려주고, 공산당은 인민을 위해 복무하는 것을 목표로 한다는 것, 그러므로 조선의 독립과 노동자들의 해방을 공산당이 지도해야 한다는 것 등을 설명해주었다. 그리고 지금 공산당이 지방정권을 잡고 있고 공산당의 대의가 옳으니 인민대중은 공산당의 지도를 따라야 한다고 설득했다. 나는 백부와 김광협의 주장이 옳다고 생각하여 공산당을 지지하게 되었다.

4. 사도령자 자위단

1946년 1월, 나는 고려중학교 4학년을 마치고 졸업했다. 대학에 갈 수도 없었고 고려중학교는 더 높은 과정이 없었다. 해방을 맞은 목단강에는 할 일이 많았다.

당시 목단강의 조선어 신문으로 『목단강신보』가 발행되고 있었다. 목단강신보사 사장 이홍렬은 우리 백부와도 친분이 있었다. 그는 나에게 신문사에 들어오라고 제안하였다. 그러나 나는 신문사에서 일할 만큼 조선어가 능숙하지 못하다고 생각했으므로 거절했다. 나는 일단 농촌사업을 해보기로 결심하고 사도령자로 돌아왔다. 여기에도 할 일이 많았다. 다들 잘 왔다고 반기며 자위단과 학교 일을 맡겨 주었다.

목단강시 주변 마을들의 치안 상황은 매우 나빴다. 목단강시에 소련군이 점령하여 공산당이 시의 영도를 맡고 있었지만 실제로 공산당을 추종하는 세력은 크지 않았다. 중국인 중에는 국민당 추종자들도 상당수 있었다.

목단강 주변은 토비들로 득실거렸다. 국민당은 만주에서의 세력 강화를 위하여 토비들을 적절히 활용하였다. 국민당 세력을 등에 업은 토비들은 목단강 주변 조선인 마을들을 침략해 약탈하기를 일삼았다. 특히 가을걷이를 마친 마을에 쳐들어와 양식을 빼앗아가니, 마을마다 토비 방어가 급선무였다.

사도령자는 당시 여느 마을에 비해 안정되고 학교도 있고 살기 좋다고 알려져 있었다. 북만의 라북 같은 곳에 살던 조선인들이 토비를 피해 나와서 사도령자로 들어오곤 했다. 그리하여 해방 당시 200호 정도 되던 마을이 불과 몇 달 새에 근 400호로 불어났다.

사도령자에서는 토비들을 막기 위하여 주민들이 자발적으로 자위단을 만들었다. 자위단은 일본 무기로 무장했다. 일본군이 패전하며 남겨놓고 간 무기들로 자위단의 자체 무장력을 갖춘 것이다. 해방된 직후 일본군과 소련군이 전투하던 산에 가면 총탄이 널려 있었다. 하루에 총 20~30정 거두어오는 건 아주 쉬운 일이었다. 마차나 우차를 가지고 가면 우차 가득히 총과 총탄, 수류탄을 싣고 왔다.

사도령자 자위단 단장은 나의 백부 김원택이 맡았다. 그리고 자위단 안에서 청년 50명을 따로 뽑아 한 개 소대 규모의 '자위단 청년기간패'를 따로 조직하고 내가 소대장을 맡았다. 마을 청년들 중에는 일본 군대를 다녀온 청년들도 있었지만 내가 소대장을 맡게 된 것은 내가 만주국 치하에서 중학교를 다녔기 때문이었다. 만주국의 중학생은 전체가 만주국 군관 배양 대상이 되었으므로 학생들은 의무적으로 군사교관으로부터 군사훈련을 받았다. 군사교관은 만주국군 중좌가 파견되었는데, 만주국 군인이지만 대개 일본인이었으며 별도로 배치된 교관 보조로는 일본군 소위가 파견되었다. 만주국 시기 중학생들은 모두 일본군의 일반 보병훈련을 거의 다 받았다. 중학교에서 격투와 사격을 비롯하여 여러 무기를 다루는 등의 군사훈련을 받았으므로 나 역시 어느 정도의 군사지식과 기술을 갖추고 있었다. 그러므로 나에게 자위단 청년기간패 소대장을 맡긴 것이다.

마을에서는 또한 야학을 운영하고 있었다. 일제 치하의 학교에서 일본어만 배운 학생들에게 조선말을 가르쳐 주고, 아울러 문맹퇴치 사업도 진행하고 있었다. 그래서 나는 낮에는 자위단을 훈련시키고 저녁에는 야학 교사로 학생들을 지도했다. 밤에는 자위단 청년들과 함께 마을을 순찰했다.

1946년 봄에 나는 사도령자에서 참으로 바쁘게 활동했다. 기술이 조금이나마 있는 사람들을 모아 기관총·대포·박격포 등 산에서 거두어 온 일본군 무기들을 수리하게 했다. 정미소 발동기 운전공들은 이런 무기들을 쉽게 수리해냈다. 전쟁으로 마을 학교가 파괴되어 학교를 재건하는 일도 급선무였다. 마을 사람들을 동원해서 산에 남아있는 무기들을 샅샅이 찾아내 가져왔다. 산에 무기가 남아있으면 토비들이 가져가 우리 마을을 습격하는 데 쓸 것이 아닌가? 마을 사람들은 모두들 산에 가서 남은 무기들을 모조리 가져와 마을의 큰 창고에 넣었고, 그 무기들을 수리해서 자위단을 무장시켰다.

당시 사도령자 자위단원이 1백 명 남짓 되었는데, 단원 모두가 좋은 총으로 무장하게 되었다. 나는 소대장이었으므로 장총, 소련군의 따발총, 권총을 모두 갖고 있었다. 당시 팔로군 정규부대 소대장보다 훨씬 좋은 장비를 갖춘 셈이었다. 그렇게 무장력을 갖춘 후에 낮에는 훈련하고 저녁에는 실탄 사격연습을 했고, 밤에는 보초를 세워 마을을 지켰다. 자위대원 1백여 명이 총기를 다루었지만 단 한 번도 총기사고나 불미스러운 일이 벌어지지 않았다.

우리 마을에는 과거 일제가 마을을 만들 때 주위에 토성을 쌓아 만들었던 포대 자리가 그대로 있었다. 마을 사방의 포대에 중기관총을 걸어놓고, 저녁 무렵이 되면 토비가 오는지 감시하며 기관총 사격연습을 했다. 낮에 농민들이 농사를 나갈 땐 자위대가 마차에 앉아서 보호하는데, 논밭 가까이에 있는 높은 언덕 위에 기관총을 걸어놓고 농민들을 보호하니 농민들이 마음 편히 농사지을 수 있었다.

이처럼 마을 방어에 힘을 쏟았다. 목단강시 인근 마을 가운데 오직 우리 사도령자 마을에만 토비가 못 들어왔다. 토비들이 액하구도 치고 목단강 시내까지 쳐들어갔지만 사도령자는 치지 못했다. 사도령자는 토비들도 못 들어오는 마을이라며 자위단이 제일 강한 마을로 인근에 소문이 자자했다.

어느 날 밤이었다. 나는 마을을 한 바퀴 순찰하고 집에 들어와 잠자리에 들었다. 설핏 잠이 들려고 하는데 어디선가 총소리가 들려와 나는 벌떡 일어났다. 그날 밤은 조금 기울어진 달빛이 휘휘하게 비치는 날이었다. 나가보니 토비들이 쳐들어왔다는 것이다. 나는 급히 전투 준비를 지시하고 기간패 대원 집합 명령을 내리고 나서 토성으로 올라갔다.

토성 위의 보초는 사방을 향해 기관총을 쏘고 있었다. 나는 보초에게 상황을 물었다.

"토비가 어느 방향에 몇이나 있는가?"

그러니 보초가 대답했다.

"저 앞에 지나가는 토비를 봤습니다. 그런데 총을 쏘니 어디로 달아났는지 보이지 않습니다. 어디에 있는지 모르겠습니다."

나는 사방을 훑어보았다. 어둡기도 했지만, 아무리 지켜봐도 토비의 흔적도 느낄 수가 없었다. 나는 일단 사격을 중지하고 대기할 것을 명령했다.

그날 밤은 아무 일도 없이 지나갔다. 정말 토비가 쳐들어오려다가 포기한 것인지, 아니면 그저 지나갔던 것인지, 지나가는 사람을 보초가 보고 토비라고 생각했던 것인지 알 수 없다.

이튿날 아침 토성을 돌아다니며 돌아보니, 총을 걸어놓은 곳에 탄피가 가득히 떨어져 있는 것을 보았다. 토성 위에서 아래로 내려다 쏘아야 하는데, 다들 무서워서 내려쏘지 못하고 허공에다 대고 총질했던 것이다. 그동안 많은 실탄을 써가며 훈련을 열심히 했는데 이 정도밖에 안 되는가. 나는 모두를 집합해서 다시 교육하고 경각심을 높이 갖도록 했다.

　우리는 팔로군이 토비를 토벌할 때 따라가기도 했다. 목단강 철령구에 주둔했던 팔로군 지대와 함께 토벌하러 갔다. 팔로군 연장이 우리를 지휘했다. 그때 토비들과 한바탕 접전하기도 했다. 여름이라 숲에 풀이 한 길이 넘게 무성했는데, 우리가 지나가는 풀숲 저쪽으로 토비들이 지나가는 게 어렴풋이 보였다. 지휘관이 우리에게 "엎드려!"하고 낮게 외치니, 우리 대원 한 사람이 오발을 해서 총성이 울렸다. 토비들도 우리를 발견하고 총을 쏘기 시작했고, 우리 편에서도 대응 사격하여 한바탕 접전이 벌어졌다. 한참이 지나 토비들이 지나간 다음에 대오를 집합하니 한 사람이 없어졌다가 뒤늦게야 나타났다. 우리 민병 지도원이 풀 속에 숨었다가 한참 뒤에야 안심하고 나온 것이다. 이 사람은 후에 조선에 들어가 개성시 내무서 서장을 지냈다. 나는 1946년 2월부터 8월까지 반 년 남짓 민병대 소대장으로 일했다.

5. 목단강 조선인해방동맹

　해방 당시 목단강에는 조선인 군중조직이 생겨났다. 목단강 전체에 각종 단체가 1백 개도 넘게 조직되었는데, 그 조직들이 차츰 통합해서 '고려인협회'를 만들었고, 이것이 후에 '조선인해방동맹'으로 개편되었다. 고려인협회가 조선인해방동맹으로 개편된 데에는 다음과 같은 역사가 있다.

　소련군은 1945년 8월 일본과 전쟁을 벌이며 목단강을 통해 만주로 진격해 들어왔다. 이때에 연해주의 동북항일연군 부대도 소련군을 따라 목단강으로 들어왔다. 리조린이 이끄는 중국인 부대는 목단강으로 들어와 동북 각지로 나갔다. 김일성이 이끈 조선인 부대 역시 목단강을 거쳐 조선에 들어가기로 되어 있었다.

　김일성 부대는 1945년 9월 2일 무렵에 목단강에 들어왔다. 목단강의 조선인들은 소를 잡고 떡을 장만해 항일연군 부대를 초대하고 환영회를 열었다. 군중대회에서 항일연군 간부들이 나와 연설했는데, 김일성과 리조린은 환영대회장에 들어가지 않고 차에 남아 있었다. 소련군 지휘관들의 권고에 따른 것이었다. 대회장에서 중국 부대의 간부로는 왕효명이, 조선 부대 간부로는 김책이 나와서 연설했는데, 두 사람 모두 가명을 썼다. 목단강 조선인사회 유지들도 나와서 연설했다.

환영 연설을 한 사람은 당시 고려인협회 회장을 지내던 백우학이었다. 그는 자신이 이전에 항일투쟁을 하며 김일성을 여러 번 만나본 적이 있고 김책과도 잘 안다며 허풍을 떨었다. 바로 앞에 김책이 나와서 연설했는데 알아보지도 못하면서 김책을 잘 안다고 말하니, 김책이 얼마나 어이없었겠는가? 그러나 김책이 나서서 밝히지 않으니 환영대회의 군중들은 그저 그런가 할 뿐이었다. 백우학은 그때 목단강에 온 항일부대 간부들이 김일성이나 김책보다 낮은 직책의 간부들이라고 생각했던 것이다. 이렇듯이 초창기 고려인협회에는 회장부터 시작해서 불순한 인사들이 섞여 있었다. 협회라는 명칭의 특성이 말해주듯 목단강의 조선인 유지인사라면 가지각색 인사들이 다 망라되었던 것이다.

환영대회가 끝나고 고려인협회 중심인물 가운데 공산당 계열의 좌파 인사들 몇이 김책을 따로 만났다. 그들은 김책에게 고려인협회 사업에 대한 자문을 구했다.

"아마 선생께서 항일연군 부대의 영도자인 듯합니다. 고려인협회 사업 보고를 할 테니 우리 사업이 앞으로 어떻게 나아가야 하는지 지도해 주십시오."

김책은 차에 있는 김일성에게 이들을 안내하여 대여섯 명이 차에 올라가 김일성을 만났다. 김일성 역시 가명을 썼으므로 고려인협회 사람들은 자기와 대화하고 있는 사람이 누구인지 몰랐다.

이들은 김일성에게 목단강시의 상황과 고려인협회 조직 및 운영 현황에 대하여 설명했다. 목단강지대 조선인 인구와 산업, 해방 후 조선인 단체들이 여럿 조직되어 활동하다가 고려인협회가 수립되어 활동하고 있다는 내용들을 상세히 설명했다. 김일성은 설명을 다 듣고 나서 대략 다음과 같은 지시를 내려주었다.

"목단강에 있는 여러분들이 부지런히 활동하고 고려인협회를 만들었다니 훌륭한 일입니다. 우리 빨치산은 조선민족의 해방을 위해서 싸웠고 지금 소련군 덕분에 해방을 맞았습니다. 그러나 우리 스스로가 완전한 해방을 이루었다고는 볼 수 없습니다. 아직 우리는 완전히 해방되지 못한 상태입니다. 그러니 여러분들은 앞으로 인민들을 완전히 해방시킬 것을 임무로 삼고 활동해야 하지 않겠습니까? 우선 여러분의 조직 명칭을 '조선민족해방동맹'이라고 하면 어떻겠소?"

김일성은 이어서 동맹의 취지와 임무, 사업 추진 방법, 조직 방식 등을 세세히 지도해주었다. 이렇게 김일성의 교시를 받은 인사들은 이내 고려인협회를 해산하고 조선민족해방동맹을 조직했다. 그리고 1년이 지난 1946년 말에는 다시 "소련군이 다 해방시켜 주었으니 이제 해방이 되지 않았는가?"라고 하여 해방동맹을 '조선인민주연맹'으로 재편하였다.

조선민족해방동맹 인사들은 자기들에게 사업 지침을 내린 사람이 김일성이라는 것을 이내 알게 되었다. 1946년 목단강 조선민족해방동맹 위원장과 간부 몇 명이 평양을 방문한 일이 있었다. 1946년은 흑룡강성에 농사가 아주 잘 되어 해방동맹에서 북조선에 쌀을 지원하기로 했다. 목단강시 부시장이었던 김동렬과 해방동맹 위원장 강우 등 몇 사람이 쌀을 기차에 싣고 평양으로 갔다. 평양에서는 만주의 귀한 손님들이 조선을 지원하러 왔다고 반기면서 잘 대접하고 김일성을 접견시켜 주었다. 목단강 대표들이 김일성을 만나보니 지난해 차 안에서 조선민족해방동맹 조직을 지시했던 바로 그 사람이었던 것이다.

김일성이 언제 연해주를 떠났는지 논란이 있으나, 이 사실을 보면 김일성은 8월 말에는 연해주의 야영지를 떠난 것이 확실하다. 김일성은 원래 목단강을 거쳐 기차로 조선에 들어갈 계획이었다. 그런데 목단강에 와 보니 목단강에서 조선으로 가는 철길이 끊어져 있었다. 철도가 경유하는 노일령 굴을 토비들이 폭파시켜 버린 것이다. 그러므로 기차도 자동차도 이용할 수 없는 형편이었다.

어쩔 수 없이 김일성은 연해주로 되돌아가 블라디보스토크에서 배를 타고 원산으로 들어가게 된 것이다. 조선에서는 김일성이 목단강까지 들어왔다는 사실을 설명하지 않고 있으나, 내가 이 사실을 말하니 조선 당사연구소 사람들이 "선생님 말씀이 완전히 옳습니다"라고 인정했다.

목단강에 왔던 조선인 항일부대원들 대부분은 다시 연해주로 돌아가 조선으로 들어 갔으나 일부는 만주에 남았다. 목단강에는 김광협이 남았고 강신태가 연길로 갔다.

나는 조선민족해방동맹 활동에도 참가하였다. '조선민족해방동맹 사도령자 지부 청 년부장'이 내 직함이었다. 반 년 정도 기간이었지만 아주 바쁘게 많은 일을 했다. 목단 강 동쪽인 사도령자부터 액하까지는 목단강지대에서 제일 큰 전쟁터였다. 우리는 소 몇 마리로 우차를 끌어다가 아주 큰 대포들, 280미리 유탄포, 산포, 평사포, 고사포 등 각종 대포들을 다 가져왔다. 이렇게 가져온 대포가 10여 문이나 되었고, 박격포는 더 많았다. 박격포는 조정하기가 어렵지 쏘는 것은 아주 쉽다. 나도 박격포를 다룰 줄 알았 다. 마을 정미소 기사를 시켜 대포와 박격포를 수리해서 김광협이 영도하는 목단강군 구 포병 부대에 바쳤다. 포탄을 모아 바친 것이 몇 백 상자였고, 중기관총 경기관총도 다 보냈다.

팔로군 포병사령관 무정이 당시 목단강 액하에서 처음 포병퇀^{포병연대}을 건설하고, 이 것을 기초로 해방군 포병사령부가 건설되었다. 우리 사도령자에서 바친 대포들이 중국 인민해방군 포병 부대 무장력의 기초가 되었으니, 사도령자가 큰 공헌을 한 셈이다. 나 는 이런 무기들을 모아 보내고 자위대를 무장시켰다. 내가 마을 사람들과 함께 사도령 자에서 모은 많은 무기들이 중국인민해방군 건설에 중요한 역할을 했다는 사실은 중국 의 항일투쟁사, 해방전쟁사 책에도 서술되고 있다.

나는 반 년 정도 이렇게 일하다가 소학교 교원으로 가게 되었다. 교원이 되어 자위대 일을 내려놓으면서 내가 가졌던 무기들을 다 내놓았는데, 권총을 내놓을 때는 정말 아 깝다는 생각이 들었다.

6. 사도령자소학교 교원으로 교육사업 시작

해방 후 사도령자의 인구가 급격히 불어나면서 소학교 학생들이 많아졌다. 우리 마을이 안전하고 학교도 잘 갖추어져 있다고 소문이 퍼지자 사도령자로 이사오는 사람들이 늘어났던 것이다. 마을은 곧 300세대가 넘는 큰 부락이 되었다. 사도령자 소학교는 원래 1학년부터 6학년까지 6개 학급이 있었는데, 1946년 8월이 되니 소학교 선생들이 조선·한국으로 들어가 버려서 교사가 3명 밖에 남지 않게 되었다. 학생은 늘어나는데 교사가 모자랐다. 학교 후원회 회장이 찾아와서 나에게 소학교 교원을 맡아달라고 부탁하여 나는 이를 수락하였다.

소학교 교원이 되려면 목단강시정부 교육국에 가서 시험을 통과해야 했다. 나는 중학교를 졸업했으니 소학교 교원 자격은 충분했다. 구두시험을 순조롭게 통과하고 교육국장의 임명장을 받고 돌아와 사도령자 소학교 교원이 되었다. 1946년 8월, 내 나이 18세 때였다. 당시 소학교 선생은 1학년부터 6학년까지 각각의 담임과 교장 선생까지 7명이었고, 학생은 250명가량 되었다. 나는 사도령자 소학교 5학년 담임으로 부임해 들어갔다.

당시에는 조선말로 된 교과서도 없고 참고자료도 없는 상황이라 옛 일본 교과서를 번역해 사용했다. 우리 소학교 뿐 아니라 주변 일대 학교들이 다들 그런 형편이었다. 그러므로 일본 교과서를 한글로 번역하고 새로이 교재를 만들어 학생들에게 보급할 필요가 있었다. 이런 상황에서 내가 해방 당시 일본군 창고에서 가져온 종이와 등사용구들이 유용하게 사용되었다.

나는 우선 일본 교과서를 번역해서 한글로 된 원고를 만들었다. 그리고 일본군 부대에서 가져온 등사강판과 등사기를 가지로 인쇄해 책으로 묶어서 학생들에게 나누어주었다. 당시 교사들 중에 나처럼 학생들에게 교재를 만들어주는 교사들이 별로 없었다. 하고 싶어도 종이도 부족하고, 교사 개인 돈으로 종이를 사기에는 값이 비쌌기 때문이다. 그러니 나는 일본군 덕을 톡톡히 보았던 셈이다.

내가 가져온 종이 중에는 아주 큰 종이들이 있었는데 일본군 부대에서 과녁을 만드는 데 쓰는 종이였다. 나는 이 종이를 괘도용지로 유용하게 사용했다. 이런 큰 종이에 중요한 수업 내용을 도표로 만들어 벽에 붙여놓으면 학생들이 쉽게 알아볼 수 있었다.

가령 조선 역사를 가르칠 때 단군조선, 고구려, 백제, 신라, 삼국시대, 고려, 이씨조선 이렇게 큰 흐름을 괘도로 만들어서 벽에 붙여놓았다. 그러면 학생들이 쉽고 재미있게 역사를 익혀냈다.

나는 이렇게 교사로서 열정적으로 일했고, 또한 일본이 남기고 간 자원을 적절히 활용해서 아이들을 가르치는 다양한 방안을 고안해 냈다. 나의 노력이 주변에 화제가 되어, 교사 부임 반 년 만인 1947년 2월에 나는 목단강시 모범교사 상을 받았다.

나는 교사가 되기 이전부터 학교 건설에도 많이 노력했다. 학교는 전쟁 때 포탄에 맞아 유리가 다 부서진 상태였는데, 해방 후 학교를 재건할 때 일본군 관사에서 유리를 많이 가져왔으므로 학교 유리창은 다 갈아 끼울 수 있었다. 책상·의자가 부서진 것들은 목공을 데려다 수리했다.

내가 자위단 청년기간패 소대장을 하던 때에 일본군 패잔병들이 산에 숨어있다 마을에 들어온 일이 있었다. 그들은 배가 고파 일본 돈을 가지고 먹을 것을 구걸하다가 자위단원들에게 붙잡혀 나에게 끌려온 것이다. 내가 일본말로 심문하였는데, 이들은 나이 마흔이 넘은 노병들로 참군한 지 반년 밖에 안 된 말단 병사들이라고 했다. 이들의 원래 직업을 물어보니 두 명은 목공 출신이고, 다른 두 명은 전기 다루는 일을 했다고 했다. 그래 나는 잘됐다 싶어 이들에게 말했다.

"내가 당신들을 소련군에게 넘기지 않고 생명을 보호해주고 밥 먹여줄 테니, 대신 마을 재건에 힘을 바쳐라."

나는 그들에게 흰 조선옷을 입혀서 마을 복구사업에 가담하게 하였다. 학교를 재건하고 기물을 수리하게 하고, 전쟁에 파괴된 마을 전기선을 새로 가설하게 하였다. 그들에게 약 3개월 간 일을 시킨 후 옷과 여비를 챙겨주어 목단강에 있는 일본 포로수용소에 보내주었다.

나는 자위대 소장 시절에 이렇게 일본군 포로를 활용해서 마을과 학교 수리 복구에 이미 공로가 있었다. 거기에 더하여 학생들 가르치는 일도 잘 했다고 하여 모범교사가 된 것이다. 나는 그저 마을에서 필요로 하는 일이므로 하나하나 열심히 해나갔을 뿐이었다. 그런데 상을 받고 나니 책임감과 사명감이 더해지면서 앞으로 더욱 열심히 일해야겠다고 마음을 다잡았다.

7. 토지개혁의 바람

1947년 6~7월경 목단강 지구에 토지개혁 바람이 불기 시작했다. 중국에서 토지개혁이란 일대 계급투쟁 과정이었다. 일본 지배 시기에 무슨 일을 했는가에 대하여 전체 간부를 심사했다. 교사들도 심사 대상이 되었다. 교사가 학생을 때린 일까지 다 조사했다. 나는 이때에는 이미 중국공산당 당원이고, 청년부 부장의 직책도 있었다. 내 친구들도 다들 농민 출신이고, 내가 어떻게 자라왔는지 마을 사람들이 다들 알고 있었으므로 나에 대해서는 심사할 것도 없었다. 그러나 빈고농 회의를 할 때면 나에 대해서 반드시 심사해야 한다고 주장하는 사람들이 있었다. 주로 도시빈민이나 유랑민 출신자들로, 해방 후 생계를 찾아 목단강 시내에서 사도령자 농촌으로 새로 유입된 사람들이었다. 그런 외지 출신들이 나의 학력을 문제삼으며 들고 일어났다.

"우리는 목단강 시내에 살면서도 중학교를 못 갔는데 시골에 살던 김우종이 중학까지 가다니, 빈고농 가정이라면 될 법한 일인가? 그는 지주 가정이나 부농 가정 출신임에 틀림없다."

이렇게 주장하면서 기어이 나를 심사하자고 했다.

나에 대해 문제가 제기된 데에는 우리 큰집이 지주였던 탓도 있었다. 큰집은 개명한 지주였고 항일군을 도와 여러 가지 좋은 일을 많이 했다는 것을 모두들 알고 있었다. 그러나 토지개혁 바람 앞에서는 아무 소용이 없었다. 우리 집안의 큰 기둥이었던 백부 김원택은 토지개혁의 긴장된 상황 속에서 우발적으로 희생되었다.

큰집과 달리 우리 집은 빈농이었으나 나를 공격하는 자들은 오직 나와 큰집과의 관계, 나의 중학 학력을 문제 삼을 뿐이었다. 1946년 5월에 이미 공산당 후보당원이 되었던 나의 객관적 이력도 아무 소용이 없었다. 마을에서는 군중대회가 열리고 나의 역사를 반성하고 다 함께 심사하자고 했다. 나는 어쩔 수 없이 역사 보고를 하고 심사를 받았는데 내가 보고하면 일부 사람들이 자꾸 거짓말이라고 어깃장을 놓곤 했다. 나는 반박했다.

"내가 하는 말이 거짓말이라니 무슨 근거에서 그럽니까? 나와 같이 자란 사람들이 여기 다 있습니다. 내 과거는 이들이 다 알고 있습니다. 당신들은 이 마을에 온 지 겨우 몇 달 되었을 뿐인데 무얼 알고 내 말을 거짓말이라고 합니까?"

나의 사정을 잘 아는 원주민들은 나의 억울함을 변호해 주었다. 그러나 나를 공격하는 이들은 나의 말이 허구라며 나의 교사직도 내려놓게 해야 한다고 강력하게 주장하였다. 나를 두고 찬반 격론이 오랫동안 진행되었다. 마을의 심사대회에서는 결국 나에 대한 결론이 나지 않았다. 토지개혁공작단에서 직접 와서 심사를 한 뒤에 나는 심사에 합격하고 교원 생활을 계속할 수 있게 되었다.

8. 목단강시 교원훈련반에서 새로운 사상사조 학습

토지개혁의 바람은 더욱 거세게 불어닥쳤다. 목단강 지역의 모든 마을에서 이런 심사들이 진행되었다. 과거 일제에 협력했거나, 부농이거나, 무언가 거리낄 일이 있는 사람들은 다 북조선이나 한국으로 도망가 버렸다. 학교는 그야말로 난장판이 되었다. 수업은 제쳐두고 교사들의 사상 문제·역사 문제를 캐내느라 바빴다. 교사들도 어수선한 분위기에 겁을 먹고 달아나버려 학교마다 교사들이 부족한 상황이었다.

우리 학교도 상황은 매한가지였다. 이곳 출신인 교사들은 남아 있었으나 타 지역 출신들은 어디론가 떠나버려 4명의 교사만이 학교에 남았다. 조선인학교 뿐 아니라, 중국 사람들도 토지개혁 심사를 피해 지식인들이 다 도망해서 국민당 지역으로 가 버렸다. 당시에는 장춘·심양이 국민당 거점이었으므로 쉽게 넘어갈 수 있었다. 목단강시 모든 학교들이 이런 형편이었다. 그리하여 중공 목단강시위와 목단강시 교육국에서는 "젊은 사람들을 도망가게 하지 말고, 그들을 재교육해서 우리 교육사업의 기초 일꾼으로 양성하자"고 결정을 내렸다.

이어 중공당 시위원회의 지시에 따라서 1947년 10월 경 목단강시에 '중소학교 교원 훈련반'을 만들었다. 훈련반의 취지는 지식분자를 재교양하여 토지개혁의 의의를 철저하게 인식하도록 하고 이를 통해 빈고농을 위한 일꾼으로 새롭게 배양한다는 것이다. 아울러 목단강 지역 교육사업을 위한 중견 교원을 양성하겠다는 당국의 의지가 있었다. 각지 당 조직과 토지개혁공작단이 우수한 교사를 추천하여 보내면 목단강시 교육국에서 선정하여 훈련반에 입학하게 하였다. 사도령자 소학교에서는 내가 선발되었다.

교원훈련반에는 조선반을 별도로 설치했는데, 조선반 인원은 70명 가량이었다. 조선반에는 연합중학교 조선부의 교원들, 목단강시에 속한 5개의 조선족 소학교 교원들이 있었다. 조선반 반장은 중학교 교사들 중에서 선발하고 부반장은 소학교 교원으로 선발하였다. 나는 당원이며 개인 역사도 깨끗했고 우수하다고 하여 조선반 부반장이 되었다. 반장은 목단강 조선중학교 교도주임을 하던 박광신이었는데, 그 사람 역시 당원이며 나보다 두 살 위인 아주 젊은 교원이었다.

교원훈련반의 교육 내용은 주로 정치교육이었다. 신민주주의 이론과 모택동 저작을 학습하고 토지개혁의 당위성 및 지식인의 행동방침에 대해 배웠다. 토지개혁의 의의와 중요성에 대하여 철저한 인식을 갖도록 하고, 그럼으로써 지식인들이 토지개혁을 지지하고 토지개혁 사업에서 농민 편에 서고 농민을 위해 복부해야 한다는 내용이었다.

또한 공산당의 역사, 국민당과 공산당의 대립과 국공내전에 대해서도 학습했다. 그리하여 '중국을 어떻게 구할 것인가' 하는 문제를 해명하였다. 결론적으로 중국을 구하려면 모택동의 신민주이론에 의거해야 한다고 가르치고 신민주이론의 정치, 신민주사회 경제·문화에 대한 이론 학습을 진행했다. 여기에서 나는 처음으로 모택동의 〈신민주주의론〉을 읽게 되었고, 사상 반성, 역사 반성도 함께 하게 되었다. 주로 공산당에 대한 인식, 일본 식민지 노예교육의 잔재 숙청 등의 내용이었다.

나는 이런 문제들에 대해 체계적으로 배운 것이 처음이라 아주 흥미있었다. 나는 부지런히 공부했고, 토론도 앞장서서 조직하고 이끌었다. 반장인 박광신은 학교 지도부와 연락하고 회의하는 일에 바빴으므로 반에서 학습과 토론을 조직하는 일은 부반장인 내가 주로 맡아 하였다. 그 외에 체조 등 학생들을 교육하는 데 필요한 훈련도 받았다.

교원훈련반에서 3개월간 공부한 것은 전반적인 사상개조 학습에 참가한 것이었다. 내가 훈련반에서 수행했던 조직사업은 좋은 평가를 받았으며, 성적도 좋았다. 나는 사상 반성도 훌륭히 하여 아무런 문제가 없는 인재라고 평가받았다. 나는 학습반을 거치면서 자신이 철저히 혁명화 되었다는 자부심을 갖게 되었다.

9. 목단강 제1조선소학교 교장에 임명됨

훈련반의 3개월 교육 과정이 끝나자 소속 교원들은 다시 공작 분배를 받았다. 훈련 반원들은 대부분 원래 있던 학교로 돌아가 교도주임이나 교장 등 간부급 직책을 맡게 되었다. 나는 전근 명령을 받았다. 목단강 제1조선소학교 교장으로 임명된 것이다.

목단강의 조선인 인구는 4만~5만 명이나 되었다. 북만에서 피난 온 사람들이 주로 목단강에서 머물다가 조선이나 한국으로 내려갔다. 목단강이 중간 체류지가 된 셈이었으니, 조선 사람들 인구가 팽창하여 소학교 학생이 3천 명 남짓 되었다. 나는 시골 소학교에서 겨우 1년 남짓 교수한 경력뿐이었고, 교장도 아니고 6학년 담임을 하던 스무 살의 평교사였다. 그런 나를 목단강에서 제일 큰 소학교 교장으로 임명한 것은 굉장히 파격적인 인사조치였다.

목단강 제1조선소학교는 목단강에서 제일 큰 소학교였고, 교원만 1백 명이 넘는 학교였다. 나이도 어리고 경험도 아주 짧은 나로서는 그렇게 큰 학교의 교장으로 갈 수 없었다. 나는 절대로 교장이 될 생각이 없었지만, 당원으로서 당의 지시를 불복할 수 없어 일단 부임 인사차 학교에 가 보았다. 나의 속뜻은 인사하러 간 것이 아니라 학교 상황을 둘러보려는 생각이었다.

겨울방학이었으므로 교직원들이 다 집에 돌아가고 학생도 학교에 없었다. 교무실로 쓰는 큰 사무실이 두 개 있는데 사무실마다 50개나 되는 작은 책상들이 가득 들어차 있었다. 전 교장은 리동제라는 사람이다. 우리 아버지의 이종사촌이고 신안진소학교 교장을 지낸 분인데 토지개혁이 시작된 후에 도망쳐서 조선으로 갔다.

내가 방문할 것이라는 통지를 받았는지, 교도주임과 부교도주임이 학교에 나와 있었다. 교도주임은 김명주라는 분이었다. 40세 가량의 뚱뚱한 분으로, 교원훈련반에는 참가하지 못했다. 교도주임은 커다란 책상 옆에 난로를 피워놓고 부교도주임 두 사람과 함께 마주앉아 있었다. 부교도주임 두 사람은 나와 함께 훈련반에 참여했었는데, 한 사람은 남교사고 다른 사람은 여교사였다. 둘 다 당원은 아니었다.

당시 내 모습은 아주 어린 학생 같았을 것이다. 갓 스무 살에 머리도 학생처럼 빡빡 깎았고 체구도 작아서 딱 중학생 같았다. 김명주 교도주임은 나를 맞이하며 "아이구 선생님, 새로 부임되어 오신다니 아주 기쁩니다"라고 빈말로나마 좋게 인사했다.

성이 임씨인 남자 부교도주임은 이전에 내가 만나보았던 사람이다. 1년 반 전, 내가 사도령자소학교 교원이 되기 위해 목단강 시정부 교육과에 가서 시험을 치를 때 교육과 부과장으로 일했던 사람이다. 나에게 시험을 치르게 해서 교원으로 채용했던 그 사람이 불과 1년 남짓 지난 지금에는 내 부하 교직원이 되게 된 셈이다. 혁명을 하니 정말로 세상이 거꾸로 되었다.

교도주임과 부교도주임은 나에게 학교 정황 및 사업에 대하여 보고했다. 나는 이곳 교장으로 부임해 올 생각이 없었지만 할 수 없이 앉아서 다 들었다. 학교에는 해결해야 할 문제가 산적해 있었다. 매우 큰 학교였지만 학생들은 더욱 많았다. 2부제도 모자라 3부제까지 하며 겨우 학생들을 가르쳐내고 있었다. 다른 곳에 분교를 만들 형편도 되지 않아 이렇게 진행하고 있긴 하지만 아주 곤란한 상황이라는 등의 내용이었다.

또 다른 문제는 교원 문제였다. 학교는 지식분자 여관과 같았다. 사방에서 지식인들이 모여서 한두 달 조금 가르치다가 떠나는 사람이 많았다. 교원 대우가 제대로 마련되지 못했기 때문이기도 했는데, 어쨌든 교원이 안정적으로 충원되지 못한 상황이었다.

보고를 마친 후에는 학교를 둘러보자고 하여 30학급 남짓 되는 2층 건물을 쭉 돌아보았다. 나는 학교를 둘러볼 때에도 '교육국장에게 다시 가서 이렇게 큰 학교의 교장

자리는 차마 하지 못하겠다고 떼를 써야 되겠다', 이런 생각만 할 뿐이었다.

　학교를 돌아보고 다시 사무실로 돌아와 둘러앉아 이야기를 나누었다. 나를 채용했던 교육과 부과장 출신의 임 선생은 나를 아주 점잖게 대해주었다. 나를 내리 보거나 장난 치지 않고 공손하게 대했다.

　여성 부교도주임인 이영희 선생은 나와 같은 훈련반에서 공부하였으니 좀 친근했다. 훈련반 시절에 나는 부반장이었으므로 훈련반원들을 내가 집합시켰다. 간혹 여교사들이 조금씩 늦게 오곤 하여 내가 "왜 늦게 옵니까?"라고 타이르기도 했다. 여자 선생들은 깔개를 하나씩 들고 다니면서 강당에 보고를 들으러 갈 때면 꼭 지니고 가곤 했는데, 그걸 잊어버렸다고 다시 방에 가서 가져온다고 하는 것이다. 나는 그런 여교사들을 비판했다.

　"강의 받는 한두시간 정도를 참지 못하고 깔개를 가지러 간다고 합니까? 그렇게 몇 명이 지각하게 되면 우리 반 전체가 지각하게 되는 것입니다."

　내가 이렇게 비판하면 이영희 선생은

　"총각 선생이 뭘 안다고 그런 말을 합니까? 여선생들이 깔개도 안 깔고 냉방에 앉았다가 병이 나면 선생이 책임지겠소?"

　하며 농담을 섞어 여교사들을 변호해주곤 했다. 이처럼 이영희 선생은 나와 친하면서도 할 말은 하고 농담도 하는 성격이었다.

　조선소학교 건물을 쭉 돌아보고 다시 교무실에 앉으니, 이영희 선생이 내 까까머리를 쓰다듬으며 아이들 대하듯 말하는 것이다.

　"교장 선생, 학교를 돌아보니 어떻소? 여기서 교장 일을 해내려면 참 바쁠 텐데?"

　나는 어이가 없고 무척 화가 났지만 아무렇지 않은 듯 자리에서 일어났다.

　"학교에 곤란도 많은데 선생님들이 수고가 많습니다. 앞으로도 수고하면서 잘 해 주십시오."

　이렇게 인사말을 하고 나왔다.

　나는 바로 교육국장을 찾아가 우는 소리를 하며 제1소학교 교장을 절대 할 수 없다고

1부 나의 생애

101

하소연했다. 교육국장이 "네가 교장을 못하면 누구를 시키면 좋겠는가?"라고 도리어 내게 물었다. 교원훈련반 반장을 지냈던 박광신이 좋겠다고 답하니 국장은 빙그레 웃었다.

"네가 사람 볼 줄은 안다. 그래서 박광신을 중학교 교장에, 너를 소학교 교장에 임명한 것이다. 그런데 박광신에게 소학교 교장을 맡기라고 하니, 그러면 김우종 네가 중학교 교장을 해야 되겠구먼."

하는 것이다. 나는 기겁해서 절대로 중학교도 소학교도 교장은 하지 못하겠다고 떼를 쓰고, 다만 중학교에 가서 박광신 밑에서 수학이나 물리 교원을 하겠다고 사정했다. 나는 박광신도 찾아가 도와달라고 부탁하기도 하고 여러 모로 교육국장을 설득하여 겨우 소학교 교장 임명을 취소 받을 수 있었다. 한편 연합중학교 안에서 조선부가 따로 분리되어 나오면서 박광신이 중학교 부교장 겸 조선소학교 교장을 맡게 되었고, 나는 목단강시 연합중학교 교도간사 겸 조선부 교원으로 임명되었다.

10. 목단강 조선중학교 교원 생활

목단강시 연합중학교에는 중국 학생과 조선 학생이 다 아울러 있지만 조선 학생은 조선부로 편성해 따로 가르쳤다. 조선 학생들은 중국 학생들과 사이가 좋았다. 만주국 시절에 중학교에 다닐 때에도 일본 학생과 조선 학생은 자주 싸우지만 중국 학생과 조선 학생들이 싸우는 일은 없었다. 해방 이후에는 공산당에서 민족단결을 강조하였으므로 학교에서도 민족 간에 편견을 갖거나 갈등이 생기는 일이 없었다.

연합중학교는 조선중학교, 조선여자중학교, 중국학교, 중국여자중학교, 사도학교 이렇게 다섯 학교를 합쳐서 연합중학교를 만든 것이었다. 상당히 큰 학교로, 연안에서 온 노간부인 목단강시 교육국장이 중학교 교장을 겸하고 있었다.

1948년 3월 내가 목단강시 연합중학교에 부임해 가니 학교에서는 나에게 무엇을 가르칠 것인지 물었다. 나는 물리와 수학을 가르치겠다고 지원했는데, 마침 학교에는 물리와 수학 교원이 부족했으므로 나는 원하던 대로 물리와 수학을 담당하게 되었다.

수학은 그저 수업시간에 순서대로 가르쳐 주면 되니 크게 준비할 것이 없었다. 물리를 가르치는 일은 준비할 것이 많았다. 나는 두 시간의 수업을 위해 20시간씩 수업 준비를 했다. 나는 중학교 때 물리를 잘 했으므로 가르칠 내용을 준비할 일은 없었지만, 교재와 교구가 없어 모두 스스로 마련해야 했으므로 시간이 많이 걸린 것이다. 물리교학의 특성상 교재와 교구 없이는 수업을 하기 힘들었다. 나는 교과서를 직접 만들었다. 초급중학 과정은 일본 교과서를 그대로 번역해서 만들어 학생들에게 주고 가르쳤다.

이후 학교에 고급중학고중 과정이 개설되어 고중 물리를 가르치게 되었다. 고중 물리 교과서는 일본 책도 중국 책도 없었다. 나는 일반 중학 과정을 다녔을 뿐이므로 고중 과정 물리를 가르치기 위해서는 나도 다시 배우고 연구를 해야 했다. 서점에는 러시아 책들이 많이 있었으므로 노어로 된 물리나 수학 교과서를 구할 수 있었다. 일본 교재는 딱딱하고 개괄적이어서 재미가 별로 없었는데 소련 교재는 이해하기 쉽고 재미있게 되어 있어 나는 소련 교재를 주로 참고하여 교재를 만들었다. 러시아어를 공부해 가며 교재를 해석하고 번역했다. 그때 러시아어 공부를 많이 해서, 말은 서툴렀으나 글은 어느 정도 해석할 수 있게 되었다.

그러나 러시아어 교과서를 번역하는 일을 나 혼자서 하기엔 어려웠으므로 목단강중학교 로어 교원이었던 김각현의 도움을 받았다. 김각현은 원래 만주에서 대학을 다니다가 소련에 가서 레닌그라드 해군학원을 다닌 수준 높은 인재였다. 러시아어에 능통하고, 해군학교를 나왔으므로 물리학은 나보다 더 많이 배운 사람이다. 그런데 감각현은 조선말을 잘 몰랐기에 김각현과 내가 함께 연구해 교과서를 만들었다. 김각현이 소련 물리 교과서를 보고 내용을 나에게 설명해 주면 내가 조선말로 번역해서 물리 용어로 고쳐서 썼다. 이 작업을 겨울방학 동안 부지런히 해나갔다. 나는 그에게 술을 사서 대접하면서 함께 고중 1학년 과정 물리 교과서를 만들었다.

그렇게 일본 책과 소련 책을 번역한 교과서를 가지고 중학교 학생들을 가르치는데, 그저 말로 하거나 흑판에 그림을 그려 설명해서는 잘 이해시킬 수 없다. 가령 지렛대원리를 설명하는데 흑판에 그려서 설명해서는 한참을 해야 납득되고, 납득되더라도 그리 인상깊지 못하기 마련이다.

나는 어떻게 해서든 실물교학에 충실하고자 노력했다. 실험기구들을 만들어서 실험을 통해 제대로 된 학문을 가르쳐주고자 했다. 그러기 위해서는 전기 교구, 기계 교구 등 물리 실험기구들을 많이 갖추어야 했는데, 학교에서는 실험기재들을 마련해줄 수 없었다. 학교는 물론 국가에서 재정을 부담해 운영했지만, 당시 학교에서 운용할 수 있는 돈이란 그저 교사들 월급 주고, 종이나 원고지를 주어 교재를 쓰게 하고, 분필이나 펜 같은 것을 마련하는 기본경비 뿐이었다. 물리학 실험실을 만들도록 지원할 형편은 되지 않았다.

1949년 3월, 목단강시 조선중학교가 목단강시 연합중학교에서 분리 독립하면서 나는 학교 청년단 당 총지서기 겸 교도처 부주임 직책을 맡게 되었다. 이때부터 나는 학생들을 내 뜻대로 동원할 수 있었다. 나는 학생들을 데리고 농촌에 가서 모내기나 가을걷이 일손을 돕게 했다. 그러면 농촌에서는 학교에 기부금을 내는데, 때로는 몇 백 원을 보내기도 하고 어떨 때는 몇 천 원을 보내기도 했다. 그렇게 기부금으로 상당한 돈을 모았다.

나는 그 기부금으로 하얼빈이나 심양에 가서 진동기록기Oscillograph, 전기측정기 같은 좋은 기구들을 구해 물리 실험실을 잘 갖추고 싶었다. 그러나 내가 학생들을 동원해 모은 돈이라 해서 내 마음대로만 할 수는 없었다. 어떤 학생들은 축구공이나 농구공을 사달라고 하고, 음악을 좋아하는 학생들은 악기를 사서 악단을 만들고 싶어 했다. 나는 학생들의 여러 의견을 모아 악기를 사서 음악부를 만들어 주기도 하고, 축구팀을 만들어서 공도 여러 개 사 주기도 했다.

그리고 나서 남은 기부금으로 물리 기계 제작을 위한 도구들을 구입했다. 전기측정기 같은 측정기들을 사 오고, 동선·자석 등을 사다가 자체적으로 실험기기를 제작하였다. 처음 전기 실험도구를 제작할 때에는 일본 전기학교를 나온 동료 교사의 도움을 받았다. 나중에는 재주 있는 학생들도 모아서 함께 제작했다. 그때 내가 아직 스물 남짓한 어린 나이었으므로 학생들도 나와 불과 두세 살 차이가 날 뿐이었는데, 이런 일에 참여하는 것을 좋아했다. 나는 이처럼 학교에서 필요한 모든 일들에 대처하면서 나 혼자 할 수 없는 일은 여러 사람을 모아 협력하고 중지를 모아 일해 나갔다.

실험실을 갖춘 후에도 기부금이 차차 모여 학교의 다른 부문을 고치고 가설하는 데 유용하게 사용했다. 당시 학교 건물은 전부 단층 건물들이었다. 옛 일본군 부대를 학교로 활용한 것이다. 넓은 학교 땅 위에 학교 건물이 여기에 한 채, 저기에 한 채 그렇게 죽 널려 있었다. 그처럼 넓은 학교를 중앙에서 통제하기 어려웠는데, 기부금을 가지고 학교 교실마다 스피커를 달고 마이크를 사서 방송 시설을 만들었다. 학교에 방송 시설이 생기니 학교를 운영하는 데에도 유용했고, 학생들은 방송 시설을 다루는 활동을 하게 되었으므로 아주 좋아했다. 당시에는 중학생들이 학교에서 수업하는 이외에 무슨 다른 과외 활동이 전혀 없을 때였으므로 내가 이런 일들을 조직하면 학생들은 참가해서 활동하는 걸 아주 좋아했다.

나를 비롯한 동교 교사들과 학생들은 물리 실험실을 만들고 교학하는 데에도 아주 열심히 참여했다. 그 결과 우리 목단강 조선중학교는 송강성 중학교 가운데 물리 실험실이 제일 잘 구비된 학교로 유명해졌다. 아울러 학생들의 물리 성적이 월등하게 향상되었다. 대학시험을 치르면 우리 학교 학생들이 역사나 어문 과목 성적은 좋은 편이 아니었지만 대신 수학이나 물리 성적은 아주 높았으므로 대학 진학률도 높아졌다. 목단강에 있는 한족들 중학교에서도 우리 학교에 와서 실험실을 참관하고는 매우 칭찬하며 배워 가곤 했다. 내가 만약 지금처럼 역사 연구를 하지 않았더라면 아마도 전국에 이름난 물리 교사가 되지 않았을까 생각해본다. 그만큼 나는 일에 푹 빠져들었다.

11. 조선전쟁

해방 이후 조선 문제에 대하여 우리 흑룡강 조선인들은 어떻게 인식하였는가? 우리는 북조선의 김일성이 조선 인민을 위하여 일하는 지도자이며, 이승만은 미 제국주의의 앞잡이라고 인식했다. 남조선 정부는 인민의 옹호를 받지 못하는 괴뢰 정부일 뿐이며 북조선 정부에 정권의 정당성이 있다고 인식했다. 당시 중국은 국가적으로 이렇게 교육 선전하였고, 신문들이 모두 이런 논조를 썼다. 우리는 이러한 인식이 이론적으로 옳을 뿐 아니라 실제 면에서도 그러하다고 명확하게 인식했으며 추호도 의심하지 않았다. 따라서 조선전쟁이 벌어지자 중국 조선인들이 북조선을 지지하고 지원했던 것이다.

조선전쟁을 평가하는 데 있어서 한국의 학자들은 전쟁이 '북침인가, 남침인가'의 문제를 중요하게 여긴다. 한국 학자 몇몇이 나에게도 이 문제를 들어 따져 묻기도 했다. 민족적인 비극이었던 조선전쟁이 북의 남침으로 시작되었으므로 한국에서는 개전의 책임을 물어 북을 비판하고 비난하는 것이다.

그런데 중국에서는 전쟁을 평가하는 기준이 한국 사람들과는 사뭇 다르다.

'전쟁의 정의가 어느 편에 있는가? 어느 편이 인민을 대표하는가?', 중국공산당과 중국인들은 이를 중요하게 생각한다. 누가 처음 방아쇠를 당겼는가 하는 것은 부차적인 문제이다. 반동 정부를 타도해야 한다는 원칙을 가지고 조선전쟁을 바라보는 것이다. 공산당은 인민을 대표하는 당이므로, 상대편이 인민을 착취하면 인민을 대표하는 공산당이 반동 정부를 타도해야 한다는 논리이다.

그렇다면 반동 정부를 타도할 때에 그 정부를 오늘 칠 것인가, 내일 칠 것인가? 먼저 쳐들어오기를 기다릴 것인가, 먼저 타도하며 일어날 것인가? 여기에 대하여 우리 당에서는 "우리가 힘이 있을 때 쳐야 한다"고 생각한다. 다만 모택동은 "우리가 먼저 침범하지는 않겠으나, 상대편이 침범하면 반드시 갚아주고야 만다"고 말했다. 전쟁의 정당성 여부와 관계없이 전쟁의 첫 방을 먼저 쏘지는 말아야 한다는 점도 우리 당은 명백히 하고 있다.

전쟁 이전의 조선 정세는 38선에서 계속적인 소규모 전투가 발생하였다는 점이 특징적이다. 때로는 북측이 때로는 남측이 군사충돌을 도발하였다. 또한 전쟁 직전이었던 1950년 6월 19일, 미국의 국무장관 고문 덜레스가 한국을 방문하고 38도선을 시찰하였는데, 이 사실에 기반하여 일각에서는 덜레스가 전쟁을 일으키기 위해 전선을 시찰한 것이라는 말이 나돌기도 했다.

이처럼 남북 양측 사이에 전쟁 분위기가 팽배하던 와중에 전면전쟁이 발발하였고 조선에서는 '북침'을 발표하였다. 그러므로 중국에 있는 사람들은 자연스레 미국이 전쟁을 도발했다고 믿었다. 남한 정부가 침략하여 조선이 반격했다는 북측의 성명을 그대로 믿은 것이다. 한편으로 두 개의 조선 정부 가운데 중국은 김일성의 북측 정부를 지지하였으므로 북측이 수행하는 전쟁은 정의로운 전쟁이라고 중국에서는 인식하였다.

중국의 조선족들은 당연히 조선전쟁에서 북조선을 지지했고, 지원 사업에도 적극적으로 참가했다. 우선 부상당한 조선 군인들을 중국에 받아들여 치료받도록 해주었다. 목단강에도 조선 부상병들이 들어왔으므로 학교에서는 학생들을 조직하여 부상병들을 위문하도록 했다. 수혈대를 결성하여 헌혈도 했는데, 헌혈한 학생들에게는 설탕과 달걀을 주어 영양을 보충하도록 했다.

미군이 인천에 상륙하자 조선 군대는 전쟁에서 밀려 후퇴하기 시작했다. 그때 조선의 주요 기관들과 간부 가족, 전쟁고아들이 중국으로 피난을 왔다. 우리 목단강에도 피난민이 구름처럼 밀려들었는데, 당시에는 그들을 소개민疏開民이라고 불렀다. 우리는 그들을 정거장까지 마중나가 맞이하여 여인숙 또는 가정집으로 거처를 잡아주었다. 보통 중국인들 몸에서는 콩기름 냄새가 나는데, 소개민들 몸에서는 김치 냄새가 났다. 그들이 탄 기차 객실 문을 열면 시큼한 김치 냄새가 흠뻑 풍겨오던 일이 지금도 잊히지 않는다. 먹을 때는 몰랐는데 다른 사람의 몸에서 나는 김치 냄새는 그리 좋지 않구나 하는 생각이 들기도 했다.

1950년 가을 중국인민지원군을 조선에 파견하면서 중국에서는 대대적으로 지원병 모집 사업이 시행되었다. 당시 목단강 조선중학교 교도처 부주임이던 나 역시 전쟁에 참군하고자 했다. 나와 친한 사이였던 단 서기 전재석과 함께 하얼빈에 있는 흑룡강성 교육청에 가서 교육청장을 면담하였다. 우리는 사직하고 조선전쟁에 참군하겠다고 교육청장에게 청원했다. 교육청장은 우리 말을 듣더니 고향이 어디냐고 물었다. 나는 함경도, 전재석은 남조선 경상도라고 답하였다. 교육처장은 전재석은 참군을 허가하지만 나는 허가할 수 없다고 했다.

"전쟁이라는 게 전선에 나가서 총 들고 싸우는 사람만으로 이길 수 있는 게 아니다. 총을 들고 싸우는 사람을 위해 총알도 있어야 되고 먹을 것도 생산해야 하고, 후방을 지키는 사람도 있어야 되지 않겠는가? 그리고 전쟁이 내일이나 모레 당장 끝날 것도 아니고 언제 끝날지 알 수 없는 일이니 조급하게 생각하지 말라. 전재석은 남조선이 고향이니, 고향을 해방하는 전쟁에 참여하는 것이 정당하므로 참군을 허락하겠다. 그러나 김우종은 남아서 교육에 힘써 주기 바란다. 앞으로 더욱 병력이 필요해지면 그때에는 너도 보내주겠다."

교육처장은 이런 말로 나를 설복하였다. 결국 전재석은 참군하고, 나는 남게 되었다. 나는 이후 전재석을 다시 만나지 못했다. 이후에 소식을 알아보니 전재석은 정규군으로 들어가지 않고 남조선에 파견되었다고 한다. 고향에 침투 활동을 위해 파견되었다는 것인데, 그 뒤로는 소식을 알 수 없다.

우리 집에서는 작은삼촌과 내 동생이 조선전쟁 지원군으로 전쟁에 참가했다. 내 동생은 중학교 2학년을 마치고 3학년 올라갈 무렵에 입대했다. 삼촌은 이미 해방군에 참가하여 철도부대에 있다가 철도부대가 조선전쟁을 지원하러 갈 때 조선으로 나가서 전쟁에 참가했다. 삼촌과 동생은 모두 무사하였고 지금까지 건강하게 살아 있다.

각 학교에서는 학생들을 지원군으로 동원해 조선전쟁에 참군시켰다. 우리 목단강 조선중학교에서도 학생들을 동원하였다. 한창 지원군을 동원하던 시기에 나는 조선로동당 중앙당학교에 가서 공부하느라 마침 학교에 없었다. 교장과 교도주임이 학생들을 동원해서 참군시켜 보내는 임무를 맡아 했다. 내 동생을 비롯한 많은 학생들이 그때에 동원되어 전쟁에 나갔다.

지원군으로 참군했던 학생들은 1951년 말부터 1952년 사이에 대부분 귀국하여 학교로 돌아왔다. 그런데 참군하고 돌아온 학생들 사이에 불평이 있었다. 지원군 동원 사업이 불공정하게 되었다는 불만이었다. 몇몇 학생들이 나를 찾아와서 성토했다.

"교장 선생과 교도주임 선생이 우리에게 지원군에 입대하라고 하여 우리가 전쟁에 참가했는데, 어째서 자기 동생들은 안 보냈습니까? 자기 동생들은 입대를 회피시키고 학생들에게만 참군을 권한 것이 정당합니까?"

나는 그 동생들 중 한 사람은 폐가 나쁘고 또 다른 한 사람도 무슨 병이 있다 하더라는 이야기를 해 주며, 정당한 사유가 있으므로 문제될 일이 아니라고 이들을 설득하고 다독거렸다. 그 동생들의 건강 문제는 그저 핑계거리였다는 이야기도 돌았는데 진실을 확인할 수는 없었다. 그러나 교장과 교도주임을 변호하고 학생들을 진정시키는 것이 나의 임무였다.

그런데 내가 후에 생각하니, 이분들이 자기 동생들을 안 보낸 데에는 이유가 있었다. 교장은 경상도 출신이고, 교도주임은 서울이 고향이었다. 즉 두 분 모두 남쪽에 고향을 둔 사람들이었다. 그러니 자기들 동생을 지원군으로 보내면 남쪽 군대에 있는 자기 친지들과 맞서 싸우게 되는 것이다. 그것이 과연 옳은 일이었겠는가? 아마도 그 분들은 이런 점을 고려하여 결정했을 것이다. 나는 그분들이 선견지명을 가지고 옳게 판단한 것이라고 생각한다.

12. 조선노동당 중앙당학교에서 정치이론학습

북조선이 전선에서 밀려 후퇴하게 되니 소개민들이 만주로 많이 들어왔다. 조선의 기관들도 중국으로 옮겨 들어왔다. 1951년 1월, 조선로동당 중앙당학교가 흑룡강성 일면파에 옮겨와 임시 거처를 마련하게 되었다. 나는 성 교육청의 박종희 과장과 함께 일면파로 가서 중앙당학교를 위해 여러 가지 편의를 돌봐주게 되었다. 나는 박종희 과장을 도와 심부름도 하면서 중앙당학교의 수업을 들었다.

일면파는 지금은 상지현에 속해 있으며, 하얼빈에서 목단강으로 오는 중간에 있다. 이 학교의 모든 경비는 송강성 재정청과 교육청에서 지급해주었다. 나는 여기에서 대략 50일 가량 공부하면서 처음으로 체계적인 마르크스·레닌주의 이론 교육을 받았다. 그러니 나는 사실 조선로동당 중앙당학교에서 배양한 사람인 것이다. 조선로동당 중앙당학교에서 공부하는 사람들은 조선 각 도에서 온 당위원장이거나 인민군 군단장급 간부였으나 나처럼 중국 조선중학교 교장도 몇 명 있었다. 조선에서 온 학습생들은 대부분 전쟁터에서 곧바로 왔기에 지쳐 있고 체력이 약했다. 강의 시간에 꾸벅꾸벅 졸기만 하는 사람이 많았다.

당 학교의 교수들은 모두 아주 유명하고 수준 높은 교수들로 조선 최고의 이론학자들이라고 했다. 소련의 이론을 그대로 옮겨다 강의했고, 관점에서 교조주의적인 면이 있었다. 그러나 처음으로 마르크스주의 이론을 접한 나에게는 더없이 좋은 공부 기회였다. 소련공산당 역사 강의 비중이 제일 컸고, 그 외 마르크스주의 이론과 철학, 해방 후 조선로동당 역사 등을 다루었다.

교수들 가운데 가장 기억에 남는 분은 마르크스·레닌주의 강좌 담당 교수였던 유성훈 교수이다. 그는 과거 소련 모스크바 동방노력자공산대학 교수를 지낸 적이 있었다. 동방노력자공산대학은 중국과 일본, 조선, 베트남과 같은 동방의 공산주의 간부들을 배양하는 학교였다. 한국전쟁 당시 조선이 서울을 해방했던 때에는 서울대학교 총장을 맡기도 했던 아주 명망 있는 학자였다. 유성훈 교수는 그때 50대로 체구가 우람하고 얼굴도 러시아 사람처럼 생겼는가 하면 마르크스주의 이론을 통달한 분이었다.

당시 마르크스·레닌주의의 기초는 스탈린 주편의 『소련공산당사』였다. 스탈린은 서언序言에서 "소련공산당 역사는 실천에서의 마르크스주의이다. 마르크스주의의 실천이 소련공산당의 역사이다. 마르크스주의가 실제 투쟁에서 승리한 역사가 바로 소련공산당의 역사이다"라고 정리했다. 그러므로 마르크스주의의 기본 과목이 바로 소련공산당 역사가 되는 것이다. 그러므로 수업은 우선 『공산당선언』, 『국가와 혁명』 등 마르크스·레닌주의 고전을 해석하고 소련공산당의 성립과 발전 과정을 소개한 후 실천적 마르크스주의로서 소련공산당 역사를 한 대목 한 대목씩 짚어 강의하였다. 혁명이론에 근거하면 정권은 어떻게 장악해야 하고 어떻게 통치해야 하는가, 인민군중은 어떻게 조직 지도해야 하는가를 각 절마다 짚어가며 배웠다.

나는 유성훈 교수의 강의를 통해 정말로 수준 높은 강의를 체험했다. 그는 강의에 들어올 때면 우선 소련 원전을 책상 위에 탁 쌓아 놓고, 강의하는 도중에 관련 원서를 바로 펼쳐서 원문으로 읽고 해설하는데 아주 체계적이면서도 막힘없는 유창한 언변이었다. 모든 내용들을 뛰어난 입담으로 거침없이 해설해 내려가는 그런 강의를 나는 난생처음으로 듣게 된 것이다. 그 후에도 『공산당선언』 해설이라든가 기타 사상·정치이론에 관한 중국 학자들의 강의를 여러 번 들었지만 유성훈 교수처럼 강의를 잘 하는 사람은 없었다.

나는 일면파의 조선노동당 중앙당학교에서 마르크스주의 기초를 닦았다. 비록 50일밖에 되지 않는 짧은 시간이었지만, 그때의 공부는 내가 정치이론 지식을 쌓고 공산당 간부로 성장하는 데 밑거름이 되었다. 이때의 공부를 바탕으로 나는 1955년 흑룡강성 직속기관 간부 중급정치이론반 시험에서 98점으로 1등을 하였고, 이후 흑룡강성 교육학원에서는 마르크스·레닌주의 교학연구실 주임이라는 중책을 맡을 수 있었던 것이다.

나는 중앙당학교에서 공부하고 돌아온 뒤 물리 교원을 그만두고 정치 교원이 되었다. 당시는 조선전쟁 시기이므로 항미원조 이념 교양에 집중하던 시기여서 학교에서도 정치 교육을 상당히 강화하였는데 그것을 가르칠 수 있는 교수가 드물었다. 그리하여 내가 직접 고급중학교 정치 과목을 가르치게 되었다.

13. '1등 우수교사' 표창과 어머니

1951년 말, 정부에서 우수교사를 표창하겠다고 하여 학교마다 추천자를 올리라고 했다. 각지 학교에서 추천자를 뽑아 올리니 그 교사들 가운데 성에서 다시 평가해서 1등 2등 3등 우수교사를 뽑았는데, 내가 송강성에서 '1등 우수교사' 8명 중 한 명으로 선발되었다. 우수교사에 대한 표창대회가 1952년 1월에 성에서 열렸다. 나는 '1등 우수교사' 표창과 동시에 '목단강시 모범공산당원', 그리고 '성 노동모범'이 되었다. 중국에서는 노동모범에게 아주 높은 대우를 해 준다. 내가 1등 우수교사로서 성 노동모범이 되니 나로서는 큰 영예였고 매우 기쁘긴 했지만, 대단히 부담되는 일이기도 했다.

'1등 우수교사' 가운데 조선 사람은 나 하나뿐이었다. 국가에서는 민족 간 단결을 이전부터 중시하였는데 특히 1952년 당시는 항미원조전쟁이 한참 진행 중이었으므로 조선족을 높이 대우해 주었다. 가령 성·시 단위에서 중요한 회의가 열리면 제일 높은 수장首長이 중간에 앉고 주석단이 함께 앉는다. 그런데 나는 1등 우수교사인데다가 또 조선족이었으므로 나를 꼭 주석단에 앉히곤 했다. 성 우수교사 대회나 무슨 회의가 있어 내가 참석할 때면 성 정부 주석 바로 옆에 나를 딱 앉히는 것이다. 아주 키도 조그맣고 볼품없는 어린 총각으로서 다른 연장자나 노투사를 제치고 회의석상에서 제일 중요한 자리에 앉게 되니 그것도 참으로 곤혹스러운 일이었다.

표창대회 후, 성에서는 우수교사 전원을 심양으로 보내 참관시켜 주었다. 우리는 심양의 북능도 참관하고 모범중학교들을 시찰하기도 했다. 자유시간에는 심양 거리도 구경하고 상점들도 들어가 보았다. 나는 그 때 우수교사 상금으로 받은 1백 원을 갖고 있었다. 이는 약 두 달치 봉급에 해당했다. 나는 심양의 상점들을 구경하며 상금으로 무엇을 살까 생각했다. 처음에는 돈을 집에 가져다 드리려고도 생각해보았으나, 그때에는 우리 집 형편이 조금 나아져서 그리 곤란하지 않았다.

심양의 옷가게에는 튼튼하고 멋진 옷들이 진열되어 있었는데, 마침 겨울이었으므로 외투가 많았다. 나는 35원을 주고 어머니에게 드릴 겨울 외투 한 벌을 샀다. 파란색 골덴 겉감에 안에는 하얀 양털을 댄, 아주 따뜻하고 맵시 있는 옷이었다. 내 평생 처음이자 마지막으로 어머니께 드린 선물이었다. 어머니는 몹시 기뻐하셨고 그 옷을 입으니 참으로 보기 좋았다. 그러나 어머니는 그 옷을 몇 번 입어보지도 못하고 그해 겨울 40세 젊은 나이로 세상을 떠났다. 막내 여동생을 낳고 산후열에 걸렸던 것이다. 그때는 소염제라고는 페니실린밖에 없던 시절이라 이 병에 걸리면 거의 치명적이었다. 돌아가실 때에 아버지의 팔을 붙들고 고통스럽게 떨던 어머니의 마지막 모습이 내 가슴에 못 박혀 지금도 그때를 떠올리면 가슴이 먹먹해나고 눈물을 걷잡을 수 없다.

나의 어릴 적 가정을 생각해보면 우리 할아버지는 학력은 없었으나 주변 사람들이 '무식영웅'이라 부를 정도로 기억력이 좋고 웅변에 능한 사람이었다. 할머니는 그저 온

순한 분으로 아버지 어머니가 일하느라 나가 있었던 어릴 적에 나를 돌보아주었다. 나에게는 천자문을 가르쳐주고 나에게 공부의 재미를 알게 해 준 선생님이기도 하다. 나는 이후에 중학교 교장도 되고 성급 간부로도 일하게 되면서 할아버지와 할머니, 아버지는 잘 모셨다. 할아버지는 90세에 돌아가실 때까지 잘 모셨다. 그렇게 다른 어른들은 잘 모셨기에 한이 없으나 어머니만은 잘 해드리지 못해 한으로 맺혀 있다.

나의 어머니 성함은 김성도이다. 선산 김씨로 심성이 착한 분이셨다. 조실부모하고 오빠와 올케 밑에서 자란 탓인지 유달리 눈치가 빠르고 부지런하고 말수가 적으셨다. 조선에 있을 때 우리 삼형제를 낳으셨다. 그 때엔 계획생육도 없었을 터인데도 우리 형제는 정확히 3년에 한 명씩 태어났고, 태어난 달도 모두 12월이었다. 어머니는 식솔이 많은 우리 집에 시집 와 밤낮으로 식구들을 건사하는 집안일에 매달려야 했다. 아버지와 함께 농사일을 하고 빨래며 부엌일이며 바느질 같은 집안일이 끊이지 않았으므로 늘 고달팠을 것이다. 한번은 밭에서 일하다가 뱀에 물려 다리가 퉁퉁 부어올랐는데 마을 사람들이 약초를 가져다주어 그것을 찧어 상처에 발랐더니 차차 붓기가 가라앉았다.

어머니는 아침마다 어른들께 "잘 주무셨습니까?" 문안 인사를 드리라고 우리를 가르쳤다. 그리고 집에 동네 사람들이 오시면 일어나서 "오셨습니까?" 인사하도록 어릴 때부터 예절 교육을 시켰다. 그리고 제시간에 일어나고 부지런해야 하며 항상 규칙 있게 일을 해야 한다고 입버릇처럼 말씀하곤 하셨다. 내 기억 속의 어머니는 말수가 적고 무던하며 불평불만 하는 법을 몰랐다. 어머니는 마을에서도 소문난 온화한 사람이었다. 우리 사도령자 마을이 나중에 한 3백 호 되는 큰 마을이 되어서도 우리 어머니는 온화하고 무던하기로 이름났다. 마을 사람들은 우리 어머니를 가리켜 "저 집 며느리가 제일 무던하다"고 말하곤 했다.

우리 할아버지와 아버지는 술을 참 좋아했는데, 가끔 술이 과하여 두 분이 다투고 언성을 높일 때가 있었다. 그런데 우리 어머니 앞에만 서면 아무 말씀도 못하고 조용해지시곤 했다. 어머니가 특별히 나무라거나 말리는 일이 없는데도 어머니 앞에서라면 할아버지도 아버지도 언행을 바로잡으셨다. 나는 아버지와 어머니가 낯을 붉히는 일을 한 번도 본 적이 없었다. 우리 가정이 아주 먹고살기 어렵고 힘겹게 살아갔지만 언제나 화목하게 지낼 수 있었던 것은 우리 가정의 중심에 어머니가 있었기 때문이었다고 나는 생각한다.

전기도 없는 시절이라 등잔불 밑에서 항상 옷가지를 깁던 어머니! 어머니는 자식들에게 늘 온화하였다. 다른 사람들은 초저녁부터 잠에 곯아떨어져도 어머니만은 밤늦도록 헤진 옷이며 양말을 기웠다. 나와 동생들은 그런 어머니 옆에서 옛날이야기를 들려달라고 조르곤 했는데, 그러면 어머니는 곧잘 옛날이야기를 해주었다. 형제간에 서로 쌀을 몰래 짊어다 주는 내용이 담긴 전래동화 〈의좋은 형제〉 같은 이야기를 해 주면서, 형제간엔 서로 화목하게 지내고 서로 돌보아주어야 한다고 우리를 타일러주었다. 그 외에도 이런 저런 이야기들을 많이 해주었다.

노래를 가르쳐달라고 하면 노래도 곧잘 하셨는데, 보통 노래는 하지 않았고 어디에서 들었는지 모를 혁명 노래를 하셨다. 어머니가 불러준 노래 중에 이런 노래도 있었다.

'하나 일(一)' 하면 한 나라! 공산주의 선봉국가는! 선봉국가는!
러시아의 세 세 세르(CCCP) 우라! (소련 만세!)
러시아의 세 세 세르 우라!
'둘 이(二)' 하면 둘이 같이 살 수 없는 자본가와 무산자!
러시아의 세 세 세르(CCCP) 우라! (소련 만세!)
러시아의 세 세 세르 우라!

이 노래는 〈십진가〉라는 노래로, 1부터 10까지의 숫자에 가사를 붙인 항일유격대 행진곡이다. 나는 어머니 외에 십진가를 부르는 사람을 본 적이 없었다. 집안일로 늘 바빴던 어머니가 어디에서 이런 노래를 배워 왔는지 나는 지금도 알지 못한다.

어머니는 내가 열 살이 넘어 중학생이 되자 나의 이름을 부르지 않고 '맏이'라고 불렀고, 내가 중학교를 졸업하고 선생님이 되었을 때는 '집의 선생'이라고 불러주었다. 중학교 때 어려운 살림 속에서 나의 학비를 대기 위해 도라지 광주리를 이고 산으로 마을로 오르내리면서도 당신을 위해서는 한 푼을 쓰지 않고 아끼셨다. 이런 어머니에 대하여 나는 늘 애틋한 마음을 가지고 있었으므로 처음 받은 상금으로 어머니께 옷을 선물한 것이다. 그것조차 겨우 한 해 겨울 밖에 입어보지 못하고 41세의 젊은 나이에 돌아가신 어머니. 우리 어머니께 호강 한번 시켜드릴 시간을 갖지 못한 것이 참으로 한스럽고 애석하다. 지금 계신 그곳에서는 병의 고통도, 생의 고단함도 없으시겠지. 살아 생전에 효도 한 번 못해드린 이 못난 자식을 부디 용서하세요, 어머니!

14. 24살의 교장 선생님

나는 1952년 초 중학교 교도주임으로 승진하였다. 우리 중학교 교장 선생님은 길림 사도대학 출신으로 아주 점잖고 훌륭한 분으로 나중에 당 중앙 조사부 일본연구실 주임이 되었다. 그분이 폐결핵에 걸려 병원에 3년 정도 입원하여 치료받느라 학교 일을 돌볼 수가 없게 되었다. 나는 교도주임으로서 교장의 사업을 대리했다.

당시 우리 목단강 조선중학교는 24개 학급에 학생이 1천 2백 명쯤 되는 아주 큰 학교였다. 지금이야 이 정도 규모의 학교는 보통에 속하겠지만 이때에는 흑룡강성에서도 제일 큰 축에 드는 학교였다. 이십대 초반의 어린 나이인 내가 그런 큰 학교를 운영하게 되었으니 보통 일이 아니었다. 나는 학생들을 공부시켜 대학에 보내 출세시켜야 하고, 기숙사를 관리하고 밤이면 순찰을 돌았다. 마침 조선전쟁이 아직 진행 중이었으므로 학생들을 동원해 전쟁에 참군시켜 보내는 일도 학교의 중요한 임무였다. 참으로 바쁘게 지낸 시기였다.

1953년 여름, 전성 조선족중학교 교장 회의가 우리 학교에서 개최되었다. 이 회의는 여러 학교의 경험을 공유하고 우리 학교의 교학사업을 점검하는 좋은 기회였다. 이 회의가 끝난 후 성위 선전부에서 나를 호출했다. 중국에서는 학교의 교장 등 교육간부도 행정간부와 같은 기준으로 직급을 부여한다. 가령 부탄䴙 급이면 한 개 현의 현위원회 부서기 급과 같다. 교장과 부교장을 임명하는 것은 공산당 흑룡강성위원회 선전부의 소관 권한이었다.

내가 호출을 받고 성위의 선전부를 찾아가니, 선전부에서 나를 목단강 조선중학교 부교장으로 정식 임명한다고 통고하였다. 1954년 8월의 일이었으며, 그때 내 나이 24세로 송강성 최연소 부교장이었다. 실제로 부교장 일을 한 지는 오래 되었지만 이때에 정식으로 부교장 직에 임명된 것이다. 나는 정식으로 부교장에 임명되었으니 더욱 열심히 일하겠다고 스스로 다짐하고 학교일을 해나갔다. 할 일도 많고 고민거리도 많아 밤잠을 제대로 자지 못할 정도로 아주 고생했다. 밥 먹고 잠자는 것 이외에는 오직 학교 일에 전념했다. 교장 시절에 나는 밤 11시 전에 잠자리에 든 적이 없었는데, 학생 기숙사가 온돌로 연탄을 썼기 때문에 관리를 소홀히 했다가는 연기에 중독되는 일이 우려되었기 때문이다. 그때는 전쟁 시기라 치안도 좋지 못하였다. 실제로 다른 학교에서는 이런 저런 불상사가 자주 발생하였다. 밤늦도록 기숙사 순찰을 돌고 미흡한 데가 있는지 꼼꼼히 챙기는 것이 나의 중요한 일과 중 하나였다.

나는 학생들과 친하게 지내기 위해서도 많은 노력을 기울였다. 교원으로 있을 때부터 나는 학생들을 잘 장악하기 위해 여러 가지 꾀를 부렸다. 내가 맡은 학급 학생들의 입학 지원서를 보면서 사진을 보며 이름을 외우고, 가정상황 등 필요한 내용도 전부 기억해두곤 했다. 내가 담당한 반 학생이 50여 명이라면 그 학생들을 모두 알아두려고 노력했다.

그렇게 미리 학생들을 익혀두고 수업에 들어가 출석을 부를 때 출석부를 보지 않고 학생들 이름을 차례차례 외워서 불렀다. 내가 이름을 불러 학생이 일어나면, 마음속으로 '사진에서 본 그 얼굴이구나' 하고 다시 각인하니 학생들의 이름을 아주 빨리 외웠다. 수업할 때는,

"기수, 일어나 나와서 이 문제 풀어보아라"

그러니까 아이들이 '어떻게 저 선생이 내 이름을 아는가?' 놀라면서도 기쁜 기색을 보였다. 내가 이렇게 학생들을 친근하게 대하니 학생들도 내게 친근한 마음을 가지고 다가왔다. 내가 청년단 공작을 하게 되면서부터는 아이들과 지낼 기회가 더욱 많아졌다. 나는 아이들과 담화해서 청년단에 입단시키고, 간부 일도 시키면서 친하게 지냈다.

그때에는 하령영夏令營이란 게 있었다. 하령영은 청년단에서 조직하고 정부에서 자금을 지원하는 사업으로, 학생들이 참여하는 여름 캠프다. 당시는 중국에서 청년단이 처음 만들어져 조직을 뻗어나가던 시기였으며, 청년단 활동을 굉장히 중시했다. 송강성에 청년단이 건설되고 열린 청년단 송강성위 제1차 대회에서 나는 송강성위 위원으로 선거되었다. 나는 일등 우수교사로서 이름이 알려져 있었다. 또 송강성위 학생공작부 부장은 나와 좋은 관계였으며, 이후에는 더욱 친해졌다.

여름방학이면 청년단 주최로 하령영이 열리는데, 송강성위 학생공작부 부장은 하령영 때가 되면 꼭 나를 불러서 하령영 사업을 함께 하자고 제의하곤 했다. 나는 청년단 담당이므로 하령영에 학생들을 인솔하고 참가했다. 학생들은 약 2주 동안 하령영에 참가하여 송화강가에서 수영도 하고, 노래도 부르고 놀이도 하게 된다. 하령영에 참가하는 학생들은 송강성 전체 학생들 가운데 학생회 회장 등 우수한 학생들이었다. 그러므로 하령영을 통하여 전 성의 우수학생들이 내 지도를 받게 된 것이고, 그 학생들이 졸업하고 성인이 된 후에도 나를 기억하고 잘 따랐다.

15. 소련에 유학한 조선족 인재들

내가 목단강중학교에 있을 때 우리 학교가 송강성 3개 중점학교 중 하나로 지정되었다. 우리 학교 외에 하얼빈시 제6중학교와 쌍성조린雙城兆麟중학교가 송강성의 중점학교였다. 중점중학이 되면 국가에서 학교 운영비 지원 등의 혜택도 늘어나고 졸업생 가운데 우수 학생을 선발하여 직접 소련에 유학보낼 수 있었다. 내가 목단강중학교에 근무하던 동안 제2기생에서 3명, 3기생에서 3명 총 6명을 선발하여 소련으로 유학보냈다.

흑룡강성 전체에서 매년 20명 정도만이 소련 유학생으로 선발되므로 선발 심사는 아주 엄격하였다. 학생 선발은 성장이 직접 관리하며, 교육청장·위생청장·공안청장 등 고위간부들로 구성된 영도소조에서 심사를 맡았다. 조선 학생들은 성적도 우수하고 신체검사도 무리 없이 통과되었다. 정치심사가 까다로운데, 조선 학생들은 거의 빈고농 가정의 학생들이고 지주나 부농, 자본가 가족은 거의 없었으므로 출신에 따른 문제는 없었다. 그런데 고향이 한국인 경우에는 친척 관계 때문에 문제가 되어 내가 공안청장과 성장을 만나 직접 설복하였다.

"이 학생은 이미 일제강점기에 중국으로 이주해 온 학생입니다. 과거에는 남조선에 편지 왕래는 있었지만 지금은 완전히 단절되어 아무 왕래도 없습니다. 그러니 고향이 남조선이라 하여 무슨 문제가 됩니까? 친척이 남조선에 있다 하더라도 농촌에 있는 가난한 농민들일 뿐이지, 남조선 통치자들이 친척인 것도 아닌데 무슨 문제입니까?"

나는 이런 말로 설복해서 정치심사를 통과시켰다. 유학생으로 선발된 학생들은 모스크바로 가서 공부했고, 중국으로 돌아오면 길림대학이나 하얼빈공업대학의 교수가 되거나 국방공업 부문에 배치되었다. 소련으로 유학 간 학생 중 특히 우수한 몇은 핵물리학을 전공했다.

조선에서는 중국의 조선족 학생들이 소련에서 핵물리학을 전공하고 있다는 사실을 알고 이들을 조선으로 데려오려는 공작을 꾸몄다. 조선에서도 많은 학생들을 소련에 유학 보내고 있었지만 소련은 조선 학생들을 핵물리학 과정에 받아들여주지 않았다. 조선이 아직 원자력을 육성할 단계가 아니라고 판단했기 때문이다. 조선에서는 핵심기술 도입에 대한 열망을 가지고 조선족 유학생들에게 접근했다. 모스크바의 조선 대사관은 설날이나 추석 같은 명절이면 파티를 열고는 조선족 유학생들을 초대하여 환대해 주었다. 조선 대사관 간부는 조선족 학생들이 공부를 마치고 '조국'에 돌아오면 반드시 좋은 자리에서 일할 수 있도록 직접 돌봐주겠다고 이들을 회유했던 것이다.

유학생들은 1961~1962년 경 졸업하여 중국으로 돌아와 핵실험 기지에서 일하도록 배치되었다. 당시 핵실험 기지는 중국 서북 지역의 황량한 곳에 있었으므로 고생스러웠을 것이다. 더구나 이 당시는 중국의 상황이 아주 곤란하여 배불리 먹지 못하고 굶어 죽는 사람까지 생기던 시기였으므로 생활 형편도 아주 어려웠다. 결국 이들 가운데 몇 명이 중국에서 도망쳐 조선으로 갔다. 조선에서는 이들을 우대하여 당 중앙 과학기술부 지도원 등 좋은 직위와 대우를 해 주고 활동 기회도 열어 주었다. 가령 소련이나 동유럽 각국과의 과학기술 협력 사업에 참여하게 해서 소련·독일·헝가리 등 우호국을 종종 방문하기도 했다고 한다. 그러니 처음에는 유학생 출신들이 처지가 괜찮았던 것 같다.

그러나 이들이 조선으로 간 1960년대, 조선은 아직 국력이나 기술 수준에서 당장 핵개발 사업에 착수할 처지가 못 되었다.* 중앙에서 몇 해 동안 이들을 활용하여 원자력 연구를 시작할 방도를 모색하였으나, 원자력 사업이란 이들 몇 명의 과학자만으로는 시작하기 어려운 큰 사업이었다. 결국 이들 가운데 원자력 연구의 핵심 실험을 연구하던 한 사람은 조선에서 더 버티지 못하고 소련으로 도망갔다고 한다. 중국에는 다시 돌아갈 면목이 없으니 소련으로 간 것이다. 다른 한 사람은 핵잠수함 전문인데 김책공업대학 교수로 있다가 나중에는 해주의 수산작업소 기사장으로 옮겼다. 그와 그의 아내는 내가 가르친 학생들 중 제일 똑똑한 학생이었다. 연변 출신 조선족 학생 가운데에도 소련 유학을 다녀와 조선으로 넘어간 학생들이 몇 있다.

주은래 총리는 중국 외교부 간부를 조선에 보내서 이들을 돌려달라고 요구했다고 한다. 1963년 가을이었을 것이다.

"이들을 데리고 있어 보아야 당신들 조선에서 제대로 활용할 수도 없고, 이들이 독자적으로 연구를 발전시킬 여지도 없지 않습니까? 그런데 우리 중국은 아주 긴요하게 쓰기 위하여 이 인재들을 특별히 배양한 것이니 돌려보내 주시오. 조선족 동무들이 조선을 사랑해서 조선에 갔던 것이므로 우리 중국에서는 절대로 죄라고 생각하지 않소. 그러므로 이들이 돌아와 준다면 원래대로 대우해 줄 것이며 원래 자리에 공작을 분배하고 신임한다는 데에 변함이 없을 것이오. 그러니 혹시라도 벌을 받을 것이라고 두려워 회피하지 말고, 안심하고 돌아오도록 해 주시오."

주은래의 이 말을 외교부 간부가 조선 측에 전달하였으나, 조선 측에서는 다음과 같이 답변했다고 한다.

"본인들이 중국으로 돌아가겠다고 하면 우리는 동의하고 돌려보내겠습니다. 다만 그들은 우리가 억지로 끌고 온 것이 아니라 스스로 온 것입니다. 그러니 우리는 그들에게

....
* 1962년 과학원 부속연구기관으로 원자력연구소가 창설되었다.

능력에 맞는 일을 분배해주었을 뿐입니다. 이 사실을 명확히 인지해 주십시오. 직접 만나도록 해 줄 테니 당신들이 이들과 담화하여 설득해 데려가십시오. 본인들이 가겠다고 하면 우리는 기꺼이 돌려보내 줄 테지만, 만일 못 가겠다고 한다면 우리도 억지로 돌려보낼 방법이 없습니다."

사실 유학생들을 조선으로 유인한 것은 소련 주재 조선 대사관 간부들이었지만 결국 자기 스스로 판단해 온 사람들이었던 것이다. 중국 외교부 사람들이 직접 유학생들을 다 만나 담화하였으나, 본인들이 절대로 돌아가지 않겠다고 완강히 거절하였으므로 결국 데려오지 못했다고 한다.

문화대혁명이 일어나고 난 후 이 일이 나를 옭아매기도 했다. 도망간 학생들이 내가 교장일 때 목단강중학교를 다녔고, 내가 뽑아 소련으로 유학 보낸 학생들이었기 때문이다. 심사조에서는 내가 이들을 조종하여 조선으로 보낸 것이 아니냐며 나를 추궁해 댔다.

그러나 내가 무어라고 그 유학생들이 내 말을 듣고 도망가겠는가? 내가 시킨다고 말을 들을 것도 아니며, 다만 조선 대사관 사람들의 말을 듣고 달아난 것이다. 나는 조선의 중앙간부들과 만났을 때 이 문제를 제기하였다. 소련 유학 중인 조선 학생들에게 소련주재 조선 대사가 접근하여 학생들이 조선으로 도망가게 만든 것은 아주 옳지 못한 일이라고 지적했다.

"이 일이 중국에 있는 조선족들에게 얼마나 큰 타격을 주었겠습니까? 중국공산당은 과거에 조선족이라 하여 차별을 주는 일이 전혀 없었습니다. 그런데 이 일이 생기자 나부터도 문화대혁명 때 심사를 받게 되었습니다. 나는 당에서 늘 신임받아 왔고 당은 나를 언제나 앞에 내세우며 배양해 왔음에도 내가 조선족이라는 이유로 간첩 혐의까지 받은 것입니다. 내가 그렇게 고초를 겪었으니 다른 조선족들의 처지야 말해 무엇 하겠습니까? 이는 중조친선에도 나쁜 영향을 주었을 뿐 아니라, 중국에 있는 2백 만 조선족을 망치는 행동이었습니다. 게다가 그 유학생 아이들을 그토록 무리해서 데려왔으면 정당한 자리를 주고 제대로 기용해 주어야지, 핵잠수함 전문가를 고기잡이하는 수산작업소에 보내다니 이렇게 유감스러운 일이 어디 있습니까?"

나는 조선 측에 이렇게 항의했다. 내가 강력하게 이야기하니 조선의 당 중앙에서 자초지종을 설명해 주었다. 유학생들은 중국이 인민공사운동의 여파로 가장 살기 어려워졌을 때 살 길을 찾아 조선으로 간 것이다. 조선에서는 김책공업대학에 단독으로 실험실을 만들고 거기서 자기 사업을 연구하여 차차 기초를 닦도록 하였는데, 본인이 이를 거절하고 자원해서 수산작업소로 간 것이다. 중국에서 이들을 데려가려 했을 때에도 스스로의 결정으로 조선에 남았다고 설명하였다. 그리고 내가 그들을 만날 수 있도록 주선해 주었다. 나는 이들을 찾아가 만났고, 이 사실을 본인들로부터 직접 확인했다. 중국 외교부 사람들은 자신을 만나 이렇게 설득했다고 한다.

"너를 데리고 오라는 것은 주은래 총리가 직접 당부한 중요 사안이다. 이 점을 잘 생각하라. 네가 조선에 온 것은 너의 민족애에 따른 애국적인 행동이다. 그러므로 우리는 절대 이 점에 대하여 잘못했다고 하거나, 중국을 배반했다고 생각하지 않는다. 중국이나 조선이나 다 혁명국가이고 형제나라가 아닌가? 네가 어디에 있든 혁명을 위해 복무한다는 사실이 바뀌지 않는다. 그런데 네가 막상 조선에 나와 보니 실제로 사업할 수가 없는 상황이 아니냐? 그러니 중국으로 돌아가서 너의 지식을 발휘할 수 있는 일을 해야 하지 않겠는가?"

이렇게 간곡하게 자신들을 설득했으나 끝내 거절했다고 나에게 말해주었다.

나는 1990년대에 조선과 자주 왕래했다. 조선에 가면 당당하게 하고 싶은 말을 다 했다. 나는 주로 국장급 인사들과 담화하였으나 그들은 나와의 담화 내용을 반드시 상부에 보고하였다. 상부에서는 나와의 담화에 대한 보고를 검토한 후 조사가 필요한 사안은 조사해서 내가 중국으로 들어오기 전에 답신해 주도록 하였다. 내가 조선에 가서 말한 것들이 여러 가지 되는데, 내가 무슨 문제를 제기할 때마다 조선에서는 매우 중요 취급해 주었고, 내가 제출한 의견에 대한 답신을 꼭 주었다.

이런 일도 있었다. 중국의 조선족들이 한중수교 이후에 한국에 드나들게 되었다. 그들이 한국에 다녀온 여권을 가지고 조선에 들어가면 조선의 안전원이 꼭 따라붙는다고 했다. 그런 일을 경험하는 조선족들이 늘어나자 차차 조선에 대해 반감이 생겼다. 나는 이를 그냥 넘기지 않고 조선에 갔을 때 직접 제기하였다.

"나도 한국에 여러 번 다녀왔고, 한국에 친척이 있어 방문하러 다녀오는 사람이 늘어나고 있습니다. 그렇게 한국 다녀온 사람들이 조선에 왔을 때 꼬리 붙어 따라댕기면 어찌 합니까? 그럼 중국에 있는 조선족들이 앞으로 어느 편에 서야 됩니까?"

내가 이렇게 따지니, 이 문제 역시 조사해서 답신해 주었다.

"아래 지방 간부들이 그런 일을 벌인 것 같습니다. 우리 중앙에서는 절대 그런 지시를 내린 일이 없습니다. 일부 지방에서 그런 쓸데없는 일을 했을 뿐이니 우리는 이번에 정식으로 중앙에서 통지를 내려서 절대로 그러지 못하게 하겠습니다. 그러니 양해해 주십시오."

나는 확인차 다시 한 번 물었다.

"나는 남에도 종종 가고 북에도 이렇게 자주 오고 그럽니다. 내게 안전원을 붙여 감시할 것입니까?"

그들은 손사래를 쳤다.

"그렇지 않습니다. 김 소장께서는 조선에 마음대로 다니십시오. 자주 다녀주십시오. 어디를 다니더라도 김 소장은 우리를 위해 좋은 말을 해 주시고 우리를 비방하지 않으신다는 것 우린 다 압니다."

3장 교육간부로 성장

1. 목단강에서 하얼빈으로

내가 중학교 부교장으로 정식 발령을 받은 후 3개월 정도가 지난 1954년 10월이었다. 갑작스레 전근령이 내려왔다. 흑룡강성 교육청 시학으로 부임하라는 발령이 난 것이다. 이 무렵 성 교육청에 '민족교육과'를 신설하여 소수민족의 교육 문제를 관장하게 되었는데, 나에게 민족교육과 조선중학교 시학을 맡아 조선족 중등교육을 담당하라는 명령이었다. 나는 정든 목단강을 떠나 하얼빈으로 옮겨 근무하게 되었다.

내가 성 교육청 시학으로 발령받은 것은 성위에서 나를 높이 평가해 준 때문이었지만, 나는 중학교에서 떠나는 게 그리 기쁘지 않았다. 나는 이제 막 정식 부교장이 되어 큰 포부를 안고 더욱 열정적으로 일해 나가던 참이었던 것이다. 나는 정든 중학교에서 계속 일하고 싶다고 생각했다. 그러나 한편으로는 중학교를 책임져야 한다는 큰 짐을 내려놓게 되어 안도감도 들었다. 교장 일을 할 때에는 학교와 학생들을 책임지느라 신경 쓰고 걱정해야 하는 일이 많았기 때문이다. 나는 다소 서운하면서도 이제는 확 짐을 풀어놓고 아무런 걱정도 없는 듯한 기분이었다.

교육청 시학으로 부임한 후 나의 주요 임무는 성 내 조선족중학교의 교학을 검사 지도하는 일이었다. 목단강중학교에서 오래 사업한 경험 때문에 나는 성 교육청 학교지도사업을 잘 해낼 수 있었다. 각 학교를 시찰하면서 수학·물리·화학의 교학을 질적으로 높일 수 있도록 실험실을 갖추어 주었다. 재무처에 지원 협조를 받고 교학이기창에 주문해서 조선학교들에 실험기기를 보내주도록 했다. 그러니 학교의 물리·화학 선생들은 참 좋아했고, 그 성과도 곧바로 나타났다. 수화·목단강·밀산 등 각지 조선학교에서 물리 교사들이 성 우수교사로 선발되어 올라왔다.

이렇게 조선족 중학교의 물리 교학은 점점 수준이 높아졌지만 학생들의 대학교 진학률은 점점 떨어졌다. 내가 목단강중학교에 재직하던 시기 목단강중학교의 1기 졸업생은 100% 다 대학에 진학하였다. 그런데 진학률은 점점 떨어지는 추세가 되었다. 2기생은 90%, 3기생은 대략 80% 정도 대학에 진학했다.

내가 중학교 교장을 그만두고 하얼빈으로 온 뒤로 입학률은 더욱 떨어졌다. 졸업생의 대학 진학 비율이 50퍼센트에 미치지 못하는 해가 많았고, 어느 해에는 졸업생의 3분의 1만이 대학에 진학하였다. 그 원인은 학생들의 한어 수준이 낮은 데 있었다. 내가 성 교육청에 온 뒤로 조선 중학교의 물리교학을 잘 보충해주어 이과학 부문의 성적은 높아졌으나, 학생들의 중국어 수준이 낮았으므로 어문·역사·정치 등 문과 성적이 한족 학생들보다 훨씬 낮았던 것이다. 중국어에 능하지 못하니 대학 입학시험을 치러도 좋은 점수를 받지 못했다.

대학에 가지 못하는 졸업생은 대개 농촌으로 농사지으러 돌아갔다. 보통 대학에 가지 못하는 고중 졸업생들은 다 공작을 찾아 취업하게 해 주었지만, 조선 학생들은 말이 잘 통하지 않기 때문에 큰 공장에서 잘 받아주려 하지 않았기 때문이다.

그래서 조선중학교 졸업생들의 한어 수준을 높이기 위해 한어전문학교를 만들었다. 고중 졸업생 가운데 대학에 입학하지 못한 학생들은 모두 1년 과정의 한어전문학교에 보내 공부하도록 했다. 이 한어전문학교 과정을 마친 후 다시 대학시험을 치게 하거나 공작분배해 주기로 하였다. 한어전문학교는 파언巴彦에 만들었는데, 학생들이 한어전문학교에서 1년간 중국어를 보충 교습하면 한어 수준이 확 높아졌다. 학생들은 한어전문학교 과정을 거친 후 대학에 들어가기도 했고, 결국 대학에는 가지 못하더라도 조선 학생들이 이후 사회에 나가 활동하는 데 한어전문학교 교육은 큰 효용이 있었다.

고중 졸업생들이 한어전문학교에서 한 1년 보습하고 나오면 한어 수준이 높아지긴 했지만, 그것으로 고중 졸업생의 진로 문제라는 근본 문제를 해결하는 것이 아니었다. 이후에 중국에서는 새로운 방침이 나왔다. 고중 졸업생들의 출로는 대학을 가는 데에만 있는 것이 아니라, 농촌에 가거나 공장에 가는 것도 아주 중요한 젊은이들의 출로가 된다는 것이었다. 이후로는 고중 교육방식도 많이 달라졌다. 또한 한어전문학교는 임시 조치에 불과한 것이며 결국 고중의 한어교육을 강화하는 것이 더욱 중요하였다.

나 자신도 17살에 해방을 맞기까지는 일본말 밖에 몰랐던 사람이다. 해방되고 나서야 조선어문을 익혀 조선 중학교에서 근무했다. 중국어를 조금 하긴 했지만 아주 어색하게 구사하는 수준이었다. 나는 그래도 무서워하지 않고 배짱 있게 부딪쳤다. 교장으로 일할 때에 교육청장에게 사무가 있으면 직접 교육청장에게 전화해 업무 이야기를 나누곤 했다. 교육청장은 내가 교장이라고 밝히면 아주 삼가 예의를 갖추어 전화를 받았다. 청장에게 "좀 천천히 말해 달라"고 부탁하면서 내 용무를 이야기하면 상대방도 다 알아듣곤 했다.

어떨 땐 교육청 재무과에 전화해서 이야기하면 상대편이 "무슨 말 했는가? 못 알아듣겠다"고 할 때도 있었다. 그럴 때면 나는 "내가 분명 중국말로 했는데도 당신이 내가 하는 중국말은 못 알아듣겠다니, 그렇다면 내가 조선말로 하면 알아듣겠는가?" 하고 눙치곤 했다. 그러고 나면 상대편도 웃으며 천천히 차근차근 대화하면 해결하지 못하는 일이 없었다.

내가 흑룡강성 교육청 시학으로 간 24살 때에야 나는 비로소 중국어를 배우게 되었다. 중국 사람들과 함께 일하다 보니 중국어를 제대로 배워야 했다. 2년 남짓 교육청에 있으면서 중국어를 공부했는데, 그때 중국어를 배우려니 잘 되지 않았다. 나이는 어렸지만 나는 이미 교장을 하다 온 사람이고 성정부의 과장급이므로 말실수해서 웃음거리가 되지 않아야겠다는 마음이 컸다. 그래서 말을 조심하다 보니 더욱 배우기가 어려웠다. 그러던 차에 1956년 중앙교육행정학원에 입학하여 북경에서 1년간 공부하면서 한어 수준이 상당히 높아졌다.

2. 전국소수민족교육회의에서 주은래의 교시를 받다

내가 흑룡강성 교육청 시학으로 사업할 때에 우리 조선족들은 교육면에서 다른 민족들보다 앞서 나가는 자리에 있었다. 나는 이 사실을 주은래 총리에게 직접 확인받았다.

1955년 5월, 북경에서 '제2차 전국 소수민족교육회의'가 열렸다. 당시 나는 우리 교육청 부청장 한 분과 함께 흑룡강성 대표로 참가했다. 나는 흑룡강성교육청 민족교육과에서 조선중학교 시학을 담당했으므로 흑룡강성 조선족 대표이기도 했다. 그때 참석한 조선족 대표로는 연변자치주 교육처 처장인 량정봉, 길림성교육청 민족교육과 임과장, 그리고 다른 몇몇이 있었다. 연변의 량정봉 처장은 항일명장 량세봉 장군의 친동생이다.

나는 회의 마지막 날에 주은래 총리를 만났다. 대회 참석자 100여 명이 북경호텔 회의실에서 주은래 총리의 접견을 받게 되었던 것이다. 우리는 접견 장소에서 대기하다가 주 총리가 온다고 하니 모두 기립해 서 있었다.

문이 열리자 총리의 모습이 드러났다. 총리는 문어귀에서 한동안 멈추어 서서 회의실 안에 들어찬 사람들을 둘러보았다. 오랜 지하당 활동을 통해 몸에 밴 습관이라고 했다. 그때 총리의 매서운 눈빛과 엄숙한 표정을 지금까지 잊을 수가 없다.

교육부 부장이 문으로 나아가 총리를 맞이하자 총리의 얼굴은 금세 환한 웃음으로 덮였다. 그는 "예" 하고 짧게 인사하고는 성큼성큼 걸어 들어왔다. 우리가 박수를 치며 맞이하니 손을 흔들며 아주 온화한 기색으로 다가섰다.

총리는 우리 모두와 차례로 악수를 나누었고, 때로는 짤막하게 몇 마디 말을 주고받기도 했다. 나는 맨 앞줄 세 번째 자리에 서 있었다. 내 차례가 되었다.

총리는 나에게 몇 살인지 물었다. 내가 25살이라고 대답하니 "아주 젊구먼" 하며 감탄하고는 다시 어느 민족이냐고 묻기에 나는 흑룡강의 조선족이라고 대답했다.

"아, 흑룡강에 조선족이 있습니까? 그 수가 많습니까?"

"흑룡강 조선족이 30만 이상이 됩니다."

당시 흑룡강의 조선족 인구는 30~40만이 있었다. 주 총리는 다시 말했다.

"나는 조선족 교육이 잘 되어 가는 것을 알고 있소. 흑룡강에서는 조선족 소학교가 전부 보급되었습니까?"

"예. 소학교 교육은 이미 보급되었고, 지금 초급중학교 교육을 보급하는 과정에 있습니다."

내 옆에 서 있던 연변자치주 교육처장 양정봉이 문득 끼어들었다.

"우리 연변에서도 조선족 소학교는 다 보급되고 지금 중학교 보급 단계에 있습니다."

주은래 총리는 우리의 말을 듣고 이렇게 말했다.

"아주 잘하고 있습니다. 교육 면에서는 조선족 동무들 교육이 전국의 여러 민족 가운데 제일 앞서나가고 있군요. 앞으로도 조선족 교육은 계속해서 앞서가야 하오. 그리고 조선족 교육의 경험을 잘 총화해서 다른 민족에게도 보급해주기 바랍니다. 다른 민족들도 조선족의 교육사업을 따라 배워 모두가 다 발전할 수 있도록 합시다."

이렇게 격려를 아끼지 않았다.

조선족 교육이 계속해서 앞서나가도록 하라는 주 총리의 지시는 이후 나의 교육사업에 큰 힘을 실어주었다. 나는 후에 교육청에 돌아와서 교육사업을 할 때 '조선족 교육이 늘 앞서가야 한다'는 주 총리의 지시를 내세우곤 했다.

교육정책을 마련하고 추진하려면 많은 나랏돈이 들어간다. 각 성마다 교육 예산은 한정되어 있으므로 소수민족 사이에 경쟁이 붙곤 했다. 다른 소수민족은 겨우 소학교를 보급하는 단계인데 조선족은 중학교를 보급하자니 반대하는 사람들이 많았다. 성 교육청장도 때론 반대했다.

"당신들 조선족 교육은 이제 그만 발전해도 좋지 않습니까? 조선족 교육이 몽고족이나 다른 민족보다 훨씬 앞서가고 있는데 여기에 더 앞서가려고 합니까?"

이렇게 반대에 부딪칠 때면 나는 주 총리의 발언을 상기시키며 조선족 교육이 더욱 앞서나가야 한다고 주장했다. 주 총리는 우리 조선족 교육이 계속 앞서 나가면서 다른 민족 교육에 본보기를 마련해 주어야 한다고 말하였다. 이는 조선족 교육에 대한 단순한 격려가 아니라 나에게 주어진 명확한 지시였다. 나는 주 총리의 지시에 힘 받아 조선족 교육을 더욱 앞세우기 위해 거침 없이 노력했다. 초급중학교 보급을 완성하고 고급중학교 보급사업도 계속해서 밀어붙였다.

교육 뿐 아니라 다른 여러 방면에서도 조선족은 앞서나가는 민족이었고, 조선족의 경험은 다른 민족에게 선례와 표본이 되었다. 나는 어느 회의에 가든, 조선족 민족회의거나 중국인들의 회의거나 늘 이 점을 강조해 왔다. 어떤 문제가 생길 때에도 먼저 조선족에서 문제가 생기고 2~3년 지나면 같은 문제가 한족이나 다른 민족들에게도 생긴다.

교육 부문에서 조선족이 가장 앞서나가면서 초중을 다 보급하고 그 뒤에는 고중도 거의 보급되었다. 고중 졸업생들이 처음엔 다들 대학에 진학하였으나 차츰 대학 진학률이 낮아지고 졸업생들의 진로 문제가 대두되었다. 우리는 한어전문학교를 세워 졸업생들을 재교육하는 한편 농촌, 공장으로 들여보내는 등 이런 저런 방안들을 동원하게 되었다. 그 뒤 3~4년이 지나자 중국 학생들도 진학률이 떨어져 문제가 되었다. 이렇듯 조선족에게서 생겼던 문제가 몇 해 지나면 한족과 다른 민족들에서도 발생하곤 했던 것이다. 그러므로 조선족의 문제를 앞서서 잘 풀어나가면, 그 다음에 한족이나 다른 민족에게 같은 문제가 발생했을 때 그것을 모범으로 해결할 수 있는 것이다.

개혁 개방 후에도 비슷한 경향이 나타났다. 중국이 개혁 개방하자 조선족이 제일 먼저 한국에 일하러 가고 돈을 벌어들였다. 그러니 별 문제들이 다 생겨났다. 위장결혼 문제, 공안국에서 돈을 받고 여권을 발급해 주는 문제 등이다. 조선족이 한국 나들이하는 와중에 이런 문제들이 많이 생겼는데, 몇 해 지나니 한족들 속에서도 그런 문제들이 생겨났다. 국제결혼이나 노무수출 쟁의 등의 문제가 생겨났다.

공안국의 여권 발급 문제는 아주 심각했다. 조선족이 한국에 나오려면 공안국에서 여권을 받아야만 되는데, 따로 돈을 내야 여권을 발급해 주었다. 돈을 안 내는 사람은 아무리 조건이 당당해도 여권을 발급해주지 않았다. 간부들조차도 돈을 먹이고 여권을 받는 실정이었다. 물론 나의 경우는 전혀 달랐다. 나에게 돈을 달라고 했다가 내가 성정부에 고발하면 그 직원은 자리가 날아간다. 그러나 중·하급 간부들이나 일반 주민에 대해서는 반드시 뇌물을 받은 것이다. 나는 회의 때 공안 부문 간부들에게 "당신들 얼마나 뇌물 받아 먹었느냐?" 추궁하곤 했다.

한번은 내가 어떤 일로 상지에 갔는데, 상지시 공안국장이 조선족이었다. 흑룡강성 각 현 단위에는 조선족이 공안국장을 맡고 있는 현이 많았다.

"이곳 상지현 공안국장은 조선 사람이 아닌가? 그런데도 한국에 일하러 가는 조선족들의 돈을 뜯어먹었다는 소리가 성에까지 들려온다. 만약 한족 공안국장이 그런 짓을 했다면 한족의 입장에서 조선족 입장을 잘 모를 수도 있고, 또 조선족이 돈을 너무 버니까 배 아파서 '나도 좀 뜯어먹어야 되겠다', 그러니 나쁜 마음을 먹을 수 있겠다고 이해할지 모른다. 그런데 조선족 간부가 자기 민족에 대해 부정한 행위를 했다 하니 정말로 나쁜 짓이다."

내가 이 발언을 한 것은 상지현위 회의로, 한족 지방간부들도 많이 참석한 자리였다. 참석자 가운데 한 사람이 마침 전 공안국장이라고 했다. 그에게 직접적으로 "나는 분명히 그렇게 들었는데, 어디 내가 한 말이 틀렸는가?" 추궁하니 그는 머리를 숙이며 "그런 일이 있습니다. 잘못된 일입니다"고 수긍했다.

북경 소수민족회의 참가자들과 전체 접견할 때에 주 총리는 소수민족 문제에 대하여 깊이 있는 담화를 나누었다.

"여러분은 중국의 각 민족을 대표하여 오늘 이 자리에 왔습니다. 우리 역사상 소수민족은 중화민족 대가정에서 큰 작용을 했습니다. 그리고 우리가 공화국을 건립하고 차차 발전해나가고 있는데, 중국이 더욱 발전하려면 소수민족이 같이 다 따라 발전해야 합니다. 이를 위하여 제일 중요한 것이 바로 교육입니다."

이렇게 소수민족 교육의 중요성에 대하여 많은 이야기를 했다. 또한 소수민족의 역할에 대해서도 다음과 같이 중요시하였다.

"우리 역사에서 중국이 이렇게 큰 나라가 되고 중화민족이 4억 5천만이라는 인구를 가지고 960만 평방킬로미터의 큰 땅을 가진 나라가 된 건 한족의 공로만 있는 것이 아니며, 만족滿族의 공로가 큽니다. 지금 여기에 만족 대표가 왔습니까? 만청 정부가 부패하여 내가 손중산을 따라 신해혁명을 일으키고 만청 정부를 타도하였습니다만, 그것은 만청 정부가 제국주의 침략을 막지 못한 무능하고 부패한 정부가 되어 타도한 것이지, 만족 자체를 타도한 것은 절대 아닙니다. 만족을 타도한 것이 아니라 제국주의에 굴종하고 나라와 민족을 망치게 한 만청 정부를 타도한 것입니다. 만족은 중국 중화민족 발전에 큰 공헌을 했습니다."

주 총리의 역사인식은 이렇게 정확했다. 중국의 역사에서 보면, 진시황이 중국을 통일하고부터 한漢·당唐 시대에 가장 번성하지만 인구는 5천만이 채 되지 않았다. 당나라 이후 송·원·명에 이르기까지도 인구는 그다지 늘어나지 못해 겨우 6천만에 불과하였다. 그런데 청나라가 통일하고 만족이 통치한 이래로 나라가 안정되었고, 강희제·건륭제의 강건성세에 중국 인구가 몇 곱절이 불어났다. 청나라가 멸망하는 시점에는 중국이 4억 인구를 가지게 되었던 것이다.

그렇다면 청나라가 이렇게 융성하게 된 이유는 어디에 있는가? 청대에는 농민들에게 징수하는 농업세를 크게 줄이고 농업여건이 나쁜 지대에서는 농업세를 아예 받지 않았다. 그리고 청국 변경의 서장, 신강 위구르 등지에서 일부 전쟁이 있었던 것을 제외하면 청나라 시대에는 전쟁이 없었다. 그러니 농민들 생활이 안착하고 인구가 불어났던 것이다. 이렇게 청대에는 인구도 늘어나고 신강, 서장을 통일하고 대만을 수복하는 위업이 이루어졌다. 중국 역사에서 청대에 중국은 가장 팽창하고 인구도 많은 대국이 되었다.

주 총리는 또한 한족과 소수민족의 관계에 대해서도 다음과 같이 말하였다.

"중국 역사 속에서 한족이 각 소수민족 형제 민족에게 죄를 많이 졌습니다. 중국이

번성하면서 소수민족을 쳐내고 밀어내서 산간벽지에 몰아넣었습니다. 그리하여 좋은 땅은 모두 한족이 가서 차지하고, 소수민족은 점점 멀리 몰려났습니다. 그 결과 당신네들이 지금 변경에 다 몰려가 있게 되었습니다. 이것은 우리 선조들이 '대한족주의'를 추진해서 그런 것입니다. 우리는 지금 대한족주의를 반대하며 민족의 평등을 주장합니다. 공산당은 우리 한족들이 과거에 저질렀던 죄를 갚아야 한다고 봅니다."

이렇게 주 총리는 만족을 포함한 모든 민족이 평등하게 공동 발전해야 한다고 강조하며, 우리가 교육전선에서 각 민족의 후대 교육을 책임진 만큼 애써줄 것을 특별히 당부하였다.

"우리 공화국이 성립된 지 얼마 안 되고 경제상황도 좋지 않아 많이 어렵습니다. 여러분들의 월급도 낮다는 것 나는 알고 있습니다. 내 동생이 중학교 교사인데 월급이 얼마 되지 않아 생활이 어려워 나에게 도움을 청하기도 합디다. 앞으로 경제가 발전하고 나라가 잘 살게 되면 제일 먼저 교사들의 처우부터 개선하도록 할 터이니 그때까지 참으며 열심히 노력해 주십시오."

이 같은 주 총리의 역사인식은 중국 주류 역사학자들의 입장과는 아주 다른 것이다. 중국에서는 보통 "중국은 역대로 외국을 침략하지 않았으며, 다른 민족들과 화해하며 지냈다"고 이야기하고 있다. 나는 이러한 입장에 계속 이의를 표해 왔는데, 나뿐만 아니라 손중산도, 주은래도 중국 민족의 과거 역사에 대해 비판할 부분이 있다는 입장을 표한 바 있다. 나는 이 때 주 총리를 만나 담화하면서, 이분이 다만 정치가일 뿐만 아니라 아주 박식한 분이라는 점에 깊은 인상을 받았다. 주은래는 이같이 소수민족에 대한 정확한 관점을 가지고 소수민족 지구를 지원하여 교육·문화·경제 전 방면을 발전시켜야 한다는 구상을 가지고 있었다. 사실 중국은 이후로도 계속 그렇게 해나가고 있다.

전국소수민족교육회의를 마치고 조선족 대표들끼리 따로 회의를 가졌다. 우리는 회의를 마치고 맥주집에 갔다. 우리는 나무로 만든 한아름 되는 생맥주 통을 통째로 가져다가 마시기 시작했는데, 이에 놀란 식당주인과 그 집 아이들까지 모두 나와서 구경을 했다. 주인이 우리에게 어디서 왔냐고 묻자 우리들 중 누군가가 "해남도에서 왔다"고

교육행정학원에서는 사회주의 계통의 교육학을 중점적으로 학습하고, 과외로 미국의 듀이 교육학, 중국의 실용주의 교육학, 고전 교육학도 참고로 학습했다. 심리학 강의는 소련 모스크바 사범대학의 마누이라 교수가, 철학 강의는 중앙당학교에서 배양한 교수가 와서 가르쳤다.

우리가 모두 졸업시험을 치른 후, 시험제도를 없애라는 지시가 내려왔다. 간부학교에서 무슨 시험에 의한 평가를 하느냐는 것이다. 결국 시험 점수와 등수를 모두 취소하고, 시험에 통과한 사람들 모두에게 '급제' 통지를 주었다. 나는 중앙교육행정학원을 마치면서 아주 우수한 성적을 받았는데, 학교 방침이 바뀜에 따라 내 점수도 취소되고 다른 사람과 다를 것 없는 '급제' 통지를 받았다.

그러나 내가 누구보다도 열심히 공부한 것은 헛되지 않았다. 나는 중앙교육행정학원을 졸업한 후에는 어디에든 가서 교육학 강의를 할 수 있을 정도가 되었다. 나는 하얼빈으로 돌아와서 흑룡강성 교육행정학원의 교육학교연실 주임을 맡게 되었다.

북조선 '8월 전원회의 사건', 주변국의 한 장면

내가 중앙교육행정학원에서 공부하던 시절은 신생 중국이 막 꽃피어나가던 시기였다. 정부를 세우고 7년이 지나 국가는 안정기에 들어섰다. 변방 영토를 모두 아우르고 이웃 나라 조선의 전쟁까지 지원한 중국은 구석구석 건설과 통합의 활기가 넘쳤다. 중국 인민들은 혁명의 승리자라는 자부심에 충만했고, 자기들의 지도자 모택동을 열정적으로 사랑했다.

나는 바로 이 시기에 북경에서 1년을 보내며 국가건설기의 역동적인 수도 북경을 온 마음으로 체험했다. 새로운 이념과 이론, 지식을 배우면서 그 이념이 실현되는 모습까지도 체험한 것이니 제대로 된 산 공부였다. 게다가 나와 동료 학생들 모두 직급이 중층 간부급이었으므로 북경에서 진행되는 각종 정치행사에 참여하는 기회도 누렸다. 진의 부총리가 주최한 소수민족 좌담회에 조선족 대표로 참석하는 등 몇몇 회의에 참가하고 중국공산당 8차 전국대표대회의 문헌 번역 사업에도 참여했다.

중국공산당 제8차 전국대표대회는 1956년 9월에 북경에서 열렸다. 역대 당대표대회 가운데 가장 큰 규모로 열린 대회였다. 1945년 4월 연안에서 7차 전국대표대회가 개최된 이후 11년 만에 열리는 대회였으며, 중국 해방 후 북경에서 열리는 최초의 전국대표대회라는 의미를 가졌다. 중국공산당은 이 대회를 통하여 중국에서 당의 위력을 과시하고, 이후 건설의 동력을 마련하고자 했다. 소련·조선·베트남·루마니아·알바니아 등 사회주의 국가 뿐 아니라 영국·프랑스 등 서방 국가 공산당 대표까지 초청되었다.

대회에는 중국의 여러 소수민족들이 참가하므로 회의 문건을 각 민족 언어로 번역하여 별도로 배포했다. 번역은 번역국과 중앙민족출판사가 담당했는데, 짧은 기한 내에 수십여 개 민족 언어로 번역해야 했으므로 북경에 체류 중인 소수민족 간부들이 번역 작업을 나누어 맡았다. 당대회 문헌 번역은 보안과 정확성을 요하는 일이었으므로 직급이 높은 간부급만 번역에 참여할 수 있었다.

중국공산당 제8차 전국대표대회는 국제적으로 크게 관심을 받았다. 대회가 임박하자 소련 내각 제1부수상 미코얀을 단장으로 하는 소련공산당 대표단을 비롯하여 50여 개 국 공산당·로동당 대표들이 축하사절로 중국을 방문했다. 조선에서는 단장 최용건, 단원 림해·리주연 등으로 구성된 조선로동당 중앙위원회 대표단이 파견되었다. 최용건은 대회 첫날인 15일 연회에까지 참석했는데 대회 이튿날부터는 모습을 보이지 않았다.

대회 일정 가운데 각국 대표단이 단상에 올라와 축하 연설하는 순서가 있었다. 원래 일정에는 대회 이튿날인 9월 18일, 소련 대표단 단장 미코얀 연설 후 두 번째로 조선 대표단 단장 최용건이 연설하기로 되어 있었다. 그런데 소련·폴란드·독일·루마니아 대표가 축하 연설을 하였으나 예정된 조선 대표단 연설은 없었다. 그 다음날인 19일에 림해가 단상에 올라 최용건 단장의 연설을 대독하였다. 왜 최용건은 예정된 연설을 하지 않았던 것일까? 최용건과 림해의 위상 차이를 잘 아는 사람들은 고개를 갸웃했지만 당시에는 내막을 알 수 없었다.

1956년 2월, 소련공산당 20차 당대회에서는 흐루쇼프가 주장한 개인숭배 비판과 평화

공존 노선이 채택되었다. 사회주의 각국에서는 소련공산당의 새로운 노선을 받아들이는 경향이 퍼져나갔다. 이는 물론 소련공산당의 요구이기도 했다. 조선에서도 연안계 정치 지도자들을 중심으로 김일성 개인숭배와 권력 집중을 비판하는 움직임이 일어났다.

중국공산당 제8차 당대표대회가 열리기 불과 보름 전인 8월 30일, 조선로동당 중앙위원회 전원회의가 열렸다. 김일성이 동유럽 사회주의 국가 순방 결과를 보고하고 인민보건사업을 토론하기 위한 회의였는데, 연안파 윤공흠이 단상에 나서서 예정에 없던 개인숭배 비판 연설을 했다. 윤공흠이 몇 마디 이어나가지도 못했을 때, 김일성을 지지하는 당 중앙위원들이 들고 일어나 고성을 지르며 반박했다. 순식간에 대회장은 아수라장이 되고 난투극이 벌어졌다. 문제를 제기한 연안계 지도자들은 그 길로 평양에서 도망쳐 중국으로 망명했다. 연안파는 이날을 위하여 많은 물밑 준비를 해왔으나 김일성을 지지하는 항일투사들의 위세에 눌려 꺾이고 말았던 것이다. 8월 전원회의는 이들 연안파들의 당직을 박탈하고 출당하도록 결정하였다.

이것이 이른바 '8월 전원회의 사건'이다. 조선로동당 내에서 벌어진 종파분자들의 책동이었지만, 한편으로 소련공산당의 새로운 노선을 조선이 받아들이느냐 마느냐의 국제 문제이기도 했다. 조선 주재 소련대사관은 이 사건에 직접 관여했다. 한편 연안계는 과거 중국공산당과 연안에서 함께 활동하며 동지적인 관계를 맺은 인연이 있었다. 따라서 중국도 연안계의 운명에 촉각을 곤두세웠다. 중국공산당 8차 전국대표대회 물밑에서는 조선 정치 문제를 두고 소련과 중국 사이에 내밀한 의견 교환이 이루어졌던 것이다. 양국은 조선에서 당내의 안정과 단결이 중요하다고 인정했다.

최용건은 축하 사절단을 거느리고 중국에 도착하자마자 모택동·주은래 뿐 아니라 소련 사절단 대표로 북경에 온 소련 부수상 미코얀 등에게 8월 전원회의 사태의 전말에 대하여 해명해야 했다. 미코얀은 조선로동당이 연안계 문제를 잘못 해결하고 있다는 소련공산당 중앙의 입장을 전했다. 중국과 소련은 조선이 막 전쟁을 끝내고 건설을 시작하는 현재에 계파 분열로 혼란을 일으키는 것은 옳지 않다고 지적하였다. 이들은 조선로동당 단결을 위하여 조선당 내에서 순조롭게 처리할 것을 원했으나, 최용건은 소련과 중국이 직접 지도하고 권고해주길 바랐다. 그리하여 미코얀과 펑더회는 최용건을 따라 곧바로 조선으로 들어갔다.

이런 사정 때문에 최용건은 개막일에 나타난 이후 그 모습을 볼 수 없었던 것이다. 조선의 8월 전원회의와 이에 대한 중국, 소련의 태도에 대하여는 뒤편 중국과 조선 관계를 다루면서 더욱 상세히 설명할 것이다.

소련 국가원수 보로실로프의 중국 방문

1956~1957년 중국과 소련의 관계는 매우 좋았다. 1957년 4월, 소련 최고소비에트 상임위원회 위원장이자 소련 최고소비에트 의장 보로실로프가 중국을 친선 방문하였다. 보로실로프는 4월 15일부터 5월 6일까지 약 3주 동안 중국에 체류하였다. 중국에서는 전례 없는 대규모 환영행사를 열었다. 공항에서부터 보로실로프의 숙소가 마련된 중남해로 들어오는 연도에는 소련의 지도자를 환영하는 수만 명의 군중이 늘어섰다.

보로실로프의 환영을 위해서 북경대학, 청화대학, 그리고 중앙교육행정학원 학생들로 환영 군중이 조직되었다. 학교마다 어느 지점에서 어떻게 환영할지에 대한 상세 지침이 내려졌고, 주의사항도 아울러 전달되었다. 우리는 천안문 전문前門 앞의 환영단 인파 가운데에 있었다. 그런데 보로실로프의 방문과 행진 시각이 사전에 신문에 보도되었다. 학생과 시민들이 신문을 보고 자발적으로 천안문광장에 몰려와 천안문 일대는 엄청난 인파로 혼잡해졌다.

소련 대표단과 중앙영도를 태운 300대의 차량 행진 대열이 나타났다. 모택동과 보로실로프가 무개차에 올라타서 때로는 앉고 때론 서서 환영 군중에게 인사했다. 천경陳賡 대장이 지휘하는 소련과 중국 양측 호위대가 뒤따랐다. 이어서 주요 간부들의 차량 대열이 따라왔다. 대열은 느리게 행진하며 환영객들의 인사를 받았다.

대열이 내 앞을 지나 천안문 앞에 다다를 즈음 불시의 사건이 벌어졌다. 학생군중들이 모 주석을 두 눈으로 직접 보고 감격에 겨워 행진 대열에 뛰어들었던 것이다. 주로 북경대와 청화대 학생들이었다. 모 주석 만세, 보로실로프 만세를 부르며 소리치고 구호를 불렀다. 이들 인파의 돌발 행동으로 차들이 멈춰 섰다. 내 바로 앞에 멈춰선 자동차의 문이 열리더니 곽말약 동지가 나타났다. 그는 차에서 내려 "어찌된 일이오?"라며 큰 소리로 공안인원에게 물었으나 그들도 모르겠다는 대답이었다.

대열은 이렇게 십여 분간 지체되었다. 이는 분명 천안문 경비가 허술하여 생긴 돌발 사고였다. 나는 당시 인민대표대회 부위원장이었던 곽말약이 차에서 내려 신경을 곤두세우고 노여워하는 모습을 직접 보았다. 곽말약은 아주 유명하고 존경받는 작가이며, 모택동조차도 곽말약을 "귀라오郭老" 라고 부르며 존경했던 사람이다. 군중들이 계속 몰려들자 천경 대장이 직접 나서서 "학생들은 비켜 달라"고 외치고 정돈시켰다. 천경 대장이 학생들을 저지하는 와중에 가슴에 달린 훈장이 땅에 떨어지기도 했다. 모택동도 직접 학생들을 설득했다.

"학생 동무들! 좀 물러서 주시오. 우리를 가게 해 주오."

겨우 학생들이 진정되어 차량 행렬은 천안문 앞을 빠져나갈 수 있었다. 이런 혼란이 10여 분이나 지속되었는데도 아무 사고가 생기지 않았던 것은 천만다행한 일이었다. 모택동은 학생들의 순수한 열정에서 빚어진 해프닝이라며 크게 신경을 쓰지 않았다.

그러나 곽말약은 중앙에 정식으로 제출해서 이 사건을 비판하였다.

"어찌하여 중국과 소련 두 나라 영수를 무조직 군중에게 맡기는가!"

곽말약은 북경시 조직 실책에 대해 강력히 비판하고 북경시위 서기이자 북경시장이었던 팽진에게 책임을 추궁하였다. 그 결과 팽진은 <검토서>를 작성하고, 대학과 천안문 관할지역인 서성구西城區 당위원회 서기는 처벌을 받았다.

이 사건은 외국 국빈을 초청한 입장에서는 불미스러운 사태였으나, 보로실로프는 오히려 찬사를 아끼지 않았다.

"당신들 중국은 소련보다도 더욱 민주화되었소. 소련은 새 국가를 수립한 지 40년이 지났고 중국은 아직 불과 몇 해 안 되었지만, 오늘 중국 학생의 폭발적인 열정을 보니 중국이 더욱 민주적이고 안정된 나라라고 생각됩니다. 학생들의 열정은 참으로 감동적이었습니다."

보로실로프는 주은래와 팽진에게 이렇게 말했다고 한다.

당시 중국·소련 관계는 아주 좋았고, 중국도 아주 자유로운 분위기였다. 대학생들 분위기도 역시 매우 자유롭고 개방적이었다. 보로실로프가 북경 북해공원을 거닐 때에 학생들도 자유로이 곁을 지나다니며 손인사를 나누었다.

환영대회는 선농단先農壇에서 거행되었다. 참가자는 일체 물품 휴대가 금지되었지만 나는 개의치 않고 카메라를 챙겨 갔다. 나는 이 무렵 카메라를 처음 사서 한창 사진 찍기에 재미를 붙이고 있는 참이었다. 기자들 무리에 섞여 가까이 다가가서 보로실로프와 모택동 사진을 찍기도 했다.

이 시절 북경의 분위기는 보로실로프가 말한 것처럼 아주 자유롭고 민주적이었다. 우리가 북경 시내 공원에 놀러가면 중앙간부들과 중국 혁명 원로들이 공원을 거니는 것을 마주치곤 했다. 여성 원로들은 공원에 자주 산보하러 나왔다.

어느 날은 등영초鄧穎超를 만났다. 우리는 반가움에 "덩따지예鄧大姐!"* 라고 스스럼없이 인사를 던졌다. 그녀 역시 우리에게 "니먼하오你们好-안녕하세요" 하고 즐거이 화답했다. 자유롭고 평화롭던 신생 중국, 선량하고 화기롭던 지도자들에 대한 잊을 수 없는 추억이다.

잊을 수 없는 모택동과의 만남

나는 평생 동안 여러 차례 모택동 주석의 얼굴을 볼 수 있는 기회가 있었다. 교육행정학원 시절에는 모택동과 단체 기념사진을 촬영한 추억을 가지고 있다. 1957년 4월 당시 중앙교육행정학원에서 공부하던 나는 어느덧 졸업을 앞두고 있었다. 우리 기 학생들은 졸업 전에 모택동 주석과 기념촬영을 하게 해 달라고 당 중앙에 요청했다. 당 중앙에서 우리의 요구를 받아들였다는 소식이 전해지자 우리는 기쁨에 넘쳐 모 주석을

....
* 등 큰누님. 등영초를 부른 대중들의 애칭

만날 날을 기다렸다.

5·1절을 앞둔 어느 날 중남해中南海 회인당懷仁堂 뒤뜰, 700여 명의 학생들이 계단에 줄을 서서 초조한 마음으로 모 주석을 기다리고 있었다. 그때 당시 중공 중앙 총서기로 있던 등소평 동지가 습중훈 동지와 함께 우리 앞에 나타나서 우리 학생들을 살펴보았다. 사전 시찰을 한 셈이었다. 그리고는 돌아가 모 주석과 주 총사령을 모시고 다시 나타났다. 모 주석은 여러 명의 중앙당 동지들을 대동하고 나타났는데, 나는 모 주석을 보느라 옆의 분들이 누구인지 살펴볼 경황이 없었다.

학생들이 열정적으로 박수치자 모 주석은 학생들을 향해 손을 흔들어주고는 제일 앞줄 중앙에 착석하였다. 이어 기념사진을 찍었다. 촬영을 마친 후 모 주석은 일어나서 뒤를 돌아보고 학생들을 향해 또 한 번 손을 흔들어주었다. 그때 손을 흔드는 모 주석의 얼굴 표정을 나는 반세기가 훌쩍 지난 지금에도 잊을 수가 없다. 마치 자애로운 어머니의 얼굴을 마주하는 기분이었다.

우리와 기념촬영을 하고 인사를 마친 후 모 주석이 막 돌아서려는데, 옆에 있던 등소평 동지가 모 주석의 팔을 잡으며 다른 곳을 가리키는 것이다. 우리와 좀 떨어진 곳에는 중앙정법학원 학생들이 또한 모 주석과의 촬영을 기다리고 있었다. 그들을 본 모 주석은 "하! 하!" 하며 크게 웃었다. 쩌렁쩌렁하고 호탕한 남성의 목소리였다. 자상하고 부드러운 얼굴 표정과는 전혀 다른, 의외의 음색이었다. 세월이 지나 나는 이런 생각을 하게 된다. 모 주석은 어쩌면 모성과 부성을 동시에 품고 있는 인물이었다고.

4. 흑룡강성교육학원: 선진교육인력 양성 사업과 정치적 파동

나는 중앙교육행정학원에서 공부를 마치고 대학 졸업 자격을 받았다. 나는 새 시대의 교육전문가로 일생을 바치겠다는 부푼 꿈을 안고 하얼빈으로 돌아와 흑룡강성교육학원에서 교편을 잡았다. 1957년이었다. 나는 처음에 교육학 교연실 주임을 맡았다.

흑룡강성교육학원의 부서 중에서는 마르크스·레닌주의 교연실과 교육학 교연실이

규모가 컸다. 교육학 교연실에는 심리학·교육학·교육행정관리와 같은 과목들이 있고, 마르크스·레닌주의 교연실에는 정치학·경제학·철학·당역사 등의 과목이 들어간다. 나는 처음에 교육학 교연실 주임이었다가, 마르크스·레닌주의 교연실 주임이 착오를 범해 해직되자 마르크스·레닌주의 교연실 주임이 되었다.

이렇게 나는 교육학원에 있을 때에 교육학 교연실과 마르크스·레닌주의 교연실 주임으로 여러 가지 과목을 다 강의하였다. 다들 나를 팔방미인이라고 불렀다. 여러 과목들을 강의하면서 모르는 게 없고, 무엇이든 가르치라 하면 다 가르쳐내기 때문이었다. 나는 중학교에 근무할 때부터 여러 과목들을 가르쳐왔다. 교도주임을 오래 했으므로 어느 교사가 결근하게 되면 그 과목을 대신 처리해주곤 했다. 중학교 시절 공부를 열심히 했던 기초가 있었기에 가능했다. 교육학원에서는 심리학과 교육학, 마르크스주의 철학과 정치학을 돌아가며 다 가르치니 주변에서는 나더러 모르는 게 없다며 놀라고들 했다.

당시 중국에서는 간부 학습을 매우 중시하였다. 매일 아침 일과는 2시간의 학습으로 시작되며, 그 학습이 끝나야 아침밥을 먹고 자기 사업을 시작하도록 하였다. 간부들은 매일 학습하고 정례적으로 시험을 치른다. 시험은 흑룡강성 직속 기관의 전체 간부들을 대상으로 시행되는데 직급에 따라 고급반, 중급반 등으로 나누어 치르게 되었다. 나와 같은 중급 간부들은 중급반에 속한다. 연말이면 성위에서는 간부들 시험 결과를 붓으로 써서 점수와 등수를 다 발표했다. 나는 중급반 정치시험에서 98점이라는 아주 우수한 성적을 받아 모범학생이 되었다.

정풍운동

1956년 9월 중국공산당 제8차 대표대회는 중국 건국 초 성장과 발전, 영광의 정점이었다. 그러나 그 직후부터 일련의 정치적 사건들이 벌어졌고, 그 속에서 중국의 지식인들은 자신의 의지와 상관없이 당의 요구대로 끌려가야 했다.

1957년초 모택동은 정풍운동을 선포했다. 정풍운동의 주요 취지는 당내에서 관료주의, 형식주의, 그리고 탈군중 행위를 근절하자는 데 있었다. "당의 작풍을 정돈해야 한다. 우리 공산당이 인민군중을 많이 탈리했다. 관료주의와 형식주의를 철폐해야 한다"는 내용이다.

이 운동은 당내 풍조를 개선하자는 운동이지 일반인을 대상으로 하는 운동이 아니었다. 또한 당 내에서의 자기비판운동이 아니라 전 군중적인 비판운동이었다. 즉 정풍의 대상은 당 내부에 국한되어 있었으나 비판 주체는 전체 군중이었던 것이다. 당은 정풍운동에 인민군중을 광범히 발동했다. 군중들이 당에 대해서 어떻게 보는가, 우리 당이 구체적으로 어떤 잘못이 있는가, 이런 문제들을 인민군중이 직접 따져 비판하게 하였고, 당원들은 인민의 비판을 전적으로 접수하도록 했다.

운동은 파격적이었다. 당을 존경하고 존중하는 인민만 비판에 참여한 것이 아니라, 민주당파라든지 자본가들까지도 당을 비판하라고 추동했다. 대학교수에게는 대학당위 서기들을 비판하도록 했다. 이렇게 많은 비판이 쏟아져 나오면 모두 신문에 게재하도록 했고 그에 대한 반박이나 검증은 이루어지지 않았다. 비판의 분위기는 아주 들끓었다. 공산당은 인민을 위해 복무하는 사람이며 인민이 당의 근본이라고 하면서 실제로는 당 간부들이 마치 국민당 시기의 관료처럼 행세한다는 비판이 주를 이루었다.

정풍운동은 건전한 문제의식에서 시작되었고 초기에 바람직한 반성을 불러일으켰다. 그러나 차차 진행되면서 지나치게 과격한 형태로 전개되기도 했다. 게다가 군중이 광범하게 비판에 동원되면서 정풍의 취지에 변질이 생겼다. 일부 기관에서 당의 영도 자체를 부정하는 경향이 생겨났던 것이다. 대학에서는 공산당이 대학을 영도하는 것을 비판하기까지 했다.

"학교에 왜 당위를 설치해야 하는가? 공산당원이 지식이 낮은데 어떻게 대학을 영도할 수 있는가? 공산당은 대학을 영도할 수 없다. 대학은 교수에게 맡겨야 한다. 공산당이 대학을 영도하겠다는 것은 대학에 대한 간섭이다. 공산당은 대학에서 물러가고 대학은 대학교수에게 맡겨라."

즉 '교수치교.' 교수가 학교를 관리해야 한다는 주장이었다. 대학교수를 비롯한 일부 지식인들이 이런 주장을 했다.

공산당의 외교 역량에 대한 비판도 제기되었다. 가령 『광명일보』 총편 추안핑儲安平은 공산당이 외교 방면에 무능하다며 비판하고 나섰다.

"공산당이 외교를 할 줄 아는가? ○○가 외교부장을 해야 한다."

○○는 과거 국민당정부 시절 외교부장 물망에 올랐던 사람으로, 국제사회에 관한 안목이 뛰어났다. 주중 미국 대사 스튜어트*가 1949년 미국으로 돌아가며 그를 따로 만나 당부한 일이 있었다.

"중국이 소련과 외교하는 것을 미국은 개의치 않습니다. 그러니 중국과 미국과의 외교관계도 유지하도록 해 주십시오. 중국이 미국과의 외교관계를 유지한다면 미국은 과거 장개석에게 60억 달러를 지원한 것처럼 공산당 정부에도 60억 달러를 지원할 것입니다. 그러니 미국과의 관계를 단절하지 않도록 하는 것이 좋을 것입니다. 또 당신이 외교부장이 되지 못한다면 외교부의 미국 관계 부부장이라도 맡아서 미국과 긴밀한 관계를 유지하도록 노력해 주십시오."

이렇게 제안한 일이 있다. 이것은 기밀사항이었다.

○○는 스튜어트 대사가 떠난 후 주은래에게 이 사실을 알리려 했다. 그러나 중국공산당은 미국과의 외교관계를 전면 단절한다고 선포하였다. 아울러 모택동은 1949년 8월 14일 「환상을 버리고 투쟁을 준비하자」, 18일 「잘 가라, 스튜어트여!」 등 일련의 신화통신 논평을 발표하였다. 미국과의 우호를 주장하는 일부 여론에 찬물을 끼얹은 셈이다. 모택동은 미국이 내전 기간 장개석 정부를 물적으로 지원함으로써 수백만 중국인을 살해하는 침략 행위를 자행했다고 비난했다. 그러므로 미국이 과거 자기 잘못을 사죄하고 장개석 정부와 관계를 단절한 이후에라야 중국은 미국과의 외교관계 개선을 고려할 수 있다는 것이다.

....

* 존 레이튼 스튜어트(John Leighton Stuart 1876~1962): 중국 항저우 출생, 선교사이자 교육자로 중국에서 활동하였으며 1946~1949년간 주중 미국 대사를 지냈다.

또한 모택동은 중국 외교의 원칙에 대해서도 다음과 같이 명확하게 선을 그었다.

"어떤 사람들은 우리가 한쪽에만 기울어져 있다, 소련에 편향되어 있다고 말한다. 그 말이 옳다. 신중국 외교는 편파적이어야 한다. 우리는 철저히 소련 쪽에만 기울 것이다."

모택동이 명백하게 미국에 적대적인 노선을 공개 선언한 만큼, ○○는 스튜어트의 제안을 주은래에게 전달해 봐야 소용없다고 생각했다. 결국 스튜어트의 제안은 중공당 중앙에 전달되지 않았다. 그런데 추안핑이 10년 전의 이 이야기를 끄집어내어 공산당의 외교 역량을 비판하고 국민당 인사를 등용해야 한다고 주장한 것이다. 분명 지나치게 가혹한 평가였다.*

이와 같이 정풍운동이 진행되면서 "공산당은 이것도 못 하고 저것도 못 한다", "공산당은 나라를 통치할 줄 모른다" 이런 비판들이 많이 나왔다. 심지어 공산당이 독재를 한다는 수위 높은 위험한 목소리도 나왔다. 나는 1957년 5월 남경·상해 등지에서 실습을 마치고 북경에 돌아와 정풍운동이 과열 진행되고 있는 상황을 목도하였다.

반우파투쟁

정풍운동을 지켜보던 모택동은 운동의 방향이 당에 대한 비판으로 흘러가고 있다고 인식했다. 모택동은 비판운동에 참여한 자들이 진심으로 당을 돕고 잘못을 고쳐주려고 하는 것이 아니며, 정풍운동을 틈타서 당을 타도하고자 하는 것이라고 판단했다.

1957년 6월 6일, 『인민일보』에는 「이것은 무엇 때문인가? 这是为什么?」라는 제목의 사론이 실렸다. 정풍운동에 대하여 공격적으로 문제 제기하는 글이었다.

"이 비판이 공산당을 돕고자 하는 비판인가, 공산당을 타도하고자 하는 비판인가?"

여론은 정풍운동을 그만두고 공산당을 비판한 사람들을 공격하는 방향으로 돌아서기 시작하였다. 정풍운동에 대한 비판으로 반우파투쟁이 시작된 것이다.

....
* 추안핑은 정풍운동 당시 중국공산당 정책을 전면 비판한 언론인으로 반우파투쟁의 1호 척결 대상이 되었다.

정풍운동이 진행되던 기세 그대로, 이제는 공산당이 비판자들을 비판했다. 반우파투쟁은 모택동의 지시 하에 당시 중공 중앙 총서기였던 등소평이 진두지휘하였다. 과거 공산당을 비판한 사람은 '우파'로 지목되어 수난에 처했다.

반우파를 평가하는 데에는 다섯 가지 정치적 기준이 있었다.

첫째, 공산당을 옹호하는가, 공산당을 반대하는가.

둘째, 사회주의를 옹호하는가, 사회주의를 반대하는가.

셋째, 오늘 인민민주 전정(專政)을 옹호하는가, 인민민주 전정을 반대하는가.

넷째, 조국 통일과 각 민족의 단결을 바라는가, 단결을 파괴하려고 하는가.

다섯째, 세계 공산주의 · 사회주의 국가들의 단결을 옹호하는가, 단결을 파괴하려

하는가.

이렇게 기준을 세워 이 다섯 가지 정치표준을 옹호하는 사람은 인민이고, 파괴하고 반대하는 사람은 공산당을 반대하는 사람으로 정치적인 우파라 하였다. 그리하여 광범하게 우파를 가려내어 투쟁하자고 하는 반우투쟁이 벌어졌다.

정풍운동에서 공산당을 비판하는 발언을 한 사람들은 대부분 지식인과 정치인들이지, 농민이나 노동자들이 아니었다. 교육계와 문화계가 가장 먼저 우파로 비판받기 시작하고 점차 전 지식인 영역으로 퍼져나갔다. 당시 중국에 지식분자가 500만이라고 하는데, 지식인 열에 하나는 반우파투쟁에 엮여 들어갔다. 우파로 지목된 지식분자들은 농촌에 보내 노동개조를 받게 했다.

"우파 지식분자들이 사상개조를 하려면 다만 반성해서는 안 된다, 노동자·농민들과 함께 생활하며 그들의 고생을 함께 겪음으로써 자기의 잘못을 깨달을 수 있다."

'우파'로서 노동개조에 간 사람은 빠르면 2~3년 후에 돌아왔으나 일생 돌아오지 못한 경우도 있었다. 당시 전국적으로 40여 만 명의 지식인이 우파로 몰렸는데, 그 중 진짜 우파는 얼마 되지 않았다. 대부분의 우파가 나중에 누명을 벗은 것이 그 증거이다. 정풍운동에서 지식인들이 개별적으로 당원의 잘못된 점을 지적한 것은 정당한 비판인

경우가 많았다. 정풍운동이 과열된 측면은 분명 있었으나, 비판행위를 전부 '공산당을 반대하는 행동'이라고 규정한 것은 분명한 잘못이었다.

반우투쟁의 지휘자였던 등소평은 문화대혁명이 끝난 후 "반우파투쟁은 필요했다. 그러나 투쟁 과정에서 엄중히 확대화되었다. 마땅히 바로잡아야 한다"라고 말했다. 그리하여 1970년대 후반 등소평의 지시로 대부분의 우파들은 누명을 벗었다. 그러나 우파로 몰려 고초를 겪을 대로 겪은 40만 명의 지식인들, 그들의 잃어버린 시간과 젊음은 어디 가서 보상받겠는가!

북경에서 시작된 반우파투쟁이 몇 달 후 지방에까지 파급되면서 흑룡강성에서도 치열한 정치투쟁이 진행되었다. 당시 내가 몸담고 있던 흑룡강성교육학원은 학생 모집과 수업이 모두 중단되고 50여 명의 교사만 남은 상태였다. 교육학원에서도 반우투쟁이 진행되어 4명의 우파를 적발해냈다. 이어 적발된 우파들의 죄상을 정하고 문건을 작성하는 일들이 진행되었다.

나는 교육학원 당총지위원 겸 교육학 교연실 주임이었다. 우파로 지목된 4명이 갓 대학을 나온 젊은 선생이므로 젊은 혈기에 교오자만하고 과격한 의견을 제시한 것은 사실이지만, 실제로 공산당을 반대하는 행위를 한 것이 아니라고 나는 생각했다. 하지만 나는 북경에서 공부하고 부임한 지 얼마 되지 않아 반우파운동에 참여하지 못했고, 비록 심사위원 5명 중 한 사람이긴 하나 섣불리 의견을 내놓을 수 있는 입장도 아니었다. 나는 침묵을 지킬 수밖에 없었다. 농촌에 노동개조를 떠나는 그들을 다독이며 "잘 단련해서 돌아오라"고 격려의 말을 해준 것이 그때 내가 할 수 있는 유일한 일이었다.

반우투쟁에서는 똑똑하고 열정적으로 바른말 하던 지식인들이 우파로 지목되어 희생되었다. 나도 정풍운동 때 비평에 참가하긴 했어도 우파로 걸리지는 않았다. 내가 반우투쟁에서 우파로 지목되지 않은 것은 내가 똑똑하지 못하거나 바른말 하는 데 빠지고 가만히 있었기 때문은 아니었다. 오히려 나는 반우파투쟁 당시에 반우파를 비판한 사람이었다. 대학에서 대학당위원회 서기가 대학교수들을 모아놓고 세 시간씩 강연을 하는 것을 보고, "대학교육에 관한 지식도 없는 당위서기가 교수들 앞에서 무슨 바른 소리를 하는가?" 이렇게 비판하기도 했었다. 한번은 "흐루쇼프는 나쁜 놈이다"라고 말했다는 이유로 '국제공산주의운동을 파괴하는 우파'라고 지목받은 일이 있다. 나는 대항했다.

"지금 중국 간부들의 80%는 흐루쇼프를 비판하고 있다. 그렇다면 그 간부들도 모두 우파란 말인가?"

결국 별다른 문제없이 지나갔다.

내가 우파로 몰리지 않은 것은, 바른 말을 안 했기 때문이 아니라 군중이 나를 지목하지 않았기 때문이다. 반우투쟁에서 우파를 비판하는 작업은 이렇게 진행되었다. 우선 군중이 적발하고, 그 뒤에 본인의 반성을 듣고 군중이 심사한다. 집체 심사 결과 그 사람이 우파 사상이 있으며 공산당을 반대하는 사람이다 하는 것이 토론을 통해 결정되어야 우파가 되는 것이다.

즉 똑같은 발언을 했더라도 군중이 적발하지 않으면 문제가 되지 않았다. 평소에 좀 아는 체하며 뽐내면서 군중들을 없이 보고 자기가 제일 잘났다고 우쭐대고 이런 사람들을 군중은 우파로 지목했다. 군중 관계가 나쁜 사람들이 당을 비판하는 발언을 했을 경우에 군중들이 적발해서 "그놈이 우파 맞소" 하고 토론해 결정하면 우파가 되는 것이었다. 단지 비판 한 마디 했다고 우파가 되는 것이 아니었다.

나는 본래 우쭐댈 거리가 아무것도 없는 사람이다. 간부 가족 자제인 것도 아니고, 집이 잘 살지도 못했다. 내가 중학교 교장이 되었지만 교사들 가운데 나이가 제일 어린 축이었다. 그러므로 나는 교장이면서도 교사들을 만나면 늘 내가 먼저 인사했지, 내가 교장이라며 권위를 부린 적이 없었다.

내가 나이도 어리고 지식도 약하지만 교장 직을 잘 수행할 수 있었던 것은 모두 내 어머니 덕분이다. 어머니는 내가 어릴 때부터 예절 교육을 중요시하고 어른들께 예의 바르게 대할 것을 늘 교육하였다. 그래서 나는 아주 예절이 발랐다. 중학교 교장으로 있으면서 학교에서 잡일하는 노인에게까지도 먼저 다가가 "선생님"이라고 부르며 인사하고 진심으로 그분들을 존경하는 태도를 가졌다. 교사들에게도 가정에 우환이 있을 때면 직접 방문해서 위로하기를 잊지 않았다. 그 덕에 내게 무슨 잘못이 있어도 나이 많은 교사들이 다들 양해해주고 "젊은 사람이 그럴 수도 있지, 그게 무슨 문제인가?" 하며 묻어주었다.

조선족 단위에 있을 때도 그랬지만 한족 단위에 와서도 그랬다. 나보다 나이가 많건 어리건 간에 내가 먼저 인사했다. 조선족 중학교에서 어린 영도로 일할 때부터 이후 성 교육학원, 당사연구소에 간 후에도 그랬다. 나는 어디에 있든 군중들과 탈리할 때가 없었고 군중들이 늘 나를 지지했다.

1984년, 당사연구소 소장이 될 때에도 그랬다. 성위 조직부 선전부 서기가 당사연구소에 와서 "다음 기에는 누가 소장이 되면 좋겠는가?" 하며 직원 투표를 했다. 그때 나는 부소장이었고 소장은 왕경이었는데, 나는 왕경 소장과 북경에 회의하러 가서 자리를 비운 상태였다. 북경에서 돌아오니 성위 서기가 나에게 말하기를, 왕경 소장이 정년이 되었으니 은퇴하도록 하고 나에게 소장을 하라고 했다. 나는 손사래를 치며 거절했다.

"아이구, 나는 위에 소장이 있고 내가 부소장으로 일하는 게 얼마나 좋은지 모릅니다. 게다가 왕경 소장이 나를 믿고 무슨 일이든 나에게 맡겨 주시니 나는 지금도 내가 하고 싶은 대로 일합니다. 게다가 소장이 위에서 막아주니 얼마나 좋습니까?"

나는 실제로 어느 기관에서든 1인자가 되려고 자리다툼하거나 한 것이 없었고 윗사람들과 잘 협조하며 일해 나갔다. 내가 1인자가 되는 때는 나는 늘 거절하는데 기어이 하라고 지목하니 하게 되었던 것이다. 당사연구소 소장으로 올라갈 때에도 나는 왕경 소장이 계속해야 한다고 주장했다. 실제로 왕경은 나이는 먹었지만 아직 신체도 건강하고 머리도 명석하여 3~5년은 계속할 수 있고, 나 역시 2인자의 자리에서 일하는 게 편하고 좋다고 강하게 주장했다.

그러나 성위 서기가 하는 말이, 당사연구소 직원 투표 결과 내가 전원 찬성표를 얻었다는 것이다. 나는 "우리 당사연구소가 인원이 40여 명 밖에 안 되는 작은 단위이므로 그런 결과가 나올 수도 있다"고 말하였으나 그는 계속 나를 설득했다.

"전 성에 당기관과 정부기관을 합하면 청급 단위가 70여 개 되는데, 그 중 당사연구소보다 작은 단위가 여러 개 있다. 통일전선부는 열 몇 사람 밖에 없고, 서화원書畫院은 열 사람 뿐인 단위인데 그런 작은 단위에서도 절반 표를 얻기 어렵다. 이번 70개 단위 전체 조사에서 오직 당사연구소의 김우종 당신만이 전체 찬성표를 얻었기에 성위 서기들이 모두 탄복하였다. 그러니 꼭 소장으로 올라가야 한다."

나는 어쩔 수 없이 소장 직을 수락하였다.

반우경투쟁 와중에도 꼿꼿하게

1957년 반우파운동에 이어 1958년에는 대약진운동, 인민공사운동이 시작되었다. 중국공산당은 대약진운동을 추진하며 "중국이 소련을 추월해 간다", "중국은 10년이면 영국도 추월할 것이다"라고 대중들을 고무했다. 농민들은 대약진운동을 환영했다. 그러나 지식인들은 당이 지나치게 밝은 전망을 제시한다며 헛된 소리 취급하고 반대하는 사람들이 많았다.

대약진운동과 인민공사운동은 당시 모택동의 총노선이었다. 모택동은 대약진·인민공사운동을 통하여 중국을 공산주의 국가로 도약시킨다는 총노선을 내세웠던 것이다. 그러므로 대약진운동 반대는 곧 모택동의 총노선에 대한 반대였다. 모택동의 총노선은 잡음 없이 진행되어야 했다. 이에 따라 1959년 대약진운동의 반대자들을 우경 기회주의 분자로 몰아 타도하는 반우경운동이 시작되었다. 인민공사운동의 실패를 비평한 팽덕회, 장문천張聞天 등이 낙마되었다.

중국공산당에 대한 비판은 각계각층에서 진행되었으므로 당 중앙은 중공당 노선에 대한 비평자들을 '우경 기회주의 분자'로 잡아내라고 지시했다. '반우경투쟁'이 시작된 것이다. 단위마다 100분의 3, 즉 3% 정도의 우경분자를 잡아내라고 압박했다. 기층 단위에서 우경분자를 잡아 근거자료를 올리면 상부에서 심사해서 우경분자인지의 여부를 결정하였으나, 대체로 단위에서 올린 그대로 우경분자가 되었다. 단위에서 죄상에 관한 자료를 작성했으니 상부에서는 그 자료를 읽고 판단할 수밖에 없는 것이다. 우경분자로 결정되면 해당자와 그 가족 모두 농촌에 내려가 노동개조를 받게 된다.

우리 교육학원에도 반우경투쟁의 지침과 함께 반우경투쟁을 감독하기 위한 공작조를 내려 보냈다. 우리 교육학원의 반우경투쟁은 1959년 8~9월에 집중 진행되었다. 공작조의 지도 하에 총노선인 대약진운동·인민공사운동에 소극적이던 교원들을 우경분자로 비판하라는 지시였다. 처음에는 교육학원 내에서 우경 기회주의 문제에 대하여 토론하고 비판하여 인식을 바로잡는 정도로 진행하였으나, 점점 비판이 거세게 진행되면서 마침내 구성원의 3%를 우경분자로 잡아내라는 지침이 내려왔다. 교육학원 교직원이 1백 명 정도였으니 3명을 잡아 올려야 했다.

반우경투쟁 당시 나는 교육학원 당총지서기였다. 그러므로 공작조와 협조 하에 교육학원의 반우경투쟁을 책임지고 조직·지도하는 것이 나의 일이었다. 우경분자 죄상에 관한 보고서에 최종 서명해야 하는 책임 역시 나에게 있었다.

반우경투쟁 공작조와 당총지위원 몇몇이 반우경투쟁을 적극 주도했다. 이들은 교육학원에서 세 사람을 지목하였다. 우경분자가 틀림없으므로 반드시 책벌해야 한다고 주장하면서 그 세 사람의 우경 혐의 자료를 만들고는 나에게 서명하라고 요구했다. 그런데 나는 그 자료에 동의하지 않았다. 나는 교육학원 내에서 우경분자를 잡는 데 동의하지 않았고, 자료도 정리하지 않았다. 다른 사람이 자료를 만들어 와도 나는 서명할 수 없다고 버텼다. 우경분자라고 비판받은 사람들이 공산당과 모택동을 반대한 것은 절대 아니었기 때문이다.

그들은 스스로 "당의 총노선에 반대되는 말을 했다"고 '자백'했으나, 그것은 그들이 이미 '우경분자'로 지목 비판받아 자기의 그릇된 사상을 반성할 때 했던 표현일 뿐이다. 그들이 실제로 "나는 당을 반대한다, 모택동을 반대한다"고 말한 적이 없으며, 그들이 한 말이 반당 언론이라고 규정할 수 없다. 그들은 그저 인식이 철저하지 못했을 뿐이고 이미 반성하였다. 반성하며 한 발언을 빌미로 죄상을 만드는 것이 정당하겠는가?

나에게는 토론이나 비판운동을 지도해온 일관적인 방법이 있다. 누구나 인식이 제대로 서지 못한 사람을 비판할 수 있다. 또, 스스로의 인식이 잘못되어 과오가 있다면 스스로 털어놓고 반성함으로써 자기 인식을 높이자고 설득했다. 내가 솔선하여 먼저 털어놓고 반성하고 인식을 높이는 토론을 하면, 그 동무들도 역시 나를 따라서 스스로 잘못을 뉘우쳤던 것이다. 그들은 당의 비판운동, 내가 진행한 비판운동을 따라서 자기비판하였던 것인데, 그것을 가지고 "당을 반대했다"며 죄상을 만들면 안 되지 않겠는가?

그러던 어느 날 저녁 '우경분자'라고 지목된 사람들이 나를 찾아왔다. 그들 자신은 절대로 모택동과 공산당을 반대하는 사람이 아니라고 울며불며 하소연했다. 나 역시 그들이 절대로 우경분자가 아니라는 것을 확신하였기에, 우경분자 제출 서류에 서명하지 않았다. 결국 감독관과 몇몇 당위원들이 나 몰래 자료를 정리해서 상부에 보고했다. 당서기인 나를 거치지 않고 상부에 서류를 올린 것은 명백한 비조직행동에 해당한다. 그들이 나를 거치지 않고 자료를 올리려면 나를 먼저 해직시켰어야 했다.

한편 교육청 당위원회에서는 우리 교육학원에서 왜 반우경투쟁 진행이 더딘 것인지 의아해했고, 나에 대해서 의혹을 가졌다. 당시 교육청 당위 서기는 교육학원 부원장을 겸하고 있던 쇼사이肖塞라는 아주 유명한 노간부였다. 쇼사이는 전 흑룡강성 당위 서기인 양이진楊易辰의 부인이기도 하다.

어느 날 쇼사이가 나를 찾아왔다. 보통 조직의 영도가 우경분자 적발을 거부하면 영도의식이 모호하고 철저하지 못하다 하여 당장 해직시키고 다른 인물을 영도로 내세워 반우경투쟁을 진행하도록 했다. 그러나 쇼사이는 나를 비판하지 않고 설득하고자 했다.

"당에서 비판운동을 조직 진행할 때 영도간부들이 곤혹스러울 수 있다는 것을 잘 알고 있습니다. 자기 당위원회 정황을 잘 알고 있고, 또 자기 주변의 친근한 사람들의 일이기 때문이지요. 그렇지만 당의 지시는 절대 복종하고 실행해야 합니다. 그것이 옳건 그르건 간에, 자기 마음에 납득되건 납득되지 않건 간에 당의 지시이므로 따라야 하는 것입니다. 일단 실행한 후에 당의 시책이 잘못되었다면 당에서 책임지고 그것을 잘못되었다고 규정합니다. 그러나 영도간부가 개인 주장으로서 당의 지시를 거부하고 실행하지 않으면 그것은 잘못입니다. 과오가 있는 자를 감싸주어 문제가 생기면 그 책임은 간부 자신이 져야 합니다. 김우종 동무는 이제까지 수십 차례의 정치운동에서 가장 입장이 강건하고 앞장서서 잘 하던 사람이므로 당에서 높이 신뢰하고 있습니다. 그런데 왜 이번에는 이렇게 행동이 미미한 것입니까?"

쇼사이는 이어서 과거 자신의 경험을 들려주었다.

"나는 예전 청년 시절에 북경에서 대학을 졸업한 후 공산당에 입당하여 혁명 활동을 시작했습니다. 어느 날 당 중앙조직부에서 와서 젊은 처녀 당원들을 소집했습니다. 그러더니 처녀들 한 사람 한 사람씩 지목하며 각각 어느 군벌의 첩으로 들어가라고 지시하더군요. 우리는 항의했습니다. '공산당이 자유·민주·해방을 추구한다고 하여 우리가 공산당원이 되었소. 또 공산당은 자유 연애와 자유 결혼을 추구해 왔으니 우리에게 결혼을 강요하는 일은 있을 수 없소. 더욱이 나이 많은 군벌의 첩으로 들어가라는 명령은 따를 수 없소'

그렇지만 당에서는 우리 항의를 받아들이지 않았습니다. 당 중앙 인사들은 '당의 지시에 복종하지 않을 테면 당에서 나가라'며 선택을 강요했습니다. 하는 수 없이 언니들 몇이 당의 지시를 수용해 군벌에게 들어갔습니다. 그 중 한 사람인 이덕전李德全은 풍옥상의 첩으로 갔는데, 그가 풍옥상을 움직여 공산당 편으로 끌어들이는 공을 세우지 않았습니까? 이덕전은 중화인민공화국 초대 위생부장이 되었지요.

선배들은 당의 지시와 자신의 소신이 이토록 불일치하였을 때에도 당의 지시를 복종했습니다. 그러니 지금 김우종 동무가 당에서 지시하는 대로 따르면 혹여 그릇된 일이라 하더라도 동무의 잘못은 없는 것입니다. 그러나 동무가 끝까지 고집을 부린다면 자기 자신을 망치게 될 수도 있습니다."

쇼사이는 이렇게 나를 교육하고 설득했다. 그러나 "당장 사인해서 올려 보내라"는 식의 강압은 하지 않았다. 다만 잘 생각해보라고 할 뿐이었다. 그러나 나는 뜻을 굽히지 않았다. 아무리 그가 설득하고, 혹여 강요한다고 해도 내 줏대는 지켜야 한다고 생각했다. 결국 반우경분자 최종심사 자료는 상급에 보고되지 않았고, 우리 단위에서는 아무도 반우경분자로 처벌되지 않았다.

이는 아주 드문 경우였다. 만일 누가 나처럼 반우경투쟁을 거부하면 당장 해직·처벌되는 것이 보통이었다. 영도의식이 모호하고 철저하지 못하고, 당이 진행하는 운동을 용납하지 못하는 것으로 당에서 판단하는 것이다. 그러나 나에 대해서만은 당이 해직하지 않고 별다른 조치를 취하지 않았다.

나는 교육계에서 나름 선진인물로 꼽히고 있었다. 아마도 내 자신이 특출나서라기보다는 당에서 상징적으로 내세운 인물이었기 때문일 것이다. 이제까지 교육청에서 나를 내세워 당의 교육사업을 선전했고, 성에 주요 회의가 있을 때마다 나를 주석단에 앉히고, 계속해 나를 내세워서 어린 나이에 청장급까지 올려놓은 사람인데, 이러한 사람을 바로 목 잘라버리면 당이 면이 서지 않을 것이다. 또한 조선족 간부라는 점도 고려되었다. 당에서 소수민족에게도 동일한 기회와 혜택을 준다 하여 고루 등용하였는데, 한 번의 문제로 바로 처벌해 버리면 조선족의 민심을 아우를 수 없다고 우려하였을 것이다.

나는 직접 처벌받지는 않았으나 다소의 불이익을 겪었다. 1959년 10월은 중화인민공화국 건국 10주년이 되는 달이었다. 나는 공화국 10주년 경축대회 흑룡강성 관례대표단觀禮代表團에 들게 되었다. 관례대표단은 성의 노동모범 가운데 선정되며 천안문광장에서 거행되는 행사에 성 대표로 참가하게 된다. 성위 통전부와 민족사무위원회에서 나를 추천하였을 것이다. 건국 10주년 경축대회라는 큰 행사의 관례대표단 성원이 된다는 것은 영광스러운 일이었다. 그러나 1959년 8~9월 사이 반우경투쟁의 우여곡절을 겪으면서 나의 관례대표단 선정이 취소되었다. 교육청에서 반대했던 것이다. 그때 나는 반우경투쟁에서 내 뜻을 지켜내는 것이 보다 중요하다고 생각했으므로 '그까짓 것 안 가도 그만이다' 하고 마음을 정리했다. 그렇지만 사실상 적지 않은 타격이었음은 부정할 수 없다.

내가 반우경투쟁에서 당적 처벌 위협에 처하면서도 부하 직원들을 저버리지 않았듯이, 나는 몇 십 년간 영도공작하면서 내 부하를 처벌하고 해직시킨 일은 한 번도 없었다. 그것은 내 군중관계의 하나의 원칙이기도 했다. 나는 직원들에게 좋지 않은 조짐이 보이면 불러다 교육시켜 큰 과오를 범하지 못하도록 막아주는 것이 상급자의 임무라고 생각했다. 그러므로 부하들을 때로 비판하긴 했지만 처벌하지는 않았으며, 그러면서도 내가 영도한 단위는 늘 성의 모범 단위로 표창을 받았다.

대약진운동이 끝나고 얼마 지나지 않아 당 중앙에서는 반성의 바람이 불었다. 당은 대약진, 인민공사운동, 반우경투쟁 등 좌경운동의 문제점들을 논의했다. 이후 당 중앙은 '7천인 대회'*에서 당의 과오를 인정했다. 대회 개회 때에 류소기가 당 중앙 대표로 인민공사화 과정에서 범한 오류를 검토하면서 다음과 같이 보고했다.

"1958년부터 우리 공산당이 대약진운동과 인민공사운동을 진행하는 가운데서 인민 군중을 탈리하고 객관적 형세에서 탈리하여 많은 착오를 범했다. 그 결과 농업 재해를 초래했고 3년 간의 곤란한 시기를 겪게 했다. 이렇게 공산당이 착오를 범한 데 대하여 인민대중에게 사과한다."

이어서 모택동은 "공산당이 과오를 범했다면 제일 큰 책임자는 나"라고 하며 솔선 반성했다. 아울러 '7천인 대회' 참석자들에게 모두 중앙에 기탄없이 의견을 제기하고 비평하라고 주문했다. 모택동은 "이제부터는 극좌적인 대약진을 중단한다. 이제 1960 년은 대오를 정돈하고 공고히 하고 군중 속에 들어가 조사 연구하는 해로 만들자"라고 방침을 정했다.

이와 더불어 반우경투쟁에 대해서도 반성했다.

"중앙의 팽덕회를 비판한 것은 옳다. 그러나 각 성과 하부 지식분자 단위에서도 팽덕 회 같은 우경분자를 잡아내라고 한 것은 잘못된 지시였다. 그러므로 각 단위의 당위 서 기는 회의를 소집하고 비판당한 사람들에게 사과하라. 회의를 통해 그들의 명예를 회 복시키고 그것을 정식 공포하라."

대약진과 반우경의 총노선은 옳았으나 그 과정에서 잘못도 있었으니 반우경운동을 더 이상 확대하지 말고 착오에 대해서는 공식 반성하라는 내용이었다. 당 중앙 문건으 로 이러한 내용의 지시 문건이 모든 단위에 하달되었다.

....
* 七千人大會: 1962년 1월 11일~2월 7일, 당 중앙이 중앙과 각 성·현·향·촌 간부 7천 명을 소집하여 개최한 대회.

나는 교육학원 당위원회 회의를 소집하고 선전부장에게 문건을 읽으라고 지시했다. 선전부장이 문건을 읽고 지시사항을 전달한 뒤 내가 이어서 발언했다.

"이번에 내려온 문건은 당이 이제까지 진행된 정치운동, 특히 반우경투쟁이 좌적 확대와 착오를 범했으므로 바로잡으라는 것입니다. 문건에 보니 각 단위의 당위원회 서기는 영도간부로서 '우경분자'로 비판당한 동무들께 사과하라고 되어 있군요. 그런데 나는 어째서인지 사과하고 싶은 생각이 없습니다. 어떻습니까? 나는 사과 안 해도 되겠습니까?"

나는 반우경투쟁 시기 교육학원의 당 총지서기였으니 모택동의 지시에 따라 반우경투쟁을 사과해야 하는 영도간부였다. 그러나 나는 반우경투쟁에 협조하지 않고 단위 성원들을 지켜냈으며, 그 와중에 어려움을 겪기도 했다. 내가 겪은 어려움은 그저 작은 고난이었을지 몰라도 그런 결정을 내리기가 쉽지 않았던 것임에 분명했다. 당원들은 내 말뜻을 바로 이해했다.

"맞습니다. 사과 필요 없습니다!"

당원들이 모두 동의하였고, 특히 반우경투쟁 때에 우경분자로 몰렸던 동무들은 기립해 박수쳤다. 나는 마음이 뭉클했다. 그동안의 마음고생을 전부 보답 받은 그 이상의 기쁨이었다.

나는 후에 내 인생과 당 생활을 회고할 때면 이 장면을 가장 가슴 벅차게 떠올리곤 했다. 조직 전체가 나를 지지하고 박수치며 "당신이 옳다"고 했던 그 장면. 나는 비록 보잘것없는 사람이지만 나의 줏대로 판단하고 신념을 꺾지 않았다는, 그리고 그것이 옳았다는 자부심과 뿌듯함을 느꼈던 순간이다.

흑룡강성 교육학원에서의 7년간

내가 성 교육학원에 있던 7년은 반우파투쟁, 대약진운동, 인민공사운동, 반우경투쟁 등 계속된 정치운동으로 어지러운 시기였다. 아까운 시간이 허비되었다. 그러나 나는 현장의 교육관료로서 심혈을 기울여 교육사업을 진행했다. 나는 흑룡강성 교육학원 교육교연실 주임, 당총지위원, 마르크스·레닌주의 교연실 주임, 당위 선전부장, 교무처장 겸 당총지서기, 교장훈련부 주임 겸 정치계 주임 등 여러 직책을 맡았다. 나는 중학교 교장훈련반을 정기적으로 꾸리고 철학·교육학·심리학·정치학·학교경영관리 강좌를 직접 맡아 하며 전 성省 중학교 교장들의 정치자질과 업무능력을 높이기 위해 노력했다. 6년간 근 500명의 교장이 졸업했으니 전 성 교장 중 70%가 우리 학교의 재교육을 받은 셈이다.

반우경투쟁을 겪은 뒤 당에서는 학생들의 정치교육을 강화하도록 하였다. 중학교 때부터 정치교육을 잘 해야 되는데 그러지 못했기 때문에 젊은이들이 우파적 경향에 넘어갔다는 것이다. 당은 우리가 배양한 학생들이 이후에도 투철한 정치의식을 견지할 수 있도록 중학교부터 정치교육을 강화할 것을 결정하였다. 구체적인 지침으로 중학생과 젊은 교원 중에서 가정 성분이 좋고 정치사상이 좋은 청년들을 골라 중학교·대학교 정치교원으로 배양하도록 했다. 우리 흑룡강성에서는 교육학원·하얼빈공업대학·흑룡강대학 정치계에서 정치교원을 배양하도록 되었다.

흑룡강성 교육학원에 신설된 정치계 정원은 100명, 하얼빈공업대학과 흑룡강대학 정치계 정원은 각 30명이었다. 우리는 소학교 교원 중 배양성 있는 사람이나, 고중 졸업생 가운데 청년단원이나 공산당원으로서 정치적으로 우수하고 정치과목에 흥취가 있는 사람들, 그리고 공농속성중학교·공농자제·공농원 간부 출신들을 학생으로 모집했다.

정치계를 만드니 내가 정치계 주임을 겸하게 되었다. 나는 마르크스주의 교육을 체계적으로 받지는 못했으므로 경제학에는 조금 부족하였으나 철학은 상당히 배웠고 중국공산당 역사에도 밝았다. 나는 정치학 전공자가 아님에도 정치계에서 학생들을 가르친 특수한 케이스였다. 정치계에서 제일 중요한 과목은 모택동사상이었다. 이때 마침 모택동전집 4권이 출판되었으므로 모택동 저작과 중공당 역사를 배합하여 교학했다. 철학과 정치경제학은 계통적으로 강의하였다. 문헌 해설 강의도 병행했는데, 특히 이 시기는 소련과 이론전쟁이 가열되는 시기였으므로 중·소 논쟁에서 나온 문헌을 해설하는 강의를 했다.

당에서 발표한 문건 중 <무산계급의 독재에 대해서 논함>이라는 문헌이 있다. 그리고 1957년 원단에 <무산계급 독재에 대해서 다시 논함>이라는 논설이 『인민일보』에 실렸다. 이 <다시 논함>을 내가 강의하였는데, 워낙 주제가 크고 중요한 문헌이다 보니 대학교수들과 성위 선전부 부부장 등 많은 사람들이 들으러 왔다. 그 날 나는 아주 멋진 강의를 했다며 다들 칭찬이 자자했다.

내가 그날 강의를 잘 할 수 있었던 것은 운이 좋았기 때문이다. <다시 논함>이 발표된 것은 내가 북경 교육행정학원에서 공부하던 시기였다. 논설이 발표되고 며칠 후 등소평이 청화대학에 와서 그 문건에 대해 특강을 했는데 나는 그때 청화대학에 가서 등소평의 강의를 직접 들었다. 등소평은 그날 강의에서 이 문건이 어떤 이론을 강조하고 해명하고 있는가, 그리고 이 문건이 발표된 후 세계 각국의 반응이 어떠한가, 특히 소련의 반응과 유고슬라비아 및 아시아 각국의 반응이 어떠한가에 대하여 설명했다. 얼마 후에는 중앙당학교 부교장이 이 문제를 이론적으로 풀이하는 강의를 열었는데, 나는 그 강의도 참석해 들었다.

그러한 기초가 있었기에 나는 이 문건에 대한 강의를 자신 있게 해낼 수 있었다. 특히 등소평이 <다시 논함>에 대하여 해설하면서, 이와 관련하여 파생된 각국 관계, 각국 문헌에 대해 해설한 것은 아주 원칙적인 거대담론이며 고급 정보였으므로 보통 사람들이 접할 수 없는 내용이었다. 성위 선전부 부부장은 자기도 감히 자신 있게 내놓을 수 없는 말을 내가 턱턱 해내니 놀라워했다. 다른 사람들도 모두 "그런 자료가 어디서 나왔는가?" 하고 물었다. 내가 등소평의 강의와 중앙당학교 강의를 기초로 했다고 대답하니 다들 대단하다며 칭찬했다.

이후 당에서는 정치교원 배양사업을 진행하기에 대학들보다 교육학원이 더 적합하다고 판단하여 하얼빈공대와 흑룡강대학 정치계가 교육학원 정치계에 통합되었다. 이에 따라 원래 대학 정치계로 입학했던 학생들이 3~4학년 때는 모두 교육학원으로 옮겨 졸업하였다. 그때 졸업한 학생들이 상당히 똑똑했고, 후에 주요 부분에 간부로 올라왔다. 졸업생들은 원래 중학교 교원으로 가도록 되어 있었지만 드물지 않게 각급 당 조직으로 들어갔다. 당 조직에서는 교육학원 정치계 출신들에게 중요한 일을 맡기곤 하였다. 이들이 현의 선전부 부부장으로 많이 올라갔고, 그 가운데는 성위 조직부장, 선전부·상무부 부장까지 올라간 학생들도 있었다. 다들 나에게서 배운 제자들인 셈으로 내가 나중에 성위에 가서 조직부나 선전부를 돌아다니면 다들 나를 맞으며 "선생님" 하고 인사하니 다른 간부들도 나를 선생이라고 불렀다.

식량난을 이겨내기 위한 노력

당시 중국은 정치적으로 복잡한 상황에 놓여 있었다. 원래 중국공산당은 국민당과 손잡고 신민주주의를 하고자 했다. 그러나 국민당이 내전을 일으켜 3년간의 전쟁을 겪었으며, 전쟁에서 승리한 공산당은 정권을 잡은 후 새 노선을 내세웠다. 사회주의 혁명, 사회주의 제도 건설이었다. 중국은 우선 소련의 경험을 적극 수용하였다. 그러나 소련의 경험을 배우다 보니 중국 실정에 맞지 않은 일이 많았다. 모택동은 소련의 경험을 그대로 중국에 받아들이는 것은 교조주의라고 비판했다. 모택동이 중국식 사회주의 모델로 고안해 낸 한 가지가 농업합작화였다. 이는 모택동의 창조적 실천이었다.

소련이 집단농장제도를 시행할 때 부농의 땅을 모두 빼앗는 바람에 식량난이 심했고 소련 농업의 후퇴라고 할 만한 상황을 야기하였다. 모택동은 소련의 경험에서 교훈을 얻어 중국의 실정에 맞게 창조적으로 적용하고자 했다. 모택동은 사회주의 개혁을 위해 먼저 호조조를 실시한 후 다음 단계로 초급사, 고급사를 실시하여 점진적으로 집체화로 나아가는 과정을 밟아야 한다고 주장했다. 또한 중국은 소련처럼 자본가를 타도하지 않고 자본가의 재산을 정부에서 값을 매겨 15년에 걸쳐 매입자금을 자본가에게 주도록 하였다. 매입 작업은 1956년부터 1958년까지 진행했다. 경영권은 자본가와 노동자가 공동으로 소유하게 하여 자본가들의 반발을 줄일 수 있었다. 이렇게 중국은 농업의 집체화와 공상업의 사회주의 개조에 성공하게 되었다.

성공에 도취된 모택동은 소련과는 다른 총노선을 제출하고 대약진과 인민공사운동을 개시했다. 중국이 10년~20년 이내에 소련과 영국을 추월하겠다는 허황한 목표를 설정하였던 것인데 결국 큰 실패를 보게 되었다.

대약진이 시작된 1958년부터 1959년 사이 중국은 극심한 식량난에 시달렸다. 극한에 처한 농민들이 종자벼까지 먹어치우면서 1959년 중국 대부분 농촌에서 농사가 망했다. 농사가 망하니 도시 사람들의 배급도 줄어들었다. 각지에서 굶어죽는 사람이 속출했다. 흑룡강성은 자연조건의 제한으로 중원지대처럼 '농업위성'을 쏘아 올리지 못하기 때문에 오히려 다른 성에 비해 식량 여건이 괜찮은 편이었다. 그러나 국가에 지원양곡을 납부해야 했으므로 어렵기는 마찬가지였다. 기관과 학교마다 영양실조에 걸린 사람이 늘어났고 간염·부종이 유행하기 시작했다.

우리 학원에서도 학생들이 병에 걸리지 않도록 대책을 마련해야 했다. 학교에서는 자체로 식량난을 해결하기로 결정했다. 나는 교무처장이자 당총지서기로서 앞장서서 자구책 강구에 나섰다. 당시 학원에서 10리 떨어진 곳에 사탕무 농장이 있었는데, 농사지을 사람이 없어 밭이 묵고 있었다. 나는 농업청 영도의 소개로 그 농장의 농장장을 찾아 교섭하여 3헥타르의 토지를 학원에 넘겨받을 수 있었다. 우리는 이 농장을 학원의 시험농장으로 만들었다. 나는 교직원·학생들과 함께 콩과 감자를 심었다. 규정상 채소류는 공량을 바치지 않아도 되었으므로 우리는 수확물을 학원 식당으로 보내 요긴하게 썼다.

학생들을 데리고 이삭을 주으러 다니기도 했다. 한번은 조선족 간부가 창장으로 있는 목단강 신안진 농장에 가서 이삭을 줍고 콩과 감자, 배추를 얻어 기차로 싣고 와서 학교식당에 주고 일부는 교직원들에게 나누어주었다.

어느 날 나는 하얼빈시에서 그리 멀지 않은 쌍성현雙城縣 람릉하藍陵河에서 물고기가 잘 잡힌다는 소문을 들었다. 내가 쌍성현 기차역에서 내려 걸어서 15리쯤 가니 맑은 물이 흐르는 람릉하가 있었다. 젊은 시절에는 살기 위해 비적이 된 적도 있었다는 이 지역 어부의 도움으로 강 두 곳에 투망을 치고 본격적으로 고기잡이를 시작했다. 우리는 봄과 가을에 물고기를 잡아 직원들에게 나누어주었다. 돈이 있어도 고기를 살 수 없을 만큼 모든 것이 부족한 시절이었다. 물고기 잡이는 학원 교직원들의 생계에 큰 도움이 되었다.

직원과 학생이 힘을 합쳐 노력한 만큼 그 성과는 컸다. 그처럼 어려운 시절을 넘기면서도 우리 학원에는 영양불량으로 병을 얻은 사람이 한 사람도 없었던 것이다. 여럿이 마음을 모아 방법을 찾는다면 아무리 큰 재난이라도 극복할 수 있는 법이 아니겠는가!

한번은 양이진楊易辰·쇼사이肖塞 부부 댁에 설 인사를 간 적이 있었다. 양이진이 중공당 흑룡강성위원회 재정·무역 담당 서기였으므로 그 집 생활은 큰 곤란이 없을 것이라고 생각했다. 그런데 가서 보니 식구는 많은데 배급품 외에 다른 식품은 아무것도 없는 것이다. 공산당 간부로서 참으로 청렴하고 특권을 마다하는 그의 삶에 나는 무척 감동되었다. 학원으로 돌아온 나는 감자 1마대, 배추 2마대, 콩 100근을 쇼사이 원장 댁으로 보냈다.

훗날 나와 양이진 서기는 더욱 막역한 사이가 되었다. 문화대혁명 때에 우리는 심사를 받는 반성실에서 만났다. 5·7간부학교에 가서 노동개조를 함께 받으며 서로 의지했다. 양이진은 1970년대에 복귀하여 성위 제1서기를 지내면서 나에게 목단강시위 부서기, 성 민족사무위원회 주임 등 직을 권하였다. 그러나 나는 나의 가정형편이 허락되지 않아 거절하였다.

4장 당사 연구

1. 흑룡강성 당사연구소로 전근 명령

교육학원에서 사업하던 나는 갑작스럽게 당사연구소로 전근하게 되었다. 1963년 10월 초에 흑룡강성위 조직부에서 정식 지령이 내려왔다. 전혀 예기치 못한 발령이었다. 나는 충실하게 교육부문 사업을 해 왔고 당사연구나 역사연구와 관련한 아무 경험이 없었기 때문이다. 그러나 조직의 명령이 왔으니 따를 수밖에 없었다.

나는 떠나기에 앞서 성 교육청에 인사하러 갔다. 당시 교육청 1인자인 양지초梁志超 교육청장이 나를 만나주지 않아 부청장을 만났다.

"어찌된 영문인지 모르겠다. 우리는 김우종 동무가 교육학원에 남아서 교육학원 당 사업을 총적으로 책임지고 발전시키기를 바라고 있었다. 양지초 청장은 동무를 교육청으로 조동하여 기관당위 서기를 시키려는 생각까지 하고 있었다. 교육청으로서는 동무를 내놓고 싶지 않은데, 성 조직부에서 이렇게 지령이 내려졌으니 어쩌겠는가?"

이전에 양지초 청장은 인사처장을 통해서 나를 교육청 당서기로 내정하고 나에게 의사 청취를 한 적이 있는데, 나는 그 제안을 거절했었다. 교육청 당 조직은 내부적으로 복잡했다. 영도관계 사이도 복잡할 뿐 아니라, 영도들이 다 나보다 어른들인데 그런 청장들 사이의 관계를 내가 감히 조절하거나 지도할 수 없다고 판단했던 것이다. 내가 못하겠다며 사양하니 양지초 청장이 아쉬워하고 또 조금은 야단치며 말했었다.

"이 사람아! 내가 동무를 제일 아끼고, 동무가 똑똑하고 유망하니 교육청에 올려놓으려는 것인데 그걸 못하겠다고 거절하는가?"

그러던 차에 당사연구소 이동 명령이 내려온 것이다. 양지초 청장은 내가 개인적으로 성위에 연락하여 교육청을 떠나는 것으로 오해해서 나를 원망했다. 마음이 상한 나머지 내가 교육청에 인사를 갔는데 만나주지도 않았던 것이다. 청장도 나중에는 자신이 오해했다는 것을 알게 되었다.

청장은 나의 영도요 선배로서 나에게 계속 관심을 갖고 배양해준 사람이다. 청장과 나는 아주 친했고, 서로 감정이 깊었다. 내가 교육학원에 있을 때 교육청장은 해마다 두어 번씩은 교육학원을 방문했다. 개학 등 중요행사가 있을 때나 중앙 회의 내용을 전달할 때에 청장이 군이 직접 방문해주었다. 때로는 강연하러 오기도 했다. 청장은 강연하기를 좋아하여 강연이 오전에 끝나지 못하고 오후까지 계속될 때가 많았다. 점심을 교육학원에서 대접하고 나면 청장은 내 방에 와서 쉬고 담소를 나누다가 오후 강연에 들어갔다. 나이로는 양 청장이 나보다 20세 이상 위였지만 아주 정들었으므로 서로 섭섭해 했던 것이다.

당사연구소는 성위에서 아주 중요한 부문이다. 성 당교 교장이 당사연구소 소장을 겸하였고 부소장은 관내에서 온 젊은 노항일투사였다. 당사연구소 부소장은 나를 데려오는 데 교육청장이 동의하지 않아 어려움이 많았다며 다음과 같이 말해주었다.

"당신을 당사연구소에 이동시키는 데 아주 힘이 들었소. 양지초 교육청장에게 아무리 이야기해도 동의하지 않으므로 하는 수 없이 우리 성위 서기에게 보고해 데려올 수 있었소. 성위 서기가 양청장을 설득하려 아무리 노력해도 안 되니 마지막에는 서기가 화가 나서 전근 조치를 취하라고, 즉 전근령을 내리라고 명령해서 겨우 당신을 이리 데려올 수 있었던 것이오."

부소장은 흑룡강성 당사연구소가 설립된 경위와 임무, 그리고 나를 당사연구소로 발탁해 데려온 경위에 대해 말해주었다.

중국에서는 대약진운동 시기에 각 성마다 당사연구소를 설립하도록 했다. 우리 흑룡강성에서도 1959년 당사연구소가 처음 설치되었다. 그런데 1960년대 중국공산당 내에서는 성장 속도를 조절하고 내적 충실을 기하자는 '조정, 공고, 충실, 제고'의 이른바 '8자 방침'이 마련되었다. 이에 따라 당 조직을 정돈하는 조치가 단행되었다. 최근년간 신설된 기구들은 모두 정리하도록 되어 각 성 당사연구소들이 모두 설립 취소, 즉 해체되었다. 그런데 흑룡강성 당위 서기가 우리 성 당사연구소는 해체하지 말고 기다려보라고 하여 흑룡강성 당사연구소는 계속 유지되었다고 한다. 그러던 중 중·조 친선 강화를 위한 새로운 사업이 시작되고 그 사업을 흑룡강성 당사연구소가 맡게 되었다.

1963년 6월 최용건이 중국을 친선 방문했다.* 당시 최용건은 조선 최고인민회의 상임위원회 위원장이며 조선로동당 중앙위원회 부위원장이었다. 최용건의 중국 방문은 중국과 조선 간의 친선을 확인 강화하는 의미가 있었다. 이때는 중국과 소련과의 분열이 첨예한 시기였다. 흐루쇼프는 중국이 소련을 따라 배우지도 않고 소련이 반대하는 대약진운동을 무리하게 추진하다가 결국 낭패를 보았다며 중국을 비판했다. 중국은 소련과 동유럽 여러 나라들과 관계가 소원해진 상황에서 조선과의 친선관계에 특별히 공을 들였다. 조선도 중국의 대약진운동과 비슷한 천리마운동을 진행하였다.

최용건은 먼저 북경을 방문하고 이어 동북 3성을 순회하여 하얼빈·장춘·심양과 여러 소도시들을 둘러보았다. 최용건의 동북 방문에는 주은래 총리와 부총리 겸 외교부장 진의가 동행하였다. 최용건에게 동북 방문은 특별한 의미가 있는 것이었다. 그는 1930년대 만주에서 항일유격대 활동을 전개한 동북항일연군 출신이었던 것이다.

최용건은 주은래·진의와 함께 동북을 다니면서 가는 곳마다 서려 있는 추억담을 들려주었다. 만주에서 공산당 지도 하에 유격대가 창건될 때 최용건 자신이 탕원·요하에

....
* 1963년 6월 5일부터 23일까지 최용건은 중국 북경과 동북 3성의 여러 도시들을 방문하였다. 최용건은 귀국 직전에 중국 국가주석 류소기와 공동성명을 발표하였다.

서 유격대를 만들었다는 이야기를 들려주고, 지역마다 서려 있는 항일연군의 크고 작은 역사에 대해 이야기했다.

1930년대 동북항일연군에는 여러 조선인 투사들이 참여했다. 최용건은 남만에서는 이홍광, 주하에서는 김책·허형식이 유격대를 만들었다는 등 다른 조선인 동지들의 이야기도 들려주었다. 최용건은 동북의 항일 전적지에 기념비를 세우면 후세대 젊은이들에게 중조친선을 교육시키는 좋은 역사 현장이 될 것이라고 제안했다.

주은래는 동북항일전쟁에서 조선인들이 참가했음을 알고 있었지만 이처럼 큰 역할을 했다는 역사적 사실을 이때에 비로소 알게 되었다. 주은래는 조선인 항일투사들의 역사를 매우 중요시하여 보다 깊이 알고자 했다. 최용건이 공장을 시찰하는 등 다른 일정을 가질 때면 주은래는 따로 나와서 지역의 항일 노투사들을 불러 이야기를 들었다. 주은래는 항일 노투사들과 좌담하면서 최용건이 회술한 이야기에 대해 물었다.

"조선로동당의 최용건 동지에게 들으니 조선인 동지들이 항일유격대에서 큰 역할을 했다고 합니다. 동무들은 이런 사실을 알고 있습니까?"

그러면 항일 노투사들이 모두 긍정했다. 항일 노투사이자 성 정치협상회 부주석 장서림도 마찬가지였다.

"우리 모두가 잘 아는 사실이지요. 나 역시 조선 동무들이 이끌어주어 유격대에 참가한 것입니다. 조선 동무들이 와서 유격대를 조직하고 나를 교육해서 유격대에 참가시켰습니다."

항일 노투사 성 군구 부사령원 왕명귀도 동조했다.

"나 역시 그렇습니다. 조선 동지들은 유격대를 만들고 또 선전대도 만들어 연극을 상연하고 일본 제국주의에 대한 적개심과 항일의 투지를 고무하였습니다. 많은 중국인들이 조선 동지들의 활동에 감동해서 유격대에 참가하게 된 것입니다."

주은래는 하얼빈에서 뿐 아니라 장춘·심양 등 동북 여러 지역에서 항일 노투사들과 좌담회를 열었고, 가는 곳마다 노투사들에게서 같은 이야기를 들었다. 주은래 총리는 조선인들이 동북항일투쟁에서 크게 공헌했으며 그 숫자도 많았다는 것을 확실히 알게 되었다. 그전에도 동북항일투쟁에 조선인들이 많이 참가했다는 것은 알고 있었지만 이렇게 중요한 작용을 했다는 것은 처음 알았던 것이다.

주은래는 북경에 돌아가서 모택동에게 이 사실을 보고했다. 모택동은 이 보고를 듣고서 "동북항일연군은 사실상 중조연합군이었구나!"하며 감탄했다고 한다. 모택동은 조선인 항일투사들의 사적을 발굴·기념할 것을 결정하고 구체적인 계획을 마련하라고 지시했다. 주은래는 1963년 8월경에 동북지구에 다시 와서 3성 주요 간부회의에서 모택동의 지시를 전달하였다.

ㅇ 동북항일연군은 중조연합군이었다는 사실을 인식해야 한다. 동북 지역의 항일투쟁 가운데서 조선인들이 큰 공헌을 하였으므로 그것을 기념하는 기념비를 세우라.

ㅇ 하얼빈에 있는 동북열사기념관 전시 내용을 역사적 사실에 맞도록 개편하라. 지금은 대부분 중국 열사들만 전시되어 있는데, 중·조 열사가 균형을 이루도록 전시하라.

ㅇ 조선과 긴밀히 합작해서 동북항일연군 역사를 중·조 공동 연구 편찬하라.

ㅇ 이러한 일들을 하기 위하여 항일연군이 가장 많이 활동한 흑룡강성에 당사연구소를 잘 꾸리고 보충 강화하라.

조선 열사들의 동북항일연군 투쟁 업적을 조사하고 기념하며 나아가 조선과의 공동 연구를 토대로 우호관계를 강화하도록 한다는 당 중앙의 지시였다. 이 지시에 따라 흑룡강성 당사연구소는 복원·강화되고, 길림성과 요녕성에서는 당학교 안에 당사 연구실을 두어 흑룡강성과 공동 연구하도록 되었다.

이렇게 흑룡강성 당사연구소가 새로운 임무를 지고 서게 되었는데, 조선과의 공동 연구를 위해서는 조선어에 능통한 간부가 필요했다. 조선어와 중국어에 모두 능통하고 중국 문화 방면의 수준도 높고, 또 정치이론 수준도 높아 당사 연구에서 표면화될 수 있는 복잡한 중조관계들을 균형 있게 처리할 수 있는 사람이어야 했다. 성위에서는 처음에 전국 단위에서 사람을 물색했으나, 흑룡강성에서 일할 사람이니 가능하면 성 안에서 뽑아 올리는 것이 좋겠다고 의견이 모아졌다.

이런 여러 조건을 모두 충족하는 사람을 찾기란 쉽지 않았고, 해당자를 물색한 결과 내가 발탁되었던 것이다. 흑룡강성의 처장급 간부 중 조선 사람이 드물기도 했고 나는 이전부터도 성 영도자들의 통역을 맡은 일이 있어 성 간부들이 나를 기억하고 있었다. 이전에 조선에서 최용건·허정숙·원동근 등 고위간부가 이끄는 대표단이 오면 내가 통역을 맡았다. 당사연구소에 들어간 이후지만 김일성이 왔을 때에도 내가 통역을 맡았다. 그 외에도 나는 성의 당서기나 성장의 조선어 통역을 맡곤 했으므로 간부들이 나를 기억하고 있었던 것이다.

나 외에도 물망에 오른 사람이 있었다. 북경의 풍중운은 동북항일연군 참가자이며 진뢰 성장의 부인인 리민을 추천했다고 한다. 그런데 리민은 조선어를 모르기 때문에 적절하지 않았다. 결국 당사연구소에서 토론하여 나를 불러오도록 결정했다고 했다.

나를 적극 추천한 사람 중 하나는 성이 왕 씨인데, 교육청 인사처장으로 있다가 당사연구소로 옮긴 사람이었다. 그는 교육청에 있을 때 나와 친하게 지냈다. 왕 처장이 소장에게 나를 상세히 소개하며 내가 철저한 공산당원이자 당내 모범인물이라는 것, 사업을 열성적으로 잘하며 언제나 좋은 결과를 낸다는 것 등을 소개하였다. 당사연구소 소장은 그의 말을 듣고 내가 어디에서 사업하든지간에 꼭 빼와야 되겠다고 결심했다고 한다.

2. 당사연구소로 이동한 후의 처우와 생활

1963년 10월 나는 당사연구소 연구원으로 정식 근무를 시작했다. 굳이 교육학원에 비교하지 않더라도 당사연구소는 아주 작은 단위였다. 소장과 연구원, 자료원 등 모두 합해도 16명 밖에 되지 않았다. 우리 집은 대학 거리의 교육학원 숙사에 있었고, 당사연구소는 중공당 흑룡강성위에 있었다. 거리가 꽤 멀었으므로 나는 아침저녁으로 떨렁떨

렁 종을 울리며 달리는 전차를 타고 30분 거리를 출퇴근하게 되었다.

성 교육청 소속 교육학원에 있다가 성위 당사연구소로 왔으니 조직상 높은 단위로 올라온 것이므로 명예로운 일이었다. 더욱이 나는 당 중앙에서 지시한 사업을 수행하기 위해 특별히 뽑혀 선발된 것이다. 그러나 나의 지위가 높아진 것은 아니었으며 대우만으로 보면 오히려 좌천되었다고 느껴질 정도였다.

교육학원 시절에는 교육학원과 숙사가 바로 근처였으므로 통근용 차량이 필요하지 않았다. 그런데 학원에 전용차가 한 대 배정되어 외부 회의를 나갈 때면 그 차를 타고 다녔다. 작은 지프차에 불과했으나 그 시절에 전용 차량이 배정되었다는 것은 젊은 당 간부로서 나의 지위를 증명하는 것이었다. 당사연구소로 옮기니 나와 같은 처장급은 자동차로 영송할 대상이 되지 못했다. 나는 도시락을 들고 전차로 통근하는 처지가 되었다.

뿐만 아니었다. 나는 교육청에서는 나름 고위직의 간부였는데 당사연구소에서는 평연구원일 뿐이었다. 성위에서는 내가 유능하다는 정보를 들었을 뿐 경험적으로 신뢰하는 것은 아니었으므로 일단 일을 시켜 본 후에 간부로 올릴지 여부를 판단하려 했을 것이다. 교육학원 시절에는 나 혼자서 큰 방 하나를 차지하고 책상과 소파도 고급품을 두고 있었다. 그런데 당사연구소에 오니 여럿이 쓰는 사무실 한편의 책상 하나 뿐이었다. 사무실은 책상으로 빽빽하게 들어차 내가 따로 손님을 접대할 테이블도 휴식을 취할 안락의자도 없었다.

당사연구소로 이동하면서 나는 봉급에서도 손해를 봤다. 통상 학교가 당기구보다 월급이 높기 때문에 나의 원래 월급은 당사연구소 연구원들보다 높은 편이었다. 연구원 가운데 나와 같은 처장급이면서도 나보다 월급이 낮은 사람이 있었다. 이렇게 기관별로 월급 격차가 있었으므로 월급이 높은 기관에서 낮은 기관으로 이동할 경우 월급을 깎지는 않고 원래 금액을 보전해 준다. 대신 진급하여도 봉급은 승급되지 않는데, 진급 후의 봉급은 옮긴 기관의 봉급 기준으로 책정되기 때문이다. 나는 교육학원에서 승급을 막 앞두고 있었으므로 당사연구소로 옮겼다는 이유로 월급이 삭감되지는 않았으나 예정되었던 봉급 인상은 누리지 못하게 된 것이다.

나는 이직하면서 통근거리가 멀어진 데다 전용차도 없이 전차로 출퇴근해야 했고, 개인 사무실과 소파도 없이 좁은 공간에서 부대껴야 했고, 봉급도 낮아졌다. 그러나 당사연구소 사업은 당에서 중요시하는 사업이다. 교육학원에서 사업할 때 내 직속 최고 상관이 교육청장이라면 당사연구소에서는 성위 서기, 성장이 직접 연결되니 그만큼 의미 있는 사업에 들어가게 된 것이다.

나는 본래 역사 공부를 아주 싫어했다. 그러나 이 사업은 우리 민족 선배들의 공로를 선양하는 사업이며, 또 중조친선에도 중대한 의의가 있는 사업이 아닌가! 게다가 나를 이렇게 중대한 사업에 참여하게 한 것은 나에 대한 당의 신뢰를 말해주는 것이다. 나는 당의 신뢰에 부응하기 위하여 내 일생을 바쳐서 이 사업에 매진하고 다른 길을 돌아보지 않기로 결심했다.

나는 중앙교육학원도 나왔고 대학에서 강의를 할 정도로 중국어가 자유로웠지만, 한족 대학 출신자에 비하면 문자도 구두어도 서툴렀다. 역사 연구 경력도 없었다. 나는 나의 약점을 상쇄하기 위하여 온갖 정열을 기울여 연구에 매진했고, 그 노력을 인정받아 이내 부소장으로 승진하고 당사연구소의 누구보다도 항일 역사에 정통하게 되었다.

나는 1963년 10월부터 1966년까지 당사연구소에서 동북항일연군 연구와 열사기념 사업에 주력했다. 문화대혁명 기간에는 당사연구소가 해체되고 나도 수난을 겪었다. 몇 년이 지나 문화대혁명이 수그러들고 당 기구가 회복되면서 1973년 다시 당사 연구에 복귀하였다. 나는 1996년 퇴직할 때까지 당사연구소 부소장, 소장, 연구원으로 근무하였다.

나보다 7살 연상인 왕경王景 소장은 오랫동안 나를 키우고 지지해 준 고마운 선배다. 그는 내가 처음 당사연구소에 들어갔을 때부터 나에게 큰 관심을 가지고 동생 챙기듯 아껴주었다. 문화대혁명 이후에도 당사연구소로 돌아와 소장을 맡아 주었고, 1984년 정년퇴임할 때까지 변함없이 나의 사업을 지지해 주었다.

왕경 소장은 내가 교육청에서 당사연구소로 이동하며 처우가 도리어 나빠진 것을 알고는 나를 여러 모로 배려해주었다. 기왕에 노력해서 뽑아 온 인재이니 가능한 한 각별히 대우하여 신임해주고자 한 것이다. 당사연구소에서는 소장만이 유일하게 차와 운전수를 배정받아 출퇴근하였는데, 소장은 자기 차를 나와 함께 탔다. 운전수에게 특별히 지시해서 출근할 때 먼저 우리 집에 들러 나를 태워 자기 집으로 오도록 했다. 퇴근할 때도 함께 타고 퇴근했다. 먼저 소장 집에 내리고 그 다음에 나를 집까지 태워다주도록 한 것이다. 운전수는 성이 채 씨인 조선족이었는데 소장의 지시를 받아 기꺼이 나를 위해 복무해주었다. 그는 조선 사람을 모시고 다니니 참 좋다고 하면서 나를 따랐고 간혹 우리 집에 놀러오기도 했다.

왕경 소장의 부인도 혁명 경력이 높은 항일 노투사로 당사연구소에서 같이 사업했으며 나와 같은 처장급이었다. 소장 부부는 원칙을 강직하게 지키는 분들이라 소장 본인은 차로 통근하면서도 부인은 차에 같이 타지 않고 전차로 통근했다. 그러면서도 소장이 나에게만은 자기 차로 통근하도록 배려해 준 것이다. 교육학원에서 당사연구소로 이동하며 모든 특혜를 내려놓게 된 나에 대한 깊은 배려였다.

소장은 중요한 회의 참석차 북경이나 심양으로 출장 갈 때면 꼭 나를 대동했다. 때로는 중조관계와 결부된 중요한 일을 처리하러 갈 때도 있었다. 그렇게 외부에 나가면 중앙당안관에서 나오는 관계자료를 열람하게 된다. 원래 중앙당안관의 국제 문제 관련 당안은 일반 연구원은 볼 수 없으며, 당 중앙과 정부의 부장 이상 간부라야 열람 가능하다. 당사연구소 소장도 직급 제한 때문에 열람 자격이 되지 않고 성위 서기 정도 되어야 열람 자격이 주어진다.

나와 왕경 소장이 그런 자료를 열람할 수 있었던 것은 우리 당사연구소 사업의 특수성 때문에 가능한 일이었다. 나는 더욱이 직급도 훨씬 못 미칠 뿐 아니라 조선족이었으므로 더욱 예외적인 사례였을 것이다. 소장이 그런 자리에 굳이 나를 데리고 가서 중요 당안 열람 기회를 준 것은 나에게 큰 길을 열어준 것이나 다름없었다. 소장은 북경 당 중앙이나 심양의 동북국 서기들에게 "이 사람은 신임할 수 있으니 문서를 함께 보겠다"고 보증까지 해 주었다.

소장은 나를 전적으로 신임하면서 자기와 떨어질 수 없는 사람으로 생각하고 늘 데리고 다녔다. 또한 사업 속에서 중조관계를 처리할 때도 편견 없이 사업하여 나에게 힘을 실어주었다. 동북항일투쟁에서 조선인들이 특수하게 중요한 작용을 했다는 자료들을 가지고 내가 초고를 만들어 내지만, 외부에 나가면 소장이 그 내용을 적극 발언해주었던 것이다.

나는 당사연구소에 30년 넘게 있었는데, 그 중 상당한 기간을 소장과 합작해 일하면서 깊은 유대를 맺었다. 소장은 연세가 높아지면서 다른 사람 집에 찾아가는 것을 자중하였지만 그래도 내가 여름마다 하얼빈에 올 때면 우리 집에 찾아와보곤 했다. 우리는 둘 다 노년이 되어 거동이 힘들어졌어도 어떻게든 계속 왕래했다. 그는 말년까지도 내가 당사연구소에 처음 온 날짜까지 기억하며 나와의 인연을 사람들에게 즐거이 이야기했다. 왕경 소장은 2015년 92세로 별세했고, 그 부인은 소장보다 2년 앞서 세상을 떠났다.

3. 조선인 항일업적 기념물 조성사업

당사연구소의 첫 임무는 조선 동지들의 동북항일투쟁 업적을 기념하여 기념비를 세우는 일이었다. 그렇다면 어디에 기념비를 세울 것인가? 최용건이 동북을 방문하여 중국 인사들과 담화하면서 자신이 어디에서 어떻게 활동했는지를 이야기해 주었지만, 김일성을 비롯한 다른 동지들의 활동까지 상세히 이야기하지는 않았다. 그렇다고 최용건이 활동한 요하에만 기념비를 세울 수는 없는 것이고 조선 동지들의 공적을 정확하게 평가한 후 역사적으로 타당하고 정치적으로도 공정한 장소를 선정해 기념비를 세워야 했다. 기념비 갯수와 장소, 각각의 규모를 결정하기 위하여 우선 역사적 근거 자료를 만들었다.

동북항일투쟁은 흑룡강 뿐 아니라 동북 3성 전체에서 진행되었다. 그러므로 동북 3성 전체의 항일투쟁에 대한 역사배경 자료와 기념비 설립 방안을 만드는 사업 역시 흑룡강성 단독으로 진행하지 않고 길림·요녕성과 연계하여 공동 작업했다. 심양의 중공 중앙 동북국이 사업을 영도하였다. 구체적 방안은 3성의 당사 연구 부문에서 초보적 방안을 만들어 동북국에 보고하면 그것을 심사하여 동북국 명의로 중앙에 보고했다. 중앙에서는 주은래 총리가 다망하므로 국무원 외사판공실 주임 이일망에게 이 사업을 맡겼다. 이일망 동지가 이 사업을 총괄하여 직접 3성의 보고를 듣고 토론하여 기념물 조성 방안이 최종 수립되었다.

중앙에서는 조선인 항일업적 기념물 조성 계획을 작성하며 '조선 측의 서술 입장'을 최대한 반영하기로 했다. 그러므로 중앙에서 제일 중요하게 참고한 것이 조선의 혁명박물관 전시 내용이었다. 1963년 동북 3성 제1서기가 조선로동당의 초청으로 조선을 방문하였을 때 평양의 조선혁명박물관을 참관하고 화책을 받아 돌아왔다. 화책에는 조선혁명박물관 전시 내용이 개략적으로 실려 있는데, 동북항일투쟁사 항목 가운데 김일성이 제일 중심인물이며, 그 다음이 김책과 최용건이었다. 리홍광에 관한 내용은 없었다. 중앙에서는 이 화책의 서술을 참고하여 김일성을 중심으로 하고 김책·최용건의 기념물을 세울 것, 리홍광은 제외할 것을 결정하였다. 조선에서도 기념하지 않는 리홍광을 중국에서 기념할 필요가 없다고 판단한 것이다.

주은래 총리의 비준에 의하여 최종 결정된 조선인 항일업적 기념물 조성 방안은 다음과 같다.

1. 연길공원에 '조선인민 항일투쟁 승리 기념비'를 제일 큰 규모로 건립
2. 길림성 안도현에 '김일성 동지 항일유격대 창건 기념비' 건립
3. 흑룡강성 요하에 '최용건 동지 항일유격대 창건 기념비' 건립
4. 주하(현 상지시)에 '김책 동지 항일유격대 창건 기념비' 건립
5. 통하(通河)에 '최용건 동지 항일 활동 기념비' 건립
6. 길림 육문중학교에 '김일성 동지 독서기념관'을 조성하고, 육문중학교를 완전히 새로운 현대식 학교로 새로 지어줄 것.
7. 광주시에 조선 동지들이 광주봉기(광주기의)에 참가한 공적을 기념하는 '혈의 정'을 세울 것.

1항은 연변 조선족자치주의 주도州都인 연길공원에 조선인의 항일투쟁을 대표하는 기념물을 조성한다는 것이다. 2항에서 6항까지는 조선의 항일투쟁 지도자 김일성·최용건·김책 3인의 업적을 기리는 기념물이다. 7항 '혈의정' 조성 계획은 주은래가 특별히 지시한 사안이다. 광주시에는 광주기의 때 소련 고문들이 참가해 도와주었던 역사를 기리는 '우의정'이 이미 서 있었다. 그런데 광주기의에는 최용건을 비롯하여 조선 동지 약 200명이 참가하였고 대부분 희생되었다. 그러므로 소련의 도움보다 조선인 동지들의 헌신을 보다 더 높이 기려야 한다고 보았다. 주은래는 우의정보다 더 큰 규모로 혈의정을 조성할 것을 지시했다고 한다.

조선인 항일기념물 조성 계획을 실행하기 위하여 국무원 외사판공실 주임 이일망이 직접 중앙 지휘를 맡았다. 설계와 조형도 중앙에서 직접 맡았다. 청화대학 건축계의 유명 교수들이 기념물들을 설계했는데, 조선 동지들의 기념비를 세우는 것이므로 조선의 풍격과 조선에 있는 기념탑의 조형을 참고하였다. 각 기념비의 규모는 해당 인물/사건의 비중과 현재의 정치적 위상을 고려하였다. 연길공원의 기념비를 제일 크게 하고 그 다음이 김일성, 다음으로 최용건과 김책의 기념비를 동일한 규모로 조성하도록 하였다. 경비는 모두 중앙정부 재정부에서 지급했다. 중앙에서 자금과 설계를 성에 내려 보내고 건설은 지방에서 맡도록 하였다.

기본계획 수립이 완료된 것은 내가 당사연구소에 들어가고 1년쯤 후의 일이었다. 나는 이때 흑룡강성 당사연구소 부소장이 되어 있었다. 동북국에서는 왕경 소장과 나에게 기념물 조성사업을 조직 지도하도록 하였다. 동북국에는 따로 이 사업을 챙길 만한 전문성 있는 인력이나 조직이 없었기 때문이다. 그러나 흑룡강성 당사연구소 소장과 부소장의 신분으로는 동북 3성의 사업을 총괄 책임질 수 없었다. 우리가 어떻게 길림성이나 요녕성에 사업 지시를 내리고 보고를 받을 수 있겠는가? 동북 3성을 통합하는 조직체계가 필요했다.

이에 중공 동북국 산하에 당사연구실을 만들었다. 동북국 당사연구실 주임은 동북국 상무위원, 선전부장이 겸임하고, 왕경과 내가 동북국 당사연구실 연구원으로 와서 사업을 직접 지도하도록 하였다. 그런데 흑룡강성위에서 이의를 제기하였다. 흑룡강성에서는 중앙의 지시를 받아 당사연구소 조직을 갖추어놓은 지 불과 1년이 지났을 뿐이다. 그런데 동북국에서 중심 간부를 다 뽑아 가면 흑룡강성 당사연구소 사업을 해나갈 수 없다는 이유였다. 흑룡강성에서는 우리를 동북국에 이동시키는 것은 불가하나 동북국에서 우리를 빌려다 쓰는 것은 수락하겠다고 하였다.

이런 우여곡절을 거쳐 왕경과 나는 1964년 7월부터 흑룡강성 당사연구소 소장·부소장 겸 중공 동북국 당사연구실 겸임 연구원으로 사업하게 되었다. 우리는 매년 3분의 1은 심양의 동북국에 가서 사업하고 동북국을 대표하여 각 성을 다니며 사업 진행을 감독하였다. 기념비 건축사업과 항일열사 사적 조사사업이 어떻게 진행되고 있는지 검사하러 다니는 일이었다.

당시에 동북국 직함을 가지고 지역에 내려간다고 사전에 통보하면 지역에서는 상당히 중요시하였다. 해당 단위 사업보고 뿐 아니라 우리를 접대하기 위한 준비도 대단했다. 동북국 간부가 방문했다 하여 지역 나름대로 최상의 접대를 해주었다. 왕경 소장은 아주 겸손한 사람이고 나 역시 과한 대접은 그다지 편하게 여기지 않았다. 우리가 나서서 접대를 요구한 적은 전연 없거니와 도리어 접대가 과하여 난감한 일이 종종 있었다. 길림에 갔을 때는 옛날 장학량의 별장을 개조한 초대소 특호실에 묵은 일도 있었다. 길림시 선전부장이 우리를 마중 나와 친히 안내하여 그곳으로 들어갔는데, 너무나 호화로운 곳이라 소장이 놀라 거절했다.

"우린 여기에 못 들겠소. 다른 여관에 갈 곳이 없겠습니까?"

우리는 강경하게 마다했다. 그러나 어떻게 갑자기 새로운 숙소를 마련하겠는가? 길림시 선전부장이 시에서 결정한 일이라고 굳이 권하여 우린 하는 수 없이 그곳에 머물렀다. 그 외 연변이며 어느 지역을 방문하더라도 우리는 잘 대접받았다.

기념물 조성사업은 지역별로 굴곡을 겪었다. 그 중 복잡한 사정을 가진 곳이 연변이었다. 연변은 기념사업 비중이 제일 큰 곳이다. 연길공원에 제일 큰 기념비를 세우고 안도에도 김일성 동지 혁명기념비를 세우도록 되어 있었다. 그런데 막상 연변을 방문하니 사업이 하나도 시작되지 않은 상태였다. 중앙에서 설계도를 내려보내고 경비를 지급한 지 반 년이 지났는데도 계획조차 마련되어 있지 않았다.

연변자치주 서기 겸 주장은 주덕해였다. 우리가 기념비 건립사업과 관련하여 주덕해에게 면담을 요청하니 외지에 나가고 없다며 만나주지 않았다. 대신 선전부장이 나와서 우리를 상대했다. 우리는 동북국을 대표하여 사업 진행을 감독하기 위해 방문하였지만, 연변자치주 선전부장을 상대로 사업이 미진하다고 비판할 입장은 아니었다. 우리는 사업이 어떻게 진전되고 있는지 질문했다. 그는 난감해 하며 답하기를, 주위원회에서 여러 번 토론하고 적극적으로 진행 중이라고 하여 그런 줄 알고 있었는데, 이제 보니 아무 일도 하지 않았더라는 것이다.

면담을 마친 후 왕경 소장은 나에게 물었다.

"너무도 의아한 일이군. 중국에서 조선 인민의 항일투쟁을 기념하는 사업을 한다는데 연변에서 왜 미적대는가? 주덕해 역시 조선족 항일투사 출신이니 더욱 적극적으로 이 일을 해야 하는 것이 아닌가? 우리 흑룡강성에서도 상지와 요하에 기념비를 세우느라 벌써 공정이 한창 진행 중인데 조선족자치주에서 오히려 일을 태만히 하고 있으니 어찌된 일인가?"

나 역시 정확한 사정은 알 수 없으나 조선족의 일반 상황을 미루어 추측할 수는 있었다.

"주덕해가 이 사업을 반기지 않을 수 있습니다. 조선에서 김일성이 몇 년 전에 연안파를 숙청하지 않았습니까? 주덕해도 연안 출신자로서 김일성에게 반감을 가지고 있을지도 모릅니다. 그렇지 않더라도 최소한 김일성을 추대하려는 마음은 없을 것입니다. 중국에서는 우리 사업을 조선인의 항일투쟁을 기념하는 사업이라고 하지만, 사실 이 사업은 중국 조선족의 항일투쟁을 기념하는 사업이 아니라 조선의 김일성을 위수로 하는 항일 유격대의 항일투쟁을 기념하는 사업입니다. 즉 주덕해의 항일투쟁과는 별반 관계가 없는 사업인 것입니다. 그러므로 주덕해가 이 사업에 적극성이 없을 수 있습니다."

나의 설명에 왕경 소장은 이제야 그런 내막을 알았다며 끄덕거렸다.

반면 길림시에서는 이 사업을 아주 적극적으로 진행했다. 길림 육문중학교는 이 사업을 가장 환영했다. 학교 안에 김일성 기념관을 설치한다 하여 반긴 것이 아니라, 기념관 건립과 더불어 학교를 최신형으로 새로 지어준다는 내용 때문에 이 사업을 크게 환영했던 것이다.

중앙에서 내려보낸 사업비 가운데 가장 자금이 많이 배당된 곳이 육문중학교 항목이었다. 육문중학교는 매우 낡은 학교였지만 길림에서 제일 좋은 터에 자리하고 있었다. 학교를 크게 짓기 위해서는 새로 부지가 필요했다. 이에 인근 강변 주택지로 터를 넓혀 이전하고 그 주택지에 사는 주민들은 근방에 아파트를 새로 지어 옮겨 살도록 했다. 그러니 주민들은 새 아파트에 들어가게 되어 기뻐했고, 학교는 넓은 터에 새 건물을 짓게 되니 교장을 비롯하여 교사들과 학생들이 모두 기뻐했다.

이처럼 같은 길림성에서도 연변은 전혀 사업을 진행하지 않고 길림시에서는 모두가 환영하며 빠르게 사업을 진행했다. 흑룡강·요하 등 다른 곳에서도 사업이 착착 진행되고 있었다.

4. 동북 항일열사 사적 조사사업

주은래 총리의 첫 번째 지시가 조선인 동북항일투쟁 기념물을 조성하는 것이었다. 두 번째 지시는 조선인 열사 사적을 수집하여 동북열사기념관을 새롭게 꾸리라는 것이었고 세 번째 지시는 조선과의 공동 연구를 진행하라는 것이었다. 동북열사기념관 개편과 조선과의 공동 연구라는 두 가지 사업을 위하여 준비 사업으로 가장 우선되는 것은 사료를 광범하게 수집 정리하는 일이었다.

사료 수집 사업은 내가 당사연구소에 오기 전부터 왕경 동지를 비롯한 당사연구소 일꾼들이 이미 많이 진행해놓았다. 나는 그들의 성과를 기초로 계속 사업을 진행 확대해 나갔다. 동북항일연군의 각 방면 자료들을 수집 정리하고 그 가운데 조선어나 일본어 사료들은 중국어로 번역했다. 외국어 자료는 번역을 거쳐야 영도들도 볼 수 있고 연구원들도 활용할 수 있기 때문이다. 우리의 '역사 사적 조사사업'은 ① 역사문헌 수집 정리, ② 항일투사들의 회고록 방문 정리, ③ 조선에서 출간된 항일서적과 회상기 번역, ④ 일본 위만당안자료 번역 정리 등 네 가지 분야로 나뉘어 진행되었다.

① 역사문헌 수집·정리

역사문헌이란 중국공산당 만주성위원회와 동북항일연군 각 군의 문헌자료들을 말한다. 지시·결정서 등의 문헌들이다. 이 문헌들은 원래 전국에 흩어져 있었던 것을 중앙당안관과 각 성·시 당안관에서 수집하여 보관하고 있었다. 우리는 각 당안관으로부터 이 문헌들을 수집하여 정리하였다.

역사문헌은 주로 아주 작은 종이에 깨알 같은 글씨가 빽빽이 들어차 있다. 과거 공산당 비밀문건들이 대체로 그러하였는데 해독하기가 쉽지 않았다. 글자가 너무 작아 잘 보이지 않는 문건들을 세심하게 들여다보며 문서로 만든 후 다시 원본과 대조해 가며 교정 정리했다. 이런 작업 과정을 거쳐야 역사문헌으로 활용할 수 있다.

우리는 당안관 외에도 전국을 돌아다니며 새로이 역사문헌들을 수집해 정리하였다. 문헌 한 부 한 부 구하는 일들은 참 어렵고도 사연이 깊었다. 어디에 문헌이 있다는 정보를 얻으면 먼 길 마다않고 달려가 구해왔다. 그렇게 모은 역사문헌이 모두 2천 3백 부이다. 이는 항일투쟁 당시의 역사적 진실을 알려주는 핵심 자료이다.

② 항일 노투사 회고록(방문록) 수집

동북항일연군에 참가했던 사람들은 신중국이 수립되자 여러 곳으로 흩어져 활동하고 있었다. 동북 3성뿐 아니라 북경·상해 등 여러 도시들, 멀리는 신강까지 사방에 생존해 있었다. 우리는 항일투사들을 한 사람 한 사람 방문하고 회고록을 녹취하였다. 회고록을 수집해 돌아오면 녹음한 내용을 풀어 문서화하여 정리하였고, 그것을 가지고 다시 노투사들을 방문하여 내용이 틀림없다는 사인을 받아 왔다. 이렇게 500여 명의 노투사들을 방문하여 회고록을 수집·정리하였다. 이 사업은 동북 3성에서 합작하여 진행하였다.

노투사들 가운데 주요 인사들은 회상 내용도 방대하므로 한 달씩 체류할 때도 있었다. 게다가 주요 인사들은 거의가 국가의 중요한 위치에서 사업하느라 바빴으므로 회고를 들려줄 시간이 부족한 경우가 많았다. 이런 경우에는 1주일 방문하여 채록하고 돌아와 몇 달 후에 다시 가서 1주일간 방문 채록하는 일을 수차례 반복해 회고록을 완성하였다.

이렇게 모은 회고록은 책으로 묶었는데 그 양이 매우 방대했다. 주보중·풍중운 같은 중요 인사의 회고록은 한 사람당 아주 두꺼운 책 한 권이 된다. 각각의 표지에는 구술 당시 상황에 대한 세부사항을 기재하였다. 항일 노투사 회고록은 항일투쟁 당사자들의 실제 경험이 담긴 자료이므로 역사문헌 다음으로 중요한 자료가 된다. 나는 당시에 만든 회고록 중 일부를 아직도 보관하고 있다.

③ 조선에서 출판된 자료 수집 · 번역

주은래의 중요 지시사항 중 하나가 조선과의 공동 연구였다. 그러므로 조선에서 어떤 자료를 갖고 있으며 어떤 시각으로 항일투쟁을 인식하고 있는지 우선 알아야 했다. 조선어 자료는 연구원들이 해독할 수 없으므로 한어로 번역했다. 우리는 조선에서 나온 조선로동당사, 항일투쟁사, 항일투사 회고록을 대부분 번역하였다.

④ 일본 당안자료 수집 · 번역 · 정리

일본 측 당안자료로는 항일투사를 체포 심문한 일본헌병대 또는 특무기관 기록물, 그리고 항일연군 조사자료들이 있다. 모두 일본어 자료들이다. 공안청 당안관에 가면 방대한 양의 일본 당안자료들이 창고에 묻혀 있었다. 우리는 여러 문서고에서 쓸 만한 자료들을 골라 수집하였고, 중국어로 번역해 정리하였다.

일본은 자기들이 수집·생산한 사료를 정리하여 발행하기도 했다. 대표적인 자료가 만주국 군사고문부 출판 『만주공산비연구』이다. 제1집 「정보편」은 1천 2백 페이지의 방대한 분량이다. 일제가 만주지역 공산당 활동에 대하여 각 방면으로 수집한 자료가 정리되었다. 즉 중국공산당 만주성위원회의 조직 분포와 구성에 대한 상세한 사항들, 항일유격대와 동북인민혁명군, 동북항일연군을 각 계단마다 정리한 내용들이다. 각각의 조직 단위 책임자급 간부들 성명까지 상당히 밝혀져 있다. 동북항일연군 2군 6사 사장 김일성 이름도 물론 들어 있다. 당시 항일투쟁사를 밝히는 데 많은 참고가 되는 자료들이다.

『만주공산비연구』「대책편」은 공산당의 투쟁에 일본이 어떻게 대응해야 하는가에 대한 정책 방향과 관련한 내용들이 담겨 있다. 만주 지역 공산당과 항일연군을 없애려면 다만 무장토벌에만 치중해서는 안 되며 근본을 다스려야 한다는 것이다. "표면적으로는 무장토벌에 힘을 기울이면서도 이면에서 항일연군, 공산당과 인민군중과의 관계를 끊어버려야 한다"고 강조했다. 공산당이 인민군중에 침투하거나 항일연군이 인민군중과 연계하는 것을 막아야 한다는 것이다. 이를 위해서는 공산당과 인민을 엄격하게 차단하는 것도 하나의 방법이지만 제일 중요한 방법은 인민에 대한 선전·교육이었다. 인민을 교육해서 일본 통치를 옹호하도록 하고, 인민을 설득하고 교양해서 인심이 일본을 따르도록 해야 한다는 것이다. 이른바 '비민匪民 분리 정책'이다.

"공산당과 항일연군의 힘이 어디에 있는가? 인민 속에 있다. 공산당은 인민을 탈리하면 무력화된다. 비민분리의 방법 중 하나는 강제적으로 공산당을 산골에 몰아 격리하여 마을에 못 나오도록 하는 것이다. 그러나 공산당이 격리되어도 사람들의 마음이 공산당의 편에 서면 아무 소용이 없다. 일본이 만주국을 잘 통치해서 인민의 생업이 안정된다면 인민이 공산당의 편에 설 이유가 없게 된다. 이렇게 인민을 일본의 편으로 만들고 토벌을 벌이면 항일연군은 뿌리뽑힐 것이다"는 것이다. 「대책편」에는 '만주제국협화회'를 만들고 강화하는 등 '비민 분리 정책'의 구체적 방안들이 상세히 서술되었다.

조선어와 일본어 사료 번역사업은 3성에서 나누어 맡았다. 나는 『만주공산비운동 개

사』라는 일본 자료와 조선 자료 중 중요 자료를 일부 번역했다. 조선어 사료는 한 열 권 정도인데, 주로 길림성에 맡겨 번역하도록 했다. 길림성 사회과학원에 조선 사람들이 많기 때문이었다. 『만주공산비연구』 등 일본 당안과 책은 공안청 당안과 사람들이 여러 곳에 의뢰하여 번역하도록 하고 중요한 자료는 요녕성에 맡겼다. 요녕성에 있는 사람들 가운데 일본어를 잘 하는 사람이 많았기 때문이다.

문서자료를 수집 정리하는 현편으로 사적 조사 사업을 광범히 진행하였다. 동북 3성에 각각 '열사사적 조사위원회'를 새로 설치했다. 이 조사위원회에는 당 학교의 당 역사 방면 교원들, 민정청의 열사 공훈 담당부서 직원들, 각지 열사기념관, 성 군구 간부들까지 다 동원되었다. 각 성 조사위원회는 열사 조사조를 편성하여 동북 3성 전체를 답사하며 열사 사적을 수집 정리하는 큰 사업을 벌였다.

우리 흑룡강성에도 열사 조사조가 꾸려졌다. 왕경 소장은 이번 열사 조사사업이 조선족 열사 조사를 중심으로 하는 사업이므로 조선족인 내가 조장을 맡아야 한다고 주장했다. 이에 따라 내가 흑룡강성 열사 조사조 조장이 되었고, 부조장은 동북열사기념관 관장과 성 군구흑룡강성 주둔 중국인민해방군 제32군 정치부 처장이 맡았다.

열사 조사조는 조선인들이 많이 활동하던 상지·목단강·목릉·동녕·밀산·계서·요하·호림 등지에 내려가 조사사업을 벌였다. 조사조가 각 현으로 내려가면 현위에서는 숙박·식사 등 접대와 길안내를 맡아주었다.

열사 조사사업은 대대적으로 진행되었다. 농촌과 오지를 찾아다니느라 고생도 적잖이 했다. 봄에 막 얼음이 풀렸을 때에 배를 타고 우수리강을 따라 들어가면 추위가 뼛속까지 전해와 여간 힘들지 않았다. 또 이 당시 농촌생활은 극도로 곤란한 형편이었는데 그런 농촌에 내려가 지내면서 조사하자니 그것도 퍽이나 고생스러웠다.

그래도 지방에 내려가면 현위에서 아주 잘 접대해 주었다. 성위에서 조사사업에 적극 협조하라는 임무를 현위에 주기도 했거니와, 상급 기구에서 파견되어 온 사람에 대한 예우이기도 했다. 게다가 조사조의 부조장이 해방군 소좌나 중좌였으므로 현위 서기보다 직급이 높았는데, 나는 그러한 부조장의 상관이므로 최상급의 예우를 받았다.

이렇게 동북 3성 열사 조사사업을 진행하면서 전부 130명 가량의 열사 자료를 조사·정리하였다. 그 130명 가운데 조선족 열사가 40명이 조금 넘었다. 각각의 열사 자료를 정리하고 열사의 중요도에 따라서 1급, 2급, 일반 이렇게 분류한 뒤 동북열사기념관에 넘겨주었다.

우리는 동북열사기념관 전시 방향에 대하여도 구체적인 지침을 만들어 주었다. 각 열사들의 지위와 업적을 고려하여 사진 크기를 정해 주고 전시에 들어갈 내용도 다 첨부했다. 열사기념관에서 우리의 자료를 토대로 내부를 새로 조성할 때에는 직접 나가서 지도했다.

이런 과정을 통하여 새단장한 동북열사기념관에는 우리가 조사한 열사 사적이 많이 반영되었다. 또한 동북열사기념관에 조선인의 사적을 보충하라는 주 총리의 지시에 따라 중국인 60% 조선인 40% 비례도 맞추어졌다.

5. 조선과 사업 협력 모색

동북항일연군 기념사업이 어느 정도 자리를 잡은 뒤에 조선과의 협력사업도 모색해 나갔다. 우선 우리 사업에 대하여 외교부를 통해 조선에 통지하였다. 조선 동지들의 항일투쟁 사적 기념사업으로 기념물 조성과 사적 조사, 열사기념관 전시 등을 진행하고 있다는 내용을 조선에 알린 것이다. 아울러 우리가 조선을 방문하여 추가 조사 및 조선과의 공동 연구를 진행하고자 한다고 알리고 협조를 요청했다.

이 시기 중조관계는 아주 우호적이었다. 이는 중국과 조선의 안정적인 정치현실과 상호 존중에 기반하고 있었다. 중국에서는 공산당이 국민당에 완전히 승리하고 모택동 사상이 중국공산당의 지도사상으로 안착한 상태였다. 국제적으로도 중국의 영수는 모택동이라는 사실을 스탈린이 승인했다. 중화인민공화국 건국 당시에는 스탈린이 공개적인 승인을 하지 않았으나, 한국전쟁 당시 중국이 적극적으로 항미원조를 한 이후에는 스탈린이 완전히 승인하였다.

중국은 조선에 대하여 "조선의 영수는 김일성"임을 승인하였다. 중국은 다만 말로서 김일성을 승인하는 데 그치지 않고 동북열사 조사 및 기념사업을 통하여 김일성과 그 예하 그룹의 동북항일투쟁 역사를 빛나게 해주었던 것이다. 중국에서 벌어진 김일성의 항일투쟁 역사를 중국이 공인한다면 이 이상 김일성에게 뿌듯한 게 있겠는가? 조선에서 '주체'를 선포한 것이 조선노동당의 중심은 김일성이고 당 역사의 뿌리는 김일성의 항일 무장투쟁이라는 것을 표명한 것인데, 중국에서 김일성의 항일 역사를 밝히고 기념하여 주니 얼마나 좋은 일인가?

중국이 이 사업을 진행한 것은 오직 김일성을 돕고 중조관계를 강화하기 위한 것이었다. 당연히 중국은 조선에서 이 사업을 반길 것이라고 기대했다. 그런데 중국 측에서 외교부를 통해 사업 계획과 협조 요청을 조선에 통지한 지 반 년이 지나도 아무런 답신이 없었다. 국무원 외사판공실 주임인 이일망은 조선에서 왜 소식이 없는지 궁금해 하며 나의 견해는 어떠한지 물었다. 나는 조선의 의도를 전혀 알 수 없었으나 내 나름대로 추측하여 답변하였다.

"나도 그 이유를 확실히는 알 수 없습니다. 아마도 조선에서는 자기들의 항일사적을 별로 수집하지 못한 상황인 것 같습니다. 조선이 준비되어 있지 않는데 우리가 조선에 가게 되면 조선이 별다른 자료를 갖고 있지 않다는 것이 알려지지 않겠습니까? 그러니 우리가 요구하는 도움을 줄 수도 없을 것이고, 우리와 함께 협조사업을 진행하기도 어려운 것 아니겠습니까?"

나는 이 정도로 답변하였다. 그러나 우리가 조사한 재료를 가지고 조선에 의견을 들으러 간다는데 어째서 수락하지 않는 것인지는 알 수 없는 일이었다.

이에 대하여 이후 정봉규 대리대사에게 다시 문의하여 답신을 들었다. 내용은 다음과 같다.

첫째, 중국 동지들이 조선 동지들의 항일투쟁 기념비를 조성한다는 데 대하여. 조선 영도 동지들은 감사를 표시한다.

둘째, 동북열사기념관에 김일성을 비롯한 조선의 주요 지도자들의 사적을 전시한다는 데 대하여. 조선은 자기 역사의 국외 전시에 대해 겸손한 태도를 가져야 한다고 생각하므로 어떠한 의견을 표하기가 곤란하다.

셋째, 공동연구를 하자는 제의에 대하여. 아직 조선 측에서 우리 당 항일투쟁사 연구 사료가 잘 수집되지 않았고, 연구가 많이 진행되지 못하였다. 그러므로 우리가 더욱 준비될 때까지 중국 측이 기다려주기 바란다.

사실상 중국 측의 공동 연구 제안을 예의 있게 거절한 것이다.

나는 문화대혁명 후 조선을 방문하여 조선로동당 역사연구소 소장과 부소장을 만났을 때 위의 사실을 거론하며 조선이 거절한 다른 이유가 있는지 물어보았다. 그들은 전혀 모르는 이야기라고 의아해 하며 자기들끼리 수군거렸다.

"'그 녀석들'이 이런 중요한 사안을 수령님께 보고도 하지 않고 깔아뭉개고서 중국 동지들에게는 제 마음대로 답신한 것이 아닌가!"

조선로동당 역사연구소 소장은 이어서 나에게 말했다.

"당 선전 부문에서 중국의 제안에 대해 수령님께 보고해 올리지 않고 자체적으로 처리한 것으로 여겨집니다. 만일 수령님께 보고가 올라갔더라면 수령님은 이를 아주 중시하고, 조선로동당 역사연구소에서 꼭 붙들어 준비하라고 지시했을 것입니다."

1960년대 초반 당시 조선로동당 선전담당 서기는 김창만이었다.

6. 폭풍 전야

사료가 어느 정도 모아지자 동북항일연군사 집필에 들어갔다.

동북항일연군은 1930년대 중국 동북지역에서 활동한 항일유격대 연합조직으로 중국공산당 만주성위 소속 무장단체였다. 이는 1930년대 초 중국 동북 전역에서 분산적으로 조직된 동북인민혁명군을 모체로 하였다. 1931년 9월 만주사변 발발 후 중국공산당 중앙이 중공 만주성위원회에 항일유격대 창설을 지시한 것을 계기로 유격대 조직이 생겨났지만, 그 조직·발전 과정은 분산 자발성을 특징으로 한다. 각 지방에서 자발적으로 조직된 항일유격대가 통합되어 하나의 군이 되고, 그 군이 다시 통합되어 로군路軍 단위까지 만들어진 상향식 조직이었다. 때문에 여러 군을 통합 지휘하는 최고 총사령부가 없었다는 것이 동북항일연군의 가장 큰 특수성이다. 뿐만 아니라 중국공산당 만주성위에서 항일연군을 지휘하는 제대로 된 체계도 없었다.

총 11개 군으로 구성된 항일연군은 각각의 근거지에서 자체적으로 전략을 만들고 활동해나갔다. 관내에서 모택동이 팔로군을 지휘하던 것과는 완전히 다른 양상으로 진행된 것이다. 그러므로 동북항일연군 연구는 각 군 군사를 밝히는 것이 우선되어야 했다. 우리 당사연구소의 연구원이 모두 10여 명이었는데, 한 사람이 한 개 군씩 총 11개 군에 대하여 전문 연구를 진행했고, 그 결과 항일연군의 계통과 전체상을 확인할 수 있었다. 문화대혁명 전에 당이 직접 영도한 제7군까지 각 군사軍史 초고 집필이 완료되었다.

문화대혁명은 사회 전반에 걸치는 대 격동이었다. 문화대혁명이 시작되자 중조관계는 급격히 악화되었다. 문화대혁명이 본격화되기 전부터 이미 중국과 조선과의 관계는 흔들리기 시작했다. 우리 당사연구소 사업은 중조친선을 위해 복무하는 사업이며 특히 기념비 조성사업은 김일성과 김책·최용건 등 조선의 중요한 영도자들을 위해서 하는 사업이었다. 따라서 중조관계의 균열은 우리 사업을 긴장시켰다. 중공 동북국에서는 기념비 조성사업을 그대로 진행해야 하는지 확인하고자 했다. 동북국은 왕경과 나를 북경으로 보내 해당 보고서를 올리고 주은래 총리의 견해를 받아오도록 했다.

1966년 2월, 설을 쇠고 얼마 지나지 않았을 때였다. 나와 왕경은 심양 동북국에 가서 지시를 받고 주은래 총리에게 올리는 보고서를 만들었다. 처음에는 보고서만 만들어 동북국에 올리고 하얼빈으로 돌아올 것으로 생각했지만, 동북국에서는 이 문제가 아주 중요하니 주은래 총리에게 직접 보고하라며 우리를 북경으로 보냈다. 우리는 함께 북경에 가서 보고서를 총리실에 올리고 총리와의 면담을 위해 대기했다.

주은래 총리의 연락비서는 안옥중이라는 사람이다. 그의 이름을 중국말로 발음하면

'안위중'인데 내 이름 역시 중국어로 '진위중'이라고 읽는다. 안옥중과 나는 이름이 같다는 것 때문인지 서로 금방 친해졌다. 나는 매일 아침 안옥중에게 전화하여 주 총리와의 면담이 가능한지 물었고, 안옥중이 일정을 확인해 전화로 알려줄 때까지는 아무데도 못 가고 호텔에서 기다렸다. 그러다가 전화로 '총리께서 오늘은 만날 시간이 없다'는 답변을 받으면 그날은 내내 노는 것이었다. 그렇게 한 일주일 넘게 북경에 머물면서 주 총리와의 면담을 기다렸다.

우리가 북경에서 체류한 곳은 북경호텔北京飯店이었다. 나는 북경호텔에 묵으면서 옷차림 때문에 참으로 곤란을 겪었다. 하얼빈에서 심양에 갈 때 나는 보고서만 만들고 집에 돌아올 것으로 생각하여 따로 여벌옷을 챙기지 않았다. 갑자기 북경행이 결정되어 집에 들를 틈 없이 하얼빈에서 입던 솜옷 차림 그대로 북경에 올 수밖에 없었다. 2월의 하얼빈은 매우 춥지만 북경에 오니 벌써 봄기운이 감돌았다. 거리에는 나와 같은 솜옷 차림은 찾아볼 수 없었고, 더욱이 솜옷 차림으로 총리 앞에 가야 한다니 참으로 난감했다.

북경호텔 수위조차 내 옷차림을 보고 얕잡아보는 것이 느껴졌다. 북경호텔은 관공서가 아니므로 옷차림만 깨끗하면 드나드는 사람을 제지하는 법이 없었다. 그런데 내가 호텔에 들어갈 때면 호텔 수위가 다가와 신분증을 제시하라고 요구하는 것이다. 그때는 중국에 신분증 제도조차 없는 시절이었으나 당이나 기관의 일꾼들은 해당 기관에서 소속 증명서를 발급해주었다. 나는 그 증명서를 갖고 있었으므로 호텔을 출입하는 데 문제가 없었지만 은근히 모욕감이 치솟았다. 다른 사람들은 자유로이 통과하는데 나만 공작증을 내야 하는가!

마침 나는 돈을 조금 가지고 있었으므로 옷을 사기로 하고 왕푸징에 있는 백화점에 갔다. 흔한 중산복을 사려는 것인데도 기성복이 없었다. 당시 중국은 극도의 물자부족에 시달리고 있었기 때문이다. 하는 수 없이 맞춤옷을 주문했는데 일주일이나 기다려야 옷을 받을 수 있다고 했다. 호텔에 드나들기도 민망한 차림으로 총리실에 들어갈 엄두가 나지 않았던 나는 제발 옷이 완성될 때까지 주 총리 면담이 미뤄지기만을 바랐다. 마침내 일주일이 지나 맞춤옷을 받아 입고 나니 '이젠 됐다'는 안도감으로 마음이 놓였다. 새 옷을 입고 호텔에 들어서니 수위가 나를 제지하지 않고 그전 일을 사과라도 하는 듯이 인사를 건네기까지 하는 것이다.

새 옷을 찾았으나 주 총리와의 면담은 성사되지 않았다. 열흘쯤 지난 어느 날 총리 비서로부터 전화를 받았다. 주은래 총리가 긴급한 용무로 출국하게 되었다는 것이다. 아프리카 어느 나라였던 것으로 기억한다. 열흘이나 기다렸는데 지침을 받지 못하고 돌아가야 한단 말인가. 그럼 어떻게 해야 하느냐고 물었다. 안옥중은 주은래 총리가 떠나면서 이 일을 등소평 부총리에게 위임하였으니 등소평 부총리의 비서와 연락하라고 말하며 등소평 비서실 연락처를 알려주었다.

등소평 비서실에 연락하니, 등소평이 이 사안을 넘겨받았다는 사실을 확인할 수 있었다. 우리는 등소평으로부터 답신을 받기 위해 다시 여러 날을 기다렸다. 마침내 등소평의 비서에게 연락이 왔다. '등소평 동지가 이 사안에 대해 결정하여 답신을 내리려면 여러 사람들과 토론해 심사숙고해서 결정을 내려야 한다. 그러니 북경에서 기다리지 말고 돌아가서 기다리라'는 내용이었다.

하얼빈에 돌아와 며칠 기다리니 등소평 동지의 비준이 내려왔다. "기념비 건설 사업은 계속 진척시키되 규모를 더 확대하지는 말고 적당히 마무리해라. 서두를 것 없이 천천히 진행해도 좋다"는 내용이었다. 등소평의 지시는 사업을 중단하라는 내용이 아니었지만, 이후 사업은 지지부진하다 결국 중단되었다. 연변에는 더 이상 사업 추진을 다 그칠 수 없게 된 것이다. 기념사업의 중심이 되는 연변에서 아무런 사업도 진행되지 않으니 다른 지역의 사업도 기운이 빠졌다.

곧이어 문화대혁명이 일어나자 동북항일연군 기념사업은 완전히 중단되었다. 중국과 조선과의 관계가 최악으로 곤두박질쳤던 것이다. 중국의 홍위병들은 조선이 수정주의로 나간다고 격렬히 비판하고, 조선과 연락하는 사람은 조선 특무스파이라며 잡아넣는 판이 벌어졌다. 이런 와중에 어느 누가 이 사업을 계속 진행하자고 주장할 것인가? 이 일에 참여했던 나는 결국 '조선 수정주의 두목김일성, 최용건을 말함'을 위해 기념비를 세우고 전기를 썼다樹碑立撰는 죄명을 쓰게 되었다.

10년 후 문화대혁명이 끝나자 우리 단위에서는 나에게 기념물 건립 사업을 다시 진행할 것인지 중앙에 알아보라고 했다. 예전에 이 문제를 취급했던 등소평 동지에게 편지를 써서 지침을 받으라는 것이다. 그러나 나는 문화대혁명 때에 조선 특무 혐의를 쓰고 고생한 뒤였으므로 차마 이런 일에 다시 나설 엄두를 내지 못했다.

길림에서만은 기념물 조성사업 성과가 컸다. 문화대혁명 전에 이미 육문중학교를 개건하고 김일성 독서실, 기념관을 만들었으며 김일성의 동상까지 세웠다. 그런데 문화대혁명이 일어나니 이 기념물들이 수난을 당했다. 군중들이 몰려와서 김일성 동상을 넘어뜨려 송화강에 쳐 넣었다고 한다. 문화대혁명이 끝난 후에는 동상을 강에서 건져서 깨끗이 닦아 다시 잘 세워놓았다고 하니, 아이들 장난이나 다를 바 없다.

문화대혁명 후 육문중학교에서 새로이 김일성 기념시설을 조성할 때 조선에서도 김일성 동상을 하나 제작해 보냈다. 개관식에는 심양의 조선총영사관과 조선로동당 력사연구소에서 대표단을 꾸려 참석하였는데, 나는 이때 육문중학교 측 초청으로 리민 동지와 함께 기념행사에 참석하였다. 이 개관식은 문화대혁명 전의 개관식보다도 더 성대하게 치러졌다.

5장 문화대혁명의 시련

1. 동북항일투쟁 기념사업 중단

1966년 5월 16일, 중국공산당 중앙위원회 주석 모택동의 주창으로 문화대혁명이 시작되었다. 나는 문화대혁명이 시작되기 몇 달 전에 이미 심상치 않은 기운을 느꼈다. 1966년 2월, 주은래 총리에게 보고를 올리기 위하여 왕경 소장과 함께 북경에 갔을 때 나는 북경 당 중앙의 스산한 기운을 감지하였다.

얼마 뒤 우리는 다른 문제로 당 중앙조직부에 보고하러 북경에 갔는데, 이때에는 보다 확연하게 다른 분위기를 느낄 수 있었다. 조상지의 역사 문제를 조사하라는 지시가 내려져 우리는 그것을 조사한 후 조사 결과를 가지고 중앙조직부를 방문했던 것이다.* 우리는 당 중앙 조직부 부부장에게 보고서를 제출했다.

"수고했소. 잘 했소, 이제는 더 이상 조사하지 마시오."

....

* 중화서국에서는 『사해辭海』 편찬사업을 진행하고 있었는데 『사해』 인물편에 동북항일장령 양정우·조상지를 넣을 것인지에 대하여 당 중앙조직부에 문의하였다. 당 중앙조직부는 생존해 있는 항일장령들의 의견을 청취하였는데, 대부분의 장령들이 이 두 사람을 사전에 넣는 데 찬성하였으나 가장 중요 직위에 있던 한 장군이 조상지에 대하여 반대하면서 그에게 죄상이 있다고 고발했다. 중앙조직부에서는 고발의 진위를 조사하도록 흑룡강성 당사연구소에 위임하였다.

부부장은 보고서를 보는 듯 마는 듯하며 건성으로 말했다. 그는 본디 우리 사업을 보고하면 상당히 깊은 관심을 보이며 경청한 후에 사업을 구체적으로 지시하던 사람이다. 그런데 자기가 직접 지시한 결과를 보고받는데 자료도 제대로 보지 않고 건성으로 대꾸하는 것을 보니 낌새가 좋지 않았다. 당시 당 중앙 내부에서는 이미 팽진·육정일陸定一 등 동지에 대한 비판이 시작된 시기였다. 문화대혁명이 이미 내부에서 시작되었던 것이다.

얼마 뒤에는 당 중앙 선전부 부부장들을 방문 면담하고 항일투쟁사 공동 연구에 대해 문의했다. 우리 사업에 조선에서 협조가 미진한 상황인데, 중국 단독으로라도 항일투쟁사를 편찬해야 하는지 방침을 내려달라고 요청했다. 육정일 선전부장은 항일투쟁사는 지금 편찬할 때가 아니므로 편찬사업은 중지하고 자료 수집과 정리 사업만을 계속 진행하라고 지시했다. 그 지시조차 예전 같으면 선전부장이 우리를 직접 면담, 청취하고 내려주었을 것인데, 이제는 부부장들이 우리의 설명을 듣고 선전부장에게 들어가 지시를 받아 나와서 우리에게 전달해주었다.

중국에서는 책을 출판하는 일을 잘못하면 큰 화를 입는 경우가 있었다. 시진핑習近平의 부친 시중쉰習仲勳이 책 때문에 화를 입은 대표적인 인물이다. 시중쉰은 산시성陝西省 출신으로, 1960년 전후 국무원 부총리 겸 비서장을 지냈다. 그는 과거 연안에서 류즈단劉志丹 밑에서 사업하였는데, 류즈단 휘하에서 성장한 인물 가운데 가장 어리지만 똑똑하고 유능했다. 그가 점차 두각을 나타내자 모택동은 시중쉰에게 높은 책무를 주어 간부로 배양했다. 시중쉰은 불과 18세였던 1932년 산간陝甘 소비에트정부 주석이라는 높은 책무를 맡았던 것이다.

시중쉰은 중화인민공화국 수립 후 서북지구 군사정무위원회 대리주석, 서북국 당서기로 복무하다가 중앙에 올라왔다. 국무원 부총리로 재직하던 1962년, 팽덕회에 대한 당의 결정에 반대하다가 모택동의 비판을 받고 부총리에서 물러났으며, 1967년 류소기 일파로 지명되어 비판받고 실각되었다. 그는 1970년대 후반 복권되어 광동성 당위원회 서기가 되었다. 광동성에 심천 특구를 만드는 등 개혁개방 바람을 일으키는 데 주역이 되고 등소평 정책을 적극 지지했다.

시중쉰의 실각은 인물 전기를 잘못 낸 것이 결정적인 계기였다. 시중쉰이 서북국 당서기로 있을 때에 서북국 사람들이 류즈단 전기를 냈는데, 문화대혁명 시기 강생은 이 사실을 끄집어내 "반당 소설 류즈단 전기를 시중쉰이 냈다"고 모함한 것이다. 결국 시중쉰은 해직당하고 감옥에 갇혀 10여 년이나 큰 고초를 겪었다. 이처럼 지방에서 당사 관련 책을 썼다가 모택동의 비위에 거슬리면 처단당하게 되는 것이다.

당사연구소에서 당사를 연구·편찬할 때에도 중앙에 보고하고 중앙의 지시를 받아야 책을 낼 수 있다. 중국의 체제가 그렇다. 당사연구소에서 항일투쟁사를 편찬하는 일은 모두 중앙 최고부에서, 당 중앙 총서기의 지시가 있어야 쓸 수 있다. 중국이 개혁개방한 이후에는 많이 변화하여 이제는 허가를 받지 않아도 출판할 수 있게 되었다. 그러나 단독으로 쓴 책은 아무리 잘 써도 중앙에서 인정받지 못한다.

그러므로 문화대혁명이 시작되자 우리 당사연구소 사업도 거의 정돈 상태에 빠졌다. 더욱이 문화대혁명 시기에는 중조친선이라는 명분을 세우는 것이 불가능했으므로 누구도 우리 사업을 지속하라고 요구하지 않았다.

2. '주자파' 반대 투쟁

문화대혁명 운동이란 무엇인가? 그것은 당내에서 '주자파走資派'를 잡아내는 것이다. 주자파라는 것은 자본주의의 길로 나가고 모택동의 길을 부정한다는 뜻이다. 모택동은 류소기와 등소평, 그리고 지방 성위 서기들 상당수가 공산당의 길이 아닌 자본주의의 길을 따르고 있다고 의심했다. 그리하여 문화대혁명 초기 많은 지도간부들이 주자파로 몰린 것이다.

문화대혁명 시기에는 모든 단위에서 누가 주자파인가를 잡아내는 데에만 몰두했다. 우리 당사연구소도 예외가 아니었다. 주자파를 잡아내고 죄상을 만들려는 운동이 벌어졌다. 주자파로 지목하고 죄상을 만들어 비판하면, 다만 말로 비판하는 것이 아니라 커다란 종이에 붓으로 대자보를 써서 벽에 붙여 모두가 보게 한다. 매일 출근하면 대자보를 세 장씩 써야 했다. 운동의 적극성을 보여주기 위해서였다.

사람들은 왕경 소장이 죄상이 있건 없건 주자파로 만들고자 했다. 사람들은 왕경과 내가 북경호텔에 묵었던 사실을 문제삼으며 추궁했다. 우리가 직급도 높지 않은데 북경호텔에 묵으면서 과분하게 돈을 많이 썼다며, 우리 같이 호화로운 생활을 추구하는 무리들이 곧 주자파라는 논리였다.

그러나 우리가 북경호텔에 묵은 것은 어쩔 수 없는 이유 때문이었다. 우리는 원래 당 중앙 초대소에 묵으려고 했다. 당 중앙 초대소는 숙박료도 받지 않고, 자기가 배급받은 '양표糧食票'만 내면 따로 밥값을 내지 않고 밥을 먹을 수 있었다. 그런데 초대소 측에서 마침 방이 없다기에 국무원 외사판공실에서 북경호텔로 안배해서 가게 된 것이다. 즉 우리가 원해서 북경호텔에 들어간 것이 아니라 초대소 측 사정으로 호텔에 묵은 것이므로 문제될 일이 없었다.

물론 비싼 숙박료를 치르긴 했다. 이 무렵 출장비 가운데 숙박비는 3원~5원이 기준이었는데 북경호텔 숙박비가 15원이었으니 기준보다 엄청나게 비싼 숙소에 묵었던 것이다. 왕경과 나는 숙박비를 과하게 쓴 것이 마음에 걸려 북경에서 돌아올 때 심양의 동북국에 들러 여비 결산을 하고 하얼빈으로 돌아왔다. 우리 단위의 돈을 쓰지 않으려고 나름대로 애를 썼던 것이다.

그런데 왕경 소장이 출장에서 돌아와 사람들에게 북경호텔에 묵었다고 말한 것이 그만 자랑한 셈이 되었다. 15원이라는 돈이 그리 큰 돈도 아닌데 그것을 문제 삼아 호화로운 생활을 즐겼다는 것이다. 이를 빌미로 왕경은 자본주의로 가는 사람이라는 식의 죄상을 만들어 대자보를 쓰고 엉터리 비판을 하였다. 반란파들은 나를 찾아와 회유하면서 왕경에게 죄명을 씌우라고 했지만 나는 객관적인 사실로서 왕경을 변호하였다. 다들 주자파를 비난하는 대자보를 썼지만 나는 쓰지 않았다.

내가 아무래도 괴상한 사람이었던 것이, 이전까지 여러 운동들을 겪었지만 다른 사람들이 대자보를 써서 붙이고 적발하고 하는 때에도 나는 대자보를 한 번도 쓴 적이 없었다. 사람들이 나에게 대자보를 쓰지 않는다고 비판할 때면 나는 말했다.

"내 원칙은 사람들의 과오를 보았을 때 그 사람 앞에서 비판하는 것이다. 윗사람이건 아랫사람이건 개별적으로 만나서 그 사람의 과오를 말해 주고 고치도록 해야 하는 것이지, 나중에 뒤에서 말하지 않는다. 우리 당의 운동 지침이 다만 비판 그 자체를 위한 대자보를 쓰는 일인가? 당신들은 모택동이 그렇게 지시했다고 주장하고 있지만 그렇지 않다. 내가 우리 당내에서 그간 교육받은 것이나 내가 견지해 온 원칙 속에서 따져 봤을 때 이런 운동 방식은 우리 당의 원칙과 맞지 않는다."

나는 이렇게 주장하며 단 한 번도 대자보를 쓰지 않았다. 회의할 때에도 사람들은 나에게 주자파를 비판하라고 요구하곤 했다. 그때에도 나는 이야기했다.

"과오를 적발할 일이 있으면 나는 평소에 다 해 왔다. 이미 과거에 다 말했는데 이제 와서 새로이 비판할 일이 어디에 있겠는가? 동료들의 과오를 발견하면 즉시 지적해서 고치도록 해 주어야지 묵혀두었다가 운동할 때나 써먹으려고 하겠는가? 나는 새로 적발할 것이 없다."

우리 단위에서는 왕경이 주자파라는 사람과 그렇지 않다는 사람으로 나뉘어 대치하였다. 문화대혁명 시기에 각 단위마다 주자파가 지목되면, 주자파가 아니라고 옹호하는 의견은 주로 열세에 몰렸다. 그런데 유독 우리 단위에는 왕경이 주자파라는 사람과 아니라는 사람이 딱 절반씩이었다. 내가 나서서 왕경을 옹호하니 내 의견을 따르는 사람들이 있었던 것이다. 왕경을 주자파로 만들려면 전체 회의를 열어서 다수결로 가결해야 되는데, 정확하게 반반으로 갈려서 어느 편의 주장도 채택되지 않았다. 그래서 우리 단위에서 왕경을 주자파로 몰아가는 운동은 자체적으로 시들었다.

이러한 문화대혁명은 아주 복잡한 정치사회적 파동이었다. 일반적으로 주자파를 잡는 군중운동으로 진행되었는데, 주자파를 옹호하면 '보수파' 또는 '보황파'가 된다. 내가 주자파를 옹호한다며 '보황파'라고들 했다. 이런 분위기에서 문화대혁명을 반대한다는 말은 절대로 꺼낼 수가 없었다. 하얼빈의 학생들은 흑룡강성의 중요 간부들, 성위서기와 성장들의 죄상을 적발하는 토론에 몰두했다. 거리마다 학생들이 작성한 과격한 대자보가 나붙었다. 학생들은 몽둥이를 들고 다니며 아주 난장판을 만들어놓았다. 2010년 '튀니지 혁명'을 시작으로 중동과 북아프리카에서 벌어진 일련의 사태에 버금가는 정도였다고 생각된다. 탱크를 몰고 대포를 쏘아대는 것이나 다를 바 없는 난장판이었다.

중·장년의 간부들이 새파랗고 기세등등한 학생과 차마 맞서 싸울 수는 없는 일이었으므로 다들 피했다. 중국 전통의 병법서 삼십육계에도, 승산이 없어 더 이상 방법이 없을 경우 마지막 계책은 달아나는 것이라고 가르쳤다. 이 가르침대로 문화대혁명 때 맞서 대응하지 않고 피했던 사람들은 살아남았고, 학생들에 맞서서 앞장서 싸웠던 사람들은 큰 화를 입었다. 맞아죽은 사람도 많았다.

학생들은 몽둥이를 들고 당사연구소에 몰려와 "당사연구소 소장 나오라!"며 고함치고 구호를 외쳤다. 성 간부들의 과거를 들추어 역사 죄상을 당사연구소에서 밝혀내라는 것이었다. 왕경 소장은 요행히 회의에 참석하느라 자리를 비운 상태였다. 왕경 소장이 없으니 내가 부소장으로서 학생들 앞에 나갔다. 나는 고중 교장도 몇 년을 지낸 터라 학생들이 몽둥이를 들고 있다 해서 무서울 리 없었다. 학생들 앞에 내가 부소장이라고 나서니 학생들은 거짓말이라고 아우성을 쳤다. 당사연구소 부소장이라면 어느 정도 나이가 있는 사람일 것이라고 생각했는데, 나는 불과 30대 중반의 새파란 젊은이였기 때문이다.

"우리는 당신을 상대하지 않을 것이다. 당신이 젊고 조그만 주제에 소장이라고 나서며 우리를 속이려 하느냐? 우리는 속아 넘어가지 않는다."

하고 우겨댔다. 그러자 당사연구소 연구원 중 나이 많은 몇 사람이 나와서 "이분이 우리 부소장이 맞다. 우리 소장은 회의하러 가고 없으니 요구할 것이 있으면 이분에게 이야기하라"라고 말하며 학생들을 달랬다. 나는 그들 앞으로 나가서 말했다.

"동무들은 아주 혁명적 열정이 높고 씩씩하오. 아직 학생의 신분으로 모택동 동지의 호소에 호응해서 이렇게 열정적으로 대혁명운동을 하는 모습을 보니 아주 보기 좋습니다. 내 마음이 아주 기쁩니다."

나는 이렇게 그들을 추켜세워 주었다. 학생들은 내 말에 누그러들어 물러갔고, 이후에 몇 번 더 나를 찾아왔다.

1966년 8월쯤 하얼빈시의 팔구공원八區公園에서 몇 만 명이 운집한 큰 대회가 열렸다. 학생들이 흑룡강성 성장 이범오李范五, 부성장 진뢰陳雷, 성위 서기 왕일륜王一倫 등을 끌어다가 고깔모자를 씌우고 얼굴에 우스꽝스러운 칠을 하고는 비판대회를 열었다. 철없는 어린 학생들이 성의 최고위 간부들이며 노 혁명가들을 광대처럼 조롱하고 비행기를 태우며 매질하는 광경은 처참하기 이를 데 없었다.

이 군중대회는 조반파造反派가 주도하였으나 결국 모택동이 발동한 문화대혁명의 명목 하에 벌어진 짓들이다. 문화대혁명의 이 같은 참상을 보건대 이 운동은 문화대혁명이 아니라 야만대혁명이었으며, 문화를 없애는 비문화대혁명이었다. 북경에서는 류소기조차 이런 짓을 당했는데 모택동은 그저 내버려 둘 뿐이었다. 당시의 모택동은 그만큼 오만했던 것이다.

나는 동료들과 이런 참상을 개탄하며 학생들이 폭력을 휘두르고 노 혁명가들에게 수모를 주어서는 안 될 일이라고 성토했다. 나는 심지어 "모택동이 나이를 먹어 노망났다"라고 말하기까지 했다. 당시에는 이런 말 한 마디를 적발하면 '현행 반혁명분자'로 몰아 사형도 시킬 수 있는 분위기였으나 나는 참을 수 없었다. 노 간부들의 '죄상'을 비판하는 군중대회는 그 열기가 더욱 뜨거워졌다. 이윽고 진뢰 부성장의 차례가 되었다.

"진뢰가 조상지의 비서로 항일부대에 있던 1939년에 자기 부하 백여 명을 총살했다. 그런 죄상을 가진 놈이 성장 노릇을 하고 있다."

누군가 이렇게 발언하자 학생들이 "저놈 때려잡자"며 진뢰에게 몰려들어 매섭게 몽둥이질했다. 진뢰가 피투성이가 되자 몇몇 말리는 사람도 있었다. 진뢰 부성장이 겨우 죽지 않을 정도로 맞고 나서야 대회가 끝났다. 몇몇 성위 서기와 간부들이 나에게 와서 물었다.

"진뢰가 자기 부하를 총살했다는 그 말이 근거 있는 말이오? 그런 자료가 당사연구소에 있나요? 김우종 동무, 당신은 그 사실을 알고 있소?"

나는 대답했다.

"나는 진뢰의 행적에 대해서 잘 알고 있습니다. 진뢰가 부하 백 명을 총살했다니, 그런 일이 일어날 조건도 되지 않았습니다. 진뢰의 상관인 조상지 휘하 부대원이 고작 1백여 명이었고, 그마저도 이미 여러 곳의 전투에서 희생당한 상황이었습니다."

나는 구체적으로 조상지의 부하들이 어느 전투에서 얼마가 희생되고 또 어느 전투에서 몇이 희생되었는가 설명해주었다. 마지막에 조상지가 직접 데리고 다닌 부하는 10여 명에 불과하였는데 그들은 다 함께 소련령으로 들어갔다.

"역사자료에 이렇게 나와 있으니, 진뢰가 죽일 백 명이란 대체 어디에 있는 사람들입니까? 조상지 휘하에도 백 명이 없었는데 진뢰가 1백 명을 어떻게 죽였겠습니까?"

간부들이 그런 역사자료가 남아있느냐고 묻기에 나는 문헌이 다 남아있다고 말해주었다.

군공학원에는 팔팔파八八派라는 패거리가 있었는데, 팔팔파는 조반파와 대립하고 있었다. 팔팔파는 나의 이야기를 전해 듣고 당사연구소로 찾아왔다.

"진뢰에게 죄상이 없다는 사실을 당사연구소 분들이 알고 있다고 들었습니다. 문헌 자료도 있다던데, 그 자료를 제공해주고 증언해 줄 수 있습니까? 진뢰의 결백에 대하여 사회적으로 공개할 수 있습니까?"

나는 증언도 하고 사료도 모두 공개하겠다고 대답했다. 다만 단서를 달았다.

"내가 모든 사실을 증언해 주겠지만, 이것을 가지고서 조반파를 공격하지 마시오. 무고한 진뢰를 죽이려 했다는 이유로 조반파와 싸움하지 마시오."

모택동은 군중조직이 서로 싸우는 것을 우려하여 간부들에게 두 파의 싸움을 부추기지 말라고 지시한 일이 있었다.

나는 역사상의 사실을 쭉 말해주고, 팔팔파와 함께 온 교수 한 사람에게 일러서 우리가 준 증거와 증언을 가지고 상세하게 대자보를 써서 하얼빈 시내에서 제일 눈에 띄는 곳에 붙이라고 조언했다. 나의 말에 따라 진뢰 부성장의 결백을 입증하는 10장짜리 상세한 대자보가 당시 하얼빈 중심지였던 추린秋林백화점 맞은편 우체국 앞 거리에 내붙었다. 조반파 패거리들이 대자보를 보고 당사연구소에 찾아와 그 내용이 틀림없는 사실인지 물었다. 이때에는 왕경 소장이 돌아와 있었으므로 소장이 직접 조반파 패거리들을 만나 내가 한 말과 증거자료가 틀림없음을 확인해주었다.

진뢰에 대한 혐의는 이렇게 벗겨졌다. 진뢰 성장은 그동안 갇혀 있으면서 매일 매를 맞으며 반성문을 쓰도록 강요받았는데, 이후로는 더 이상 맞지 않았다고 한다. 학생들도 더는 찾아와서 자료를 내놓으라는 억지를 쓰지 않았다. 이 일을 알게된 주변 사람들은 내가 한 일에 놀라워하며 나의 용기를 칭찬해 주었다.

진뢰 성장의 부인이며 조선족 항일투사인 리민은 당시 하얼빈 제1공구공장 당위원회 서기로서 노동자들 속에서 신망이 높았다. 문화혁명 시기 리민을 붙잡으러 오는 학생들을 막기 위해 로동자들은 아시허가阿什河街에 있는 그의 집 문어귀 앞에서 몽둥이를 들고 밤낮으로 보초를 섰다. 나는 리민 동지에게 진뢰 성장의 결백이 밝혀졌으니 이제 큰 고초는 겪지 않을 것이라고 말하며 위로했다. 이 때에 진뢰 성장 부부와 쌓은 돈독한 우정은 그 후 수십 년간 흔들림 없이 이어졌다.

문혁기에는 흑룡강성 곳곳에서 하얼빈으로 학생들이 몰려와 성위를 치겠다며 난리를 쳤다. 심지어 하얼빈에서 만족하지 못하고 중앙에 간다고 기세를 올리는 판국이었다. 나는 이런 학생들을 설복하고 여비를 마련해주어 고향으로 돌려보내곤 했다.

참으로 험한 일도 많이 했다. 나는 어려서부터 집안의 큰손자로 대우받으며 자라났다. 어른들은 장손인 내게 그다지 일을 시키지 않았으므로 그야말로 손에 물 묻히는 일 없이 자랐다. 그런데 문화대혁명 시기에는 홍위병 식사를 장만하는 곳에 가서 만두를 만들기도 했고, 벽돌공장에 가서 노동도 했다.

1967년, 문화대혁명 분위기는 최고조로 달아올랐다. 이미 유소기와 등소평이 타도되었고, 각 성에서 대부분의 성장이 타도되고 당 성위도 무너졌다. 두 파벌 간의 투쟁도 심각해졌다. 경제건설은 커녕 기본적인 나랏일조차 제대로 이루어지지 않았다. 중앙에 주은래 총리는 병이 나기 시작했고 림표는 그저 큰소리치며 매일 학생들에게 주자파를 타도하라는 선동이나 하다가 병에 걸린 상황이었다. 이선념 부총리가 겨우 꾸려나가는 상황이니 문화대혁명을 오래 끌다가는 나라가 망할 지경이었다. 문화대혁명을 빨리 수습해야겠다는 생각들이 퍼지기 시작했다.

　문화대혁명의 목적이 유소기 타도로 진행되면서 유소기가 주자파라고 했지만 법적으로 유소기를 타도할 죄상을 구성하는 요건이 되지는 않았다. 학생들이 구호 외치는 것으로는 유소기를 법적으로 처벌할 수 없었다. 그리하여 중앙 문화혁명소조에 역사자료 심사 전문소조를 만들어서 유소기의 숨은 죄상을 철저히 조사하도록 하였다. 역사당안을 모두 훑어서 유소기가 변절했거나 투항한 자료를 찾으면 유소기를 법에 따라 처벌할 수 있게 되는 것이다.

　역사자료 심사 전문소조專案組가 중앙과 각 성에 만들어졌다. 나도 조사조에 징발되었다. 전문조사조는 몇 개 조로 구성되어 있는데 나는 그 가운데 적위당안심사조敵僞档案審査組 조장이 되었다. 적위당안심사조는 흑룡강성의 일본어·러시아어 교수들과 군대에서 배양한 번역 인재들 20여 명으로 꾸려져 모두 40여 명으로 구성되었다. 중앙심사조 조장이자 북경군구사령관 오충吳忠이 회의 참석차 하얼빈에 왔는데 하루는 나를 호출하여 개별 담화하면서 물었다.

　"내가 알아보니 당신이 동북에서 역사를 제일 많이 연구하고 잘 아는 사람이라고 하더라. 그래서 묻는 말인데, 유소기가 만주성위에서 일할 때에 경찰에 붙잡혀 감옥에 들어가고 심문도 받았었는데 그 일에 대해 알고 있는가?"

　내가 그 사실을 알고 있다고 대답하니 오충은 나에게 지시를 내렸다.

　"유소기는 그때에 감옥에 가서 몇 주일 구금되었다가 풀려났다. 분명 적에게 투항하고 나온 것이다. 국민당 당안이나 일본 당안에 관련 자료가 있을 것이다. 나오게 된 경과라든가, 투항 사실에 대한 자료를 당신이 각방으로 수집하고 증거를 정리하여 중앙에 직접 보고하라. 그렇게 하면 당신은 앞으로 공작 배치나 대우 면에서 확고한 지위가 보장될 것이다. 지금 학생들이 유소기와 등소평을 타도하고 있지만 그건 다 형식일 뿐이고, 완전히 타도하자면 유소기의 죄상이 증거로서 밝혀져야 한다. 당신이 그 증거를 밝힌다면 문화대혁명의 최후 승리를 위하여 큰 공로를 세우는 것이다. 유소기의 죄상에 대한 증거를 찾아 그를 법적으로 타도하게 되면 문화대혁명도 완수된다. 매우 중요한 일이므로 내가 직접 당부하는 바이니, 반드시 이 임무를 수행하라."

오충이 이렇게까지 말하니 나는 확실히 못 하겠다고도 할 수 없고, 그렇다고 하겠다고도 할 수 없는 상황이었다. 나는 일단 잘 알겠으니 노력해보겠다고 하고 물러났다.

항일투쟁 시기 유소기가 동북에서 감옥에 갔던 일이 있지만, 그때 감옥에서는 유소기가 누구인지 잘 모르고, 그저 공산당원이며 학교 선생이라고 알고 있었다. 유소기가 스스로 소학교 선생이라고 말했고 다른 정보가 없었던 것이다. 그래서 유소기가 중요한 인물이라는 것을 감옥에서는 알지 못했고, 또한 유지인사들이 돈을 내 보석을 신청하니 '한낱 교사인데 풀어준들 문제 있겠는가?' 하고 풀어주었던 것이다. 자료로서 증명되는 사실이다. 내가 이를 뻔히 알면서 어떻게 유소기를 해치는 자료를 만들어낼 수 있겠는가?

이후에 중앙에서 나에게 사업 경과를 물었다. 나는 자료를 아무리 찾아봐도 찾을 수 없으므로 유소기의 죄상을 정리할 수 없다고 답변하였다. 나는 문화대혁명 시기 잡혀들어가 고초를 겪게 된 것이 바로 유소기의 죄상을 밝혀내지 못한 데로부터 비롯되었다고 생각했다.

3. 수감

문화대혁명이 고조되자 '모택동사상 선전대' 농촌 파견 사업이 활발해졌다. 선전대는 학생과 지식인들로 조직하였다. 농촌에 들어가 모택동사상을 보급하는 동시에 농민들과 동고동락하며 빈고농 교육을 철저히 받아 계급적으로 더욱 튼튼하게 무장하게 한다는 것이 그 취지였다. 각 기관에서 지원을 받아 선전대를 꾸려 파견하였다. 나 역시 선전대에 지원하였으나 내가 하고 있는 사업의 특수성으로 보아 나를 선전대에 보내지는 않을 것이라고 생각하였다.

그런데 내 선전대 가입은 비준되었다. 주변에서 선전대에 가입된 것은 나뿐이었다.

마침 아내가 출산을 앞두고 있었기에 집을 떠나기가 불안했다. 나의 어머니가 산후병으로 돌아가신 기억도 떠올라 나는 더욱 걱정스러웠다. 내가 없는 동안 아내가 몸을 풀고 산후병이라도 걸리지 않을지 여간 걱정이 되지 않았다. 나는 집을 떠나기 전 호골주虎骨酒 두 병을 사서 집에 두고 내가 없는 동안 아이를 낳게 되면 복용하라고 당부했다.

1968년 설을 지난 후 나는 집을 떠났다. 내가 가게 된 곳은 배천현 농촌부락으로, 모택동사상 선전대 배천현 군민대대拜泉縣 軍民大隊라는 이름이 붙어 있었다. 이 부락은 흑룡강성에서도 가난하기로 유명했다. 우리는 중국인 빈고농의 집에 나누어 들어가 생활하며 마을 사람들에게 노래나 글을 가르쳐주었다. 퀴퀴한 냄새가 나는 비위생적인 방에서 잠을 자고 농민들과 똑같이 거친 밥을 먹었다. 해방 직후에 사도령자에서 그랬듯이 나는 문맹퇴치에 열중했다. 매일 농민들에게 글을 가르치고 함께 농사일도 했다. 저녁이면 농민들에게 모 주석 어록을 설명해주고 문화대혁명을 찬양하는 노래를 가르쳤다. 고된 노동에 거친 밥을 먹으면서도 나는 빈하중농의 처지에 더욱 가까워질 사상개조의 기회라고 생각하고 달게 받아들였다.

내가 배천현 농가에서 생활한 지 얼마 지나지 않은 2월 말의 어느 날이었다. 그날따라 함박눈이 펑펑 쏟아지고 있었다. 성위 공작대에서 두 사람이 나를 찾아왔다.

"성에 긴급히 중요한 회의가 있으니 짐을 챙기시오"

다시 돌아오지 않을지도 모르니 이부자리 등 나의 짐을 전부 챙기라고 하는 것이었다. 그들이 타고 온 지프차를 타고 마을을 떠나 배천현 현성에 도착하니 11시가 넘은 늦은 밤이었다. 그곳에는 차 한 대가 더 대기하고 있었는데, 흑룡강성위원회 조반파造反派 단장을 비롯한 세 사람이 우리를 기다리고 있었다.

나는 내가 무슨 회의에 참석하러 가는 것인지 물었다. 그러나 단장은 별다른 말을 하지 않고 그저 가보면 안다는 식이었다. 간단히 밤참을 먹은 뒤 차 두 대에 나누어 타고 밤길을 달리기 시작했다.

단장과 나는 각기 다른 차를 타고 떠났다. 내가 차 뒷좌석에 오르니 성에서 온 사람 둘이 내 양 옆자리에 나누어 앉는 것이다. 지프차는 넓지 않으므로 두 사람씩 앞뒤로 앉으면 편하겠으나 그들은 굳이 가운데 자리에 나를 앉히고 죄수를 포위하듯 내 양쪽에 앉았다. 나는 성의 정황에 대하여 이것저것 물어보았으나 그들은 대답도 건성이었고 얼굴 표정도 굳어 있었다. 내가 중간에 소변을 보러 내리니 그들도 함께 내려 내 옆을 지켰다. 그들이 나를 감시하고 있음이 분명했다.

차는 2백 리가 넘는 눈길을 쉬지 않고 달려왔다. 새벽 3시경 우리를 태운 차가 하얼빈에 들어섰고, 곧이어 송화강교로 다가갔다. 송화강교를 건너면 시내 어귀로 진입하게 되고, 갈림길을 지나 조금만 올라가면 우리 집이었다. 그런데 우리 차는 다리를 건넌후 길을 꺾어 다른 방향으로 가는 것이 아닌가.

"이 길이 아니오. 우리 집은 화원가에 있으니 먼저 집으로 데려다 주시오."

그러나 그들은 먼저 처리해야 하는 중요한 일이 있다며 집에는 나중에 가라는 것이다. 차는 집에서 점점 멀어졌다. 회의에 참석할 것이라고 했는데 회의라면 날이 밝아야 할 것이 아닌가? 그런데도 왜 집에 못 들르게 하는가? 나는 무언가 잘못되었다는 것을알았다.

'아! 나를 납치하는구나!'

지프차는 성 공안청 뒤편에 멈춰 섰다. 그곳에 정치범 임시구류소가 있다는 것을 나는 알고 있었다. 그들은 나를 완전히 체포한 모양새로 데리고 들어가 수용소 2층으로 올라갔다. 나는 철제로 두른 검문실에 밀어 넣어졌다. 구속 심사가 시작되었다. 내 앞에는 종이 한 장이 놓였는데, 임시구류증이었다. 그들은 임시구류증에 내 이름을 쓰고 서명하라고 했다. 나는 그들에게 말했다.

"내가 무슨 죄가 있어서 나를 구류합니까? 나는 구속될 만한 죄를 진 사실이 없으므로 서명하지 않겠소."

그들은 서명하지 않아도 상관없다며 바로 다음 순서를 진행했다. 내 옷을 벗기고 소지품 검사를 하고는 벨트와 소지품을 모두 빼앗았다. 그리고는 숫자 73이 적힌 옷 한벌과 치약, 빨래비누 등을 주었다. 모든 일은 순식간에 일어났다.

"감옥에 들어가 너의 죄상에 대해 잘 생각해 놓아라. 이제부터 너는 이름으로 부르지 않고 번호로 불리게 된다. '73호'가 네 번호이니 잘 기억해두어라."

이렇게 말을 던지고는 나를 어느 방으로 들여보냈다. 감옥살이가 시작된 것이다.

방은 제법 큼직했고, 나무로 된 마룻바닥은 깨끗이 잘 닦여 있었다. 침대가 없었으므로 사람들은 마루에서 그냥 잠을 자고 있었다. 방 한쪽에 세면대가 있고, 세면대 안쪽에는 문도 없는 변소 칸이 있었다. 그들은 나를 여기에 가두고는 사흘을 그저 내버려두었다.

내가 수감된 감방에는 이미 두 사람이 들어와 있었다. 50대로 보이는 사람 하나, 젊은 사람 하나였다. 후에 안 사실이지만 50대의 남자는 소련 간첩 혐의로 들어왔는데 매사 담담했다. 젊은 남자는 원래 군대병원 약사였는데 약을 잘못 조제하는 바람에 사고를 치고 들어왔다고 했다. 젊은 약사는 울기만 했다. 자기가 조제한 약을 먹고 윗사람이 죽은 모양이라고 하면서 크게 낙담했던 것이다. 나는 그런 그에게 일부러 한 일이 아니니 그저 사실대로만 말하며 기다려 보라고 위로했다.

나는 내가 왜 여기에 들어오게 되었는지 곰곰이 생각해보았다. 중앙의 류소기 죄상조사조 조장이 나를 직접 독대하여 류소기의 과거 죄상을 잘 정리하라고 특별히 지시했는데 그것을 따르지 않았기 때문일까? 잘못이라면 이것뿐이었다.

당사연구소에서 조선과의 협조사업을 꾸린 것이 문제가 되는 것인지도 생각해 보았다. 그러나 그 일은 중앙의 주은래 총리의 지시를 따른 것일 뿐 내가 주동적으로 한 것이 아니므로 문제될 리 없었다.

또 내가 17세에 교사가 된 후 교육사업에 10여 년간 종사하면서 어떤 잘못을 범했을지도 모른다. 그러나 설사 어떤 잘못을 범했다 할지라도 군중비판으로 끝날 일이지 감옥에 집어넣기까지 할 필요는 없지 않겠는가? 나는 이렇게 생각을 정리하면서 마음을 단단히 먹고 취조를 기다렸다.

4. 취조

감옥에 들어온 지 사흘이 지난 밤에 간수가 나를 깨워 불러냈다. 시계가 없어 정확한 시간은 알 수 없으나 새벽 한 시쯤일 것이라고 느꼈다. 간수는 나를 위층으로 데리고 올라갔다.

"당신은 명백히 큰 죄가 있으므로 체포된 것이다. 그저 의심만 가지고 체포한 것이 아니다. 사흘간 생각할 시간을 주었으니 무슨 죄를 지었는지 이제 생각해냈을 것이다. 직접 이야기해 보라."

나는 그동안 생각했던 그대로 말했다.

"나는 죄 지은 일이 아무것도 없소. 아무리 생각을 해보아도 내겐 죄가 없습니다. 그렇지만 무슨 이유는 분명히 있을 것이라고 생각하여 나도 나름대로 사흘 동안 생각해 보았습니다.

내가 생각한 첫째 이유는 류소기 죄상 조사와 관련된 일입니다. 아마도 중앙 전안조專案組에서 나를 신임하여 류소기의 죄상을 정리하라는 중요한 임무를 맡겼는데 내가 해내지 못했으니, 중앙에서는 내가 일부러 류소기의 죄를 덮어준 것이라고 의심해서 죄를 묻는 것이 아니겠습니까? 그러나 나는 일부러 내 일을 회피한 것이 아닙니다. 류소기의 만주성위 시절 관련 자료를 부지런히 수집하고 찾아보았지만 아무리 해도 죄목이 될 만한 합당한 근거를 찾지 못했습니다. 내가 류소기를 보호하려고 한 것도 아니고 중앙의 지시를 중요시하지 않아서 그런 것도 아니오. 만일 나에게 다시 그 임무를 맡긴다고 해도 나는 정말로 류소기의 죄상을 정리할 방도가 없습니다.

두 번째로 생각한 문제는, 내가 17년간 교육 부문에서 공작한 사업 내용이 문제가 되는 것인가 생각해 보았습니다. 소련식 수정주의 교육 방식을 지금은 비판하고 있지만 과거에는 중국에서 소련식 교육 방식을 채용했습니다. 바로 내가 그 소련식 교육법으로 사업하여 일등 우수교사가 되기도 했고 처장까지 승진했습니다. 이것이 문제가 된 것입니까? 그러나 내가 사업할 당시에는 모두가 소련을 따라 배우라고 할 때였습니다. 내가 소련식으로 사업한 것은 당의 요구에 따른 것입니다.

세 번째로 생각한 문제는, 내가 중국을 방문한 조선 대표단과 일본 대표단을 접촉한 것이 죄가 되는지입니다. 나는 교육학원에 있을 때에나 당사연구소로 이동하고 나서 조선과 일본에서 대표단이 오면 통역을 맡곤 했으므로 자연히 그들과 접촉했습니다. 그러나 그것은 당이 맡긴 임무였을 뿐이며, 성위 서기나 성장을 수행하며 그들의 담화를 통역해 옮겼을 뿐이지 내가 나의 주장을 발언한 사실이 없습니다. 그러므로 이 문제역시 죄상이 되지 않습니다.

네 번째로, 내가 당사연구소에서 항일투쟁 역사를 정리한 가운데 조선의 김일성·최용건·김책 등 수정주의 분자들의 업적을 정리한 것이 죄상이 되는지 생각해 보았습니다. 나는 중앙의 지침에 따라 그들의 항일 업적을 기념하는 기념물 조성 사업도 직접 관여하였습니다. 혹시 그것이 나의 죄상입니까? 그 사업은 주 총리가 당사연구소에 지시한 사업이었으며 내가 주동적으로 벌인 일이 전혀 아닙니다.

이런 몇 가지 일들이 나에 대한 의혹으로 제기될 수 있을 것 같습니다. 그러나 사실상 내가 죄 지었다 할 수 있는 일이 아닙니다. 그 외에는 나는 조금이라도 죄가 될 만한 어떤 일도 해 본 일이 없습니다. 혹시 내가 사업을 하면서 오류를 범했을지도 모르지만 감옥에 갇힐 만큼 큰 잘못은 없습니다. 당신들이 말한 대로 나의 죄상에 명확한 근거가 있다면 지적해 주시오. 나는 내 죄를 회피하거나 속일 생각은 없습니다. 그러나 나를 이렇게 가두어놓는 것은 부당합니다."

이렇게 나는 그간에 정리한 생각들을 조목조목 따지면서 나의 무죄를 주장했다. 그러나 그들은 나의 말을 듣고도 다음과 같이 말할 뿐이었다.

"류소기의 죄상을 정리하라는 데에 당신이 소극적으로 사업한 것도 잘못이지만 그것 때문에 당신을 잡아들인 것은 아니오. 당신은 조선과의 관계에서 아주 엄중한 착오가 있었소. 그 부분을 중점적으로 반성하시오."

이후에도 취조는 계속되었다. 그들은 꼭 밤 열두 시나 새벽 한 시 무렵에 나를 끌어내서 심문했다. 자기들은 밤참을 먹고 나서 나를 불러 심문하면서 밤잠을 안 재우며 사람을 지치게 하는 것이다. 비몽사몽간에 죄상을 인정하게 하려는 계책이기도 했다. 더러는 욕도 하고 야단도 치며 죄상을 철저히 교대하라고 다그쳤다. 나는 말로도 진술하고 글로도 써서 내야 했다.

나는 예전의 일들을 모두 소상하게 원고지에 써내려갔다. 지금까지 내가 한 조선인 항일투사 조사와 기념사업들은 모두 주 총리의 지시대로 한 일이라고 떳떳이 말했다. 그들이 주 총리한테 찾아가 한갓 나의 일을 시시콜콜 따져 물을 수야 있겠는가?

그러나 심문관들은 내 진술을 읽은 뒤에도 나를 다그쳤다.

"그것은 지나간 과거의 문제일 뿐이다. 보다 현실적인 문제를 밝혀라. 조선에 건너간 너의 제자들에 대해서는 왜 써내지 않는가?"

내가 교육사업을 하며 키워낸 조선족 제자들과의 관계를 묻는 것이었다.

내 학생들은 여러 방면으로 진출했다. 청화대학·북경대학·하얼빈공업대학·길림대학 등 여러 대학에 교수로 가서 국가를 위해 복무했다. 그리고 북경의 당 중앙이나 국무원 등에서 활동하는 제자들도 몇 있었다. 그 가운데 몇이 문제가 되었다. 문화대혁명 당시 중국에서는 조선이 수정주의를 지향한다며 비난했는데, 북경의 내 제자들은

"조선이 무슨 수정주의인가? 조선의 태도는 옳다. 중국 문화대혁명이 더 나쁘다"

이렇게 말하고 다니다가 붙잡혀 들어간 사람들이 있다. 특히 국무원 인사처 과장으로 있던 신재부라는 사람은 '북경에서 활동하는 조선특무 두목'이라고 지목되었다. 그리고 그가 나를 스승으로서 숭배했다고 하여 나를 배후 조종자로 판정한 것이다. 심지어 그들은 내게 김일성이 조선에서 특별히 파견해 온 특무라는 혐의를 씌웠다. 그들의 말에 따르면 나는 아주 은밀하게 행동해서 당 흑룡강성위원회 처장까지 올라온 것이다. 그것도 일반 처장이 아니라 성위 서기와 성장이 다 신임하는 처장이 되어서 핵심부문에 기어들어가 조선 특무 노릇을 했다고 주장했다. 그렇게 흑룡강 구석에 숨어서 중앙 제자들을 조종해 특무활동을 시킨 '반국가행위의 조종자'라며 나를 몰아세웠다.

때론 그들은 "어제 북방대하北方大厦에서 두 사람을 총살했는데 방송을 들었느냐?" 하고 겁을 주기도 하고, 부모와 자식들을 생각해서 똑바로 교대하라고 으름장을 놓기도 했다. 할아버지, 할머니, 부모님, 이제 막 출산한 아내와 어린 자식들이 나를 애타게 기다리고 있을 것을 생각하면 내 가슴은 새카맣게 타들어갔다. 가족이라는 말에 나는 참았던 분노가 터졌고, 여기가 어떤 곳이라는 것을 잠시 잊은 채 거칠게 항의했다.

"나는 공산당원이오. 혁명에 참가한 이상 당의 이익, 인민의 이익을 위한 일이라면 언제든 서슴없이 목숨 바칠 각오를 하고 있소. 감히 가족을 빌미로 나를 겁박하다니 얼마나 우습고 어리석은 처사인가!"

내가 강경하게 나오자 그들은 수그러들면서 "당신의 혁명성을 우리는 알고 있소" 이렇게 한 걸음 물러서기도 했다.

내가 잡혀온 것을 아무도 집에 알리지 않았으나, 가족들은 나에게 좋지 않은 일이 생겼음을 짐작하고 있었다. 공작조원들이 우리 집에 들이닥쳐 집안 곳곳을 샅샅이 수색했던 것이다. 물독을 쏟아버리고 독 밑까지 들추어서 나의 편지, 사진, 일기장을 몽땅 가져갔다.

또 그들은 내가 전혀 예상하지 못한 과거의 행적을 들이밀었다. 과거에 조선에서 '동북항일투쟁 전적지 답사단'이 방문하였을 때 내가 안내하고 자료를 주었다는 것이다. 이것은 나의 중대한 죄상이므로 상세히 교대하라며 만년필과 원고지까지 주었다.

중국이 1960년대에 동북항일연군 기념사업을 시작하기 전 조선에서는 이미 여러 차례 항일전적지 조사를 위해 동북지방을 방문했다. 그 중 가장 큰 조사가 1959년 5월~7월 '동북항일투쟁 전적지 답사단' 방문 조사사업이었다. 조선로동당 중앙위원회에서 20여 명이나 되는 규모로 답사단을 조직해 와서 길림성과 흑룡강성 지역 항일전적지를 답사하고 관련자들을 면담했다. 답사단은 먼저 길림을 답사한 후 흑룡강으로 들어와 약 한 달 동안 조사하고 조선으로 떠났다. 나는 그들의 흑룡강성 일정 내내 동행하며 통역과 접대를 맡았고 답사단이 돌아간 후에는 그 내용을 중앙에 보고했다.

중국공산당 중앙에서는 주은래 총리의 직접 지시로 조선 답사단 사업을 협조하기 위하여 사전에 철저히 준비하였다. 답사단의 일정을 체크하고 숙소와 교통편을 안배하며 협조 인력을 배치하는 등의 일이었다. 뿐만 아니라 중국은 항일투쟁 관련 문서자료를 조선 측에 제공하기 위한 사업팀도 별도로 꾸렸다. 조선 측에 참고될 만한 문서자료를 선별하고, 혹시 그 가운데 조선에 보내서 문제가 될 사료는 없는지 꼼꼼히 확인해야 했다. 성위 선전부장이 사업팀 최고 책임자였고, 항일 노투사인 흑룡강성 부성장 우천방

于天放과 선전부 부부장 왕진王晋이 직접 실무를 지휘했다.

　조선에 제공할 당안 자료는 일본 당안과 중국 당안으로 구분되는데, 성위에서는 일본 당안 자료 검토 책임자로 당시 교육학원에 있던 나를 지명했다. 이것은 흑룡강 당사 연구소가 할 수도 있는 일이었으나 조선에 보낼 문서를 검토·선별하는 일은 엄밀한 정치 외교적 판단이 필요하고 또 일본어에 능통해야 하기에 나에게 맡긴 것이다. 중국 문서당안 검토는 성 공안청 처장과 성 당안관 처장이 책임졌다. 5월의 답사단 방문을 앞두고 3월부터 준비사업을 해나갔다.

　당안 자료 검토와 선별 사업을 위한 몇 가지 지침이 내려왔다. 조선과 관련된 당안 자료는 가능한 한 많이 제공하라는 것이 대원칙이었다. 다만 중국과 조선과의 친선관계를 해칠 우려가 있는 자료는 제외하도록 했다. 일제가 중조 항일전선을 파괴하기 위하여 모략 공작을 진행한 자료들, 이를 통해 중국인과 조선인 간부의 친선을 해치고 이간시킨 자료들을 뜻하는 것이다. 또한 조선의 주요 영도자들을 비방하는 내용의 자료 역시 제외하도록 했다. 우리는 이 사업을 통하여 적지 않은 문서당안을 미리 선별했고, 5월에 조선에서 답사단이 오자 당안 자료들을 넘겨주었다.

　중국에 온 답사단 단장은 북조선 체신상 박영순이었다. 그는 항일투쟁 시기 훈춘유격대 참가를 시작으로 김일성 항일부대원이 된 인물이며, 이후 조선로동당 중앙위원, 조선혁명박물관 관장을 역임했다. 박영순 외에도 항일투사 조도언이라는 노인과, 김일성의 호위병 출신으로 당시 평양시 위수사령관으로 있던 ○○○ 등이 답사단의 일원으로 왔다. 김일성종합대학 당사연구실 주임으로 있던 김○○도 있었는데 그는 후에 조선로동당 중앙 력사연구소 부소장이 되어 내가 평양에 갔을 때 만난 일이 있다. 그 외에 양형섭이 답사단에 포함되어 있었다. 양형섭은 90세가 훨씬 넘은 현재에도 당 정치국 위원, 최고인민회의 상임위원회 부위원장으로 국가 최고 원로로서 활동하고 있다.

　어느 해인가 내가 진뢰 성장을 따라 조선 방문단 단원으로 조선을 방문했을 때 양형섭이 우리를 위해 연회를 베풀었던 일이 있다. 양형섭이 "나도 하얼빈을 방문한 적이 있습니다" 하는데, 서로 얼굴을 보아서는 과거에 만난 일이 있는지 떠오르지 않았다.

언제 하얼빈에 왔는지 물으니, "연도는 정확히 기억나지 않지만 1959년인가 1960년 쯤 동북항일투쟁사 관련 일로 왔다"는 것이었다. 답사단원은 아니고 문서자료 접수를 하러 왔었다고 했다. 나는 매우 반가웠다. 내가 그 때 답사단을 영접했다고 밝히고, 당시 문서자료 접수를 담당했던 공안청 당안과 과장 이석주라는 조선족 동무를 기억하는지 물었다. 양형섭은 그 이름을 듣자 반가워하며, 바로 그가 자기에게 당안을 넘겨준 사람이라고 말했다.

이석주는 문화대혁명 때에 모진 고초를 겪고 그만 사람을 망쳐 버렸다. 바로 이 답사단에 당안을 넘겨준 것이 그의 죄목이었다. 크게 고초를 당하고 오래 감옥 생활하며 끝내 버텨내지 못했던 것이다. 문화대혁명 시기에는 아무런 문제가 없는 일이라도 빌미를 잡히면 끌려들어가 고초를 겪는 일이 부지기수였다. 나 역시 답사단과 관련하여 크게 곤란을 겪은 것이며, 죄상으로 따지면 이석주보다도 더 큰 죄목을 덮어썼다. 문서를 직접 선별한 것이 나였고, 또 답사단을 따라다니며 통역한 것도 죄라는 것이다. 나는 그들이 흑룡강에 들어오던 첫날부터 목단강·녕안·동녕 각지를 안내하며 둘러보게 한 뒤 마지막으로 하얼빈에 데리고 들어와 접객하고 하얼빈에서 그들을 전송했다.

나는 심문관들에게 이 모든 과정에 대하여 상세히 교대했는데, 말로도 하고 글로도 썼다. 날짜 뿐 아니라 시간 단위 일정을 다 기록하고, 누가 무엇을 했고 내가 어떻게 통역했는지까지 아주 상세하게 써서 교대해 바쳤다.

나는 모든 일이 주은래 총리의 지시를 따른 것뿐이라고 떠넘겼다. 그것은 거짓이 아니었다. 문서를 심사해 넘겨주도록 한 것도 거슬러 올라가면 주은래 총리의 지시였고, 답사단을 통역한 것도 상부의 지시에 따랐을 뿐 개인적으로 처리하거나 업무 이외의 일을 도와준 일도 없었다. 답사단은 성정부 우천방 부성장과 비서장이 늘 동행했고, 나는 상급자들의 대화를 통역해 주었을 뿐이다.

"통역해 주느라 바쁜데 사적인 말을 할 시간이 어디 있었겠습니까?"

나는 나를 심사했던 이들에게 반문했다. 내 말이 의심스럽다면 주은래 총리에게 확인해 보면 될 일이라고 큰소리쳤다. 흑룡강에서 나를 조사하는 사람들이 북경의 주은래에게 가지도 못할 터였다. 주은래 총리는 국가를 책임지는 막중한 책무로 늘 바쁜 사람인데 흑룡강에 있는 한갓 나의 일 때문에 만나주기나 하겠는가? 그들이 주은래 총리를 직접 만나서 조사한다 하더라도 나는 거리낄 것이 없었다.

심문관들은 흑룡강성 외사판공실의 문헌고를 뒤져 1959년 답사단 방문 당시의 기록을 찾아내 내가 교대한 내용과 비교 검토했다. 외사판공실에 남아 있는 문건은 답사단 방문 직후 그들을 접대한 보고서인데, 답사단의 흑룡강 방문 일정과 결과가 상세하게 기록되어 남아 있었다. 심문관들이 내가 교대해 바친 자료를 이 보고서와 대조해보니 날짜, 장소 등이 딱딱 들어맞아 틀린 내용이 하나도 없었을 뿐 아니라 내가 교대한 내용이 보고서보다 더욱 상세했다. 그들은 감탄해 마지않았다.

"당신 머리가 어찌 그렇게 좋은가? 10년 전의 일인데 어느 날 몇 시에 일어난 내용까지 어떻게 다 기억하고 있는가? 머리가 아주 비상한 사람이로구나!"

이날 이후로 나에 대한 그들의 태도가 바뀌었다. 그동안 나에게 조선 특무라며 비난하고 모욕해 가며 심문했으나, 나의 진술이 거짓 하나 없고 모두 사실이라는 것을 이제 인정하게 되었던 것이다. 이전에 심문할 때에는 내 대답에 대해서 사실이냐고 몇 번이나 물으며 윽박지르곤 했는데, 이후로는 내가 거짓말을 한다고 추궁하거나 핍박하는 법이 없었다.

심문관들은 나에게 또 하나 탄복한 점이 있었다. 그들은 심문을 시작할 때마다 자기반성을 시키고 모택동 어록을 외우라고 지시한다. 모택동 어록은 아주 작은 소책자로 273개 항목이 들어 있는 책이다. 그 책자를 들고 흔들며 "○○ 어록을 외워 보라!" 시키곤 한다. 그렇게 해서 정확하게 못 외우면, 당 서기며 성장을 한다는 놈이 모택동 어록도 모른다며 다그쳤다. 일단 기를 꺾어놓아 심문을 편하게 하려는 것이다.

그런데 나는 그 273개 어록 전체를 다 외우고 있었고, 해당 항목을 풀이하여 설명하는 것도 자신 있게 할 수 있었다. 그러므로 어록을 외우게 하여 나의 기를 꺾고 핍박하는 그들의 심문 전략은 나에게는 통하지 않았다. 무슨 어록을 외워보라고 다그쳐도 유창하게 외우고, 심사조의 그 누구보다도 해석을 잘했기 때문이다.

5. 수감 생활

그렇게 감옥에서 두 달이 지나 5월 중순쯤 되니 나에 대한 엄중한 심문이 뜸해졌다. 이윽고 심문도 없이 한동안 나를 그냥 내버려 두었다.

나는 감옥에서 곰곰이 생각했다.

'이 사람들이 왜 나를 가만히 내버려두는가? 심문도 하지 않으면서 내보내주지도 않다니. 아마도 내가 그동안 반성하고 진술한 내용들을 심사하느라 그런 것이다. 심사해 보았자 내가 그간 한 일들이 무슨 죄 될 일이 있겠는가? 아무것도 없다. 죄가 된다 한들 모두 주은래의 지시인데, 주은래에게 내 죄를 따져 물을 수야 있겠는가? 아마도 나에 대한 심사는 오래 걸리지 않을 것이다. 7월 1일 당 창건 기념일에는 나를 내보내 줄 것이다.'

나는 이렇게 7월이 되기만을 기다렸다. 그러나 7월 1일이 지나도 아무런 소식이 없었다. 나는 간수들에게 "내가 새로 교대할 사안이 있으니 다시 나를 심문해달라고 전하라"고 요청했다. 내가 주동적으로 새로운 사안을 교대하겠다고 했지만 며칠을 기다려도 나를 만나러 오지 않았다.

그렇게 7월 4~5일경이었다. 심사조에서 한 사람이 감방에 와서 "73호!" 하며 나를 불러냈다. 최도직이라는 사람으로 조선족이었다. 당시에는 심부름하는 정도였으나 나중에 공안청 처장이 되었다.

내가 수감 생활한 곳은 1층이었고, 2층에는 리범오·진뢰 등 성장급의 인물들이 수감되어 있었다. 심문하는 곳은 3층이었다. 심문하러 올라갈 때에 특별히 족쇄를 채우거나 하진 않지만, 스스로 손을 뒤로 결박하듯 모아 뒷짐 지고 걸어야 된다. 최도직은 나를 데리고 3층으로 올라가면서 중국어로 슬그머니 말을 건넸다.

"김 동지의 일은 별 문제없게 되었습니다. 크게 걱정하지 마십시오."

그의 말을 듣고 나니 조금은 안심이 되었다.

심문실에서 보통 피의자를 조사하는 방식은 아주 강압적이었다. 심문실 안에는 책상을 가운데 두고 뒤편의 소파에 심문관들이 앉는다. 맞은편에는 좁은 나무의자 하나 딱 놓고 어떤 때는 앉으라고도 하고 또는 세워놓기도 하며 심문했다.

그런데 이번에 심문실에 들어서니 분위기가 예전과는 사뭇 달랐다. 우선 심문할 때 쓰는 테이블이 없었다. 나를 계속 심사해 온 전문조 조장이 소파 가운데에 앉아 있고 그 주위로 몇 명의 심사조원들이 앉아 있었다. 조장은 나에게 자기 곁에 앉으라고 권하며 말을 걸었다.

"만난 지 한 4개월 되는데 그 사이 좀 수척해졌소. 식사가 입에 맞지 않는가? 밤잠은 잘 자는가?"

이렇게 위로하는 것이었다. 나는 대답했다.

"저는 잘 지냅니다. 식사가 거칠긴 하지만 때맞춰 밥을 먹으니 괜찮고, 나는 죄가 없으니 걱정할 일도 없어 밤에도 잠을 잘 잡니다."

"동무의 문제에 대해서는 심사가 거의 끝났소. 그런데 동무와 같은 건으로 함께 걸린 사람들이 여러 사람이고 그들에 대한 심사가 끝나지 않았으므로 아직은 동무에 대해서만 단독으로 결론을 내릴 수가 없습니다. 그래서 지금은 동무를 풀어줄 수 없는 것이오. 그러니 조금 더 참고 몇 달 더 여기에 있어야 되겠소. 숙식이 좋지 못해 안됐지만 이제는 심문받는 일은 별로 없을 것이니 마음 놓고 학습과 사상개조에 힘쓰시오."

나는 비로소 탁 하고 안심했다. 이곳에 들어와 근 반 년을 고생했고 아직도 더 기다려야 한다고는 했지만, 이제 마음만은 편히 지내게 된 것이다. 지금은 7월이니 8월이 지나고 국경절 쯤 되면 무언가 처분이 있을 것이라고 생각하고 참을성 있게 기다리기로 마음먹었다.

이날 이후부터는 나에게 책도 가져다주고 신문도 넣어주곤 했다. 나는 모 주석 저작집 전권(4권)과 신화자전 한 권을 달라고 해서 매일 읽었다. 재미있는 대목에 가서 큰 소리로 웃기라도 하면 밖에서는 문을 두드리며 웃지 말라고 야단을 쳤다.

감옥에서 나는 '모범수'였다. 수감자들 가운데 규율도 잘 지키고 감방 청소도 깨끗이 잘 했다. 감방 규율을 위반하는 일은 한 번도 없었다. 나는 매일 반성문을 쓰는 외에는 모택동 저작을 공부하는 데에만 열중했다.

내가 특히 모범수 취급을 받게 된 일화가 한 가지 있다. 내 방에 하얼빈군사공정학원

반란분자의 우두머리 한 명이 들어와 있었다. 하얼빈군사공정학원은 군사 방면으로는 중국에서 제일 큰 학원이었다. 그는 성격이 아주 과격하고 폭력적이어서, 심문을 받으러 감방 밖으로 나갈 때면 우리를 감시하는 경찰이나 군인들을 마구 때리곤 했다.

"너 이놈들, 내가 무슨 죄가 있다고 나를 지키고 있느냐? 네놈들 모두 가만두지 않겠다. 반복생_{당시 흑룡강성 혁명위원회 주임} 그놈이 제일 나쁜 놈인데, 너희들 그놈의 졸도들 아니냐? 반복생 그놈이 우리 같은 진실한 혁명가를 잡아놓지 않는가?"

이렇게 되는 대로 싸움을 걸고 날뛰면 주변에서 제대로 말릴 수가 없었다.

그는 평소에 내 옆에 와서 나에게 말을 걸고 함께 담화하기를 좋아했다. 감방 안에서는 대화가 금지되어 있었으므로 저녁에 잘 때에만 옆에 붙어 누워서 속닥거리곤 했다. 나는 하루 기회를 보아 그를 타일렀다.

"너는 아직 대학생이지만 반란분자들의 총 두목이니 지위가 높은 훌륭한 사람이다. 저기 우리를 지킨다며 보초를 서고 있는 병사들을 보아라. 그들은 소학교나 초급중학교를 겨우 졸업한 아이들 아니냐? 저 아이들이 뭘 알 것이며 무슨 책임이 있는가? 저런 아이들을 상대로 네가 때리고 싸움하면 너의 체신이 뭐가 되느냐? 지위 높은 네가 저들을 함부로 대하면 그건 잘못이다."

내가 이런 이야기를 해 주니 그는 귀 기울여 들었다. 그리고 자기 이야기도 들려주었다. 반복생을 왜 반대하는지, 자기가 어떻게 하다가 잡혀 들어왔는지 조곤조곤 나에게 이야기해주었다. 반복생이 저지른 잘못을 고발하기 위해 북경에 가서 주은래 총리를 만나려 했는데, 반복생이 보낸 군대에 붙잡혀 하얼빈으로 끌려와 감옥에 들어왔다는 것이다. 그는 나와 이런 대화를 몇 번 나누면서 처신이 많이 좋아졌다.

수용소의 말썽꾼이었던 그를 교화시킨 일이 알려지자 수용소 소장도 나에게 탄복해서 나를 그만 석방할 것을 건의했다고 한다. 죄수 가운데서 태도가 제일 좋고, 반성도 철저하게 아주 잘 했고, 또 불량한 행동을 하는 죄수를 교육·교정해주기까지 했다는 이유로 나는 모범 죄수가 되었다. 나는 이상하게도 어디를 가나 모범이라는 평가를 받으며 살아왔는데, 감옥에 가서까지도 모범이 된 것이다.

그렇게 처분을 기다리는 동안 무더운 여름이 지나고 9월이 되었다. 북경 중앙 전안 조專案組에서 서너 사람이 찾아와서 나는 다시 심문실에 올라갔다. 예전에는 늘 한밤중에 불러 심문하곤 했는데, 이날 나를 불러낸 시간은 오전 10시경이었다. 이번에도 나를 소파에 앉으라고 하면서 자신을 북경 국무원의 제3조 조사조조선 수정주의집단 중앙심사조 조장이라고 소개하며 말을 꺼냈다.

"우리가 알기에 김 동지는……,"

나는 가슴이 울컥했다. '동지'라는 호칭, 얼마 만에 들어보는 호칭인가. 반 년은 족히 되지 않았던가. 이곳에 들어온 뒤 내내 '반혁명분자' 취급을 받아 왔는데, '김 동지' 하며 말을 꺼내는 것을 보고 나에 대한 그들의 인식이 수정되었다는 것을 바로 알 수 있었다.

"김 동지는 중국 조선족 간부 가운데 당성이 높은 사람이라는 것을 우린 알고 있소. 이번에는 우리가 당신을 심문하러 온 게 아니라 협조를 구하러 왔소. 다른 몇 사람에 대한 조사자료를 가지고 왔는데, 그것이 사실인지 여부를 동무와 상담해 확인하고자 하니 잘 협조해주시오."

당성이 높다는 말은 당에 충성심이 깊으며 사상이 투철하고 당규를 철저히 준수함을 뜻한다. 공산당에서는 어떤 인물을 높이 평가할 때 당성이 높다는 말을 쓰곤 한다.

그는 북경의 국무원과 북경대학에 있는 내 제자들 몇을 지목하며, 그들과 나와의 내왕관계, 흑룡강성에 있는 그 동창들과의 관계 등을 물었다.

먼저 그는 북경에 있는 신재부에 대해 물었다. 그가 내 제자라는 자료에 깜짝 놀라며 내가 몇 살인가 물었다. 나는 나이보다 젊어 보이고 신재부는 늙어 보이는 외모이며, 실제로 그와 나의 나이 차이가 몇 살 되지 않으므로 신재부가 나보다 나이가 많다고 여긴 것이다.

"동무 나이가 몇 살이오? 신재부가 정말 당신의 제자란 말이오? 그렇다면 신재부는 어떤 사람이며 그의 인맥 관계는 어떻게 됩니까?"

나는 그들에게 내가 확실히 신재부의 선생이었다는 점을 확인해 주고, 신재부에 대해 내가 겪어 아는 바를 사실대로 이야기했다. 그는 아주 똑똑한 학생이었다. 조선전쟁 때 지원군에 참가했고, 돌아와서 중앙으로 올라갔다. 나와는 계속 좋은 관계를 유지했다. 그가 결혼할 때 내가 마침 북경에서 학습하고 있었으므로 그의 결혼식에도 참가했다. 그의 처 역시 나의 제자이며 우리는 지금까지 계속 왕래해 왔다.

그는 문화대혁명이 일어나자 비판적인 발언들을 했다. 내가 북경에 갔을 때에도 중앙당 인사부의 문화대혁명 패거리들에 대해 서슴지 않고 비난했다.

"이 자들은 일할 때는 게으름피우고 놀기만 하더니 문화대혁명이 일어나자 조반파에 끼어들어 행세나 부리고 있습니다. 감히 노간부들을 함부로 끌고 다니고, 때리라고 선동하고 다닙니다. 이 자가 하는 짓거리들을 나는 꼴사나워서 못 보겠습니다."

신재부는 이처럼 문화대혁명에 대해서 비판하는 말을 자주 했는데, 그것은 어디까지나 문화대혁명기 조반파들이 벌인 과도한 일들을 비판한 것이었다. 당시 조반파들의 행태를 보면 그의 말이 틀린 게 하나도 없다.

신재부는 문화대혁명을 비판하면서 공공연히 조선의 편에 서는 발언을 했다. 그는 자신이 조선 대사관 사람들을 자주 만난다며 조선에서는 이런 짓^{문화대혁명} 하지도 않고 김일성 역시 중국의 문화대혁명을 좋게 생각하지 않는다는 말들을 하고 다녔다. 그는 그저 옳은 말을 했을 뿐이었다. 신재부 뿐 아니라 이런 비판을 한 사람들은 모두 큰 고초를 겪었는데, 사실상 이런 간부가 좋은 간부이며 진실대로 말하는 사람 아니겠는가?

신재부는 감옥에 오래 있었지만, 문화대혁명이 끝난 이후에는 다시 활발하게 활동했다. 당 중앙의 인사부나 조직부 같은 곳으로 돌아가진 못했지만 나중에는 중국의 전국 불교협회 비서장이 되었다. 중국 불교계의 거물인 조박초 거사를 모시고 한국을 방문하기도 했다. 한국에서 불교계 인사들이 중국을 방문하면 신재부가 주로 통역하였다.

중앙심사조 사람들은 신재부에 대한 건 외에도 북경의 국무원이나 북경대학에 있는 내 제자들에 대해 물었다. 그들의 근황과 주변인 왕래 관계에 대한 조사였다. 또 흑룡강성의 조선인 간부 명단을 가져와 나와 어떤 왕래가 있는지 물었는데, 나는 그들과 이름 정도나 알 뿐이지 아무런 내왕이 없는 사람들이었다. 조사가 끝나자 조사조 조장은 나의 손을 잡고 친근하게 작별 인사를 했다.

이전까지도 나는 내 자신이 죄가 없고 결백하므로 곧 나갈 것이라는 희망을 잃지 않고 지내왔다. 자살 같은 것을 할 생각조차 하지 않았고 수수밥에 배춧국이 전부인 거친 밥이나마 잘 먹고 지냈다. 자기 전에는 감방 안에서 운동도 잊지 않았다. 실제로 나는 모든 사업을 당의 지시, 주은래 총리의 지시에 따라 해왔으며, 조선과 개인적으로 연락한 일이 한 번도 없었다. 그런데 그들이 무슨 근거로 나를 조선 특무라고 확정할 것인가? 그러니 북경의 조사원들도 나의 무죄를 보장해 주고 협조를 구해 오기도 한 것이다.

나를 심사한 심사조에서는 나의 무죄를 확신하게 되었음에도 바로 풀어줄 수 없었다. 그것이 문화대혁명의 또 하나의 모습이었다. 사람에게 죄를 씌워 잡아넣었다면 진실로 죄가 있건 없건 간에 무엇이든 죄목을 붙여 내놓았다. 그렇지 않으면 애초에 일처리가 잘못되었음을 인정하는 것이 되어버리기 때문이다. 그러니 내가 반 년 넘게 억울한 감옥살이를 했지만 그래도 무사히 풀려난 것이 행운이라고도 볼 수 있다. 남들처럼 큰 고생을 해서 병신이 되거나 하지도 않았다.

9월 하순 어느 날이었다. 그날은 번호 대신 내 이름을 부르며 짐 정리를 하라고 했다. 드디어 집으로 가게 된 것이다. 거의 7개월 만에 밖으로 나오니 당사연구소에서 보낸 사람이 나를 마중나와 집까지 데려다 주었다. 나는 그에게서 우리 집에 일어난 일들을 듣게 되었다. 집안에는 큰 일이 벌어져 있었다. 나를 끔찍이 아껴주셨던 할머니가 내가 감옥에 들어가 있는 사이 돌아가셨다. 몸을 푼 지 얼마 안 된 아내는 내가 반 년 동안 실종된 사이 충격으로 정신병에 걸렸다고 했다. 나에게는 아주 큰 타격이었다.

6. 흑룡강성 당위원회 학습반

정치범수용소에서 출감했으나 나는 여전히 사상개조 대상자였다. 나는 '흑룡강성 당위원회 학습반'으로 보내졌다. 학습반은 1968년에 생겼다. 명목상 학습반이지만 사실상 성위 서기와 부장급 간부 등 성의 이른바 주자파走資派 간부들을 다 모아 감금해놓은 곳이다. 학습반에 들어간 사람들은 매일 모택동 저작을 학습하고, 자기반성하고, 적당한 시간 노동하게 되었다. 나는 감옥에 있다 풀려났으므로 감금되지는 않았고 집에서 학습반으로 매일 출근했다.

학습반 간부들 역시 조판퇀造反団들이었다. 그들은 내게 학습반 부반장 직책을 맡겼다. 학습반원들의 학습을 조직 지도하고 노동을 시키는 것이 내 임무였다. 그때 우리 학습반에는 성위 서기들, 성장·부장 등 우리 성의 최고위급 간부들이 들어와 있었다. 나는 조판퇀 간부들의 지시에 따라 낮에는 그들을 공부시키고 아침저녁으로는 노동을 조직하였다.

당시 학습반원들이 했던 노동이란 주로 청소였다. 성위 사무청사로 쓰고 있는 3층 건물 복도와 마루를 닦고 6개의 화장실을 청소하는 일이었다. 나는 화장실 청소도 기왕이면 잘 해보자고 마음먹었다. 성위 서기 같은 어른들이 언제 변소 청소를 해 보았겠는가? 나는 앞장서 시범을 보여 가며 학습반원들을 독려했다. 내가 열성을 보이니 45세, 50세 되는 어른들도 나를 따랐다. 내가 부반장을 맡은 뒤로는 이전처럼 화장실 냄새도 나지 않고 마루도 늘 깨끗하게 닦여있게 되었다. 그러니 조판패 두목들이 또 탄복하는 것이다.

"김 동무가 반장을 맡으니 노간부들이 청소도 깨끗이 잘하게 되었구먼. 김 동무는 사람 개조하는 일을 참 잘 하는구료!"

나는 학습반 부반장이지만 완전히 죄를 벗은 것이 아니므로 학습하고 반성하는 일과가 계속되었다. 학습반의 분위기는 감옥에서 만큼 살벌하지는 않았지만 조반파들의 감시를 받고 반성을 강요받는 점에서는 그대로였다. 조반파들은 다음과 같은 두 가지를 인정하라고 했다. 첫째, 흑룡강성위가 모택동사상을 반대하는 '검은 성위'였다는 것, 둘째, 당시 하얼빈에 소련 영사관이 있었는데 이와 연관지어 흑룡강 성위가 소련을 본받아 수정주의로 나갔다는 것을 인정하라는 것이었다.

조반파와 맞서는 간부들의 태도는 제각각이었다. 학습반에 들어와 갈등하다 자살한 간부도 두 명이나 있었는가 하면, 성위 서기 양이진은 끝까지 결백을 주장하며 조반파와 맞서다가 구타당할 뻔하기도 했다. 이검백李劍白은 겉으로만 반성하는 척 했다. 성장 이범오와 부성장 진뢰는 반혁명분자로 분리되어 계속 감옥에서 지냈으므로 학습반에 없었다.

나는 문화대혁명 파동에 휩쓸려서 고생도 많이 했지만, 성위 학습반에 있었던 것으로 나중에 크게 덕을 보았다. 성의 영도간부들 중 내가 모르는 사람이 없을 정도로 인맥이 넓어진 것이다. 그 인맥도 다만 안면이 있다는 정도가 아니라 그 영도간부들이 모두 내 학습반 부하들이었으니 나는 꽤 든든한 후견자들을 두게 된 셈이 되었다. 원래 성의 고위 간부들을 만나려면 절차도 복잡하고 어렵기 마련인데, 나는 누구나 친했으므로 마음대로 찾아가 만나곤 했다. 서로 반가이 안부를 묻고 나면 자유롭게 내 사업을 설명하고 도움받을 수 있었던 것이다.

나는 또한 문화대혁명 시기에 당의 지시로 중요 일본어 자료의 번역 작업을 하기도 했다. 내가 조선 특무 혐의를 받아 수감되어 있었는데 나에게 자료 번역을 맡겼다니 참으로 어처구니 없는 일이다. 주로 군사 방면과 관계된 자료들이었다.

10년 가까이 지속된 중소 간의 갈등관계는 1969년에 그 긴장이 극도로 첨예하여졌다. 일촉즉발의 전쟁 위기가 팽배했고, 급기야 진보도珍寶島에서 양국 간 무력충돌이 일어났다. 내가 감옥에 수감되어 있던 1968년부터 양국 간 위기는 표면화되기 시작했다. 심문이 끝나고 감옥에서 나갈 날만 기다리던 어느 날 몇 사람이 찾아왔다. 그 가운데 하나는 내가 아는 사람이었다. 그들은 책을 한 권 가져와 턱 놓고는 말했다.

"요즘 동무는 무엇을 하며 지내시오? 아직까지 반성문을 쓰며 지내는가? 이미 우리가 이곳 전문조와 접촉해서 이야기가 다 되었으니, 김 동무는 이제 더 이상 반성서를 쓸 필요 없소. 이제부터는 이 책을 번역해 주오."

그 책을 들여다보니 일본에서 출판된 책으로 『흑룡강에서의 유혈사건』이라는 제목이었다. 과거에 '해란포사건海兰泡惨案'이 있었다. 1900년 7월에 벌어진 이 사건 당시 러시아 사람들이 중국인 5천 명 이상을 학살했다. 불과 6일 동안 벌어진 참살이었다. 일본의 최고위급 특무가 러시아에 침투, 제정러시아 군대 장교의 집에 살면서 활동하다가 이 사건을 목격하고 그 전체 진상을 쓴 책이었다.

나는 그들에게 몇 가지 따져 물었다.

"이곳에는 사전도 관련 책자도 아무것도 없는데 어떻게 번역을 할 수 있겠소? 그리고 내가 번역하면 그 내용을 당신들이 믿을 수 있습니까? 만일 내 번역에 오류가 있으면 내가 잘못 번역했다며 다시 죄를 물을 것이 아닙니까? 나는 아직도 의혹이 벗겨진 사람이 아니므로 이 일을 맡기 어렵습니다."

"그런 일들은 걱정하지 마시오. 우리가 이 책을 발견해서 상부에 보고했는데, 중앙군사위원회와 흑룡강성 군구에서 이 책을 빨리 번역해 올려 보내라고 재촉하고 있습니다. 이렇게 급한 일인데 아무리 찾아도 당신 만큼 일본어를 번역할 사람이 없습니다."

그들은 내게 사정하다시피 하였으므로 나는 승낙할 수밖에 없었다. 중한사전 한 권을 넣어달라는 것이 내가 겨우 내건 조건이었다. 나는 이 일을 맡은 후 완전히 고무되었다. 감옥에서 당의 중요 일을 맡다니! 사실상 나의 무죄 방면은 확정된 것이나 다름없었다. 나는 완전히 안심하고 출감 명령이 떨어지기만을 기다렸다.

감옥에서 풀려난 뒤에도 번역 의뢰가 계속되었다. 학습반에서 지내던 어느 날 성 군구 참모장이 나를 찾아왔다. 그는 나를 자기 차에 태워 성 군구 참모부로 데려갔다. 그리고는 일제 시기의 군용 지도, 그 중에서도 소련 시베리아 지역 지도를 여러 장 꺼내 놓고는 나에게 보여주며 번역을 의뢰했다. 그 지도는 과거 일본인들이 시베리아에 비밀 정탐을 가서 작성한 지도였다. 도로 현황과 강이 흐르는 형태 등이 굵직하게 그려져 있고 상세한 설명이 덧붙여 있었다. 강이 매년 어느 시기에 얼고 이듬해 어느 시기에 녹는가, 따라서 강 위로 자동차가 지나갈 수 있는 시기는 언제인가 등 아주 세밀한 사정이 기록된 지도였다. 이런 지도의 번역은 아주 쉬운 일이었다.

그 다음에는 책을 두어 권 가져왔다. 일본 자위대 본부에서 편찬한 국방 관련 잡지였다. 잡지에 실린 기사들 중 중·소 전쟁 위기와 관련된 기사 두 편을 번역하라고 했다. 그 기사는 중국과 소련 간에 전쟁이 일어나면 어떻게 될 것인지 아주 상세한 내용을 다루고 있었다. 현재 소련의 원동군 배치 현황, 중국군 배치 현황 등이 기록되어 있고, 중·

소 각 군대의 예상 작전계획이 단계별로 나와 있었다.

이 기사들을 대략적으로 번역해 알려주면서 나는 "이 기사 내용이 우리 중국군 배치 및 전쟁 준비 내용과 일치합니까?" 하고 은근히 물어보았다. 군구 참모장은 긍정했다. "일본 놈들이 벌써 우리 계획을 다 알고 있다니! 우리 작전은 림표 사령부의 계획일 뿐 아직 아래에 하달되지도 않은 것이고 성 군구 중에서도 흑룡강성 군구만 알고 있는 것인데 어떻게 이렇게 자세히 알고 있는가!" 하며 탄식하는 것이었다.

감옥에 있을 때부터 당에서는 나에게 중요한 책을 번역하도록 위임하고, 학습반에 있을 때에도 중요문서 번역을 맡겼다. 나의 죄가 완전히 벗겨지지 않았으므로 학습반에 매여 생활했지만 나에 대한 당의 신임은 완전히 회복된 것이나 다름없었다.

7. 류하 5·7 간부학교

전쟁 위기는 고조되었다. 중국·소련 국경지대의 충돌 위험이 커지면서 도시 '위험분자'들을 모두 소개疏開하라는 지시가 내려왔다. 학습반에 소속된 사람들 역시 '위험분자'들이므로 모두 도시에서 1백 킬로미터 이상 떨어진 농촌으로 내려 보내도록 되었다. 성위 학습반에서 사상개조 학습과 노동을 하며 지내던 나는 1969년 8월, 성위 기관의 몇몇 '우파'들과 함께 유하간부학교로 노동개조를 떠나게 되었다. 간부들은 딱히 문화대혁명 운동에 도움 되지도 못하고 그렇다고 모두 감옥에 넣을 수도 없으니 농촌에 노동하러 내려 보낸 것이다.

학습반원들은 농촌에 마련된 '간부학교'에 수용되어 노동하게 되었다. 간부학교란 이전 국영농장 땅 가운데 묵혀두고 있던 곳을 개조하여 농사짓고 닭이나 돼지 먹이는 일을 하는 곳이었다. 이런 간부학교들은 당시 전국적으로 우후죽순 생겨났다. 내가 간 곳은 유하에 있던 '5·7간부학교'였다. 1969년 5월 7일, 모 주석이 유하간부학교를 긍정하는 "5·7지시"를 내리면서 유하간부학교는 그 이름도 "유하5·7간부학교柳河五七干教"로 바뀌게 된 곳이다.

우리가 먼저 유하간부학교로 내려가 준비사업을 했고 두어 달 후에 학습반 사람들이 내려왔다. 간부학교 조직은 군대식으로 편제되었다. 간부학교는 한 개 퇀團이고 몇 개 영營과 연連으로 편성했다.

우리 학습반 출신들은 따로 한 개 연連으로 편성되어 주로 벽돌공장 일을 하였다. 벽돌 만드는 전체 공정을 우리 연에서 다 했다. 진흙을 빚어 토피土坯를 만든 뒤에 그것을 한바퀴 밀차에 싣고 멀리 떨어진 벽돌 가마에 가져다 넣고 불을 지펴 굽는 일이다. 처음엔 벽돌 굽는 가마가 3개 있었는데, 후에 사람들이 많아지면서 가마를 더 만들게 되었고 나중에는 아예 벽돌공장을 세우게 되었다.

나도 벽돌 굽는 노동을 했다. 일은 여간 힘들지 않았다. 매일 불 앞에서 일해야 했기에 어지간한 옷은 몇 번 입지 못하고 금방 헤졌다. 우리는 텐트 천으로 작업복을 만들어 입었다. 먹거리도 변변치 않았다. 옥수수를 맷돌에 갈아 발효시켜 옥수수떡을 만들어 배춧국과 함께 먹었다.

농민의 자식으로 태어나 고생이 무엇인지 잘 알고 자란 나이기에 힘든 노동을 기피하려는 생각은 없었다. 나는 이 기회에 체력을 키우는 것도 좋겠다는 생각이 들어 열심히 일을 했다. 나는 그때 막 30대 후반의 젊은 나이였으므로 4년간의 노동을 잘 견딜 수 있었을 뿐 아니라 아주 건강한 장정 노동자의 신체가 되었다. 비록 벌을 받아 혹독한 환경에서 노동하게 된 것이지만, 나는 이 시절에 노동을 통해 체력을 키워 노년까지도 튼튼한 신체로 활동할 수 있었던 것이라고 생각하고 있다.

여러 모로 어려운 처지였지만 나는 유하간부학교 생활이 편하고 좋았다. 그곳에서는 투쟁과 감시가 적었고, 고되지만 보람된 노동과 대자연이 있을 뿐이었다. 벽돌이 벌겋게 타는 가마 속으로 석탄을 한 삽 뿌려 넣으면 가마 안에서는 사방으로 불꽃이 튕겨 올라 마치 천안문광장의 불꽃놀이를 보는 것 같았다. 주말에는 노래시합이 열렸고, 가끔은 영화를 보러 나들이를 나가기도 했다.

나는 '5·7간부학교'에서도 노동모범, 학습모범으로 '모범 5·7전사'가 되었다. 학교에서는 나에게 패장을 맡겼고, 그 다음에는 련장을 맡겼다. 우리 연은 벽돌공장이었으므로 중대장은 곧 벽돌공장 총 관리자였다.

우리 중대에는 양이진, 리검백, 왕일륜 등 성위 서기와 고위 간부들이 들어있었다. 그들도 예외 없이 공장에서 노동해야 했다. 그러나 당시 성위 서기급 간부들 나이가 이미 50세 이상이었는데 그런 고된 노동을 어떻게 해내겠는가? 나는 노동을 분배할 때 연배 높은 고위 간부들을 최대한 편한 위치로 안배해주었다. 벽돌은 흙에 모래를 섞어 만드는데, 모래를 잘 쳐서 섞어야 한다. 벽돌 생산 공정에서 모래 치는 일이 제일 쉬운 일이므로 나는 그 간부들에게 주로 모래 치는 일을 분배해 주었다. 아니면 돼지나 닭을 먹이는 일 같은 비교적 경한 노동을 맡게 해주었다.

그렇게 우리는 상하 간부들이 함께 동고동락하며 허물없이 정을 나누었다. 양이진 서기가 문을 두드리며

"패장 동지, 좀 쉬었다가 하면 안 되겠소?"

소리치던 그 목소리가 지금도 귀에 들려오는 듯하다.

당시에 '5·7전사'라 하여 유하간부학교에 들어온 사람 중에는 각지에서 온 별별 사람들이 다 들어 있었다. 우리 흑룡강성에서는 죄인에게 정식 도형을 해서 10년, 20년씩 징역을 받으면, 그들을 가두어만 놓는 것이 아니라 정신적으로 개조해야 한다고 하여 노동개조를 하도록 했다. 그래서 우리 성에 노동개조 농장이 많이 있었다.

항미원조전쟁의 '전투영웅'으로 큰 표창을 받은 사람들도 제대한 후 분배되어 노동개조 농장에 들어와 창장, 당서기를 하곤 했다. 그 외에 대경유전을 개발한 간부들도 노동자 출신으로 많은 역경을 딛고 간부로 출세한 사람들인데, 그들도 사상개조가 필요하다며 간부학교로 보내졌다. 내가 패장으로 있을 때 우리 패에 들어오는 전사들의 자료를 받아 보면, 조선전쟁 때의 특등 전투영웅이나 노력영웅으로 훈장을 받은 내역 등 빛나는 경력이 가득했다. 동시에 무슨 관료주의요, 계급혼선戒急混線이요 하는 처벌 통지 내용도 많았다. 이렇듯 여러 개의 상벌을 한 몸에 가진 사람들이 숱하게 많았던 것이다.

그렇다면 이런 전사들이 어떤 이유로 처벌받았는가? 가령 농장의 창장급 간부로 임

명되면 가족이 함께 농장이 있는 시골로 들어가게 된다. 그 농장지대에 죄를 지어 노동개조 하러 온 사람들이 섞여 있다. 공산당 간부로서 죄를 지은 사람들 뿐 아니라 과거 국민당 장령들이나 국민당군의 대형 병원 원장 같은 사람들도 노동개조를 목적으로 농장에서 일한다. 이런 죄인들도 역시 가족들이 함께 와서 노동개조를 한다. 즉 노동개조 하러 온 국민당 정치범들은 비록 죄인이지만 원래는 고급 엘리트였던 사람들이며, 따라서 그 자녀들도 아주 똑똑하고 인물도 좋은 경우가 많았다. 그렇게 한쪽은 죄인 가족이고 다른 한쪽은 간부 가족이지만 아이들은 학교에 같이 다니므로 함께 학교 생활하면서 어울리게 되고, 연애하여 결혼하게 되는 경우가 많았다. 농장 당서기 등 간부의 자녀가 죄인의 자녀와 결혼하게 되면 '계급의식이 모호하다', '계급혼선했다' 하여 처벌받게 되었다.

중국공산당은 간부들이 죄를 짓게 되는 이유가 명확한 계급의식이 없기 때문이고, 그것은 노동자·농민의 곤란한 처지를 모르기 때문이라 판단했다. 그리하여 간부학교를 만들어 간부들이 노동자·농민들 속에서 노동하면서 다시 교양 받고 완전히 노동화·농민화 되도록 한다는 것이었다. 농민의식을 따라 배우자는 것, 그것이 5·7간부학교의 가장 중요한 목적이었다.

그런데 전투영웅들이 왜 농민의식이 없겠는가? 이들은 거의 다 원래 농민 출신으로 견결한 투쟁을 거쳐 성장하고 전투영웅이 된 사람들이다. 그들은 이미 어릴 때 사상개조를 완성한 사람들이었다.

유하간부학교는 산골이라 봄가을이면 습기가 아주 심해서 술을 먹지 않으면 참으로 고단한 곳이다. 그런데 간부학교는 군대식으로 운영했으므로 술과 담배가 제한되었다. 담배는 간혹 허용되기도 하였으나 술은 절대 금지되었다. 사상개조를 위해 간부학교에 내려온 과거의 전투영웅들, 이 노인들은 다른 고된 조건들을 다 이겨내면서도 술 참기만은 매우 힘들어 했다. 이들은 저녁이면 반드시 술을 먹어야 사는 사람들이므로 당국의 눈을 피해 몰래 사다 먹었다.

나는 그들이 몰래 술을 들여와 저녁마다 먹는 것을 알고 있었지만 모른 채 눈감아 주었다. 그러나 당국의 감시로부터 계속 보호해 줄 수는 없었다. 어느 날, 나는 술 좋아하는 창장들 몇 사람을 긴히 불렀다. 나는 그분들을 '형님'이라고 불렀다.

"형님, 술 마시는 거 내가 다 압니다. 그런데 그렇게 몰래 마시지 마십시오. 그러다 걸리면 규율 위반이니 큰일이 나지 않겠습니까? 술을 마실 수 있는 방법이 있습니다. 형님이 풍습병風濕病이 있으니 술을 마시지 않으면 안 된다고 하십시오. 산에 가면 더덕이나 도라지 같은 것이 있지 않습니까? 그것들을 몇 뿌리 캐다가 술 안에 재워 놓으십시오. 그리고 드시면서 '술 먹는 게 아니라 약을 먹는 것이다' 하고 설명하십시오."

이렇게 계책을 말해주니 "우리 패장이 참으로 좋은 생각을 했다"며 다들 기뻐했다. 그 뒤로 다들 약술을 갖춰두고 먹으니 아무 문제가 없었다. 어떤 곳에 가든지 자신이 하기에 따라서 재미있는 일들이 생기게 마련이다.

유하간부학교에는 성위 간부 외에도 다양한 사람들이 있었다. 그 중 한 사람은 성 가무단 배우 출신으로 아주 씩씩한 무용수였다. 어느 날 그 배우와 내가 단둘이서 벽돌가마 앞에서 야간작업을 하고 있는데 늑대가 한 마리 막사 앞에 나타났다. 비가 오거나 흐린 날에는 산에서 늑대들이 무리지어 내려오곤 했던 것이다. 배우는 놀란 나머지 "김 패장, 늑대가 왔어요!" 하고 소리치며 뜨거운 벽돌가마 위로 막 올라가는 것이다. 그러나 어릴 때 늑대를 본 일이 있는 나는 별로 두려운 생각이 들지 않았다. 나는 늑대는 불을 무서워하니 걱정할 것 없다고 그를 안심시키고는 벌겋게 달아오른 불갈고리를 들고 늑대 앞에 나서서 휘휘 저으니 늑대가 달아났다.

간부학교에 있는 동안 1년에 두 번 집에 갈 수 있었다. 단오절과 음력설 때였다. 가족들은 그때 하얼빈에서 쫓겨나 아성현의 시골에 내려가 있었다. 지주·부농·반동파·우파 가정은 모두 도시를 떠나라는 림표의 지시에 따른 것이었다. 명절에 집에 다니러 갔다가 간부학교로 돌아올 때는 저녁 기차를 타는데, 유하현에 내리면 밤 11시가 넘었다. 역에서 학교까지 70리 길이라 밤새 걷고 또 걸었다. 드문드문 마을을 지날 때면 개들이 달려들어 곤경에 빠지기도 했다. 두려운 생각이 들 때마다 나는 일부러 노래를 크게 부르며 약해지는 마음을 추슬렀다.

8. 문화대혁명 종료

1971년 9월, 림표가 비행기 추락으로 사망하자 문화대혁명은 급격히 수그러들었다. 지방 통치를 담당하던 림표 계통의 군 간부들이 차차 지방에서 철수하고, 원래의 간부들이 돌아와 빈자리를 채웠다. 성위와 성정부는 차츰 정상화되었다.

우리의 여건도 호전되었다. 학교에서는 우리들에게 건강을 돌보며 노동하라고 당부했고, 사상개조도 더 이상 강요하지 않았다. 함께 지내던 성위 서기와 성장들, 각 부장들은 하나 둘 원래 자리로 복귀하기 위해 간부학교를 떠나갔다. 1971년 말 양이진 등 3명의 간부가 먼저 떠났고, 얼마 안 되어 다른 간부들도 성위로 복귀하였다. 1972년 음력설이 지나 나도 하얼빈으로 돌아왔다.

나는 공작 분배를 받기 위해 성 혁명위원회를 찾아갔다. 당사연구소는 벌써 없어졌고 공산당 흑룡강성위원회도 아직 회복되지 않았으므로 당시 제대로 움직이는 기관은 성 혁명위원회 뿐이었다. 아직 나에 대한 역사심사가 마무리되지 않은 상황이었다. 나는 성 혁명위원회에 들어가는 것은 포기하고 흑룡강대학 일본어학부 교원으로 가겠다고 자원했다. 흑룡강대학 당서기는 내가 일본어 교원을 자원하자 대단히 환영한다며 일본어학부 주임을 맡아달라고 부탁해 왔다.

흑룡강대학 일본어학부 교원들은 내가 잘 아는 사람들이었다. 예전에 일본 사람들이 중국을 방문하면 일본어 통역조를 편성해 통역을 맡았는데 그때 함께 통역 활동을 했던 것이다. 그들은 모두 만주국 시기 일류대학이었던 건국대학 출신자들이지만 일본어 통역조가 꾸려지면 내가 늘 조장을 맡았다. 일본인들과의 직접 접촉이나 중요 대회 통역은 늘 나의 일이었다. 일어 교수들에게는 성장의 연설문을 번역하는 일 정도를 맡겼을 뿐 일본인들과 직접 접촉하는 일은 맡기지 않았다. 당에서는 위만 치하에 대학까지 다닌 그들을 정치적으로 신임하지 않았기 때문이다. 흑룡강대학 일본어학부 교수들이 모두 그런 처지였으므로 학부 주임과 당서기를 맡길 사람이 마땅히 없었다. 그러던 참에 내가 흑룡강대학 일본어학부로 가겠다고 했으니 당서기가 아주 기뻐하며 환영했던 것이다.

그러던 차에 흑룡강 조선신문사에서 와 달라고 요청해 왔다. 조선신문사도 문혁 시기 해체되었다가 얼마 전 복원되었는데, 문화대혁명 때에 서로 투쟁했던 사람들이 다시 모이니 갈등이 가셔지지 않고 잘 단합되지 않았다. 혁명위원회 조직부에서는 내가 신문사에 가야 신문사 일꾼들을 서로 화해시키고 단합시킬 수 있다며 나를 신문사로 보냈다. 신문사에서 1~2년 지내다가 이후 성 당위원회가 회복되면 성위로 돌아오라는 것이었다.

조선신문사는 중국신문사의 부속 기관이었다. 당시 조선신문사 총편집장은 예전에 교육청에서 나와 같이 일하던 동무였다. 내가 신문사에 간다고 하니 자기의 총편집 직책을 나에게 내놓겠다고 했다. 나의 조선어 실력은 말을 이해하고 통역할 수 있는 정도였지 신문사 주간으로 사업을 영도할 정도의 수준은 못 되었다. 나는 총편직은 사양하고 대신 나는 신문사 당지부서기 겸 부총편으로 1년 반 정도 일했다.

나는 우선 조선신문사의 간부들을 단결시키는 데 노력했다.

"나는 문화대혁명 때에 감옥까지 갔다 온 사람입니다. 나 뿐 아니라 모두들 크고 작은 고초를 겪지 않았소? 당신들이 그 난리판 와중에 오해가 좀 있었다 한들 이제 와서 서로 이해하지 못할 이유가 뭐 있겠습니까? 이제는 다 끝났으니 화해합시다."

이렇게 모두를 다독거리니 간부들이 차츰 화해하게 되었고 신문사 분위기가 좋아졌다. 내가 성위에서 있다 온 사람이라 하여 많은 동무들이 나를 존경해주었고, 신문사 일도 잘 도와주었다.

신문사에 일 년 반 있는 동안 나는 교정조원들과 함께 일하며 조선어 실력을 높이려 노력했다. 신문 기사를 모으고 편집해서 1차본을 찍어내면 그것을 여성동무 몇으로 구성된 교정조가 심열 교정하는데, 이것이 신문 발간의 마지막 공정이다. 나는 교정조에 가서 여성 직원들과 함께 교정을 보고, 약간의 수정을 거쳐 최종적으로 심열했다. 통과되면 인쇄를 허가·지시하는 사인을 내가 직접 내렸다.

1973년 10월이 되니 당사연구소가 회복된다는 소식이 전해졌다. 나는 당사 연구를 열심히 한 죄로 문화대혁명 때 조선특무 취급을 받고 곤경을 겪었기에 당사 연구는 이

제 그만두겠다고 결심했고 전혀 미련이 없는 줄만 알았다. 그러나 막상 당사연구소를 다시 세운다는 소식을 듣고, 꼭 돌아와 달라는 요청을 받으니 마음이 흔들렸다. 문화대혁명으로 못다 한 당사 연구를 다시 진행해 결과물을 내고 싶다는 욕심이 생겼다. 마침 내가 당사연구소에 처음 배치받은 1963년 10월로부터 꼭 10년이 되는 때였다. 묘한 운명적인 감흥이 느껴졌다. 나는 당사연구소에 돌아가기로 결정했다.

그런데 신문사 동무들이 나를 보내주려 하지 않았다. 나를 내놓을 수 없다며 조직에 정식으로 항의를 제출했다. 특히 교육청 시절에 나와 같이 일하던 조선신문사 총편집장은 자기가 1인자 자리를 내놓을 테니 제발 신문사에 계속 있어달라고 부탁했다. 그는 체구가 웅장한 사람으로, 나와 나이는 동갑이나 생일이 나보다 빨랐으므로 내가 그를 형님이라고 불렀다.

"내가 교육청 시절에 김 동무 밑에서 사업했으니, 이제 신문사에서도 동무 밑에서 사업하겠소. 제발 신문사에 남아 주시오."

이렇게 간곡하게 부탁하는 것이다. 또 중국신문사 총책임자 사왜원 동무 역시 중국신문사에 한 자리를 내어 줄 테니 부디 남아 달라고 제의했다. 동료들이 붙잡아 주니 뿌듯한 마음이 들었으나 한편 난감하기 그지없었다. 내가 뜻을 굽히지 않으니 신문사 동무들은 나에게 조건을 걸었다. 정 떠나겠다면 신문사의 어려운 문제 한두 가지를 해결하고 떠나라는 것이었다.

"한번 조선신문사 식구가 된 이상 거저 나갈 수는 없습니다. 우리 신문사 문제 몇 가지를 해결해주기 전에는 못 떠날 줄 아시오."

그래 무슨 문제인지 들어보았다. 문제는 두 가지였는데, 모두 인력 문제였다. 우선 조선 신문을 인쇄하는 인쇄공장에 노동자들을 더 들여와야 하는데, 하얼빈에서는 신문사 일에 맞는 노동자를 구할 수 없으니 목단강의 노동자들을 몇 사람 불러올 수 있게 해 달라는 것이었다. 조선 신문을 인쇄하려면 조선말을 알고 조선말 식자를 할 수 있는 노동자를 뽑아야 하는데 하얼빈에는 그런 일을 할 수 있는 노동자들이 없었다.

조선신문사는 원래 목단강에 있다가 수년 전에 하얼빈으로 옮겨왔으므로 목단강에는 아직 예전에 신문사에서 일하던 식자공들이 남아 있었다. 그러나 중국은 도시인구 통제 정책의 일환으로 하얼빈에서 일할 노동자는 하얼빈에서만 뽑아야 한다는 방침이 있었다. 목단강 노동자를 하얼빈으로 들어오려면 성장의 직접 비준을 받아야 했다. 현위 서기 이상 간부의 조동은 성위 조직부에서 할 수 있지만 일반 노동자를 목단강에서 하얼빈으로 들여오는 것은 상당히 엄격하게 심사해 처리했다.

또 다른 문제는 조선신문사 직원을 늘리는 문제였다. 당시 우리 신문사 직원이 스물서너 명이었는데, 이 인력으로는 신문사 업무를 제대로 소화해내기 어려웠다. 그래서 직원을 열 명쯤 대폭 늘렸으면 좋겠다는 요구였다. 그들은 나에게 말했다.

"우리는 인력 문제로 어려움을 겪어 왔습니다. 이 문제로 여러 번 토론했고, 이제 김우종 동무가 신문사에 있으니 다 잘 해결되리라 믿고 있었습니다. 그런데 김 동무가 가버리면 이런 일을 누가 처리해 내겠습니까? 꼭 좀 해결해 주십시오."

나는 그들이 제기한 문제들을 바로 해결했다. 성위 서기 양이진 동지를 찾아가 이야기하니 "이까짓 문제를 가지고 동무가 나를 다 찾아오는가? 노동자 몇 사람 하얼빈에 들여오는 게 무슨 별문제겠는가?" 하며 바로 전화기를 들고 정치부에 지시하여 신문사 문제들을 다 해결해 주었다. 신문사의 오랜 숙원이었던 문제들이 단숨에 해결된 것이다. 신문사 동료들은 기뻐하며 바로 환송회를 열고 나를 보내주었다.

그렇게 당사 연구에 복귀한 때가 1973년 10월이었다. 단위의 공식 명칭은 '흑룡강성 사회과학원 지방당사연구소'였다. 원래는 성위 직속의 독립기관이었으나, 이제는 사회과학원 소속의 처급 단위로 된 것이다. 본래 독립기관이었다가 사회과학원 산하로 들어가니 들어갈 공간이 마땅치 않았다. 7~8개나 되는 사회과학원 소속 연구소들이 작은 건물에서 비좁게 복닥거리고 있어 우리 당사연구소가 들어갈 공간이 없었다. 우리 당사연구소는 원래 사회과학원 소속도 아니었으므로 방을 내어 달라고 할 사정이 아니었다.

문화대혁명 이전에 우리 당사연구소는 당안국·당안관과 같은 건물을 쓰고 있었다. 1964년 흑룡강성 당안국과 당사연구소가 함께 새로 3층 청사를 마련했다. 2층의 절반을 우리 당사연구소가 이용했고, 사무실과 큰 회의실도 갖추고 있었다. 당안관은 당안자료를 보관하고, 자료의 활용은 우리 당사연구소에서 하는 식이었다. 자료 수집 면에서도 우리가 새로운 당안자료를 수집해 당안국에 주면 당안국에서 자료를 관리했다. 문혁 시기에 당사연구소는 다 해체되었지만 조반 패거리들도 당안국은 없앨 수 없었다.

당안국에서는 아직도 당사연구소 사무실을 비워두고 자료들도 원래대로 보관해 두고 있었다. 사회과학원에는 들어갈 자리가 없으므로 예전처럼 당안국 건물에 들어가는 것이 제일 나을 것 같았다. 나는 당안국에 찾아가 부탁했다.

"우리 조직이 이제는 사회과학원 소속으로 회복되었습니다. 그런데 사회과학원에 가니 건물이 너무 작아 우리가 들어갈 자리가 없습니다. 우리 연구소가 예전에 사용했던 방을 우리에게 돌려주고 예전처럼 같이 지내면 어떻겠습니까?"

당안국 국장은 선뜻 수락해주었다.

"물론 좋습니다. 환영합니다. 문혁 이전에 우리들이 얼마나 서로 친절하게 잘 지냈습니까? 문화대혁명 때에 당신네 연구소가 해산된 것이 참 안타까웠는데 지금 다시 회복되니 참 좋습니다. 개의치 말고 이곳으로 돌아오십시오."

문화대혁명 때에는 서로 싸우기도 했던지라 나의 부탁을 들어줄지 확신이 없었는데, 당안국에서 흔쾌히 승낙해주고 우리를 받아들여주니 참으로 고마웠다. 그 간부들이 선량하고 현명해서였다. 그들은 우리에게 공간을 내어 주었을 뿐 아니라 우리가 쓰던 가구들까지 손질해 돌려놓아 주었다. 과거 당사연구소 소장실의 책상이 아주 크고 좋은 물건이었다. 당사연구소가 해산되자 그 책상을 당안국장이 가져다 사용했는데, 우리가 돌아가니 그 책상까지도 깨끗이 닦아서 도로 돌려주었다.

당사연구소는 원래 자리에 돌아갔지만 사회과학원 전체 분위기는 전혀 일을 할 수 없는 상황이었다. 사무실이 너무 협소했고, 연구 자료로는 책 한 권을 제대로 갖추지 못했던 것이다. 또한 연구소 직원들의 주거 상황도 형편없었다. 문화대혁명 때에 다들 집을 빼앗겼던 것이다. 나 역시 집을 빼앗겨 가족들이 뿔뿔이 흩어져 겨우 살아왔고, 나의 처는 장기간 정신병원에 입원해 지냈다.

연구소가 회복된 뒤 나에 대해서는 빨리 조처해주었다. 나는 사회과학원 당위원회

위원이었으며 영도층 다섯 사람 가운데 하나였기 때문이다. 나에 대한 처리가 잘못된 일이었다며 성 혁명위원회 방산관리소 소장이 친히 나에게 좋은 집을 마련해주었다. 나는 곧 농촌 사방에 흩어졌던 가족들과 할아버지까지 다시 모셔와 함께 살게 되었다.

그러나 영도층이 아닌 다른 사회과학원 직원들은 나와 같은 대우를 받지 못했다. 가족들을 겨우 하얼빈에 다시 데려 들어오긴 했지만 집을 구하지 못하여 남의 집에 셋방살이하는 등 아주 형편이 어려웠다. 연구소들이 자기 사업을 꾸리려면 이런 문제들, 새로 건물을 마련하고 직원들의 살림집을 해결해주는 문제 등을 먼저 해결해야 했다.

사회과학원 원장 회의에서 이 문제를 연구 토의하였다. 우선 건설사업을 벌여 사무실과 직원 숙사를 지어야 무슨 사업이든 시작할 수 있다는 것으로 의견이 모아졌다. 건설사업을 추진하기 위하여 '기본건설판공실' 조직이 결정되었다. 회의에 참석한 많은 사람들이 나에게 기본건설판공실 주임을 맡으라고 추천했는데, 내가 유하 5·7간부학교에서 벽돌공장 창장과 련장을 지낸 경험이 있기 때문이었다. 또 내가 성위 영도간부들과 두루 안면이 있고 친하기 때문에 가장 적임자라며 다들 나를 추천했다.

사실 사회과학원 기본건설사업은 나와 큰 이해관계가 없었다. 문혁 이후 당사연구소가 사회과학원 소속으로 재건되었을 뿐 우리 당사연구소는 건물도 기존 당안관 건물을 이용했고 나 개인의 주거도 해결되어 있었기 때문이다. 그러나 결국 내가 기본건설판공실 주임을 맡게 되어 한동안은 당사 연구 사업을 일으킬 틈도 없이 건설사업에 매달렸다. 사회과학원 집을 지어주러 당사연구소에 복귀한 셈이 되었다. 성위 서기와 성장을 찾아다니면서 기본건설자금을 얻어오고, 다음에는 물자국 국장과 해당 부문 청장들을 찾아다니면서 벽돌·시멘트·철근 등 건축 자재들을 마련하고, 건축회사를 찾아다니면서 집을 짓는 공사를 알선하는 일들을 해나갔다. 건축 부지를 해결하는 것이 가장 큰 문제였다. 당시 사회과학원 부근 남강南崗 땅 전체가 철로 땅이었으므로 철로국 국장과 토지과 과장을 찾아가 사정을 이야기해서 건축 부지를 분양받았다.

이렇게 건축비와 자재, 건축 부지 등 중요 문제가 해결되자 곧 건축에 들어갔다. 예산이 많지 않았으므로 가능한 한 공사비를 절약해야 했다. 그래서 연구원들을 조직해서 건축 노동 일을 시켰다. 모두들 노동단련을 하고 돌아온 사람들이라 힘쓰는 일에 익숙했다. 사회과학원이 오랫동안 폐쇄되었다가 막 복원된 참이라 모두들 할 일은 많았지만 일을 할 조건이 되지 않으므로 본업에서는 할 일이 없었다. 간부들도 노동에서 예외가 아니었다.

나는 또한 여러 부문의 인맥을 활용해서 공사비를 절감하는 방법을 강구해내곤 했다. 벽돌 운반비를 크게 절약했던 사례를 들어 이야기해보겠다. 벽돌이 제일 중요한 건축자재인데 구하는 것은 문제가 없었다. 구입한 벽돌을 운반하는 것이 큰일이었다. 벽돌 한 트럭을 실어오는 데 드는 운임이 최소 2백 원이었는데, 스무 트럭 분량의 벽돌을 실어오기 위하여 하루 두 번 왕복하는 차량 열 대를 빌리면 한 차에 4백 원씩 매일 4천 원이라는 거액이 소요되는 것이다.

건축 부지 앞에는 하얼빈 건축공정학원이 있었는데, 그 학원은 직접 운영하는 운수대에 화물자동차 열한 대를 가지고 있었다. 자동차 뒤에 커다란 짐차가 달린 그런 화물차였다. 마침 나는 건축학원 원장과 총무과장을 잘 알고 있었다. 건축학원 총무과장이 나와 친한 조선족이었고 원장은 문화대혁명 때에 알게 된 사람으로 문혁 전에는 성위 부서기였다. 나는 이들에게 운수대를 좀 빌려 달라고 부탁했다. 벽돌을 싣고 부리는 일은 사회과학원 성원들이 다 할 테니 하루 일과 후 한두 번만 차량과 운전기사를 지원해 달라고 사정을 이야기했다. 건축학원 측은 흔쾌히 수락해주었다.

그렇게 운전수와 화물차를 10여 일 빌려 썼다. 물론 전혀 비용이 안 들어간 것은 아니었다. 일이 끝난 후에는 운전수들에게 수고비로 1인당 3원 정도씩 쥐어주고 저녁식사에 맥주까지 곁들여 잘 대접해주니 하루에 5백 원 정도가 들었다. 4천 원이 들어갈 일을 5백 원에 해결한 셈이었다. 이런 식으로 나는 주변 관계를 활용했고, 연구원부터 간부들까지 직접 노동에 참여하여 비용을 많이 절약했다.

이렇게 사회과학원 청사 3층 건물을 세우고, 60여 세대의 가족 숙사도 지었다. 처음 지은 관사에는 아직 집이 없는 직원들이 들어가도록 했다. 두 번째 지은 관사는 고급 고층 건물로서 간부급, 즉 원장·부원장, 각 연구소 소장급에게 배정되는 아파트였다.

재중 동포의 현대사 조선족 역사가 김우종의 생애

사회과학원 건물이 지어진 것이 1977년이었고, 관사 두 동을 완성하니 1979년이 되었다. 나는 기건판공실 주임으로 건설사업을 책임지면서도 서서히 당사연구소 사업에 복귀했고, 1981년에는 사회과학원에서 우리 당사연구소가 독립해 나오게 되었다. 사회과학원 기건판공실 일을 마치자마자 우리 당사연구소가 독립하게 되었으니 사실상 나와 관계없는 사회과학원 건설 업무를 해주느라 3년 이상을 보낸 셈이다.

사회과학원 사람들은 나의 공로를 인정하고 고마워했지만, 어떤 사람들은 우리 당사연구소에 사회과학원 몫의 집을 분배해준다며 불만인 사람들도 있었다. 당사연구소는 이제 사회과학원 소속이 아니니 집을 주지 말자고 주장하기도 했다. 사회과학원 원장과 많은 사람들은 오히려 이들을 야단치며 바로잡아 주었다.

"이 집을 지은 게 누구 덕이 가장 큰가? 국가에서 집을 짓도록 허가하고 지원도 해주었지만 그 실무를 담당하고 각 기관에 직접 연락해서 돈을 받아오고 물자를 받아오는 모든 일을 다 김 소장이 하지 않았는가? 궂은 일을 시켜서 덕을 보고는 이제 와서 당사연구소가 분리되어 나간다 해서 집을 안 주는 경우가 어디 있는가?"

결국 새 건물은 당사연구소에도 고루 분배되었다. 나는 이때에는 이미 집이 있었으므로 새로 짓는 집은 다른 직원들을 먼저 주었으며, 마지막으로 원장·소장 관사를 다 지은 후에 하나 받아 가졌다. 다른 연구소에는 고급 관사 한 채씩만 배당되었지만, 내가 건축사업에 공이 크다 하여 우리 연구소에는 두 채 배당해주었다.

6장 당사 연구에 바친 반생

1. 『동북항일열사전』 편찬

사회과학원 기본건설위원회 사업이 어느 정도 궤도에 오르자 당사연구소 본연의 사업을 시작해나갔다. 문화대혁명으로 모든 시비가 전도되어 일각에서는 항일연군을 '비적집단'으로 보는 시각까지 있었다. 당사연구소 사업을 다시 시작하고 항일연군에 대한 일반 인식을 바로잡는 일이 꼭 필요했다.

당사연구소 본연의 사업이란 동북항일연군사를 포함하여 중공당사를 편찬하는 것이겠으나 이 일은 문혁 직후의 상황에서 엄두도 낼 수 없었다. 당사 편찬사업은 당 중앙의 허가를 받아야만 추진할 수 있는 일이었는데, 문화대혁명의 와중에 무너진 지도체제는 아직 복구되지 못한 상태였다. 당 역사 관계의 최상위 기관은 중국공산당 중앙당학교 당사연구실이었으나, 이것이 각 성의 당사 연구를 책임질 만한 지도기구는 아니었다. 중국공산당 중앙당사연구실이 조직되는 1980년까지 당사 편찬을 지도할 중앙기구는 존재하지 않았던 것이다.

우리는 일단 우리가 처한 여건 속에서 할 수 있는 일을 먼저 찾아 해 나가기로 했다.

당시로서 우리가 할 만한 사업은 항일 노투사들의 회상기를 채방探訪하는 사업으로, 사실상 제일 중요한 사업이기도 했다. 항일 노투사들 가운데는 문화대혁명 때에 고초를 겪은 사람들이 많았고 일부 죽은 사람도 있었지만 대부분 생존하여 중국 각지에서 활동하고 있었다. 문화대혁명이 정리되면서 다시 현업에 복귀했지만 아직 중요 직위에 복귀하지 못한 사람들이 많았으므로 채방 사업에 협력해 줄 만한 시간 여유도 있었다. 노투사들을 채방하기에는 아주 좋은 시기였던 셈이다. 나는 당사연구소 동무들을 2인 1조로 묶어서 각지 노투사에게 보내 회상기를 채방하도록 했다. 나도 기건판공실 일을 하면서 짬을 내서 함께 채방하러 다녔다.

회상기 채방 사업은 참으로 고되면서도 뜻깊은 여정이었다. 한 번은 생존해 있는 항일투사를 찾아 신강자치구까지 간 적이 있다. 1975년 9월 무렵으로, 낮에는 30도가 넘는 뜨거운 날씨였지만 밤에는 기온이 5~6도까지 떨어져 쌀쌀했다. 비행기로 우루무치까지 가서 버스로 사흘을 달려야 항일투사가 사는 지역에 도착했다. 한번 차에 타면 물도 없고 식사거리도 없었으므로 우리는 수박을 한 통 사들고 버스에 올랐다. 하루 종일 흙먼지 길을 달리는 버스에서 흔들리며 수박을 수저로 퍼 먹었는데, 아마도 내 인생에서 제일 맛있게 먹은 수박이었을 것이다. 쿠얼러库尔勒에서는 당학교 교장으로 있던 한 항일투사가 당나귀를 타고 우리를 마중 나왔던 풍경이 인상 깊게 남아 있다. 40도가 넘는 투루판 분지를 지나고 미라가 뒹구는 고비사막도 지나면서 어렵게 찾아낸 항일투사들이 5~6명이나 되었다. 당사연구소의 전체 인원들이 이렇게 몇 년간 노력하니 노투사들의 역사적 체험을 상당히 모아낼 수 있었다.

우리는 이제까지 모인 사료들을 토대로 동북항일열사 전기를 편찬하기로 했다. 항일연군사를 편찬하려면 중앙의 허가가 반드시 필요했지만 개별 인물전을 펴내는 일은 중앙 허가 없이도 가능하지 않겠는가. 물론 남이 하지 않는 일을 추진하려 하니 마음의 부담이 없지 않았다. 그러나 항일열사전 편찬을 누가 크게 문제 삼을 것 같지는 않았고, 설령 위험이 있다 해도 감수할 만큼 가치 있는 사업이라고 나는 생각했다.

'내가 문화혁명 때 감옥에 들어가고 온갖 일을 겪었지만 큰 문제없이 나오지 않았는가? 내가 그동안 당에서 우경분자를 비판하라고 한 지시를 따르지 않아 관례대표단에 올라가지 못하는 불이익을 당하기도 했고, 나중에는 조선 특무 누명을 쓰고 감옥까지 다녀왔다. 이제 와서 책 한 권 낸다고 해서 더 이상 나를 옭아맬 뭐가 있겠는가? 내가 바른 일을 해서 그것을 착오라고 한다 해도 더 이상 큰 일이야 있겠는가? 그러니 항일 열사 전기를 제대로 정리해 정식으로 세상에 내놓아 보리라.'

나는 『동북항일열사전』 편찬위원회를 꾸리고 편찬위원회 주임을 맡았다. 이어서 열사를 선정하고 집필을 나누어 맡겼다. 양정우·조상지·리홍광·허형식·조일만 등 항일 열사 120여 명을 수록하도록 했는데, 그 가운데 조선인 항일열사가 30명 정도였다. 집필은 당사연구소, 열사기념관, 각 대학 교수들, 각 출판 부문에 복무하는 문장력 좋은 사람들이 나누어 맡았다. 그간 축적한 기초자료들이 풍부하여 집필을 지원하기에 어려움은 없었다.

집필이 끝나면 원고를 모아 당사연구소와 열사기념관 연구원들이 검토하는데, 한 권 내는 데에 근 한 달씩을 토론했다. 토론 결과를 정리한 수정 지침을 집필자에게 전달하고 원고 수정본이 돌아오면 내가 마지막으로 심열·교정했다. 그렇게 1980~1981년 두 해에 걸쳐 『동북항일열사전』 세 권을 출판했다.

『동북항일열사전』은 흑룡강성 사회과학원 지방당사연구소와 동북열사기념관 공동 명의로 출판했다. 서문은 내가 작성하고 흑룡강성 성장 진뢰 명의로 올렸다. 진뢰 성장은 노항일투사로서 십만 원 가량의 출판 경비를 지급해주었다. 『동북항일열사전』은 내가 주도해 편찬했고 기관으로서는 지방당사연구소 뿐 아니라 여러 기관이 힘을 모은 결실이었다. 또한 항일투쟁사를 출판한 것은 흑룡강성이 최초였으므로 이후 당사 연구에서 흑룡강성은 선도적인 위치에 서게 되었다.

나의 첫 출판물인 『동북항일열사전』은 중국에서 동북항일연군을 처음으로 널리 알리는 역할을 했다. 조선에서는 이미 김일성을 위시한 항일연군에 대하여 국가적으로 선전해 왔지만, 중국 내에서 이 주제를 집중 연구한 출판물은 이것이 최초였다. 1960년대 초반부터 준비하고 노력해 온 결실이 정치적 격동기를 지나 비로소 꽃을 피운 것이다. 문화대혁명 후에 학술연구가 아직 제대로 시작되지 못하고 있던 시기였으므로 이 책의 영향력은 더욱 컸다. 책에는 따로 내 이름을 넣지는 않았으나, 조상지 항목만은 내 이름이 필자로 들어갔다. 이전까지는 조상지에 대하여 정치적으로 시비 논란이 많았으므로 아무도 조상지의 전기를 쓸 생각을 감히 하지 못했었다. 나는 나의 이름을 걸고 그의 결백함과 항일 공적을 세상에 선포한 셈이다. 이 책은 흑룡강성 우수도서 3등상을 받았다.

『동북항일열사전』은 조직이 사회과학원 소속 단위로 있던 시절의 성과물이었다. 이후 우리 연구소는 사회과학원에서 분리되어 다시 흑룡강성당위원회 직속 당사연구소로 독립하였다. 독립한 후에 본격적인 항일투쟁사 간행 사업을 재개하여『동북항일연군투쟁사』동북항일연군투쟁사편찬조, 인민출판사, 1991년를 펴냈다. 그리고『동북항일연군투쟁사』의 토대가 된 사료들을 선별하여『동북항일연군사료』를 출간하였다.

책이 한 권 출판될 때마다 국내외의 각 기관과 연구소, 연구자들이 크게 관심을 갖고 더 많은 자료원과 공동 연구를 위하여 나에게 접촉해 왔다. 문화혁명 이후 20여 년간 당사 연구에 몰두하고 보니 나는 어느 새 흑룡강성 당사연구소의 중심인물이 되었을 뿐 아니라 중국 내 동북항일연군사 연구의 선두 주자가 되었다. 나는 1930년대 중국 동북지방 항일투쟁의 중심 역할을 한 동북항일연군의 역사적 실체를 구명하여 대내외에 알렸다는 데에서 보람을 느끼고 있다.

2. 당사연구소 조직 발전과 나

『동북항일열사전』 간행을 준비하는 중에도 나는 본격적인 항일투쟁사를 편찬하기 위한 준비사업을 진행해 나갔다. 당 역사를 편찬하기에는 아직 걸림돌이 많았다. 우선 흑룡강성 내에서 당사 연구사업을 지도해 줄 만한 기구도 없었고, 의지를 가진 사람도 없었다. 성위 서기들은 사회과학원이 당사 연구를 책임 지도해야 한다고 일임해 맡겼고, 사회과학원 원장과 당서기들은 "성위에서도 지도하지 못하는 당사 연구를 사회과학원이 어떻게 지도하는가?" 하며 책임을 회피했다. 사회과학원 원장은 한술 더 떠서 "당사연구소는 사회과학원에서 어서 독립해 나가라"고 채근했다.

성에서 우리 사업에 대한 지시를 주지 못하므로 나는 중앙과 지방의 각 방면을 찾아 다니며 설득하고 방법을 물색했다. 북경을 수차례 방문하여 중앙 영도간부들을 만나고 당사 연구에 종사하는 관계자들을 찾아갔다. 내가 동북 3성 합작 하에 동북항일연군사를 편찬하고자 한다고 설득하면 대부분 나의 의견을 지지해 주었다.

1980년 1월에는 동북항일연군 제1로군 군장 양정우의 희생 40주기를 맞아 길림성위에서 주최하는 기념행사가 열렸다. 길림성 내외의 많은 인사들이 기념대회에 참석하게 되었는데, 우리 흑룡강성에서도 대표단을 보내 축하 연설을 하기로 되었다. 우리 성 대표단 단장은 양정우 장군의 전우였던 성정치협상회 부주석 장서림이었다. 그의 연설문은 항일투사 출신이며 문학가인 흑룡강성 문련文聯의 부주임이 작성하였다. 그는 감동적이고 문학적인 연설문을 작성하였으나 양정우의 항일 업적에 관한 역사적인 내용은 그리 충실하게 쓰지 못했다. 장서림 주석은 나에게 원고를 다시 쓰라고 지시하여 내가 작성한 연설문을 가지고 기념대회에서 연설하였다. 길림성위 선전부장 강념동은 내가 쓴 강화 내용을 매우 칭찬하면서 『길림일보』 사론에 내 강화 원고를 참고하고 싶다고 하기에 나는 허락해 주었다. 이 대회에서 우리는 『동북항일연군투쟁사』 집필에 대하여 많은 이야기를 나누었다.

동북항일투쟁사 집필 사업을 추진하기 위해서는 중심 영도기구가 분명해야 했다. 1980년 8월 북경에 중국공산당 중앙당사연구실이 조직되어 비로소 항일투쟁사 연구를 본격적으로 논의할 수 있게 되었다. 중앙당사연구실 신임 주임은 모 주석의 비서를 지냈던 호교목이고 상무부주임은 주덕의 비서였던 료개륭廖盖隆이었다. 나는 중앙당사연구실을 찾아가 항일투쟁사 집필 계획을 설명하고 지도를 부탁했는데, 당사연구실이 이제 막 수립된 터라 여건이 여의치 않으니 우선 흑룡강에서 준비사업을 진행하고 있으라는 답신을 받았다.

중앙당사연구실에서는 1980년 12월 말 동북항일투쟁사 편찬을 위한 준비회의를 소집하였다. 회의는 대련에서 열렸는데 중앙당사연구실 료개룡 부주임이 직접 참석했고 동북 3성 사회과학원 원장을 참석하도록 하였다. 문화대혁명 이전에는 동북국 선전부가 있어 동북 3성의 합작을 지도하였으나 이때에는 동북국이 없었으므로 중앙당사연구실 지도 하에 새로운 지도 협조 체제를 수립해야 했다. 그 동북 3성 협력 체제의 수립을 위하여 동북 3성 사회과학원 원장을 모두 불러 모았던 것이다. 나와 왕경 동지도 이 회의에 참석하였는데, 회의 참석자들 가운데 항일투쟁사 집필과 관련한 제반 사항에 대하여 나만큼 잘 아는 사람이 없었다. 회의는 자연스럽게 나의 경험과 의견을 존중하는 분위기로 흘러갔다. 이 좌담회에서 동북항일연군사를 동북 3성에서 공동 집필하기로 최종 의견을 모았고 집필을 위한 제반 협력 사항들을 토의 결정하였다.

동북항일연군사 편찬 사업은 실질적으로 흑룡강성 지방당사연구실이 주관하게 되었다. 따라서 사회과학원 소속에서 벗어나 단독 연구기구로 독립하는 일이 시급했다. 대련의 회의에서 돌아온 나는 사회과학원 원장과 함께 성위 서기를 찾아가 당사연구소 독립 필요성을 설명했다. 결국 당사연구소는 문화대혁명 이전과 같이 사회과학원과 동급인 독립기관으로 복구되었다.

우리 당사연구소가 사회과학원에서 독립하여 정청급의 연구소 편제를 갖추려 하니 그 소장을 맡기에 나는 직급이 모자랐다. 사회과학원 산하 연구소들도 소장은 대부분 처장급이고, 그 가운데 4개 연구소만 부청장급이었다. 나는 부청장급으로 승진한 지 1년도 되지 않았으므로 청장으로 승급할 조건이 못 되었다. 결국 소장은 청장급 인사로 외부에서 불러와 임명하고 나는 부소장 직책을 가지고 독립적으로 당사 연구 사업을 맡는 방안이 마련되었다. 성위 서기는 자기가 뒤에서 받쳐줄 테니 염려 말고 대담하게 사업에만 전념하라고 격려해주었다.

나는 당사연구소 소장으로 왕경이 복귀하면 좋겠다고 간절히 바랐다. 왕경은 나와 매우 친했고 나를 직접 선발하고 전적으로 신임해준 분이었기 때문에 그가 소장으로 있으면 큰 지지가 될 것 같았다. 왕경 소장은 문혁 이후 성 기관당위원회 서기를 거쳐 이때에는 성위 통일전선부 부부장으로 있었다. 상당히 좋은 자리에 있었으므로 당사연구소로 불러올 수 있을지 걱정되기도 했다.

"왕경 소장이 꼭 돌아와야 이전처럼 우리가 나서서 동북 3성 합작사업을 주관할 수 있습니다."

나는 성위 통일전선부장을 찾아가서 주장했다.

"통일전선부 부부장이 모두 네 분이나 되지요? 왕경 동지는 원래 당사연구소 소장으로 사업하신 분이고 통일전선부에서 그리 큰 일을 맡고 있지 않으니 우리에게 다시 보내주십시오."

이렇게 억지를 부리고 따로 성위 서기를 찾아가 설득하는 등 노력했다. 결국 왕경을 소장으로 모셔오게 되었다. 왕경 소장은 내가 생각했던 것처럼 나를 절대 신임하고 모든 일을 내가 주도적으로 할 수 있도록 뒷받침해 주었다.

"부소장 동무가 혼자 해도 되는 일인데 내가 소장이라 해서 개입할 필요가 있겠는가? 나는 부소장의 일을 절대 방해하지 않고, 그저 내가 필요할 때에나 나서려 합니다. 부소장 동무는 독자적으로 사업을 진행하시오."

나는 이렇게 왕경 소장의 절대적인 지지에 힘입어 당사 편찬사업을 적극 추진해나갔다. 나는 이미 당사연구소가 사회과학원 소속으로 있을 때에 5~6년간 소장으로서 혼자 일을 꾸려 왔기 때문에 조직을 통솔하고 사업을 진행하는 데에 별 어려움이 없었다. 다만 동북 3성의 합작사업은 왕경 동지가 나서서 처리하도록 하였다.

1984년이 되자 왕경 소장이 60살이 되어 퇴직하게 되었다. 당시 규정상 정청급과 부성장급은 60세가 정년이었다. 인민대표대회, 정치협상회의 등으로 진출하면 5년 더 일할 수 있었다. 나는 왕경 소장이 아직 건강하니 소장 직을 계속 맡아 달라고 부탁했다. 그러나 성위 서기들이 내가 소장으로 올라갈 것을 권했다. 이제까지 내가 실질적인 일을 다 해 왔고 이젠 직급에 문제도 없으니 굳이 왕경에게 소장을 맡길 것 없이 내가 직접 소장으로 사업하라는 것이다.

그렇게 되어 1984년 12월에 왕경 동무가 퇴직하고 나는 1985년 1월에 정식으로 소장에 취임하였다. 나는 6년간 당사연구소 소장으로 사업한 후 1991년 봄에 소장 직을 사임하고 영도 일선에서 물러났다. 나는 여전히 건강하고 절대적인 군중 위신이 있었기에 당사연구소 성원들이 모두 만류했고 성위에서도 3년 정도 더 소장으로 일해 달라고 당부해 왔다. 솔직히 나도 갈등하지 않은 것은 아니었다. 그러나 내가 떠나지 않으면 내가 배양한 부하들이 승진할 수 없었고, 더욱이 당시 2인자의 나이가 58세였기에 나는 더욱 마음을 굳혔다. 당시 간부 발탁에는 '칠상팔하七上八下'라는 말이 있었다. 57세면 발탁할 수 있고 58세라면 내려가야 한다는 것이었다. 내가 자리를 내어주지 않으면 그에게는 더 기회가 없었다.

나는 후진을 발탁해서 지도 자리에 올려놓은 후 사직서를 내고 물러났다. 성위에서 고문으로라도 남아 있으라고 하는 것도 마다하고 평연구원으로 남았다. 소장이나 고문 등을 맡게 되면 행정사항에 관여해야 하지 않겠는가? 1990년대가 되면 나는 대외활동에 매우 바빴다. 해마다 조선과 한국을 한두 번씩 왕래했다. 내가 관리직 지위에 있으면서 자꾸 자리를 비우고 외국을 들락거리면 아랫사람들이 좋아할 리 없었다.

나는 흑룡강성 당사연구소 소장으로 6년간 근무하면서 연구소 사업을 궤도 위에 올려놓고 상당한 성과를 이루었다는 평가를 받았으므로 마음이 뿌듯했다. 당사연구소의 사업 기초가 잡혔을 뿐 아니라, 내 당사 연구의 가장 큰 사업이었던 『동북항일연군투쟁사』 편집을 완료하였고, 또한 당시 추진 중이던 흑룡강성 당사 편찬 준비도 거의 마무리 단계까지 해 놓았다. 또한 당사연구소 내에 실력 있는 항일역사 전문가 4~5명을 배양해 놓았다. 나는 마음 놓고 일선에서 물러날 수 있었다. 이후 나는 평연구원으로 내려와 5년간 근무하면서 1996년 정식으로 이직할 때까지 그간 내가 만들어온 사업들을 정리하고 완성하였다.

1996년에 정식으로 은퇴할 때에도 성위 담당서기는 "김우종 동무는 건강이 좋으시니 70까지는 넉넉히 일하시지 않겠습니까? 계속 남아서 하루에 반나절씩만 출근하면서 계속 지도해 주시지요" 하고 붙잡았다. 그러나 그때에는 하루 반나절씩만 출근하라는 것도 아주 싫었다. 나는 이제 완전히 이직해 쉬고 싶었다. 나는 은퇴자의 여유를 즐기며 국내외 여러 인사들과 손잡고 여러 사업들을 진행하였다. 그러나 당사 연구 사업과 관련하여 내가 꼭 필요한 경우가 생기면 기꺼이 고문을 맡아 사업을 지도해 주기도 하였다.

2000년에는 당사연구실에서 고문을 맡아달라는 요청이 왔다. 정확히 말하면 '동북 3성 항일연군사 편찬 고문'인데, 중앙당사연구실에서 나를 지명하여 내려온 것이었으므로 수락할 수밖에 없었다. 그 뒤에는 하얼빈공업대학 고문을 맡아달라고 요청이 와서 그것도 수락했다. 또 사회과학원에서도 역사연구소 사업 등을 지도해달라고 요청하여 사회과학원 고문을 맡기도 했다.

3. 『동북항일연군투쟁사』 편찬 과정

1980년 북경에 중앙당사연구실이 조직되어 『동북항일연군투쟁사』 편찬 사업이 본격 시작되었다. 사업은 중앙당사연구실과 동북 3성 사회과학원 공동으로 진행되었다. 사업 추진을 위한 준비회의가 1979년 10월 대련에서 열렸고 두 번째 준비회의가 1980년 8월 북경 중앙당사연구실에서 소집되었다. 두 번째 준비회의에서 사업이 구체화되었는데, 이 회의에는 흑룡강성에서 사회과학원 원장은 참석하지 않고 나 혼자 성 대표로 회의에 다녀왔다.

회의가 끝난 후 중앙당사연구실 동무와 요녕성사회과학원 부원장, 그리고 나 이렇게 세 사람이 남아서 『동북항일연군투쟁사』 편찬회의 결과보고서를 작성해 당 중앙에 제출했다. 중앙당사연구실 명의로 된 이 보고서에는 중앙당사연구실 주임, 동북 3성 사회과학원 원장들이 모두 서명하고 맨 아랫줄에 '흑룡강사회과학원 지방당사연구소 소장 김우종'이라고 쓰고 서명했다. 보고서를 올리자 호요방 총서기, 호교목 당서기가 직접 비준한 당 중앙의 허가 문건이 곧 내려왔다. 나는 그 비준 문건을 아직도 간직하고 있다. 나의 오랜 노력 끝에 비로소 동북항일연군투쟁사 편찬 사업이 개시된 것이다.

당 중앙의 허가가 떨어지자 『동북항일연군투쟁사』 집필 사업은 바로 시작되었다. 편찬 사업은 사회과학원에서 막 독립한 흑룡강성 당사연구소가 맡았다. 그리고 동북 3성의 집필을 지휘할 령도기구로서 '집필영도소조'가 섰는데 이는 동북3성 성위의 문교 책임서기들이 담당하게 되었다. 즉 길림성위 서기 우림, 요녕성위 서기 이황, 흑룡강성위 서기 이검백 등 3명이었다. 우림은 원래 동북국 선전부장으로 당사연구실 주임을 겸하고 있었기에 영도 소조의 조장을 맡았다. 판공실은 흑룡강에 두었고 판공실 주임은 왕경, 부주임은 나와 요녕·길림 사회과학원 부원장이 맡았다.

영도 소조 제1차 회의를 하얼빈에서 진행하였는데 흑룡강성 당위원회 제1서기 양이진과 서기 리검백, 길림성위 서기 우림, 요녕성위 서기 이황이 회의에 참석하였다. 이 회의에는 동북 3성의 당사연구소·당사연구실 학자들이 참석하여 「동북항일연군투쟁사 편찬대강」을 만들고 집필을 분공했다. 집필 과정에서 문제나 특이사안이 발생할 때면 그때그때 학술회의를 진행했다. 길림성과 요녕성에는 자료가 부족했으므로 흑룡강성에서 지원해 주었다. 1984년까지 각 성에서 초안을 써오고 그 후 3년은 함께 토론해서 수정하고, 1988년에 최종 원고를 만들어 중앙당사연구실에 보내 심사를 받게 되었다.

주요 쟁점들

집필 중간 회의에서 제일 많이 토론된 문제는 동북항일연군에 대한 중국공산당의 지도체계 결합 문제였다. 즉 중공당 당 조직이 동북항일연군을 어떻게 지도하였는가에 관한 문제였다.

1930년대 초 당 중앙은 좌경 기회주의 노선이 장악한 시기였기에 동북당에 대한 영도도 좌적 착오가 많았다. 1935년 모택동이 중앙영도 지위에 오른 후에도 '장정'을 완수하는 등 곤란을 겪었으므로 만주성위와 항일연군을 지도할 수가 없었다. 그리하여 동북당 조직이나 항일연군이 모택동의 지시를 받지 못했던 것이다. 이 때문에 모택동 생전에는 중앙당의 지도를 받지 않은 항일연군사를 굳이 편찬해서 빛나는 역사라고 서술하게 된다면 이것 또한 모택동을 자극하지 않겠는가 하는 우려가 있었다. 항일연군사를 집필하던 1980년대에는 모택동이 사망한 지 몇 년이 지났으므로 그럴 염려는 없었다.

중공당 동북당 조직과 동북항일연군은 누구의 지시를 받았는가? 바로 모스크바에 있는 왕명·강생이 이들 조직을 지도하였다. 그렇다면 왕명·강생의 지도가 만주에서 집행되는 과정에서 발생한 문제들을 어떻게 해석할 것인가에 대해 의견이 엇갈렸다. 즉 왕명·강생의 지시가 옳은가 그른가? 얼마만큼 정확한 지시였으며 어떤 착오가 있었는가? 그들의 지시는 동북항일연군에 어떠한 영향을 주었는가? 어떠한 좋은 영향과 어떠한 나쁜 영향을 주었는가? 항일연군 내부의 좌경과 우경을 어떻게 평가할 것인가? 이런 쟁점이 있었다. 이를 해결하기 위하여 3~4년간 쟁론을 했다.

또 다른 쟁점은 '반민생단투쟁'과 관련된 문제였다. 1930년대 전반기 동만당 조직에서는 조선인 간부 가운데 민생단民生團 첩자가 있다는 의혹이 퍼져 반민생단투쟁을 대대적으로 벌였다. 많은 조선 동지들이 이때 무고한 희생을 당했다. 반민생단투쟁이 과오였음은 당의 공식 입장인 만큼 논쟁의 여지 없이 분명했다. 그렇다면 그런 잘못이 벌어진 원인이 무엇인가? 그리고 어째서 그 잘못이 그렇게 크게 벌어졌는가? 역사적으로 어떻게 평가할 것인가? 이처럼 반민생단 투쟁의 원인과 평가 문제에 대하여 논쟁이 치열했다.

그 외에 개별 인물에 대한 평가 문제가 있었다. 대표적으로 조상지와 리조린에 대한 평가 문제였다. 조상지가 반당분자로 지목되어 당적에서 제명되고 처벌받았는데, 그를 처벌한 것이 리조린이었다. 조상지와 리조린 중 누가 옳고 누가 틀렸는지에 대해 의견이 엇갈렸다.

다른 문제는 항일전쟁 시기 중조관계를 어떻게 볼 것인가의 문제였다. 조선인들이 항일투쟁에서 중대한 공헌을 한 것은 틀림없는 사실인데 이것을 동북항일투쟁사 전체 속에서 어떻게 위치지을 것인가? 또 조선에서는 동북의 조선인들이 '조선인민혁명군' 조직으로 활동하였다고 주장하고 있지만 역사문헌상에는 그러한 조직이 확인되지 않는다. 그렇다면 조선인민혁명군 존재를 승인할 수 있는가? '조선인민혁명군'의 역사적 진실은 무엇이며 지금의 현실에서 그것을 어떻게 처리할 것인가? 이렇게 동북항일연군투쟁사 가운데에서 중조관계를 어떻게 정의할지의 문제가 또 하나의 중요한 논쟁점이었다.

그리고 국민당 장령과 의용군, 조선인 관련 내용을 넣을 것인가에 대해서도 상당히 논쟁했다. 이런 토론이 벌어질 때 나는 적극적으로 발언하였는데 내 의견에 찬동하는 사람도 있고 반대하는 사람도 있었다.

동북항일연군은 11개 군 중 9개와 $\frac{1}{2}$개 군이 흑룡강에서 활동했다. 1군이 요녕·길림을 기반으로 했고 2군은 길림을 중심으로 했으나 그 중 반은 흑룡강·목단강·녕안에서 활동했다. 나머지 3군부터 11군까지 모두 흑룡강에서 활동했다. 그러므로 자연히 『동북항일연군투쟁사』 집필과 토론에서 흑룡강 측에 절대적인 발언권이 있었다.

토론과 의견수렴

쟁점들을 토의하기 위하여 학술회의를 여러 차례 열고 동북 3성의 학자들이 모여 수차 토론하였으나 쟁점을 모두 해결하기가 쉽지 않았다. 각 성 간에 의견이 맞지 않았을 뿐 아니라 같은 성 학자들 사이에도 의견이 어긋나는 경우가 많았다. 학술회의는 주로 흑룡강성 왕경 소장이 주최하고 길림성·요녕성 사회과학원 원장이 참가하였는데, 동북 3성 내에서 아무리 회의를 해도 의견이 좁혀지지 않았다. 결국 중앙에서도 중앙당사 사료증집위원회 부주임과 동북 3성 각 성위 서기가 참가하는 확대회의가 열렸다. 확대회의에서 논쟁은 더욱 치열해지곤 했다. 중앙당사 사료증집위원회에서 온 간부들과 각 성위 서기들은 토론을 경청한 후에 입장을 표명하는데, 중앙 간부들조차 입장이 합치되지 않았다.

확대회의에 참여한 주요 인사 가운데 한광韓光은 중국공산당 중앙기율검사위원회 상무서기로, 당시 국가영도자의 한 사람이었다. 그는 항일 노투사 출신으로 흑룡강성에서 활동하다가 중앙으로 올라간 사람이다. 항일투쟁 당시 동북항일연군의 조상지 부대에서 투쟁하다가 코민테른 7차대회 참석차 1935년 가을 모스크바에 갔다. 그런데 코민테른 7차대회에는 참가하지 못하였고 동방노력자대학에서 공부하면서 왕명·강생의 지도 밑에서 일정하게 사업하였다. 그러니 왕명과 강생을 변호하려는 마음이 내심 있었으나 공개적으로 의견을 피력하거나 하지는 않았다.

중앙에서 온 또 다른 인사 가운데 풍문빈은 중앙당사 자료수집위원회 주임이었다. 그는 모택동사상의 주체성을 절대적으로 지지 옹호하면서 왕명·강생의 지도에 아주 비판적인 입장을 견지하는 사람이었다. 그러므로 한광과 풍문빈은 서로 다른 입장에 서 있었고, 각 성 성위 서기 등 다른 인사들도 모두 조금씩 입장이 달랐다.

내가 토론에서 발언할 때에 나를 찬성하는 사람이 많으므로 중앙 영도들이나 성위 서기들은 주로 별다른 말을 하지 않는데, 한광은 유독 내 발언 중에 질문하고 따져 물어왔다.

"그 발언에 근거가 있는가? 역사 문헌 가운데에 해당 내용이 들어 있소?"

그러면 나는 몇 년도에 나온 어느 문건에 해당 내용이 있다고 딱딱 대답하였다. 한광은 그래도 의심을 거두지 않고 그 문건이 실제 남아 있는 문건인지, 사실 관계가 정확한지 계속 의심하는 것이었다. 회의가 너무 늘어지므로 내가 "회의가 끝나면 한광 동지 방에 문헌 자료를 가져다 드리겠습니다", 이렇게 다짐을 드리고 나서야 다음 문제로 넘어갈 수 있었다. 나는 자료를 갖다 드리겠다는 약속을 모두 지켰다.

어느 날 회의에서 한광은 특별히 나를 지목해 질문하였다.

"김우종 동무가 그렇게 역사 사실에 정통하다니 물어보겠소. 내가 언제 주하에서 떠나서 어떤 경로로 언제 소련에 도착했는가 말해보시오."

이것은 사실 나를 난처하게 만들려고 한 질문이다. 한광은 내가 이렇게 상세한 사실까지는 알 수 없으리라고 생각했던 것이다. 나는 바로 대답했다.

"한 서기가 주하에서 떠난 행적은 우리 역사문헌 어디에도 남아있지 않습니다. 우리 당안 자료를 모두 뒤졌지만 찾지 못했습니다. 그런데 한 서기께서 떠난 뒤의 자료들로 추측해보건대, 한서기는 1935년 9월 말이나 10월 초에 주하에서 떠나 소련으로 갔던 것으로 추정됩니다. 한 서기께서는 소련 하바로프스크에 도착한 후 주하에 편지를 보냈는데, 그 편지가 1935년 ○○월이었습니다. 그러니 모스크바에 도착한 것은 ○○ 무렵이었을 것입니다."

이렇게 말하니 한광 서기가 "아! 바로 맞췄소!" 하고 감탄했다.

한광 서기는 이날 회의를 총화할 때 나를 굉장히 추켜세워 주었다.

"내가 회의를 쭉 지켜보니 동북지방에서 당사 연구하는 동무들이 정말 해박합니다. 실제 항일투쟁에 참가했던 우리보다 사료를 더 잘 알고 사료를 완전히 장악한 그런 전문가들이라는 것을 내가 확인했소. 아주 탄복했습니다. 특히 흑룡강의 김우종 동무는 항일투쟁의 역사 사료에 대해서 자기 집 보배를 대하듯이 완전히 알고 있군요. 내가 무엇을 물어도 척척 명석하게 다 대답하지 않습니까?"

내 발언을 그렇게 비판적으로 취급하던 사람이 이제는 최고의 찬사를 보내주는 것이었다. 이후부터 한광은 내 주장에 대한 불신을 완전히 거두고 나에게 아주 친절하게 대해 주었다. 나는 여러 번 한광의 집을 방문했고, 그가 하얼빈에 오면 내가 직접 모시고 송화강 나들이도 안내하며 대접했다. 이렇게 복잡한 과정을 거쳐서 각 논점들에 대한 결론을 지었다.

다음 차례로 '항일투사좌담회'를 마련했다. 과거 항일투쟁에 참가했던 노투사들 중 각 성의 성장, 중앙의 부장 또는 부부장으로 활동 중인 사람들을 모아서 검수하는 회의를 한 것이다. 그렇게 모인 노투사들이 한 20~30명 되었다. 항일투쟁 시기 모스크바로부터 왕명·강생의 지시를 받으면 동북에서 쟁론이 벌어졌다. 어떤 이들은 모스크바에서 온 지시가 옳다며 지지한 사람이 있고, 그 지시를 따르면 항일투쟁이 망한다, 옳지 않다며 반대한 사람이 있었다. 당시 발언한 사람들이 이렇게 생존해 있으니 우리가 노투사들의 견해를 청취하지 않고 책을 낼 수는 없는 일이었다. 말하자면 노투사들의 인식을 통일하는 작업이 필요했던 것이다.

'항일투사좌담회'는 중앙에서 직접 소집해서 진행했다. 최종적으로 좌담회의 결론에 대한 문건을 만들게 되었는데, 한광과 풍문빈은 그 결론 문건 초안을 우리에게 써서 가져오라고 지시했다. 우리가 올린 결론 초안은 중앙에서 접수해 수정해 최종 발표하였는데, 문건 초안 작성을 우리에게 맡겼다는 것은 한광이 나를 아주 신뢰하게 되었음을 의미했다.

이렇게 여러 층위의 토론을 거쳐 의견의 통일을 본 후 회람용 원고 최종본을 만들었다. 출판 전 마지막 단계로 다시 한 번 전체적으로 검토하기 위함이었다. 노투사들을 배려하여 큰 활자로 두툼하게 500부 인쇄해서 항일투사들과 중앙 간부들, 그리고 동북 3성에 배포해서 검토하도록 하고 의견을 제시하도록 하였다. 항일투사들은 별다른 의견을 제시하지 않았다. 모두들 아주 잘 썼다며, 자신들도 모르는 내용을 다 써서 정리해주어 고맙다고 칭찬하는 말들 뿐이었다.

김일성의 항일 활동을 수록하기까지

『동북항일투쟁사』 편찬은 1980년 경 우리 당사연구소에서 준비 사업을 시작하고 1991년에 출간되기까지 근 10년이 걸렸다. 우선 동북 3성에서 각 장의 초고를 나누어 쓰면 3성 학자 회의에서 토론하여 수정 의견을 제출한다. 이를 바탕으로 원작자가 수정하여 제출하고 그것을 총편집실에서 체계화, 종합화한 원고를 만들었다. 그 후 다시 동북 3성 학자들이 토론하고, 중앙당사연구실 조언을 받아 의견을 모으고 마지막으로 항일투사들에게 보여 의견을 수렴했다.

이렇게 결정된 내용을 종합하여 몇 사람이 수정작업하고 완성된 원고를 중앙에 보고하자 중앙에서는 최종 토론을 조직했다. 중앙당사연구실 연구원들, 동북 3성의 주요 집필진들이 다시 모여 북경에서 10여 일간 묵으면서 토론했는데, 여기에 중앙당사연구실 학자들, 외교부, 중앙대외연락부 의견을 청취했다. 그렇게 제1장부터 순차적으로 의견을 묻고 토론한 후 더 이상 문제가 없으면 통과해 다음 장을 토론하는 방식으로 진행했다.

이때 새로 문제가 된 것이 조선 동지들의 사적을 다루는 사안이었다. 원래 『투쟁사』에는 김일성·최용건·김책 등 조선 동지들의 사적이 역사 사실에 근거하여 수록되어 있었다. 당 중앙위원회 중앙서기처 호교목 서기의 원래 지시는 모든 것을 역사적 사실에 근거하여 쓰고, 특히 조선 동지들의 중요한 공헌을 열정적으로 평가하라는 것이었다. 그러므로 김일성 주석의 투쟁 사실도 모두 사실 그대로 기술되어 있었다.

그런데 중앙당사연구실의 첫 번째 심사 과정에서 방침이 바뀌었다. 길림성 동무들이 이견을 제출한 것이다. 길림성의 학자들은 조선 동지들의 항일운동 사적을 우리 책에 포함시키면 조선에서 항의를 제기할 것이 걱정된다고 주장했다. 우리가 조선 동지들의 업적을 있는 그대로 아무리 상세하게 기술한다 해도 조선 동지들의 입장에서는 불만스러울 수 있다는 것이다. 특히 김일성 주석의 행적을 너무 축소하고 과소평가하였다고 받아들여 조선 측이 감정이 상하거나 항의할 위험이 있다고 했다.

나는 이에 반대했다. 동북항일연군이 조중연합군인데 조선 동지들을 삭제하면 역사를 제대로 그려낼 수 없기 때문이다. 요하유격대 7군 군장이 최용건이니 최용건을 빼면 요하유격대를 쓸 수 없다. 북만성위원회 서기 김책을 쓰지 않는다면 북만성위의 성립을 쓸 수 없다. 김일성이 동북항일연군 1군의 주요 지휘자인데 그를 쓰지 않으면 1군의 중요 전투를 쓸 수 없다. 역사적 사실을 기록하면서 조선 동지들의 이름을 쓰지 않는다면 실명 대신 동그라미로 처리할 것인가? 그렇게 되면 실사구시가 되지 못한다. 나는 이렇게 설명하며 조선 동지들의 활동과 이름을 전부 넣어야 한다고 주장하였다.

길림성 동무들은 내 의견에 일부 동의하였다. 그러므로 조선 동지들의 사적을 모두 빼버릴 수는 없으니 다른 조선 동지들의 내용은 그대로 두되 김일성의 이름만 지우는 것이 좋겠다고 계속 주장했다. 외교부의 일부 인사들이 이 의견에 동의하면서 논쟁이 벌어지자 길림성 동무들은 더욱 적극적으로 논변했다.

"김일성 주석을 명시해 넣으면 우리가 아주 곤경에 빠질 수 있습니다. 우리가 김 주석에 대해 아무리 열심히 조사해서 기술한다 해도 분량이나 평가 면에서 조선 측이 만족할 만큼 잘 쓸 수는 없지 않겠습니까? 그러니 김일성 이름을 아예 빼는 것이 안전할 것입니다. 조선에서 왜 김일성 동지 내용을 뺐는지 질문해 오면 우리가 솔직히 말하면 되는 것입니다."

이어 과거의 유사한 사례 한 가지를 이야기했다. 예전에 길림에서 상월 선생 기념문집을 낸 적이 있다. 상월 선생은 김일성의 육문중학교 시절 스승이다. 문집에 실린 글 가운데 초도남楚図南의 글에 "상월 선생은 길림 육문중학교 때에 일찍이 조선의 국가원수 김일성에게 마르크스·레닌주의를 가르쳤다"는 내용이 있었다. 이 책이 출판된 후 중국의 조선 대사관에서 우리 외교부를 찾아와 항의했다.

"당신네 중국의 일개 대학교수가 어떻게 우리 위대한 수령님의 마르크스주의 입문교사라는 것입니까? 중국 사람들은 우리의 영수를 이렇게 얕잡아보는 것입니까?"

이런 일도 있었으니만큼 중조 간 불화가 우려되는 일은 미리 방지하자는 논리였다. 김일성의 항일 행적을 직접 서술한다면 더 날카롭게 반응할 것이라는 우려였다. 그들이 이렇게까지 이야기하는데 나는 딱히 반박할 수가 없었다. 결국 길림성 동무들의 의견이 관철되어 김일성의 이름을 모두 삭제할 것이 결정되었다. 동북항일연군 조직 지휘부 명단을 모두 명기했지만 2군 6사 사장김일성만 이름을 지웠고, 이후 시기 1로군 제2방면군 지휘부 이름 가운데 김일성만 이름을 지우는 식이었다.

이렇게 김일성 주석의 이름을 다 뺀 원고를 중앙당사연구실 회의에 올려 다시 검토 심사했는데, 그 마지막 심사에서 김일성 이름을 빼는 것이 과연 옳은가에 대해 다시 토론하게 되었다. 내가 토론을 지켜보며 생각하니 이는 정말로 옳지 않다는 생각이 들었다. 첫째로 역사적 사실을 충실히 서술하지 않는 것이다. 둘째로 김일성을 넣을 경우 조선에서 만족해하지 못할 것이라는 우려 때문이었지만, 김일성을 뺄 경우에도 역시 불만이 있을 것은 마찬가지일 것이다.

이렇게 생각이 정리되어 가던 어느 날 밤이었다. 무심코 TV를 켜니 한국에서 재외동포를 대상으로 방송하는 심야 프로그램이 방송되고 있었다. 마침 김일성의 일제강점기 행적에 대한 프로그램이었다. 이현희 교수와 이명영 교수가 출연하여 발언하는데, 이명영이 '김일성 가짜설'을 한창 설파하고 있었다. 항일 영웅인 진짜 김일성은 죽은 지 오래며 지금 북조선의 김 주석은 항일영웅의 이름을 사칭한 가짜라는 터무니없는 주장이었다. 나는 개탄했다. 그런 거짓 정보가 어떻게 버젓이 방송에서 유통될 수가 있는

재중 동포의 현대사 조선족 역사가 김우종의 생애

246

가? 그러나 거짓 정보로 대중을 속이는 건 의외로 쉽다. 큰 줄거리에서는 역사적 진실들을 이야기하면서 그 안에 거짓을 섞어 말하는 것이다. 이렇게 말하면 많은 사람을 속일 수 있다.

나는 1990년에 한국을 처음 방문했는데, 한국에서 만난 적지 않은 학자들이 나에게 말소리를 낮추며 확인하듯 이렇게 질문해 왔다.

"북에 있는 김일성이 사실은 실제 역사상의 항일연군 김일성이 맞지요?"

한국 사람들이 마치 금기의 영역을 침범하듯 은밀하게 질문하는 것을 보니 나는 안타까운 마음이 들었다.

'아! 이명영 같은 자들이 김일성이 가짜라는 거짓을 꽤나 팔아먹었구나!'

한국이 민주화되었다는 이 시대에도 이명영이 TV에 나와 거짓을 설파하고 있으니, 우리 책에서 김일성의 행적을 빼버린다면 그들의 주장을 뒷받침해 주는 셈이 된다. 나는 더 이상 이명영과 같은 자들의 거짓말이 유통되지 않도록 하기 위해서는 김일성의 활동을 우리 투쟁사에 그대로 기술해야 한다고 확신했다. 나는 다음 회의에 들어가 강경하게 발언했다.

"나는 김일성 이름을 빼는 것을 절대로 반대합니다. 지금 일본·미국·한국의 반동 학자들이 김 주석의 항일 역사를 모독하고 있는데, 우리 『투쟁사』에서도 김일성을 뺀다면 우리가 그 반동 학자들의 편에 서게 되는 것입니다. 더욱이 호교목 동지가 처음 우리 사업을 시작할 때 '사실 그대로 쓰라'고 하지 않았습니까? 우리가 아는 사실 그대로 책을 펴내는 것이 우리의 할 일입니다. 우리가 최선을 다한 결과를 가지고 조선에서 부족하다고 항의해 온다면 그건 우리가 얼마든지 설명할 수 있습니다. 나는 이렇게 해명할 것입니다.

'우리가 갖고 있는 자료가 이게 전부입니다. 우리가 일부러 김일성 동지의 사적을 비하하기 위해 빠뜨린 건 하나도 없습니다. 그런데도 충분하지 않다면 김일성 동지의 더욱 훌륭한 업적에 관한 기초 자료, 역사사실 자료를 우리에게 제공해 주시오. 그러면 우리가 고쳐 쓰겠습니다.'

그런데 조선에서 제공할 자료는 그리 많지 않을 것입니다. 조선의 당역사연구소는 오히려 나에게 자료를 구해 달라고 부탁하는 실정입니다. 그들은 김일성의 활동에 대한 자료를 중국에 와서 수집해 갔으니, 우리가 가진 자료 이상의 더 많은 자료가 조선에 있지는 않을 것이오. 김일성과 조선 동지들의 회고록 정도 외에는 없을 것입니다. 그러니 나는 조선과 이런 일로 문제가 생길 것이라고 생각되지 않습니다. 김일성의 이름은 꼭 넣어야 합니다."

내가 이 발언을 하기 전에는 대부분의 사람들이 길림성 동무들의 의견을 받아들이는 편이었다. 시끄러운 일을 막으려면 김일성 이름은 빼는 게 좋겠다고 다들 생각했고, 나도 처음에는 같은 생각이었던 것이다. 그런데 내 발언 후에 사람들의 생각이 다시 이쪽으로 기울어지고, 특히 그날의 회의를 주관했던 상무부 주임 료개륭이 내 의견에 찬동했다.

"나는 김 동지의 의견에 동의합니다. 김일성 동지의 활동을 사실 그대로 쓰는 것이 옳습니다."

그리고 료개륭이 이 문제를 당 중앙 호교목에게 보고하니 그 역시 동북항일연군 역사 전체를 사실 그대로 쓰고 김 주석 관련 내용도 가능한 한 사실 그대로 충분히 쓰도록 하라고 지시했다.

이렇게 되어 김일성의 사적을 다시 원래대로 써 넣느라 아주 애를 먹었다. 나와 요녕성의 라점원罗占元 교수 둘이서 이 작업을 했다. 내가 원고를 고쳐 놓으면 라점원 동무가 문장을 다듬었다. 이런 우여곡절을 거쳐서 『동북항일연군투쟁사』에 김일성의 이름이 들어가게 된 것이다.

책이 나온 후 혹시 조선에서 항의가 있을지 기다렸으나 아무 반응이 없었다. 그래서 이 책을 조선에 보내주었다. 그 후 어느 때인가 조선을 방문하니 조선노동당 당역사연구소 소장이 『동북항일연군투쟁사』의 기술에 대하여 나에게 말을 건넸다.

"김 소장은 흑룡강성 당사연구소 소장이므로 북만에서의 항일연군 활동에 아주 익숙한가 봅니다. 『투쟁사』를 보니 최용건 동지와 김책 동지의 활동에 대해 아주 충분하게 쓰셨더군요. 그런데 아무래도 동만 일대에서 활동한 김일성 동지의 행적에 대해서는 김 소장께서 자세히 모르는 게 아닌가 싶습니다. 답사나 사료 조사가 조금 부족한 것 같습니다."

그러면서 근거로 드는 말이, 『투쟁사』에서 이름을 세어 보니 김일성 이름이 40번 정도 나온 반면에 최용건의 이름은 60번 정도 나오고, 김책도 40번 정도로 김일성과 동등하게 나왔다는 것이었다. 나는 편찬 과정에서의 우여곡절을 사실대로 털어놓았다.

"원래 김일성 동지의 이름을 하나도 남기지 말고 다 빼게 되었던 것을 내가 억지로 설득하여 책을 내기 직전에야 다시 넣느라 고생했습니다. 넣을 만한 곳에는 다시 다 넣느라고 했는데, 나중에 시일이 촉박하다 보니 조금 모자라게 넣었는가 모르겠습니다."

소장은 매우 놀라워했다. 김일성의 이름을 빼도록 결정했던 이유가 무엇인지 묻기에 사실 그대로 답해주었다.

"우리가 아무리 김일성 동지의 행적을 역사 그대로 잘 써도 조선 동지들이 불만을 가질 것이라는 우려 때문이었습니다. 실제로 상월 선생 책을 냈을 때 '일개 교수가 어떻게 수령님의 스승이 될 수 있느냐?'는 항의를 받은 적이 있었으므로 우리가 더 조심했던 것입니다."

그러니 당사연구소 소장은 더욱 놀라며 말했다.

"아니, 그런 일이 있었습니까? 수령님께서는 상월 선생을 늘 존경하며, 선생은 정치학 방면의 도사였다고 여러 번 이야기하셨습니다."

실제로 평양의 조선혁명박물관에는 상월 선생이 쓴 「김일성 원수와 나의 관계」라는 글이 전시되어 있다. 상월 선생이 붓으로 직접 쓴 이 글을 고급 소책자로 만들어서 전시하고, 중국에서 고위급 대표단이 오면 한 권씩 증정하곤 했다. 이것은 무엇을 의미하겠는가? 김일성은 스승에 대한 은혜를 모른 체하는 사람이 아니다. "상월 선생이 어떻게 수령님의 스승이 되느냐?"며 중국 외교부에 항의한 조선 동지들이야말로 잘 모르고 그릇된 행동을 한 것이다.

4. 동북항일연군 연구의 선도자로 국내외에 알려짐

이렇게『동북항일연군투쟁사』는 최종 작업을 마치고 마지막으로 당 중앙의 심사를 받았다. 당 중앙 '당사영도소조' 조장이 양상곤, 부조장이 박일파薄一波·호교목胡乔木이었다. 국가주석인 양상곤이 인민출판사에 친히 지시를 내려 이 책을 잘 만들 것을 당부해주었다. 펭진이 봉면封面 제호를 붓글씨로 써 주었다. 이렇게 여러 사람의 오랜 노력에 국가영도들의 지원이 합하여『동북항일연군투쟁사』는 1991년 마침내 출판되었다.* 집필이 완료된 후에도 논쟁과 심사가 거듭되다보니 무려 10년의 세월이 소요되었던 것이다.

『동북항일연군투쟁사』는 처음 간행 사업을 제안하고 추진하고 성과를 내는 모든 과정에서 내가 중심이 되어 진행해 만들어낸 성과물이다. 이 책은 1만여 부를 인쇄하여 전국 각 기관에 배포했다. 그 외에 조선에도 보내고 또 한국 학자들도 달라고 하면 주기도 했다.『투쟁사』는 흑룡강성에서 '사회과학 우수성과 1등' 상을 받았고 좋은 반향을 일으켰다. 일본의 정직한 학자들이 특히 이 책을 보고 감동했다.

"이런 역사가 있었는지 미처 몰랐습니다. 우리가 만주국 역사를 많이 연구하였으나 이런 사실이 있는 줄은 몰랐습니다. 일본이 만주국을 통치하니 만주국 사람들이 대체로 순종하고 지지하였다고 알고 있었지요. 이렇게 만주국을 반대하여 장기적으로 투쟁한 역사가 있었습니까? 정말 새로운 역사를 알았습니다."

일본 학자들은 이 주제를 조사하기 위하여 중국으로 많이 찾아왔다.

나는『투쟁사』가 나오기 이전부터도 이미 동북항일연군 연구 방면에서 상당히 알려져 있었다. 1981년『동북항일열사전』3권을 편찬한 이후부터였다.『열사전』을 낸 후 얼마 지나지 않아 중앙민족출판사에서 연락해 왔다.『열사전』가운데 조선족 열사들만 뽑아 조선어로 번역·출판하자고 제안하기에 나는 동의해 주었다. 중앙민족출판사는『열사전』가운데 조선족 열사 34명을 추려내고 거기에 양정우·조상지 등 저명한 항일

* "東北抗日聯軍鬪爭史編纂組,『東北抗日聯軍鬪爭史』, 北京; 人民出版社, 1991.

열사를 포함시켜 조선말로 번역 출판했다.

연변의 여러 기관에서도 나를 찾아왔다. 연변역사연구소, 연변대학 등에서 찾아와서 자신들도 책을 내고 싶으니 조선족 열사 사료를 제공해 달라고 부탁하였다. 나는 힘이 닿는 데까지 도와주었다. 연변에서 책이 나온 뒤에는 각지 조선 신문사와 잡지사에서 집필을 의뢰해 와서 몇몇 신문과 잡지에 동북항일열사를 소개하는 글을 실어 주었다. 이런 기사는 필자가 명시되므로 더욱 내 이름이 알려졌다. 일본의 진보적인 학자들이 중국으로 찾아와 나의 동의를 얻어 일본에서 사료집을 출판하기도 했다. 1983년에는 『열사전』이 일본에서 번역 출판되었다.*

1985년에는 중국 군사과학원에서 동북항일연군을 주제로 강의해 달라고 요청해 왔다. 북경 인민대학의 석사 연구생과 군사과학원 연구생들을 대상으로 한 강의였다. 그러나 마침 『동북항일연군투쟁사』 집필 사업을 조직 추진하던 바쁜 시기였으므로 북경까지 다녀올 여유가 없어 거절했다. 그러자 군사과학원 전사연구부 연구원들이 직접 하얼빈으로 찾아와 강의를 듣겠다며 다시 간곡히 요청했다. 군사과학원에서 동북항일연군 역사를 꼭 알아야 하지 않겠는가? 그런데 전문적으로 강의해 줄 사람이 나밖에는 아무도 없다고 간청하니 나는 하는 수 없이 수락했다. 7월에 군사과학원 전사연구부 연구원 6~7명이 하얼빈에 와서 하얼빈군구 호텔에 머물렀고 나는 바쁜 와중에도 짬을 내어 매일 세 시간씩 1주일간 강의해 주었다.

또 1980년대에는 전국에서 유행처럼 동북항일연군에 대한 학술회의를 마련했는데, 회의가 열리면 자꾸만 나를 초청해 왔다.

우리 사업은 또 다른 차원에서도 전국에 긍정적인 반향을 주었다. 과거에는 각 성에서 단독적으로 출판 사업을 벌이기 꺼리는 분위기였다. 그런데 우리가 『열사전』을 낸 것이 계기가 되어 다른 단위에서도 자유롭게 인물전이나 열사전을 내는 분위기가 조성되었다. 각 성에서 뿐 아니라 대학에서도 인물전 편찬 사업을 벌여 나갔다. 중국인민대

....

* 黑龍江省社會科學院地方黨史研究所 · 東北烈士紀念館 編, 林英樹 · 許東粲 共譯, 『滿州抗日烈士傳 1: 東北抗日連軍第一路軍』, 成甲書房, 1983

학은『중공당사인물전』을 쓰기로 결정하고 '중공당사인물전 편찬위원회'를 조직하였는데, 나에게도 편찬위원회 위원으로 들어와 달라고 요청해 왔다. 내가 동북항일열사전을 편찬한 경험이 있으므로 그 경험을 살려 도와달라는 것이었다. 그래서 나는 중공당사인물전 편찬위원회에서도 함께 사업했다.

1980년대 초반 중앙당사연구실이 조직되고 전국 각 성省마다 당사 연구기구가 다시 꾸려지기 시작하였다. 그 가운데 우리 흑룡강성 당사연구소는 특별한 위상을 갖고 있었다. 비록 문화대혁명 시기 몇 년간 사업이 중지되었지만 전후로 10년 넘게 사업한 역사가 있으므로 어느 당사연구실보다 경험이 풍부했다. 당사 연구를 어디서 어떻게 시작하여 어떤 식으로 진행해야 하는가에 대하여 초보적으로라도 나름의 경험을 이야기할 수 있는 것이 우리 당사연구소였다. 그러므로 전국 각지의 당사 연구기구가 자기 사업을 시작할 때면 우리에게 경험을 전수받고자 했다. 전국 당사연구학회 회의를 하얼빈에서 개최하였고, 전국 대학 당사교원 여름방학 강습회도 하얼빈에서 열었다. 그런 행사들에서 나는 회의를 지도하고 강의도 맡아 하는 등 활동하면서 중국 전역의 학자들과 폭넓은 교류를 가졌다.

국외에서도 나를 찾아오기 시작하였다. 주로 일본 언론계와 학계에서 관심을 보였다. 일본 TV도쿄와 NHK에서 찾아와서 항일투쟁사에 대해 인터뷰하고, 나아가 중소관계의 역사와 현실, 앞으로의 전망 같은 국제 정치형세에 대한 문제까지 여러 문제를 질문했다. 홍콩 TV에서도 찾아왔다. 홍콩 TV 기자는 나에게 영어로 인터뷰해 달라고 하기에 나는 손사래치며 "나는 영어라고는 '바이 바이' 밖에 모릅니다" 하고 마다했다. 결국 인사말과 도입부 몇 마디만 영어로 하고 나머지 인터뷰는 중국어로 진행했다. 그 뒤에는 이탈리아의 유명 신문기자도 찾아왔다. 조선에서 김일성을 방문하고 돌아가는 길에 나를 꼭 만나야 한다며 중국기자협회의 안내로 흑룡강성에 들른 것이었다.

이렇게 외국 기자들이 나를 방문하니 흑룡강성 외사판공실에서 의아해 하며 나에게 물었다.

"김 소장이 무슨 말을 했기에 이렇게 사방에서 찾아오는가?"

아마도 일본 TV에서 내가 한 중소관계 관련 발언이 인상적이어서 여러 곳에서 찾아오는 것 같다고 나는 대답했다.

냉전 시대에 해빙 무드가 찾아오면서 한국 학자들도 차츰 중국을 방문하게 되었다. 내가 처음 중국에서 한국 역사학자들을 만난 것은 1989년 국사편찬위원회 박영석 위원장과 독립기념관의 조동걸 교수가 방문했을 때였다.

『동북항일연군투쟁사』가 출판된 1990년대에는 일본 학자들이 동북항일연군을 연구하기 위하여 찾아오는 일이 더욱 많아졌다. 일본 도쿄대학의 와다 하루키和田春樹 교수, 또 북조선 전문연구자 스즈키 마사유키鐸木昌之, 게이오대학 오코노기 마사오小此木政夫 교수 등이 찾아와 처음 만난 이후로 계속 교류하게 되었다.

1996~1997년경의 일이었다. 게이오대학 교수를 비롯하여 일본 각 방면의 교수들 7~8명이 중국을 방문하여 "흑룡강성 당사연구소 김우종 소장을 만나서 동북항일투쟁사에 대하여 채방하고 싶다"고 우리 외교부에 정식으로 청원하여 좌담회를 가졌다. 일행 가운데 한국 사람 하나가 끼어 왔는데, 그가 바로 이명영이었다.* 그는 일행에 끼어 일본어를 사용했으므로 처음에는 그가 누구인지 알지 못했다.

좌담회에서 일본 학자들은 자기들의 주장을 내세우기보다는 나에게 질문하고 내 이야기를 경청하는 분위기였다. 자기들이 미처 알지 못했던 역사를 나로 인해 알게 되었고, 더 많이 배우고자 찾아왔다며 겸손한 태도로 대화를 나누었다. 그런데 중간에 이명영이 끼어들어 따지듯 묻는 것이다.

"김 소장, 조선에 있는 김일성은 가짜 김일성인데 이를 중국에 계시는 분이 모를 리가 없습니다. 김 소장은 김일성이 가짜라는 걸 다 알고 있으면서 왜 조선에 있는 김일성이 항일연군의 김일성이라고 말하는 것입니까? 어째서 중국에서는 조선을 그렇게 감싸줍니까?"

나는 처음에 그가 누구인지 알지 못했고 그저 일본 학자인 줄만 알았다. 좌담회 전

....

* 이명영李命英 1928~2000, 성균관대학교 정치학 교수. 『김일성 열전』신문화사, 1974 저술. '김일성 가짜설'을 주장한 대표적인 한국 학자 중 한 사람이다.

에 일행의 명단을 받긴 했으나 이름을 주의해 보지는 않았던 것이다. 그가 질문하는 태도가 참으로 무례했으므로 나는 굳이 답하려 하지 않고 되물었다.

"그렇게 생각하십니까? 선생님은 어째서 조선의 김일성이 가짜라고 주장하는 것입니까? 역사 자료를 보아도 항일연군의 김일성은 조선의 김일성과 같은 인물이고, 김일성과 함께 항일 투쟁한 중국의 투사들도 조선의 김일성이 항일연군의 김일성이라고 증언하고 있습니다. 중국에는 김일성이 가짜라고 말하는 사람이 아무도 없고 그런 자료도 하나도 없는데 우리가 왜 김일성을 가짜라고 써야 합니까? 그렇다면 선생님께서 김일성이 가짜라고 주장하시는 근거는 무엇입니까?"

그러니 이명영은 아주 당당하게 자기는 분명한 근거를 갖고 있다고 말하는 것이다.

"나는 한국 학자인데 몇 번이나 일본에 가서 토벌대 군관과 병사 수십 명을 만나봤습니다. 그들은 모두 1939년에 항일부대 토벌을 나가서 김일성을 죽였고 그가 죽은 것을 현장에서 확인했다고 증언했습니다. 그러니 일본 부대와 싸워 김일성이 죽었다는 것이 확연한 사실이 아닙니까? 중국에서 이 사실을 모른단 말입니까?

이런 증언과 사료에 근거해서 나는 김일성을 오래 전부터 연구해 왔습니다. 원래 우리 민족 영웅 김일성은 김광서金光瑞 장군인데 그분은 일찍이 돌아가셨고, 1930년대에는 그의 이름을 이어받은 두 번째 김일성이 등장했습니다. 1939년에 죽은 것은 바로 두 번째 김일성입니다. 북조선의 김일성은 소련군이 양성한 김성주입니다. 소련군이 그를 북조선에 배치하기 위해 교육하면서 '네 이름이 무엇이냐?' 물어 '김성주입니다' 하니 '이 녀석! 자기 이름도 똑바로 모르느냐? 너는 김성주가 아니라 이제부터 김일성이다'라고 했다는 일화도 있지 않습니까? 소련이 김성주에게 김일성의 이름을 쓰도록 명령한 것입니다. 소련의 지령과 교육을 받고 항일연군 김일성 장군의 이름을 쓰면서 진짜 행세를 하고 있는 것입니다. 조선에 있는 것은 가짜 김일성입니다."

이명영의 발언은 거침없고 날이 서 있었다. 나는 조목조목 반박했다.

"무슨 말인지 알겠습니다. 선생이 일본을 그렇게 많이 방문하고 군관과 병사들을 만나서 그런 증언을 들었다고 하셨는데, 선생님이 나를 속이는 거라고는 생각하지 않습니다. 일본군으로 김일성 토벌작전에 참가한 일반 병사들은 자기들이 김일성을 죽였다고 생각할 수 있습니다. 그런데 『만주일일신문滿洲日日新聞』, 『신경신보新京新報』 같이 만주에서 출판된 일본 신문을 잘 보면 이상한 점이 있습니다. 신문 기사에 난 것만도 김일성이 죽은 것이 세 번입니다. 어느 날 몇 시, 어디에서 김일성을 죽였고, 그 공로로 훈장과 상금을 받았다는 그런 기록이 세 번이나 있단 말입니다. 어떻게 같은 사람이 세 번 죽을 수 있습니까?

사실 김일성은 한 번도 죽지 않았습니다. 그와 관련되는 증언을 하는 일제 토벌대 고관이 있습니다. 함경북도 경무부장으로 있던 사람인데, 그는 1940년에도 토벌대를 데리고 김일성을 잡겠다며 토벌 활동을 벌였습니다. 김일성이 정말로 1939년에 죽었다면 그 사람은 왜 1940년에 김일성을 잡으러 다녔고, 심지어 70이 된 김일성의 할머니까지 끌고 다니면서 김일성 회유 공작을 벌였겠습니까? 선생은 군관 병사들을 그렇게 많이 만나보면서, 일개 병사보다 더 많은 정보를 가진 그런 인물은 왜 찾아가지 않습니까?

관련되는 증거는 문헌사료에도 있습니다. 『일본현대사사료집』에 보면 1940년 노조에 소장이 이끄는 토벌대가 양정우 토벌을 마친 후 3개월 동안 김일성 토벌을 중점 진행한다고 나와 있습니다. 김일성이 죽은 후에 김일성 토벌을 하러 3만여 명의 토벌대를 조직해서 죽은 김일성을 토벌한다고 돌아다니다니, 일본군 소장 노조에가 머저리여서 그랬겠습니까? 선생은 그런 사료는 왜 보지 않습니까?"

내가 이렇게 사실에 근거하여 쭈욱 반박하자 이명영은 묵묵히 듣다가 이렇게 말하는 것이었다.

"예, 선생님. 그렇다면 북조선에 있는 김일성이 역사 속의 민족영웅 김일성이 틀림없다는 확실한 자료를 제게 주십시오. 그러면 제가 책을 다시 쓰겠습니다."

그러고는 그 다음부턴 내게 한국말로 이야기했다.

우리가 이렇게 날선 논쟁을 벌이자 일본 측 단장 등이 이명영을 붙잡고 "우리가 배우러 왔는데 공손하게 하지 않고 왜 이러십니까?" 하며 말렸다. 대체로 일본 학자들은 겸손하게 배우는 자세를 가졌으나 이명영이 지나치게 상식 밖의 태도를 보이는 바람에 나는 기분이 상했다. 담화가 끝나자 일본 학자들이 감사의 뜻으로 저녁식사 자리를 마련했다며 함께 가기를 청했으나 나는 화가 가라앉지 않아 거절하였다.

이런 에피소드가 있긴 했지만 일본 학자들과 나와의 관계는 폭넓게 진전되었다. 『동북항일연군투쟁사』 편찬이 일본 학자들에게 적지 않은 영향을 주고, 나와 일본 학자들 간의 교류에 물꼬를 튀운 계기가 된 것이다. 일본의 와다 하루키 교수는 『김일성과 만주항일전쟁』이라는 책 서문에 나에 대한 감사를 각별하게 표시하였다.

다른 학자들도 나에게 존경의 뜻을 표해 왔는데, 특히 『동북항일열사전』을 일본어로 번역·출간했던 학자들이 우리 연구 성과를 높이 평가했다. 『열사전』 1권 일본어판 서문에서 다음과 같이 쓰며 일본 학자들이 반성하고 겸손할 것을 촉구했다.

"간혹 일본의 일부 학자들은 중국 학자들이 쓴 책과 북조선 학자들이 쓴 책 사이에 모순이 있다며 흠집을 잡아 비판하기도 했는데, 우리 일본 학자들이 자기 마음가짐을 바로 해서 자기반성을 할 일이지 우리가 북조선과 중국 학자들의 이견을 기회삼아 그 연구 성과를 깎아내려서는 안 될 일이다."

5. 일본 대학의 초청을 거절

어느 해에는 일본 게이오대학慶應義塾大学이 나에게 객좌교수 자리를 제안했다. 1~2년 간 대학에서 강의도 하고 게이오대학의 연구자들과 함께 동북항일연군 공동 연구를 해서 연구서를 출판하자는 것이었다. 일본 학자들은 우리가 펴낸 『열사전』과 『동북항일연군투쟁사』를 통해 중국에 사료가 많다는 것을 새롭게 알게 된 것이다. 그러므로 그들이 가진 일본 사료와 우리가 가진 중국 사료를 교차 검토하여 공동 연구를 하면 보다 높은 수준의 연구 성과를 낼 수 있을 것이라며 나를 설득했다. 그들은 아주 열의 있게 나를 초청해 왔고, 초청장까지 보냈다.

나는 도쿄대학도 아닌 게이오대학에서 왜 이런 사업에 몰두하는가 의아했다. 게이오대학 측은 설명하기를, 도쿄대학은 국립대학이므로 연구·출판사업이 경직되어 있으나 게이오대학은 사립대학이므로 상대적으로 학술연구가 자유롭다고 했다.

나는 그들의 제안을 받아들일 것인지 깊이 고민했다. 일본어도 어느 정도 자신 있었다. 일본에 갔을 때 몇 번 통역을 맡아주니 일본 사람들이 놀라면서 언제 일본에서 대학을 다녔느냐고 물을 정도였다. 언어 문제에 걸림돌이 없었으므로 공동 연구에 흥미가 가기도 했다. 그리고 그들의 제안이 나에게 호의적인 제안이며 실제로 좋은 기회일 수 있다고 생각했다. 그러나 나는 깊이 고민한 끝에 그 제안을 거절했다.

"나를 높이 평가해주고 호의를 보여주시니 매우 감사하지만, 나는 지금 사업에서 떠날 수 없습니다. 감사하고 죄송합니다."

당시 내가 아주 바쁘게 지냈던 것은 사실이다. 그러나 그것이 제안을 거절한 진짜 이유는 아니었다. 나는 일본과의 공동역사연구가 제대로 될 것인지 확신할 수 없었다. 우선 나는 일본어에 능숙하기는 했으나 그렇다고 일본어 책을 온전히 내 힘으로 집필할 정도의 실력은 아니었다.

뿐만 아니라 일본인들이 제공한 자료를 받아 일본 땅에서 출판해야 한다는 것은 더욱 부담스러운 일이었다. 나와 일본 학자들이 공동 연구하여 서로 의견을 좁혀 순조롭게 출판에까지 이를 수 있게 될 것인지 나는 의심했다. 중국에서 자기 역사에 대한 책을 출판할 때에도 같은 중국인들끼리조차 쟁론이 좁혀지지 않아서 내가 그것을 조정하고 설득하는 것이 무척 힘들었다. 그런데 일본 사람들과 내가 어떻게 그렇게 깊이 있고 솔직하게 쟁론을 할 것이며, 그렇게 쟁론해서 내 줏대를 세울 수 있겠는가? 내가 내 논지를 세우지 못하고 내 마음에 들지 않는 책을 출판해 내게 된다면 그건 얼마나 아픈 일이겠는가?

내가 이런 결론을 내리게 된 것은 그간의 경험을 통해 얻은 내 나름의 처세였다고 할 수 있다. 역사를 공동으로 연구한다는 건 참으로 어려운 일이다. 주은래 총리가 처음으로 동북항일연군 연구와 기념사업을 지시하면서 조선과 공동으로 연구하여 항일투쟁사를 출판하라고 지시하였지만, 나는 조선과의 공동 연구는 가능한 일이 아님을 이후에 알게 되었다. 만약 그 사업이 계속 진행되어 조선과 공동 연구서를 출판하고자 계획이 진행되었다면 내가 중간에서 정말 크게 애를 먹을 뻔 했다. 지금 중국이 한국과 공동 연구를 하고 있긴 하지만 물밑에서 여러 어려운 일들이 일어나곤 한다. 내가 당사연구소에서 물러난 후에 안중근 연구와 기념사업을 진행하면서도 그런 일들이 있었다.

나는 1980년대 후반부터 한국과 교류하면서 안중근 연구와 기념사업에 몸담았다. 당사연구소에서 물러난 1990년대 중·후반부터 안중근 연구를 본격적으로 시작해서 논문도 쓰고 전시도 기획하였다. 하얼빈시에 안중근 전시관을 개관할 때에도 전시관을 조성하고 서문과 설명글을 작성할 때에 다양한 사람들을 배려하고자 신경을 많이 썼다. 중국의 입장에서는 '외국인'인 안중근의 항일투쟁 기념 시설이므로 중국 각계 사람들, 즉 학자들과 지도자들, 그리고 일반 대중들이 반감 없이 그 교훈을 받아들일 수 있도록 조성하고자 상당히 노력했다.

그럼에도 막상 전시관이 개관하자 모두가 그 전시 내용에 동의한 것이 아니었다. 우리는 한국에도 각계에 초청장을 보냈다. 안중근 의사가 한국에서 최고의 독립투사로 추앙받는 인물인 만큼 우리는 겸손히 의견을 듣겠다고도 했다. 한국의 전 국무총리인 황인성·이수성 등이 와서 관람했다. 이수성이 왔을 때 내가 전시관을 안내하며 "전시관이 어떻습니까? 서문이나 전시관 내용이 어떻다고 생각하십니까?" 하고 물었다. 이수성 총리는 처음에는 예의를 차려 좋다고만 하였으나 내가 재차 물으니 이런 저런 점들을 지적하며 고치는 것이 좋겠다고 의견을 피력하였다.

이수성 총리의 의견을 듣고 있자니, 너무도 한국 사람의 입장에서 이야기한다는 생각이 들었다. 하얼빈의 안중근 전시관은 한국인 안중근을 기념하는 곳이지만 중국 전시관이지 한국 전시관이 아니라는 점을 한국인들은 받아들여야 한다. 그렇다고 중국 조선족 전시관도 아니다. 중국 학자들의 연구 성과에 근거하고 중국이라는 국가의 역사관을 표현하는 중국의 공식 전시관인 것이다. 그러므로 중국 학자의 입장에서 말하고 서술하고 전시를 구성하는 것이다.

나는 한국 학자들이 하얼빈에 와서 안중근 전시관을 관람하고 이야기하는 것을 들으면 이 전시관이 중국의 시설물이라는 사실을 배려하지 않는다고 느꼈다. 그럴 때면 나는 "이건 중국 사람들이 만든 중국의 전시관입니다. 그 사실을 좀 이해해 주십시오", 이렇게 말하곤 했다.

기념관의 전시를 가지고도 어려움이 많으니 공동 연구에서는 더욱 곤란한 일이 벌어질 수 있다. 이를 보여주는 좋은 사례가 있다. 1965년 경 중국과 조선 간 협력 사업으로 진행된 고구려 유적 공동 발굴사업 당시의 일이다. 이 공동사업은 김일성의 요청으로 시작되었다. 조선에서 중국 지역의 고구려 유적을 조사하고 싶다며 중국 측에 협조를 부탁한 것이다.

"중국 동북지방, 특히 요동반도와 송화강 이남 지역에 많은 고구려 역사유적지가 있습니다. 고구려 역사를 연구하는 조선 고고학자들이 방문 조사하고자 하는데 중국에서 협조해주시기 바랍니다."

주은래 총리는 조선의 부탁을 수락하고 더 나아가 공동 발굴과 연구를 제안했다.

"조선에서 고고학자 대표단을 보내 주십시오. 중국에서도 고고학자 대표단을 만들어 두 나라 대표단이 합작하여 공동 발굴·연구하도록 합시다."

이렇게 되어 조선의 고고학 대표단이 중국을 방문하고, 중국 학자들도 대표단을 꾸려 1년 남짓 공동 조사사업을 진행하였다. 조선 측 대표단에는 당시 조선에서 유명한 역사학자인 김석형도 포함되어 있었다. 이 공동 조사사업을 통해 발굴한 유물들을 모아 북경에서 전시회도 열었는데, 나도 그 전시회를 관람하였다.

그런데 공동 조사사업을 진행하는 중에 조선과 중국 사이에 의견 대립이 생기고 말았다. 새로이 유적·유물을 발굴하면 그것이 어느 시기 어느 국가의 것인지 학자들이 토론하는데, 중국 학자들은 당나라 유적이라고 주장하고 조선 학자들은 고구려 유적이라고 주장하는 것이다. 이런 경우가 종종 발생했다. 두 나라 학자들이 유적의 서로 다른 측면을 강조하며 그것이 자기 나라 유적의 특색이라고 주장했던 것이다. 조사와 토론이 계속되자 대립이 더욱 많아졌고, 공동 의견을 낼 수 없는 일이 많았다. 사업을 시작할 때에 중국 측은 고구려 유물이 발견되면 발굴하여 조선으로 가져갈 수 있도록 합의해 주었다. 그러니 조선 학자들은 발견된 유물이 고구려 것이라며 조선으로 가져가겠다고 하고, 중국 학자들은 그것이 중국의 유물이니 곧 중국 재산이라며 막아섰다.

이렇게 두 나라 대표단 사이에 갈등이 불거지자, 주은래의 입장이 난처해졌다. 조중 간 친선을 위해 만든 사업인데 오히려 관계가 나빠지는 결과가 되어버린 것이다. 주은래는 해결 방안을 모색하라고 지시했다. 국무원 외사판공실 주임 이일망이 나를 불러 사안의 전말을 이야기해 주었다. 그리고 유물 전시장으로 나를 데려가 논란이 된 유물들을 보여주고 어느 나라 유물이라고 생각되는지 나의 견해를 물었다. 여러 유물 가운데 가마를 본 것이 기억나는데, 조선 가마와는 비슷한 점이 없고 발이 달려 있었다. 나는 고고학을 전혀 모르고 현대의 조선 풍습도 잘 모르므로 판단할 수가 없었다.

"내가 보아서는 무엇이 조선 것인지 하나도 모르겠습니다. 이것을 판별하는 일에는 제가 관여하지 못하겠습니다."

결국 주은래가 정치적으로 판단할 수밖에 없었다. 주은래는 양국 대표단에게 이렇게 말했다고 한다.

"당신들은 과학자 아닙니까? 과학자는 객관적 사실을 존중하므로 국가적 이해보다는 과학자들 사이에 통하는 공동 언어로 판단할 수 있다고 생각했습니다. 그래서 중국-조선 간의 공동 연구가 좋은 성과를 거둘 것이라고 믿었던 것입니다. 그런데 당신들이 민족 간에 견해가 갈려 전혀 합의를 보지 못하니 참으로 유감스럽습니다. 어쩔 수 없이 정치인이 해결해야 하는 상황이 되었습니다. 나는 정치인이므로 과학 표준은 알지 못합니다. 내가 과학자라면 과학자로서 표준을 마련하겠지만, 나는 그럴 만한 자질이 없으므로 할 수 없이 정치적으로 해결하겠습니다.

지금 이 유물들은 중국 영토 내에서 발굴된 유물들이라는 사실을 일차적으로 감안하겠습니다. 일단 두 나라 학자들이 고구려 유물이라고 동의하는 유물에 대해서는 원본을 조선으로 보내고 그와 똑 같은 복제품을 만들어 중국에 두어 기념하도록 하시오. 그런데 의견이 갈라져서 어느 나라 것이라고 합의되지 않는 유물은 중국에 남겨두어야 합니다. 대신 똑같은 복제품을 만들어 조선에 증정하도록 하겠습니다. 나는 정치가로서 이런 해결 방법밖에 찾을 수 없었습니다."

주은래가 이렇게 결단을 내려 공동 조사사업의 갈등을 봉합하였다. 2천 년 전의 역사를 가지고도 민족 간에 이견을 좁힐 수가 없었으니 현대 문제는 어떠하랴. 서로 다른 민족끼리 하나의 주제를 함께 연구하여 결론을 이끌어낸다는 것은 그만큼 어려운 일인 것이다.

6. 다양한 연구 편찬사업

당사연구소에 20년 넘게 재직한 시간들을 돌이켜보면 참 많은 일을 했다. 내가 1984년부터 7년간 소장으로 있을 때에 제일 일을 많이 했다. 『동북항일연군투쟁사』 외에도 몇 가지 책들을 펴냈는데, 다른 사람들과 협조하긴 했지만 주요하게는 내가 작업했다.

우선 『동북항일연군투쟁사』를 집필할 때 주로 인용된 자료들을 모아 『동북항일연군사료』를 상·하 두 권으로 만들었다.* 중국에서는 보통 연구서 매 대목마다 참고문헌을 달지 않는데 『동북항일연군투쟁사』도 마찬가지였다. 『동북항일연군투쟁사』의 근거 사료들 가운데서 중요한 것들만 추려 묶어서 『동북항일연군사료』를 만든 것이다.

이 사료집은 '중국공산당 역사자료총서'로서 출판되었다. 『동북항일연군사료』가 중국공산당에서 공식적으로 인정하는 당사 자료라는 의미이다. 이 무렵 중국공산당에서는 당 군사軍史 관련 사료총서로서 동북항일연군·팔로군·신사군 사료를 공식 기획 출판했다. 그 가운데 내가 맡은 『동북항일연군사료』가 제일 먼저 출간되어 이후에 다른 사료집이 출판되는 데 본보기 역할을 했다. 등소평이 직접 책 표제를 쓰고 당시 중국공산당 당사연구실 주임으로 있던 호교목이 직접 심사를 맡을 정도로 중앙에서 이 사료집을 중요시했다.

『동북항일연군사료』에 수록된 사료는 당과 항일연군 문헌사료, 노투사들의 회억록, 항일투쟁 시기 신문·잡지자료, 그리고 일제와 만주국이 편찬한 사료적위당안 등에서 선

....
* 동북항일연군사료편찬조, 『중국공산당역사자료총서: 동북항일연군사료(상·하)』, 중공당사자료출판사, 1987.

별했다. 그런데 당 중앙에서 심사할 때 호교목 주임이 적지 않은 사료들을 삭제하였다. 당의 입장에서 사료를 선별하는 과정에서 당 중앙의 옛 과오를 드러내는 문헌을 모두 삭제해 버린 것이다. 그 사료들을 삭제한 것은 지금 생각해도 아쉬운 일이었다.

호교목은 사료집에 수록된 문건 가운데 당 중앙의 입장에서 판단하여 명백하게 당의 문헌이라고 내세울 수 있는 문헌만을 승인하였다. 당의 공식 사료집인 만큼 당의 입장을 대표한 문헌만이 출판되는 것은 당연한지도 모른다. 그러나 당의 과오를 드러내는 문헌들은 당을 대표할 수 있는 문헌이 못 된다고 판단해 삭제한 것은 분명 착오였다. 역사상에서 그 문건이 발령된 시점에서는 분명 그것이 당의 대표 문건이었다. 그 문건으로 인하여 당내에 쟁론이 생기고 역사적 선택이 이루어졌는데 그것을 공개하지 않으면 역사를 바르게 해석할 수 없게 된다.

그렇게 삭제된 자료들은 아직도 공개되지 않았고 당내 문헌집에만 남아 있다. 가령 국방위원회 회의 결의 문헌 등 출판될 경우 당의 착오였다고 비판받을 만한 문헌은 애초에 수록하지 못하게 한 것이다. 또 왕명·강생의 지시신도 모두 삭제되었는데, 이는 동북항일연군 투쟁사에서 가장 중요한 문헌들을 삭제한 조치였다. 왕명과 강생의 지시를 따를 것인지 여부를 가지고 당시 동북항일연군 내부에서 많은 논쟁과 투쟁이 벌어졌던 것이다. 우리 『투쟁사』 집필회의에서도 가장 많은 쟁론이 벌어졌던 사안이 왕명·강생 지시의 시비를 판명하는 문제였다.

내가 흑룡강성 당사연구소에 재직하면서 펴낸 또 다른 출판물로 항일연군 각 군 군사軍史 총 8권이 있다. 동북항일연군 1군부터 11군까지 각 군의 역사를 상세하게 기술한 것으로 『투쟁사』의 기초 작업으로 작성한 원고를 정리하여 출판한 것이다. 이는 1991년 출판된 『투쟁사』보다 몇 년 앞선 1986~1988년간에 순차적으로 출간되었다. 이 책들은 역사 사료들을 수록하고 각 군의 역사에 대한 상세한 행적을 기록한 것이므로 중앙의 심사를 받지 않고 내가 독자적으로 심사해서 출판할 수 있었다. 이외에 『중공흑룡강당사대사기』*와 『당사인물전』, 여러 종의 자료집을 펴냈다. 그리고 『흑룡강당사자료』

....
* 『中共黑龍江黨史大事記 1949.10~1989.12』, 흑룡강인민출판사, 1991.

등 당사 자료집을 1년에 여러 권씩 출판하였다.

내가 소장으로 있던 시기 흑룡강성 당사연구소는 오랜 경험과 연구·출판 성과로 보아 전국 당사연구소 가운데 손에 꼽히는 당사연구소였다. 중앙에서 회의할 때면 "흑룡강성 당사연구소 소장 김우종 동무가 먼저 발언해 주십시오"라며 나의 경험과 의견을 우선 듣고 참작하고자 하였다.

7. 『동북항일연군사』 증보판 편찬

2000년이 되어 당 중앙에서 동북항일연군투쟁사를 개정 증보하라는 결정이 내려졌다. 1991년에 출판된 동북항일연군투쟁사는 사료의 부족과 시대적 한계 때문에 상세히 쓰지 못한 부분들이 있었고 10여 년간 축적된 연구를 반영하여 보강할 필요가 있었다. 동북 3성에서 먼저 발의해 길림성위에서 중앙에 의견을 제출했고, 당 중앙 총서기 후진타오가 비준해서 '동북 3성에서 학자들을 조직하여 항일투쟁사를 증보 편찬할 것'이 결정되었다. 새로이 꾸려진 편집조에서는 과거 『동북항일연군투쟁사』 편찬을 총지휘했던 나와 왕경에게 경험을 전수해 줄 것을 청해 왔다.

나는 1996년 은퇴한 뒤로 당사연구실 일에는 더 이상 관여하지 않고 그저 휴식하며 안중근 기념사업 등 다른 일에 전념하고 싶었다. 그런데 중앙당사연구실에서 나를 편집조 고문으로 직접 지명하여 2002년부터 당사연구실 고문으로서 항일투쟁사 집필 사업을 지도하게 되었다. 거절하고자 했으나 중앙당사연구실 주임이 직접 하얼빈까지 찾아와 부탁하니 어쩔 수 없어 승낙했다. 처음에 내게 고문을 맡길 때에는 집필은 당사연구실 연구원들이 맡고 나는 원고를 검토하는 과정에서 문제가 있을 때에만 조언을 주는 것으로 되어 있었다. 그러나 사업을 진행하다 보니 나의 역할이 늘어나서 사업의 총적인 지도를 맡게 되었다.

나는 예전 『동북항일연군투쟁사』 편찬 사업 당시에 했던 것처럼 집필 지침을 마련하고 집필 대강을 짜고 집필진을 분배해 맡겼다. 원고가 수합된 뒤에는 검토 교열하였다.

원고 교열작업은 학자들 간에 서로 맡아 하기가 어려운 법이므로, 중앙당사연구실에서 나에게 총주편을 맡아 직접 교열 작업을 맡아 달라고 부탁한 것이다. 내가 손으로 고치면 내 밑의 조수 두 명이 타자로 수정 입력하도록 했다. 그렇게 2008년~2009년간 항일투쟁사 증보판 심열을 맡아 진행했다. 한어로 근 100만 자 분량이 되어 상·하 두 권으로 만들게 되었다.

내가 교열 작업을 하면서 원래 필자의 의도와 완전히 다르게 고친 부분이 많았다. 그렇게 전혀 다른 방향으로 고칠 때에는 그 이유와 근거를 써서 서면으로 해당 필자에게 보냈다. 뿐만 아니라 중앙당사연구실에도 같은 내용의 보고서를 써서 심사받는 절차를 거쳐야 한다. 교열 작업 자체보다 수정 내용을 설명하는 보고서 작성이 더 힘들었다.

필자들 중에는 잘 고쳐주어 고맙다는 사람도 있었으나 항의하는 사람도 있었다.

"내가 장악한 사료와 총주편께서 장악한 사료가 다릅니다. 나는 총주편께서 이렇게 고치신 것을 수긍할 수 없습니다."

이렇게 서면으로 이의서를 써서 중앙당사연구실에 제출하고 또 북경을 직접 방문해서 설명하고 토론하기도 하는 것이다. 토론이 접점을 찾지 못하면 다시 학술회의를 조직해서 토론하는데, 이를 위하여 관련 사료 문건들을 뽑아 복사·정리하여 자료집을 만들어 나누어주어야 했다. 그 과정이 아주 힘들었다.

그렇게 열심히 준비하고 며칠씩 토론하고 나서야 "총주편께서 수교하신 데 대하여 원칙적으로 찬성합니다. 그러나 이러한 점들을 반영해 주시면 좋겠습니다." 라고 의견을 절충하고자 했다. 그러면 나도 "찬성합니다. 그러면 동무가 이야기한 방향으로 먼저 고쳐서 내게 가져오시오. 그러면 내가 합의된 의도에 맞게 고치겠습니다." 이렇게 결론을 내리곤 했다.

회의는 북경에서 진행하는데, 마지막 회의는 20일 가량, 아침 여덟 시부터 저녁 다섯 시까지 꼬박 앉아서 토론했다. 그렇게 집필·교열·토론·수정을 거친 원고를 인쇄본으로 만든 후 관련 부문 기관에 보내 의견을 청취했다. 외교부, 당 대외연락부, 해방군 총정치국, 해방군 군사과학원 등에 인쇄본을 발송하면 각 기관에서는 책 내용에 문제가 없으므로 출판에 동의한다는 답변을 서면으로 보내왔다.

책을 발행하기 위한 모든 사업이 끝났으나 출판은 수년간 연기되었다. 나는 사업이 끝난 뒤에는 더 이상 관여하지 않겠다고 말했으므로 따로 재촉하거나 관계 기관에 문의해 보지는 않았다. 그러나 당 중앙에서 최종 결정해 출판하면 되는데 5년이 지나도록 발행되지 않자 궁금한 마음이 들어 나름대로 그 이유를 생각해 보았다.

우리 『동북항일연군사』는 단독으로 기획된 것이 아니라 만주사변 이후 일본의 동북 침략과 대응이라는 주제의 시리즈 중 하나였다. 동북 3성에서 동시에 세 가지 주제로 편찬 사업이 진행되었다. 흑룡강성의 동북항일연군사 외에 요녕성에서는 '중공당 만주 성위사', 길림성에서는 '일본 만주침점 14년사'를 각각 맡았다. 이 세 책이 내용상으로 교차되는 부분이 많고 일본과의 '역사투쟁'에서 아주 중요한 역할을 갖게 되는 것이다. 그러므로 요녕성과 길림성에서 편찬 사업이 마무리되면 동시에 출판하려고 기다리는 것이 아닌가 생각되었다.*

8. 『동북지역 조선인 항일력사 사료집』을 펴냄

나는 은퇴 후에 한국 국사편찬위원회와의 공동 사업으로 『동북지역 조선인 항일력사 사료집』을 출간하였다.** 1927~1945년간 동북지역 항일투쟁 사료 가운데 조선인들의 항일 발자취를 알려주는 사료들을 뽑은 것이다. 여러 혁명적 정당·단체 및 개인의 결의·문건·보고·서신·격문·일기·회의기록·통고 등 사료들이 수록되었다. 이는 내가 수십 년간 당사연구소 사업을 통해 방대한 사료를 수집해 놓았기에 가능했던 것이며, 또한 한국 국사편찬위원회의 지원과 협력이 있었기에 가능했던 사업이다.

이 사료집을 출간한 것은 나의 당사 연구 여정에서 마지막 결실을 맺은 것이며 나의

....

* 『동북항일연군사』는 항일전쟁 승리 70주년 기념 출판물로 2015년 9월 발행되었다. '东北抗日联军史'编写组, 『東北抗日聯軍史』, 중공당사출판사, 2015.
** 김우종 주편, 『동북지역 조선인 항일역사 사료집』 제1권~제11권, 흑룡강조선민족출판사, 2003~2005년.

마지막 소망을 이룬 것이었다. 나는 30년을 항일투쟁사 연구와 흑룡강성 중공당사 연구에 몸담은 사람이지만, 퇴직할 때까지도 조선인 항일투쟁 역사에 대한 연구는 거의 하지 못했다. 나는 일선에서 물러나면서 이 분야에 대한 작업을 하기로 마음먹은 바 있다.

중국 동북지방 항일투쟁사에서 조선인들의 참가 인원이 많고 작용이 컸다는 것은 모두가 공인하는 일이다. 그들 중 많은 사람들이 훗날 조선에 건너갔고, 일부는 중국에 남아 있게 되었다. 중국에서는 항일투쟁 사적을 언급했으나 조선인의 항일투쟁에는 집중할 수 없었고 주로 중국인 위주로 언급하였다. 한편 조선에서는 동북지역 항일투쟁을 다룬 책과 기념물이 많이 있지만 김일성 위주로 되어 있다. 한국에서는 항일투쟁 연구가 소외되어 있는 실정이었다. 그러므로 중국과 남북조선 모두에서 동북 조선인 항일투쟁사 자료 정리와 역사 편찬은 아주 미비한 실정이다.

역사를 연구하는 사람으로서 나는 원시자료를 정리하는 작업이 무엇보다도 의미 있고 중요하다고 생각한다. 역사라는 것은 시대가 바뀌면서 뜯어고쳐지기도 하고, 어느 나라에서 서술하느냐에 따라 다른 입장에서 서술되기도 한다. 그러나 진실한 역사를 쓰려면 철저히 사료에 근거해야 한다. 진실된 사료가 남아있는 역사에 대해서는 객관적이고 정확한 연구가 수행될 수 있지만 사료가 정립되어 있지 않으면 자기 입맛에 맞게 추측하게 되는 법이다.

나는 늘 책임감 있게 일해 왔지만 이 사료집을 만드는 데 있어서는 내가 반드시 해야만 하는 사업이라는 강렬한 사명감을 가지고 임했다. 사료집을 만들려면 우선 기반이 되는 사료들이 있어야 하고, 그 사료를 완전히 장악한 학자가 있어서 그 경험과 안목을 가지고 사료를 줄기에 맞게 쫙 배열할 수 있어야 한다. 지난 수십 년 간 항일투쟁사 사료의 발굴 단계부터 연구서 편찬까지 전적으로 관여해 온 내가 이 작업을 하지 않는다면 후대에 나와 같이 이 사료에 통달한 전문가가 나오기 어렵다. 나보다 나은 학자는 나올 수 있겠지만 나만큼 동북항일투쟁의 1차 사료를 꿰뚫기는 아주 어려울 것이다. 그러므로 내가 죽기 전에 이 작업을 해놓아야 후대에 사료를 남길 수 있고, 그러면 동북 항일연군에서 조선인 공산주의자들의 역할에 대한 역사 연구가 후대에도 무리 없이 진행될 것이다.

지금 중국과 한국 사이에 고구려·발해 역사를 두고 논쟁이 진행 중이다. 나는 그 분야의 전문가가 아니므로 딱 무엇이라 평가하기는 곤란하지만, 이렇게 논쟁이 되는 것은 문헌근거가 제대로 남아있지 않기 때문이 아닌가 생각된다. 어느 자료를 보면 동북성은 한국 것이고, 다른 자료에 근거한다면 중국에 예속된다. 그러니 서로 자기 나라에 유리한 대목을 찾아서 자기 근거로 활용하니 양국 간에 역사 문제가 합의되지 않는 것이다. 사료는 역사를 바로잡는 핵심 역할을 한다.

이 사료집을 출간하기 전에 수년간 중·한 간 역사교류사업을 통하여 상호 신뢰가 축적되고 한국에서도 미리 상당한 사료를 수집해 놓았으므로 이 사료집을 출간할 수 있었다. 나는 은퇴 후에 한국과 내왕하면서 한국 국사편찬위원회의 사료 수집을 도와주었다. 이성무 교수가 위원장으로 있을 때에 중국을 방문하면 내가 같이 모시고 다니면서 소개했다.

국사편찬위원회는 중앙당안관과 <항일투쟁사 사료교류에 대한 협정>을 맺었고, 흑룡강성 당안관과도 협정을 맺었다. 흑룡강성 당안관은 국사편찬위원회와 맺은 협정에서 "우리 흑룡강성 당안관이 소장하고 있는 한국인 항일투쟁 관련 일체 사료를 제공한다. 단 사료 제공을 위한 수속·복사 비용은 한국 측이 부담한다"고 협약하였다. 그리하여 흑룡강성 당안관 소장 사료들을 국편에 제공하는 사업이 시작되었다.

그런데 사료 복제가 시작되자 중국 측 복사기가 품질이 좋지 못해 한국 측의 마음에 들지 않았다. 그래서 한국 측에서는 한국 복사기 한 대를 구입해 흑룡강성 당안관에 증정하고, 또 복사 매수별로 별도의 복사비를 지불하겠다고 제안했다. 흑룡강성 당안관에서는 아주 좋은 조건이었으므로 자료 제공을 적극 협력해주었던 것이다. 국사편찬위원회는 이렇게 나를 통하여 중국 중앙 및 각 성 당안관과 공식 교류하면서 중국의 많은 역사자료들을 수집했다. 이 사료들을 바탕으로 사료집 간행 사업을 시작하였다.

이성무 위원장 후에는 이만열 위원장이 아주 큰 협조를 해주어서 중국 당안관의 협력을 끌어낼 수 있었다. 중국 당안자료를 한국이 수집했다 해도 이를 출판하기 위해서는 중국 당국의 허가가 있어야 하는데, 내가 직접 당안관 관장과 이야기한 바도 있지만 국사편찬위원회와 중국의 당안관이 협정을 맺었던 것이다. 사실상 조선인의 만주 항일 투쟁 자료가 다 한국에 보내져 공개되게 된 셈이었으므로 자료 편찬에 걸림돌도 없어 졌다. 그렇게 국사편찬위원회와 나와의 공동 사업으로 『동북지역 조선인 항일력사 사료집』을 편찬하게 된 것이다. 경비를 국사편찬위원회에서 대고 작업은 중국에서 진행 했다.

사료집 편찬은 방대한 사업이었다. 동북항일연군 관련 사료들은 거의 다 모아졌으나 사료들이 방대한 자료군에 단절적·파편적으로 산재되어 있었으므로 체계를 수립하고 검토 선별해야 했다. 이는 내가 맡을 수밖에 없었다. 원사료를 수집할 때에도 내가 거의 전적으로 관여했고, 여러 연구서와 자료집을 편찬하면서 나는 이 사료들을 다 장악하고 있었다. 1차 사료의 선별은 어렵지 않았다. 내가 축적한 사료들이 대부분이었고 유관부문과 협조하여 일부 보충하였다. 흑룡강성 당안관과 하얼빈의 동북열사기념관에 있는 자료를 바탕으로 연변에서 수집한 사료들, 그리고 중앙군사과학원에 있는 자료들 가운데 조선인 자료를 별도로 정리해 냈다.

1차로 사료들을 선별한 다음에는 각각의 사료 안에서 조선인 관련 부분만 발췌했다. 사료들이 거의 중국공산당 사료들이므로 조선인만 관련된 사료는 많지 않으며, 문건의 부속 사항으로 조선인 관련 사항이 들어있다. 하나의 문건 가운데 조선인과 관련된 부분이 한 문장뿐이라면, 그 전체 문건 가운데 어느 만큼의 분량을 수록할지 판단해야 할 경우가 많았다. 이렇게 모은 사료를 초보적으로 정리해 보니 400만 자, 책으로는 10권 분량이나 되었다.

중국어판과 한국어판을 동시에 출간하기로 되어 있었으므로 한국어로 번역도 해야 했다. 번역 작업을 위해 대여섯 명의 인력을 조직했는데 중요한 사료는 더러 내가 직접 번역했다. 번역이 제대로 되었는지 검토하는 작업도 만만치 않았다. 이렇게 사료집 11권을 내기 위해 나는 매년 2~3개월씩 3~4년을 꼬박 몰두했다.

『동북지역 조선인 항일력사 사료집』 간행 사업에서 내가 주필을 맡고 나의 오랜 동료인 당사연구소 원인산 연구원, 그리고 흑룡강민족출판사 사장 림영만이 부주필을 맡았다. 이 사료집은 2003년부터 2005년 사이에 순차 간행되었으며, 흑룡강민족출판사에서 출판하였다. 이 사료집이 흑룡강민족출판사 역사상 제일 중요한 책이었다고 한다. 이 사료집은 국제도서출판전람회에 전시되었는데, 전람회에 전시된 다른 책들은 거의 팔리지 않았으나 이 책만 팔렸다는 후문이다. 한국과 일본, 미국에서 온 학자들에게 많이 팔렸다고 했다.

나는 역사가 남긴 사료를 다만 정리해놓았을 따름이다. 그러나 이렇게 사료가 굳건히 바탕이 되어 있으면 동북항일투쟁사에서 조선인이 얼마만큼의 비중을 갖고 역할했는가 하는 문제가 이제 축소되거나 왜곡될 우려가 없다. 바른 역사의 답안을 내놓을 수 있게 된 것이다. 그만큼 역사적 의의가 있는 사료집이다.

이 사료집이 또한 의의가 있는 것은 중공당 문헌 가운데 조선족 사료를 공개 출판하는 전례를 만들었다는 점이다. 과거에는 당안 부문의 허가 없이 이런 사료집을 출판하는 것은 참으로 위험천만한 일이었다. 출판을 잘못했다가 걸려들어 비판당하고 처벌받은 사례가 상당히 있기 때문이다. 내가 이 사료집을 출판하니 연변 학자들이 아주 좋아하면서 이제 자기들도 마음 놓고 조선족 사료집을 만들어야겠다며 사료집 출판 사업을 대대적으로 펼쳐나갔다.*

내가 이 사료집을 준비하면서 중앙당안관 관장에게 사료집 출간에 대한 견해를 물어본 일이 있었다. 중앙당안관장은 출판에 동의한다거나 반대한다는 등의 명확한 태도를 표명하지 않고 다만 이렇게 말했다.

"그걸 지금 그렇게 출판할 필요가 있습니까? 그러나 출판한다 해서 특별히 법에 걸릴 것은 없습니다."

중국 당안법은 40년 이상 당안은 공개하는 것이 원칙인데, 내가 다루는 당안은 40년을 훨씬 넘은 70년 전후의 당안들이다. 그러므로 법적으로는 공개해도 무방하다는 것

....

* 중국 연변대학 민족역사연구소와 고적연구소에서는 연변인민출판사와 공동으로 『중국조선족사료전집』을 기획 편찬하였다. 이 전집은 2009년부터 2015년까지 7년 간 력사편 46권, 정치경제편 17권, 철학종교편 3권, 문화예술편 3권, 언어문학편 6권, 신문잡지편 20권, 교육편 2권, 민속편 3권 총 100권으로 발행되었다.

이었다.

이전에 당에서 중국어로 된 내부 사료집을 펴냈는데, 조선에서 나에게 이 사료집을 구해 달라고 부탁하였다. 나는 이것이 당 내부문헌이므로 내가 임의로 줄 수 있는 자료가 아니라고 말하고 중앙당안관 관장에게 견해를 물었다.

"조선에서 이 내부 사료집을 한 부 달라고 하는데 어떻게 해야 합니까?"

중앙당안관 관장이 답하기를 "조선에서 한번 나를 초청하라고 하시오. 그래서 내가 조선을 방문했을 때 조선 측이 내게 직접 요청한다면 내가 돌아와 중앙에 보고할 것입니다. 그러면 중앙에서는 반대하지 않고 주라고 할 것입니다."

나는 조선 측에 그대로 전달했고, 중앙당안관 관장의 말 그대로 실행되었다고 한다.

이처럼 당 내부 문건이 조선에도 들어갔고 이런 상황을 내가 알고 있으므로 이 사료집을 출판해도 문제가 되지 않을 것이라 생각했던 것이다. 정식 허가를 받지는 않았지만 내가 이것을 출판하려 한다는 것을 비밀로 한 것도 아니었다. 중앙당안관 관장에게 알리고 공개적으로 진행했고 공개 출판했다. 조금은 조심스러웠고 쉽지 않은 길이었음에도 굳이 이 사료집 작업을 진행한 것은 나의 간절한 의지에 따른 것이었다.

'이 작업을 할 수 있는 사람이 중국 전체에서 나밖에 없다. 내가 안 하면 누가 하겠는가?'

동북항일투쟁사 연구에서 나만이 할 수 있는 역할은 내가 꼭 완수해야 한다는 생각에 나는 이 일을 완성해 냈던 것이다.

7장 안중근 의사 기념사업

1. 하얼빈과 안중근

중국이 한국과 정식 수교한 것은 1992년이었으나 이미 이전부터 중국 각 성 단위에서는 한국과의 교류가 시작되었다. 우리 흑룡강성에서도 한국과의 경제적 사회적 교류가 조금씩 시작되었다. 흑룡강성의 당·정 간부들은 나와 같은 조선족 간부들이 한국과의 관계에 더욱 활기를 불어넣는 역할을 해 주길 기대했다. 조선족들이 한국의 고위층과 연계를 맺어 한국과의 경제교류에 성과를 가져오도록 바랐던 것이다. 그러나 한국에 방문하려면 한국 측에서 초청해주어야 하는데, 나에게는 한국에 나를 초청해줄 만큼 가까운 친척이 없었다.

1988년 서울올림픽 때에 중국 각지의 조선족들이 많이 한국에 다녀왔다. 주로 중요 간부로 있는 조선족들로, 내 친구들 몇이 이때 한국에 다녀왔다. 올림픽이 끝난 뒤에는 중국 측의 초청을 받은 한국 분들이 친척이나 지인 방문을 구실로 중국에 드나들며 관계가 만들어지기 시작했다.

내가 한국 분을 처음 만난 것은 안중근 의사의 조카 안춘생 선생이 하얼빈에 왔을 때였다. 1988년 10월경으로 기억한다. 조선족 사업가인 정덕재가 나를 찾아왔다.

"이번에 우리 외삼촌 안춘생이 한국에서 방문하셨습니다. 안중근 의사의 조카가 되는 분이며, 한국에서 광복회 사업을 하고 계십니다. 중국에서 간부들 몇 분을 만나고 싶어 하시는데, 선생님도 좀 만나 주십시오."

당시 광복회 회장이었던 안춘생은 광복회 사업의 일환으로 안중근 의거를 현지 조사하고 하얼빈 부근에 묻힌 항일 애국지사 유해를 발굴해 송환하는 사업을 추진하고자 중국에 왔다. 그는 하얼빈에 외조카 정덕재가 살고 있었으므로 친척 방문을 신청하여 중국에 올 수 있었다. 안춘생은 하얼빈을 방문하여 조카와 조선족 몇몇 인사들을 만나고 당과 정부 측 간부들도 만났다. 또 안중근 의거 지점을 답사하고 항일 애국지사 묘소도 발굴했다. 그렇게 안춘생이 광복회 사업을 추진하러 여러 사람들을 만나면서 나에게도 오게 되었던 것이다.

내가 안춘생 선생을 만나보니 연세가 이미 70이 넘었음에도 한 50세 정도로 보이는 좋은 체격을 갖고 있었다. 군대에 오래 몸담았던 사람 특유의 건장하고 꼿꼿한 체격이었다. 그는 안중근 의사 의거와 관련하여 나에게 많은 질문을 던졌다. 그런데 나는 이때만 해도 안중근 의사에 대하여 남들보다 더 아는 것이 없었으므로 그다지 해 줄 말이 없었다. 그리고 하얼빈 역 안에 있는 의거 장소는 외부에 공개하지도 않았고 접근조차 못하도록 통제되고 있는 상황이었다.

안춘생 관장은 어릴 때에 수학여행으로 하얼빈에 온 적이있다고 했다. 그때는 일본이 중국 동북을 강점하고 있을 때이므로 하얼빈 기차역 의거 장소에 이토 히로부미의 동상이 세워져 있었고 그곳을 참관하는 사람들은 반드시 동상을 향해 경례해야 했다고 한다. 일본이 패망한 후 소련 홍군이 이토 히로부미의 동상은 치워 버렸으나 동상이 세워진 시멘트 토대 등 흔적은 확연히 남아 있더라고 했다.

나는 당과 정부기관의 몇 사람을 주선해서 안춘생과 만나게 해 주었다. 나와 친한 사이였던 성위 선전부장과 진뢰 성장 등이었다. 안춘생은 나로 인하여 흑룡강성의 최고위급 인사를 만나게 된 것을 의미 깊게 생각하는 듯했다. 당사연구소 소장이던 나에게는 전용 차량과 기사가 배치되어 있었다. 당 성위 소속 차량이므로 모든 기관을 검문 없이 자유로이 출입할 수 있었다. 내 차 번호가 317호였는데, 317호 차는 어느 곳이나 무사통과되는 것이다. 나는 안춘생을 내 전용차로 여러 곳에 안내해주었다.

안춘생은 내가 중요 인사들과의 만남을 주선해주고 여러 곳을 안내해 준 데 매우 고마워하며 나를 한국에 초청하겠다고 말했다. 안춘생이 한국에 돌아가 나에 대한 이야기를 여러 사람에게 했던 모양인지, 이후로 하얼빈에 와서 나를 찾는 한국인들이 늘어났다.

안춘생이 다녀가고 얼마 뒤인 1989년 초, 한국에서 '안중근 사적 답사단'이 하얼빈을 방문했다. 1980년대 후반에는 한국과 소련, 한국과 중국 간에 공식 수교를 앞두고 교류가 활발해지고 있었다. 그러므로 한국 사람들이 소련 극동지역과 중국 동북 일대를 답사하는 것이 가능하게 된 것이다. 답사단 규모는 5~6명 정도로 우선 소련으로 들어가 블라디보스토크와 하바로프스크 일대를 답사하고는 비행기로 하얼빈에 들어왔다.

답사단이 하얼빈에 온 때는 마침 음력 섣달 그믐날이었다. 하얼빈 공항에 내려 택시를 타고 호텔에 들어가니 밤 8시가 다 된 시간이었다고 한다. 호텔에서 저녁식사를 할 생각이었으나 이미 호텔 식당은 다 마감되었고, 매점에도 별다른 먹을 것이 없었다. 그들은 궁여지책으로 나에게 전화를 걸어 사정을 설명했다. 안춘생 선생의 소개로 왔다며 인사하고는, 호텔 밖에 저녁 먹을 곳이 어디에 있는지 내게 묻는 것이었다.

당시에 중국은 식당이 별로 없던 시절이었고, 저녁 6~7시면 모두 문을 닫았다. 그때 중국은 완전히 사회주의 체제였기 때문이다. 나는 소련이 완전히 개방된 후에 소련에 갔는데, 그때에도 소련은 저녁 6시만 되면 문을 열어놓은 식당이 없었다. 중국도 이 같은 형편이었고, 더욱이 명절 전날이므로 한국에서 온 손님들이 식사할 곳이 있을 리가 없었다.

"선생님, 호텔에서 기다리십시오. 곧 모시러 가겠습니다."

중국은 설날이면 가정에 음식을 많이 장만하고 명절을 즐긴다. 우리 집에도 명절 음식들을 많이 장만해놓은 참이었다. 나는 안사람에게 식사 준비를 당부해 놓고 차량을 수배해 호텔에 가서 답사단 일행을 모두 모셔왔다. 그때 온 분들은 최서면 국제한국연구원 원장, 단국대학교 김유혁 교수 등이었다. 최서면 원장이 단장인데 나와 동갑이고, 김유혁 교수는 나보다 두어 살 아래로 이후 단국대학교 부총장을 지냈다.

나는 좋은 술을 꺼내 음식과 함께 대접하며 이야기를 나누었다. 그들은 첫 중국 방문에서 뜻밖에도 조선족 가정을 방문하여 명절 음식을 대접받으니 아주 기뻐했다. 명절의 흥겨운 분위기도 한몫하여 우리는 더욱 허심탄회하게 이야기를 나누었다.

그렇게 술을 마시며 이야기하던 중 김유혁 교수가 나의 출신에 대해 물었다.

"김 소장, 본관이 어디입니까? 고향은 어디입니까?"

하고 자꾸 따져 묻는 것이었다. 나는 모처럼 옛날의 기억과 집안 어른들 말씀을 되살려 차근차근 가문의 이력을 짚어나갔다. 우리가 중국으로 오기 바로 전에 살았던 곳은 함경남도 단천이었으나 증조부 때 살던 원래 고향은 충청도라는 것, 나와 같은 본관을 가진 사람을 중국에서는 거의 못 만나보았다는 것들을 이야기했다. 그런데도 자꾸 본관이 어디냐고 물어 청풍이라고 말해주니 김유혁 교수는 와락 반겼다.

"아, 암만 보아도 그럴 것 같습디다. 나도 청풍 김씨입니다. 중국 땅에 와서 한 집안 사람을 만났습니다!"

그는 탄성을 지르며 나를 얼싸안고 기뻐했다. 그리고는 우리 집사람까지 불러내서 함께 사진을 찍자고 성화를 했다. 이후로 김유혁 교수와 나는 아주 친해졌다.

나는 이튿날부터 답사단을 직접 안내하기로 하고 여러 가지로 도와주었다. 하얼빈역 안중근 의거지에 갈 때 내가 직접 안내하였고, 안중근 의사가 기거했던 도리구 삼림가 32번지도 함께 찾아보았다. 그 집은 지금의 조린공원 근처에 있는데, 이때에는 하얼빈 조선인회 회장 김성백 씨가 이 집에 살고 있었다. 하얼빈 관광도 안내했다. 답사단의 성원들은 일정을 마치고 돌아가며 나에게 매우 고마워하면서 초청장을 보낼 테니 한국에 꼭 방문해 달라고 당부하였다.

안중근 의거지인 하얼빈에 살고 있는 인연으로 나와 한국과의 교류는 계속 이어져나갔다. 1989년은 마침 안중근 의거 80주년을 맞는 해로, 장춘에서 열리는 기념학술회의에 참석차 한국과 일본의 학자들이 중국을 방문했다. 이 때 안춘생 관장과 최서면 원장을 다시 만났다. 참가자들은 먼저 하얼빈으로 와서 안중근 의거일인 10월 26일 아침에 하얼빈 역에서 기념행사를 하고 그 후 바로 장춘에 가서 학술회의를 하도록 되어 있었다.

이 하얼빈 역 기념행사는 하얼빈에서 처음 치러지는 안중근 기념행사였다. 나는 불과 이틀 전에 한국에서 통지를 받아 시간이 촉박했지만, 행사가 원만하게 치러질 수 있도록 만반의 준비를 다했다. 우선 성위 선전부 동무들에게 행사 일정을 알려 협조를 구하고 하얼빈 역 귀빈실을 행사장으로 딱 한 시간만 빌려달라고 요청했다. 안중근 동상을 기념실에 가져다 놓고 안중근의 사진도 걸었다. 그 외 기념식장에 걸맞게 여러 모로 행사장을 꾸렸다.

행사일 당일에는 한국과 일본에서 온 손님들을 모시고 행사 진행을 도왔다. 한국과 일본의 권위 있는 학자들과 광복회·국가보훈처 인사들이 중요한 손님들이었다. 그리고 한국 국군 장령들 몇 사람이 참석했는데, 그들도 모두 사복을 입고 학자 명함을 가지고 왔다. 안중근 기념사업을 지원하는 기업인들도 몇몇 참석했다.

의거 시간인 아홉시 반에 행사를 시작하였다. 간단한 기념식을 치르고 의거 지점을 참관한 후 일행은 바로 열시 반 기차로 학술회의 장소인 장춘으로 떠나게 되었다. 나는 기차역에서 일행을 배웅하고 있는데 안춘생 관장이 갑자기 나를 잡아당겼다.

"김 소장도 같이 가서 세미나에 참석해야지요."

그러자 주변에서 다들 나에게 함께 가자고 청했다. 나는 전송하는 자리에서 그대로 장춘으로 끌려가 학술회의에까지 참석하게 되었다. 그 장춘 학술회의는 내가 참석한 첫 안중근 의사 기념 국제학술회의였던 셈이다. 학술회의 주최자는 길림성 선전부 부부장 윤정현이라는 분이었다. 주최 측은 나의 지위와 경력을 존중하는 의미에서 나를 학술회의 주석단에 모셨다. 게다가 나에게 기념 연설과 학술 발표를 해 달라고 간곡히 부탁했다.

나는 그때만 해도 안중근에 대해 아는 사실이 거의 없었다. 하얼빈에서 손님들을 접대하고 배웅하다가 엉겁결에 참석했을 뿐인 내가 무슨 발언을 할 수 있겠는가? 그저 듣고 배우는 입장이었다.

"나는 항일투쟁사 방면은 누구보다도 많이 연구했지만 안중근 의사에 대한 연구는 아무것도 한 바 없습니다. 이번에는 그저 귀만 가지고 듣고 배우려는 자세로 왔습니다. 내가 감히 안중근 의사에 대해 앞에 나서서 할 말이 아무 것도 없습니다."

나는 이렇게 사양하고는 학술회의에서 거의 말하지 않았다.

나는 부끄러움과 자책감이 들었다. 명색이 동북항일투쟁을 선도적으로 연구한 역사학자이고 안중근 의거지인 하얼빈에서 오래 활동한 당 간부이며 또한 조선족이면서도 같은 민족인 안중근에 대해 거의 알지 못하고 살아온 것이다. 나는 결심했다.

'비록 늦었지만 지금부터라도 안중근 연구를 시작하자. 안중근 의사 연구를 통해 나의 역사 연구 폭을 넓히고 우리 민족정신을 계승해야 한다. 더욱이 안중근 의사의 의거지가 하얼빈이니 나에게는 무거운 책임이 있다. 나는 역사 연구 경험이 있으니 지금부터라도 하면 잘 해낼 수 있지 않겠는가? 그러니 이제부터 하자.'

그렇게 나는 중국 및 한국, 일본의 인사들과 손잡고 안중근 연구와 기념사업을 시작하게 되었다. 자료를 모으고 연구를 진행해나가며 나는 차츰 하얼빈의 역사 연구자로서 안중근에 대한 소개와 기념사업을 할 수 있는 역량을 갖게 되었다.

2. 첫 한국 방문

나는 최서면 교수와 김우혁 교수가 한국에 방문해달라고 제안하였을 때에 이 내용을 성위 서기 리검백 동지에게 보고하였고 한국 방문을 허가한다는 답변을 얻었다. 그런데 정청급 간부가 한국을 갈 때는 중앙외교부의 허가를 받아야 했으므로 나는 성 외사판공실을 통해 중앙에도 문의했다. 중앙 외교부에서는 "중한 수교 이후에 한국을 방문하라"며 사실상 불허 통보하였다.

우리 흑룡강의 당·정 간부들은 나에게 한국에도 드나들고 교류할 것을 계속 채근했다.

"다른 성에서는 벌써 한국과 내왕을 시작하지 않았는가? 우리 성에는 조선족이 많으니 당신들 조선족이 다리만 놓아 주면 그 뒤에 무역관계도 열리고 여러 모로 좋을 것이다."

중국 산동성 정부는 지방정부 차원에서 한국과 무역협정을 맺고 이미 교류를 시작했다. 중앙에서 나중에야 이 일을 알고는 "중앙에서도 시작하지 않은 일을 왜 지방정부에서 먼저 하느냐? 조직도 없고 기율도 없느냐?"고 산동성을 질책했다. 아울러 중앙에서는 산동성이 단독 행동을 했다는 이유로 부성장을 처벌하라고 지시했다.

하지만 산동성에서는 "광동성은 일찍부터 홍콩과 자유롭게 교류했는데 왜 우리 산동성은 안 됩니까? 한국과 무역협정을 맺은 것은 부성장이 단독으로 한 것이 아니라 산동성 지도자들이 공동으로 한 것입니다"라고 항의했다. 이런 전례가 있었기에 흑룡강성에서도 한국과 적극 교류하기를 원했고 편법을 가르쳐주기도 했다.

"그렇다면 이렇게 하자. 성 간부의 직함을 걸지 말고 일반 학자 자격으로 한국에 가면 어떻겠는가? 동무가 성의 당사연구소 소장이라는 청급 간부의 직함으로 한국에 가면 중앙에 보고를 올려야 하지만 그저 사회과학원 교수나 연구원 자격으로 가면 성의 허가만 가지고도 갈 수 있다."

나도 역시 한국에 가고 싶었고 한국 측 인사들도 나를 초청하고자 했다. 1990년 3월 안중근 순국기념일 행사에 나를 초대한 것이다. 그러나 외교부에서 반대하는 일을 편법까지 써서 강행하고 싶지는 않았다. 중앙에서 산동성 부성장을 처벌하라고 한 것처럼 나도 문제가 되어 처벌받을지 몰라 조심스러웠다.

국제한국연구원의 최서면 원장이 여러 방법을 궁리하다가 방안을 찾아냈다. 학술회의 장소를 일본 도쿄에서 여는 것으로 하여 일본 측이 나를 초청하고, 나는 일본으로 출국하여 비공식적으로 한국에 들어오도록 한다는 것이다. 일본에 두루 인맥을 가진 최서면 원장은 마침 주한 일본대사로 한국에 있던 가네야마金山政英와도 아주 친한 사이였다. 가네야마 대사를 통해 나는 일본에서 초청장을 받아 북경 일본 대사관에서 일본 비자를 받는 문제, 그리고 일본에서 한국으로 비자 없이 입국하는 문제 등을 모두 수월하게 해결하였다.

　나는 1990년 3월 마침내 한국행 여정에 올랐다. 나는 일본 외교부 초청으로 간 것이므로 도쿄 아카사카의 외교회관에 묵게 되었다. 외교회관은 일본 외교부 소속의 호텔로서, 일본 외교부 손님이 숙박비나 식비를 지불하지 않고 체류할 수 있는 시설이었다. 공산당의 초대소와 같은 곳이다. 내가 외교회관에 묵고 있으니 최서면 원장이 나를 위하여 일부러 일본으로 왔다. 최서면 원장은 나를 대동하고 도쿄 한국연구원을 비롯하여 안중근 관련 사료가 있을 만한 곳을 둘러보게 해주고, 몇몇 사료들을 복사해 나에게 주었다.

　도쿄에서 한국으로 들어갈 때에는 일본 외무성에서 내 여권에 쪽지 하나를 붙여주었다. 비자 없이 한국에 들어갈 수 있는 증서였다. 그 여권을 가지고 나는 공항을 통과했다. 내가 한국에 들어갔던 것은 분명 사실인데 내 여권에는 비자나 공항 도장 같은 어떤 흔적도 남지 않았다. 나는 그 여권을 아직도 기념으로 간직하고 있다.

　한국 측에서는 안중근 순국 기념행사에 노태우 대통령이 나오게 되어 있으니 나를 만나도록 특별히 주선해 주겠다고까지 했으나 나는 한국 대통령을 만나는 것은 절대 불가하다고 이미 거절한 바 있었다. 한국에 어렵게 들어온 나는 나를 접대하는 부문에 다시 한 번 긴밀히 이야기했다.

　"나는 이번에 한국에서 절대로 공개 활동을 할 수 없습니다. 외교부에서 나의 한국 방문을 허가하지 않았는데 비밀리에 온 것이므로 내 활동이 공개되면 안됩니다. 그러므로 나는 기자도 만날 수 없고, 한국에서 장관급 이상의 어른들을 만나지 못하겠습니다. 그리고 세미나에서 공개적인 발언도 하지 않겠습니다."

　첫 번째 방문은 그렇게 행사에 참여해 조용히 듣기나 하는 것으로 제한했고 고위급 인사는 만나지 않았다. 그렇지만 나는 첫 한국 방문에서 소중한 여러 인연을 만났다. 동아일보 김상만 회장, 한국일보 장강재 사장, 대한적십자사 총재인 강영훈 전 국무총리 등 유력 인사들도 여럿 만났다.

　한국에 안중근을 기념하는 단체는 이 때 당시 열 개 이상이 있었다. 그중 가장 공신력 있고 규모 있는 단체는 '안중근의사숭모회'로 그 회장은 윤치영이었다. 윤치영은 이승만 정부 시절 서울시장을 지낸 사람이다. 안중근의사숭모회가 나를 초대하여 한국에 온 것이므로 나는 신라호텔의 연회에 초대받고 신라호텔에 머물고 있었다. 단국대학교의 김유혁 교수도 주최 측의 일원으로 안내와 진행 업무를 맡고 있었다. 당시 나의 한국 체류와 관련된 일체 경비는 최서면 원장이 해결해주었다. 여비뿐 아니라 호텔비와 기타 경비도 모두 최서면 원장이 부담했다. 신라호텔은 서울에서 최고의 귀빈들이 묵는 호텔이므로 경비가 상당했을 것이다.

김유혁 교수는 앞에 말했듯 나와 같은 청풍 김씨이다. 당시 서울에 청풍 김씨 종친이 많지는 않았으나, 종친 가운데는 상공부장관을 지낸 사람도 있고, 새마을본부 회장을 맡은 이, 그리고 대학교수와 기업인 등 유력 인사들이 몇 있었다. 김유혁 교수는 종친회에 나를 미리 이야기해 두었다고 했다.

"중국에서 아주 좋은 분을 만났는데 이분이 우리와 한 집안 사람입니다. 중국에서는 아주 높은 지위에 있고 명석하고 일을 잘 하는 분이라고 합니다. 이번에 내가 중국을 방문했을 때 일을 아주 잘 돌보아 주었습니다."

이렇게 나를 선전해 놓으니 종친회 사람들이 아주 기쁜 일이라며 다들 반겼다고 한다.

내가 서울에 오자 김유혁 교수는 김재철 등 종친회 분들 몇을 데리고 와서 나에게 소개해 주었다. 김재철 씨는 우사연구회 회장을 지낸 분이다. 우사 김규식 선생 역시 청풍 김씨이다. 김재철은 정치적인 안광도 있고 아주 부유했다. 큰 공장이나 회사를 경영하는 것은 아니었지만 빌딩 여러 채를 가진 재력가라고 했다. 호텔에서 저녁식사를 하던 중 김재철이 나에게 말했다.

"김 교수, 김 교수를 한국에서 제일 좋은 호텔에 모시니 우리가 참으로 기쁩니다. 그런데 우리가 알기로 최서면 원장이 그렇게 부유하지 않은데 김 교수를 영접하는 이런 비용이 어디서 나오는지 잘 모르겠습니다. 제 생각에 김 교수가 이렇게 높은 대접을 받게 되면 나중에 이분들이 중국에 방문할 때 김 교수에게도 부담이 되지 않겠습니까? 그리고 아마 안기부에서 김 교수의 방문을 주시하고 있을 것입니다. 그러니 자금 문제에서 조금 자유로울 필요가 있겠습니다."

나의 한국 방문에 대하여 안기부에서 예의 주시하고 있다는 것은 이미 알고 있었다. 종친 가운데 안기부 차장으로 있는 분도 한 사람 있었다. 한국에서는 안기부가 '빨갱이 잡이'를 한다고 들었으므로 나도 한국에 올 때 조금 경계심을 가지기도 했다. 그렇지만 중국인인 나를 잡을 수도 없을 것이며, 나를 잡은들 무슨 소용이 있겠는가 생각하니 별로 걱정되지는 않았다. 안기부 차장인 종친은 한 번 식사에 참석해서 인사를 나누긴 했지만 오히려 그 사람이 나를 무서워하는 것처럼 보였다. 그는 나와 인사를 나누고는 바삐 사라졌다. 안기부 문제를 대수롭게 여기진 않았지만 조심해서 나쁠 것도 없었다.

김재철은 조심스럽게 말을 이어나갔다.

"김 교수의 여비와 호텔비를 우리 문중 사람들이 부담하는 것으로 하는 게 좋겠습니다. 그러니 신라호텔에 계시지 말고 우리 집안 분이 운영하는 호텔에 가 계시는 게 어떻겠습니까?"

나도 그 제안을 수락했다.

"그러겠습니다. 나는 중국에서도 이런 큰 호텔에 더러 묵어보았습니다만 나 혼자서 이런 큰 호텔에서 지내려니 잠도 잘 오지 않습니다. 차라리 조그마한 여관에 가는 게 더 좋습니다."

나는 김재철의 안내로 올림픽공원 근처의 청풍호텔로 갔다. 5층 정도 높이의 아담하고 깨끗한 4성급 호텔이었는데, 수영장을 비롯하여 갖출 것은 다 갖추어져 있었다. 김재철은 청풍호텔에서 제일 크고 좋은 방을 나에게 제공했다. 그리고 최서면 원장이 이제까지 쓴 경비도 문중 비용으로 다 갚아드렸다고 하여 나는 아주 마음 편하게 되었다.

나의 체류 기간 동안 김유혁 교수는 나를 데리고 충청북도 청풍에 있는 청풍 김씨 시조 산소에 가서 참배하도록 해 주었다. 청풍 김씨 문중에서는 나를 환영하는 연회도 마련해 주었다. 나는 몇몇 가정에 식사 초대를 받아 방문하기도 했고, 중국으로 돌아올 때에는 선물도 많이 받아왔다. 나 역시 한국에 들어올 때에 선물 거리를 챙겨 왔으므로 답례로 조금 나누어줄 것이 있었다. 한국 분들은 중국에서 약을 가져다주면 좋아한다고들 하여 조금 가지고 왔는데, 원래 세관 검사가 엄격하지만 나는 일본을 경유해 들어온 데다 일본 외교부의 배려로 심사조차 없이 들어왔으므로 아무 문제가 없었다.

3. 하얼빈의 '안중근연구회'

서울에 있을 때 안중근의사숭모회 측에서는 하얼빈에서도 안중근 의사 기념사업을 진행해 보자고 제의하였다. 안중근 의거지인 하얼빈 현지에서 안중근기념관을 만들거나 동상을 세우는 등 기념사업을 적극 추진해 달라는 것이었다. 나는 노력은 하겠지만 당장 확답을 주기는 곤란하다는 정도로 답변하고 돌아왔다.

하얼빈에 돌아온 후 어느 회의에서 나는 이 문제를 제기했다. 흑룡강성 진뢰 성장과 하얼빈시 시장 등이 참가한 회의였다. 내가 안중근 기념사업을 제안하여 토론이 진행되었는데, 부정적인 의견을 내놓으며 반대하는 사람도 있었다.

"안중근이라면 암살자가 아닙니까? 암살이면 테러인데, 아무리 영웅이라 하더라도 테러 영웅을 어떻게 정부 차원에서 기념하고 찬양하자는 것입니까?"

당시 성장이었던 진뢰 동지는 반박했다.

"안중근의 의거가 테러라니, 당치않은 말입니다. 일본 침략의 가장 큰 죄인인 이등박문을 죽인 사실이 어떻게 테러가 됩니까?"

진뢰 동지와 나는 이미 안중근에 대해 여러 번 이야기를 나누었으므로 진뢰는 안중근 의거에 대해 잘 이해하고 있었다. 회의에서 나는 진뢰 동지와 함께 안중근 의거의 역사적 의의를 설명하면서 사람들을 설득하였다. 그리하여 민간기구로 안중근연구회를 만들어 그로부터 차근차근 준비해 나가기로 결정되었다.

안중근연구회를 성립시키기 위한 준비는 곧바로 시작되었다. 하얼빈시 민족사무위원회, 하얼빈시 종교국 등 관계기관이 주체가 되고, 중국공산당 흑룡강성위원회의 조선족 주요 간부들을 참여하도록 하여 회의를 열었다. 1991년 초의 일이었다. 회의에서 연구회 회장을 누구로 할 것인가를 토론하자, 여러 동무들이 나를 추천했다.

"안중근에 대해 연구한 사람이 김 소장뿐이 아닙니까? 김 소장이 현직에 있어 바쁘긴 하지만, 아무래도 김 소장이 안중근연구회 회장을 맡아 주어야 하겠습니다."

나는 몇 번을 사양하였으나 여러 사람이 강권하였으므로 결국 승낙하였다. 그렇게 하얼빈의 안중근연구회는 나를 중심으로 조직이 거의 완료되어 갔다.

안중근을 일반인에게 알리기 위한 대중 사업도 모색하였다. 기념사업을 하려면 일단 안중근을 널리 알려야 하지 않겠는가? 우리는 안중근에 대한 대중 교양을 위하여 음악극을 만들어 극장에 올리기로 했다. 이전에 조선 영화 <안중근 이등박문을 쏘다>*가 중국 각지에서 상영되었다. 이전에는 중국에서 안중근을 전혀 알지 못했으나 이 영화로 인해 중국 사람들이 그나마 안중근에 대해 조금 알게 되었다. 그러니 안중근 의거를 다룬 음악극을 만들어 상연하면 안중근을 알리기에 가장 효과적일 거라고 생각했다. 하얼빈 문화국 국장이 음악극 제작을 열성적으로 추진했고 하얼빈시 예술단이 공연을 맡았다.

안중근연구회 설립과 음악극 준비가 한창이던 1991년 2월, 나는 다시 한국을 방문하게 되었다. 한국 체류 중 어느 날 하얼빈시 도시관리국장이 서울로 전화를 걸어왔다. 그는 하얼빈의 조선족 가운데 1인자였다. 그가 전화로 안중근연구회 공식 설립을 알려온 것이다.

"김 소장님, 우리 안중근연구회가 이제 정식으로 성립했습니다. 우리가 김 소장님을 회장으로 선거하고 연구회를 수립한 사실을 시에 보고한 것이 이제 허가가 난 것입니다. 그러니 이제 김 소장께서 한국과 사업할 때에 '안중근연구회 회장'이라는 직함으로 사업해 주십시오."

음악극 준비도 순조로왔다. 1991년 안중근 순국 81주년을 기념해 하얼빈에서 1주일간 상연하기로 되었다. 하얼빈 조선문화관에서 한국 광복회 앞으로 초청장을 보냈다. 광복회 안춘생 회장이 그 초청장을 받고는 서울에 있던 나를 찾아왔다.

....

25 영화 〈안중근 이등박문을 쏘다〉 조선예술영화촬영소 촬영, 1979년 작.

"하얼빈에서 안중근 오페라를 상연하니 와서 관람하고 후원도 해 달라는 편지를 받았습니다. 초청한 곳을 보니 하얼빈 시 문화국 산하의 조선예술관입니다. 이렇게 지방정부의 과 단위 초청장을 가지고는 내가 한국 어디에 가서 후원해 달라고 말하기가 곤란합니다. 어떤 다른 방안이 없겠습니까?"

"그렇다면 하얼빈 안중근연구회 이름으로 초청하면 어떻겠습니까? 이제 막 하얼빈에 안중근연구회가 설립되고 제가 회장이 되었습니다. 제가 안중근연구회 회장으로서 하얼빈 시의 안중근 기념사업을 홍보하기 위하여 한국에 왔고, 광복회 회장을 모시고 하얼빈의 안중근 공연을 관람하러 갈 것이라고 하면 좋겠습니다. 이렇게 하면 체면도 서고 좋지 않겠습니까?"

그리고 나는 한국일보 장강재 회장을 찾아갔다. 장강재 회장은 그전에 중국을 방문했을 때 내가 잘 대접하고 아주 친하게 된 사람이다. 나는 장강재 회장에게 안중근연구회 사업에 대해 설명하고 기사로 내 줄 것을 부탁했다. 장강재 회장은 쾌히 승낙했다.

"이렇게 좋은 일은 당연히 기사로 내야지요. 내일자 신문 기사로 김우종 소장이 하얼빈에서 이런 사업을 진행하고 있다는 내용을 잘 써서 내도록 하지요."

장강재 회장의 약속대로 이튿날 신문에는 하얼빈의 안중근연구회 성립과 안중근 기념사업에 대한 기사가 상세하게 실렸다. 하얼빈 안중근연구회의 향후 활동 계획과 안중근 음악극 상연에 대한 소개 기사였다. 또 안중근연구회 회장이며 흑룡강성 당사연구소 소장인 김우종 회장이 지금 한국에 와서 안중근숭모회·광복회 등 한국 분들과 공동사업을 모색하고 있으니 여러 방면의 후원을 바란다는 내용도 들어 있었다. 이때까지 나의 한국 방문 활동은 철저히 비공개로 진행하였으나 이때에 처음 내 행보를 공개한 것이다.

나는 중국에도 급히 연락을 취해서 초청장 명의를 하얼빈 시정부 명의로 고쳐서 다시 보내라고 지시했다. 한국 손님들이 중국 대사관에서 비자를 받기 수월하도록 조치한 것이다. 이렇게 일을 처리하고 나는 중국으로 먼저 들어왔다. 광복회 회장 안춘생 선생과 이후 회장인 윤경빈 선생은 추후 하얼빈에 오기로 이야기가 되었다.

그런데 하얼빈에 돌아와 보니 예기치 못한 상황이 벌어지고 있었다. 나를 중심으로 세운 '하얼빈시 안중근연구회' 외에 또 다른 안중근연구회가 설립되어 있었다. 하얼빈에 두 개의 안중근연구회가 생긴 것이다.

중국에서 하나의 사단법인 단체를 만들려면 민정청에 등록을 해야 하는데, 우리처럼 다른 나라와 관계되는 단체의 경우 당 성위 선전부에서 먼저 허가해야 민정청이 등록해 준다. 나는 한국에 갈 때 아직 선전부에 등록하지 않고 갔으므로 허점이 생긴 것 같다.

또다른 안중근연구회는 '흑룡강성 안중근연구회' 명칭으로 김OO 라는 사람이 중심이었다. 처음 하얼빈시 안중근연구회를 만들 때에 김OO도 우리 안중근연구회 설립 사업에 참여하고 있었다. 내가 서울에 간 사이에 김OO가 몇 사람을 데리고 나와 새로 '흑룡강성 안중근연구회'를 만들어 재빨리 등록하였다. 그리고는 흑룡강조선신문사를 찾아가 홍보하여 『흑룡강조선신문』이 이 사실을 보도하였다.

내가 서울에 다녀오니 일이 이렇게 엉뚱하게 전개되어 있었다. 나는 하얼빈시 안중근연구회 회장이고 김OO는 흑룡강성 안중근연구회 회장이었다. 하나는 시 정부에서, 다른 하나는 성 정부에서 관할하는 두 개의 안중근연구회가 생긴 것이다. 사람들이 웅성거리고 일이 복잡하게 되었다. 화가 난 사람들은 나에게 "성에 가서 흑룡강성 안중근연구회를 취소시켜라"고 말하기도 했다. 내가 흑룡강성 안중근연구회를 취소시키는 것은 어렵지 않았으나 나는 그렇게까지 하고 싶지 않았다.

"안중근을 연구하겠다고 하는 사람을 우리가 어떻게 반대하는가? 우리가 안중근 연구와 기념사업을 할 수 있는데 그 사람들한테는 할 수 없다고 어떻게 하는가?"

나는 사람들을 다독거렸다.

"그렇게 감정적으로 일을 벌일 게 아닙니다. 우리나 김OO나 모두 안중근 연구와 기념사업을 하고자 하는 사람이니 두 조직을 합치도록 합시다."

김OO 역시 사람들이 자신이 만든 안중근연구회를 주변에서 좋지 않게 본다는 것을 알게 되었고, 내가 두 조직을 통합하고자 한다는 것도 알게 되었다. 김OO는 나를 연구회의 고문으로 모시고 그 자신이 회장으로 직접 안중근 사업을 하겠다고 타협안을 내놓았다. 결국 두 연구회가 통합되었다.

안중근연구회는 곧 안중근기념관을 짓는 일에 착수하였다. 그런데 안중근기념관을 짓는 일은 자금과 물자만으로 되는 일이 아니며 연구회가 독자적으로 할 수 있는 일도 아니었다. 시 또는 성 정부의 허가를 거쳐 중앙 외교부의 승인을 받아야 가능한 일이었다. 안중근 기념사업은 중국과 한국만의 문제가 아니라 조선과 일본까지 모두 이해관계를 가지고 있는 사업이다. 그러므로 정치적인 고려 하에 처리되어야 하는 사안이었다.

이 무렵 여순에서도 안중근 기념사업과 관련하여 문제가 생겼다. 대련시는 한국과 협력하여 안중근 기념공원을 만들어 성역화할 것이라고 발표했다. 세계일보를 비롯하여 한국의 여러 신문이 이 사실을 기사화하였다. 그런데 조선에서 이 문제를 가지고 중국에 항의 의견을 제출했다. 조선이 이미 중국 측에 안중근 유해를 찾는 사업과 기타 기념사업을 제안했었는데 자기들 제안은 무시하고 한국과의 협력은 승인하였다고 항의한 것이다.

일본에서도 항의가 이어졌다.

"안중근은 일본 근대화의 위인을 죽인 사람이다. 우리 일본에서 대련에 많은 투자를 했는데, 대련에서 안중근 기념사업을 이렇게 크게 벌이는 것이 이치에 맞는가? 우리는 더 이상 대련에서 기업하기 난처해졌으므로 대련에서 철수하겠다."

이렇게 여러 가지로 곤란한 상황이 연출되었다. 나는 이런 사정을 알고 있었으므로 하얼빈의 안중근기념관 건립이 쉽지 않을 것임을 예상하고 있었다.

한 번은 한국의 이만섭 국회의장이 중국을 방문하여 리붕 인민대표대회 상임위원회 위원장에게 "하얼빈에 안중근 의거 기념 시설을 만들게 해 달라"고 요청한 일이 있었다. 리붕 위원장이 이 문제를 인민대표대회에 상정했고, 인민대표대회에서는 흑룡강성 인민대표대회에 자문해 왔다. 성 인민대표대회에서는 나의 의견을 물었다.

이처럼 안중근 기념사업 문제는 중앙의 외교적 판단과 허가가 필요한 문제인 동시에 중앙도 지방도 그 누구도 나서서 판단하기 어려운 문제였다. 그래서 나는 기념사업에 급급하기 보다는 안중근 연구에 전념하였다. 나는 안중근에 대한 책도 내고 해마다 신문에 기고문도 냈다. 군중대회나 학생 논문발표대회를 열기도 했다. 나는 일단 안중근 연구를 진행해서 중국 사람들에게 안중근이 어떤 사람이며 왜 이 사람을 기념해야 하는가 하는 문제를 알게 한 뒤에라야 기념사업이 뒤따를 수 있는 것이라고 늘 주장했다.

4. 안중근에 관한 나의 저술과 기념사업

내가 처음 장춘의 학술회의에 다녀와 안중근 연구를 시작하기로 결심했을 때 나는 현직에 있을 때이므로 매우 바빠서 독자적으로 안중근을 연구할 시간이 나지 않았다. 그때 사회과학원 교수 이동원이라는 분이 있었다. 한어와 일본어, 한국어를 모두 잘 하는 분이었다. 나는 그를 불러 안중근에 대해 이야기하고 공동연구를 제안했다.

"우리 둘이 학자로서 같이 안중근 연구를 해 봅시다. 내가 현직에 있어서 매우 바쁩니다. 내가 여비 뿐 아니라 관련 비용을 모두 대 줄 테니, 이동원 교수가 대련·상해·북경 등지를 다니면서 그곳 도서관이나 당안관에서 안중근 관계자료를 찾아보고 수집해 주십시오. 흑룡강성 도서관에도 안중근에 관한 사료가 있을지 모르니 우리 같이 찾아봅시다."

그래서 그분이 각 도시를 다니면서 자료를 많이 복사해 가져왔다.

흑룡강성 도서관에 가서 안중근 관계자료가 있는지 문의했을 때에는 도서관 직원이 귀중한 책 한 권을 보여주었다.

"안중근 책이 하나 먼지가 뽀얗게 앉아있는 것을 발견한 일이 있습니다. 그 책을 먼지를 털어 잘 보관해 놓았습니다."

그 책은 1912년 경 상해 중화서국에서 출판된 책으로 안중근 의거를 기념한 일종의 문집이었다. 박은식 선생이 쓴 안중근 전기가 있고, 그 외에 중국의 저명한 학자와 정치가들, 장태염章太炎·양계초梁啓超 등 신해혁명 시기 제일 저명한 학자이자 정치가인 분들이 안중근 의거와 순국을 기념해 쓴 문장들이 들어 있는 대단한 역사적 가치를 지닌 사료였다. 특히 박은식 선생은 안중근 의사의 부친과 막역한 고향 친구 사이였으므로 어릴 적부터 안중근 의사의 성장과정에 대해 잘 알고 있었다. 그러므로 박은식 선생이 쓴 안중근 의사 전기는 상당히 신뢰할 만 하고 중요한 사료인 것이다.*

흑룡강성도서관 관장은 내가 잘 아는 여성분이었다. 나는 그 분을 일부러 불러서 당부했다.

"이 책은 아주 중요한 책이고 귀중한 자료입니다. 도서관에서 특별히 신경을 써서 잘 보관해 주십시오."

그 책을 달라고 하면 받아올 수도 있었으나, 이런 자료는 도서관에 소장하는 것이 더 의미가 크다고 나는 생각했다. 나는 책을 한 부 복사해서 가져왔고, 그 복사본을 다시 복사해 한국의 안중근기념관에도 보내주었다.

나와 이동원 교수가 함께 수집한 안중근 의사 관련 자료들은 차츰 쌓여갔다. 중국에서 수집한 자료들은 한국에는 없는 자료들이었다. 일본과 한국에서도 자료들을 모아들였다. 나는 이 자료들을 기초로 해서 중문으로 책을 출판하기로 하고 작업을 진행했다. 그때만 해도 개인이 책을 낼 때에는 자기 돈을 내야 했다. 내가 중국공산당 당사 책을 낸다고 하면 성에 비용을 청구하면 해결되지만, 안중근 책을 내는 데에 그런 지원을 신청할 수가 없었다.

예전에 한국의 최서면 원장이 내게 중국에서 공동 연구서를 출판할 것을 제안한 일이 있었다. 나는 중국에서 책을 출판하려면 개인이 비용을 부담해야 한다고 말하니 최서면은 비용이 얼마나 드냐고 물었다.

"중국에서는 책 내는 데 큰 돈이 들지는 않습니다. 중국 돈 만 원만 있으면 됩니다."

최서면 씨는 만 위안이라면 당장 낼 수 있다고 밝혔다. 나는 최서면 원장의 도움을 받아 책을 내기로 했다. 최서면 선생은 출판비 만 위안을 내고 짧은 글을 하나 보내주었다. 그 글을 번역해 수록하고 최서면 선생과 내가 공동 주편한 것으로 하여 중국에서

....

* 중국 상해에서 1910년대 출판된 안중근 의거 기념문집으로 국내에 소개된 책은 滄海老紡室 編著, 『安重根傳』 大同編輯局, 1914년이다. 여기에는 박은식이 1912년 경 저술한 「安重根傳」을 비롯하여 羅南山 · 周浩 · 韓炎 등 의 「안중근전」 서평, 관련 사진들, 여러 중국인 명사들의 휘호와 소감문, 안중근 의거 후 중국 『民吁日報』에 실 린 사설, 金澤榮의 「擬祭文」, 梁啓超의 「秋風斷藤曲」 등이 실려 있다. 인하대학교한국학연구소, 『한국학연구』 제4집 별집, 1992년에 영인본과 번역본이 실려 있다.

『안중근: 논문·전기·자료』라는 책을 펴냈다. 약 45만 자, 500여 페이지 분량이다.* 박은식 선생이 쓴 안중근 전기와 중국 명사들이 안중근 의거에 대하여 평가한 글 등 중요한 사료들을 현대 중국어로 번역하여 실었다.

이 책은 따로 판매하지는 않고, 그저 쌓아 두고 누가 달라고 하면 무료로 보내주었다. 중국 각지에서 책을 보내달라는 편지가 답지했다. 북경·천진·심양 등 사방에서 각 대학 역사계 교수들, 학교 교장들, 도서관 관장들이 편지를 보내 책을 보내달라고 요청했다. 그런 요청이 오면 한두 권씩 모두 부쳐주었다.

이후에도 몇 년 동안 안중근 의사 관련 사료를 수집하고 안중근기념관을 준비하다 보니 사진도 많이 모였다. 사진이란 역사적 상황을 현장감 있게 이해하기 위한 중요 매개체이다. 이 사진들로 화책을 출판하면 기념관에 와 볼 수 없는 사람들에게도 안중근을 널리 알릴 수 있을 것이라고 생각했다. 나는 안중근기념관 개관에 맞추어 『안중근과 하얼빈』이라는 아주 큰 판형의 사진집을 출간하였다.** 이 책에는 안중근 사적을 보여주는 중국 사료가 많이 담겨 있으며, 그중 일부의 사진과 안 의사의 휘호는 한국 안중근기념관과 인하대학교 윤병석 교수가 보내주었다. 이 화책은 맨 처음에는 일반 판형으로 인쇄했으나 하얼빈시 당서기 두위신杜維新이 이 책을 보고 큰 판형을 찍을 것을 제의했다.

"이 책이 아주 좋으니 좀 더 고급스럽게 찍어서 중국 지도층에 다 보내도록 합시다. 중국 사람들은 사실 안중근을 잘 모릅니다. 나도 잘 모르지만 다른 사람들은 더욱 안중근을 모릅니다. 여러 사람들에게 이 책을 보여서 안중근을 알리도록 합시다."

그렇게 하여 판형도 키우고 고급화하여 책을 찍었다. 출판 경비를 당에서 지원받았으나 판형을 고급으로 하자니 조금 경비가 부족했다. 한국에 있는 우리 형님이 흔쾌히 몇 천 달러를 기부해 주어 마침내 책을 출판할 수 있게 되었다. 한 권 가격을 100위안으로 책정하고 초판 5천 부를 발행하였다. 주요 기관에는 모두 무료로 보내주었고, 한

....

* 『安重根: 论文·传记·资料』, 김우종·최서면 공편, 요녕민족출판사, 1994.

** 金宇钟 主编, 『安重根和哈尔滨』, 牡丹江: 黑龙江朝鲜民族出版社, 2005.

국 분들이 중국에 오면 이 책을 많이들 사 갔으므로 책 판 돈이 꽤 되었다.

나는 책이 나온 뒤에 친구들에게 나누어주기 위해 열 권 정도 가져왔으나 그 외에 인세 등 수익금을 일체 건드리지 않았다. 책을 판매한 수익금은 안중근기념관 운영 경비로 쓰도록 했다. 기념관에는 해설원이 있어야 하고, 운영 경비와 보수 인력이 필요하지 않겠는가? 안중근기념관 사업을 위해 따로 국가에서 돈이 지급되지 않으므로 책을 판매한 수익금과 한국 방문객들이 내는 기부금으로 기념관을 유지하도록 했다.

『안중근』, 『안중근과 하얼빈』, 이 책들을 모두 중국말로 쓰고 나니 이후에는 조선족들이 이 책들을 조선말로 내자고 부탁해 왔다.

"선생님, 기왕에 선생님께서 중국어로 책을 내셨으니 이제 조선말로 책을 출판해서 우리들도 보고 후대에도 전하면 좋겠습니다."

그래서 『안중근』을 조선말로도 출판했다. 그렇게 내 책을 보고 많은 중국 사람들이 안중근에 대해 알게 되었다.

1990년대 이후에는 중국 각 도시에서 안중근 세미나가 여러 번 열렸다. 북경·심양·대련, 그리고 하얼빈에서도 안중근 관련 행사가 열리곤 했다. 안중근 의거 85주년, 90주년 이렇게 기념이 되는 해마다 행사들이 열리는데, 여기에는 조선족 뿐 아니라 한족들도 많이 참여했고 반드시 나를 초청했다.

학술회의에서 나를 만난 사람들은 "안중근에 대해서 김우종 선생님께서 쓰신 책을 보고 배워 알게 되었습니다. 선생님 덕분에 안중근을 알게 되고 세미나까지 열게 된 것입니다"라고 인사하곤 했다.

역사 연구는 사료가 뒷받침되어야 하는데 나에게는 자료 수집과 현지 조사를 할 수 있는 조건이 뒷받침되어 있었다. 나는 중국의 당 간부이며 역사 연구자이므로 중국 내 사료를 열람 수집하는 데에 제약이 없었고, 한국과 조선을 상당히 자유롭게 왕래할 수 있는 몇 안 되는 인사였다. 나는 안중근 의사와 관련된 중국 각 지점들을 현지답사하고 북조선에 있는 안중근 의사의 고향인 황해도 해주와 신천군 청계동을 두 번이나 다녀왔다. 안중근 세미나도 한국에서 5차례, 하얼빈에서 5차례, 대련에서 1차례, 심양에서 1

차례 참석했다.

학생이나 일반 대중을 대상으로 보다 폭넓게 안중근을 알리기 위한 사업들도 진행했다. '안중근 순국 기념대회' 같은 이름으로 군중대회를 조직해 하얼빈의 조선족 뿐 아니라 중국 사람들에게까지 안중근을 알리고 선양했다. 또 안중근을 주제로 한 학생 글짓기대회, 대학생 논문 발표회 등을 진행했다. 하얼빈 조선중학교와 하얼빈 공업대학에서 글짓기와 논문 발표대회를 서너 번 진행했다. 우수작은 상금도 주었다. 많지는 않으나 대략 1등 상은 1천 위안, 2등은 8백 위안, 3등은 5백 위안 정도였다. 이 정도 상금을 걸고 논문을 모집하면 학생들은 아주 기뻐하며 참여했다.

5. 하얼빈시 안중근기념관 건립사업

김OO의 안중근연구회는 뚜렷한 실적이 없이 유명무실하게 되었다. 반면 나는 매년 행사를 치르고 연구를 진행하니 국내외 안중근 기념사업에서 나의 역할이 커졌다. 한국에서나 중국의 타 지역에서 안중근 세미나가 있을 때 나는 으레 초청되었으며 중국의 안중근 연구자로는 내 이름이 늘 지명되었다.

연구회를 만든 지 몇 년 안 되어 김OO가 갑자기 병으로 세상을 떠났다. 얼마 뒤 그가 만든 안중근연구회는 사단법인 허가가 취소되었음이 『흑룡강신문』을 통해 공식 발표되었다. 아무런 상황을 모르고 있던 우리는 신문을 보고서야 비로소 취소 사실을 알게 되었다. 우리는 민정청과 성 선전부에 어찌된 일인지 문의하여 취소 사유를 알게 되었다. 중국의 사단법인 단체들은 매년 주관 단위에 자기 활동을 보고해야 한다. 안중근연구회의 주관 단위는 성정부 민정청이므로 매년 민정청에 서면으로 활동 보고 및 내년도 사업계획서를 제출해야 하는데, 김OO가 회장으로 있는 동안 그런 보고를 한 번도 하지 않았다는 것이다. 우리는 매우 놀랐으며 어쨌든 연구회를 다시 회복해야 한다고 생각했다. 민정청에서는 안중근연구회는 새로운 단체를 설립하는 방식으로 수속을 밟아서 회복해야 한다고 알려 주었다.

우리는 연구회를 새로이 수립할 계획을 세우고, 구체적인 조직 방침을 논의하기 시작했다. 이때에 나는 현직에서 은퇴하였고 안중근 연구 업적도 있었으므로 안중근연구회 회장을 맡기에 무리가 없었다. 그러나 나는 기왕이면 조선족이 아닌 사람이 회장을 맡는 것이 좋겠다고 생각했다. 당시 하얼빈시 문화국 국장이 안중근 기념사업에 아주 적극적이었으므로 적임자라고 생각되었다. 오페라를 만드는 사업에 어려운 일이 많았지만 그 사람이 열정적으로 추진해 성공시켰고, 안중근에 대한 감정도 좋고 나와도 관계가 좋았다.

"내가 회장을 맡을 수는 있으나, 그보다는 중국 동무를 앞에 내세우는 게 좋겠습니다. 회장은 하얼빈시 문화국장에게 맡아 달라고 하고, 나는 부회장이나 고문을 맡아서 사업을 돕겠습니다. 그리고 이제는 '흑룡강성 안중근연구회'로 하지 말고, '하얼빈시 안중근연구회'로 하여 시에 등록합시다."

나는 이렇게 주장해서 합의를 이끌어냈다. 우리는 하얼빈시 안중근연구회 설립 보고를 올리는 등 절차를 밟았다. 그런데 막상 시에서 우리 연구회 설립을 그리 찬동하지 않았다.

"김우종 소장이 이전에 했던 것처럼 책이나 내고 기념활동 하는 것은 반대하지 않습니다. 그런 활동을 계속 하는 데 굳이 사단법인 단체를 내걸 필요는 없지 않겠습니까? 그저 하얼빈시 조선민족예술관을 중심으로 활동해도 충분히 기념사업을 할 수 있습니다."

하얼빈시에서 안중근연구회 재건을 꺼리는 데에도 이유가 있었다. 이전에 흑룡강성 안중근연구회에서 안중근기념관을 만들고 동상을 건립하는 사업을 추진하였다. 하얼빈시에서 이에 동의하고 중앙에 허가를 받고자 하였으나 외교부에서 동의하지 않았다. 중앙에서 일본을 의식하여 불허한 것이다. 처음에 안중근 오페라 공연을 올릴 때에는 중앙정부 외교부와 문화부 인사들을 초청해서 보여주었다. 그때 공연을 관람한 인사들은 다들 공연이 참 잘 만들어졌고 의미 있다며 좋다고 했었다. 그러나 안중근기념관을 만들려고 신청하자 "시기상 좋지 않다"며 일단 눌러 놓은 것이었다. 하얼빈시에서 연구회를 허가해 주면 연구회 사업으로 또 기념관 건립을 주장할 것이므로 찬성하지 않은 것이다. 시에서 찬동하지 않는 사업을 우리가 고집부릴 필요는 없었으므로 우리도 연구회 설립을 포기했다. 그러나 안중근 기념사업은 계속 진행하였다.

나는 이후에 상황이 진전되자 안중근기념관 건립 사업을 대대적으로 진행하고자 계획을 마련한 일이 있는데, 그때 대략의 사업 기금을 50만 달러 정도로 책정하였다. 김대중 대통령 시기의 일이었다. 안중근기념관을 짓고, 기념관 앞에 동상을 세우는 데 최고로 수준 높고 품위 있는 기념관을 만들고자 이렇게 큰 계획을 세웠던 것이다.

그런데 조선에서 우리의 사업에 이견을 제시했다. 나는 안중근 기념사업 문제를 해결하기 위해 조선을 따로 방문했다. 안중근의 고향에 가서 답사도 하고 조선로동당 중앙 서기들과 담화하며 한국·조선·중국 3국 공동사업을 모색하였다.

"안중근 기념사업은 우리 민족 차원에서 남과 북, 중국 조선족까지 다 함께 해야 하는 사업이 아닙니까?"

이렇게 설득하니 조선에서도 비로소 찬동했다. 안중근 기념사업으로 기념관이나 공원을 조성하게 되면 동상은 조선 측에서 만들어 보내겠다고도 제의했다. 조선은 조형물 제작 기술수준이 높으므로 이 문제는 쉽게 합의되었다.

뿐만 아니라 나는 안중근 유적지와 유해 발굴 사업도 남과 북이 공동으로 하도록 설득했다.

"조선에서 중국 측에 안중근 유해 발굴 사업을 요구하였고 남측에서도 같은 문제를 중국에 제기하였으니, 다음에는 남과 북이 공동으로 중국 정부에 요청하면 더 좋지 않겠습니까?"

나는 이 문제를 해결하기 위하여 한국의 최서면을 조선에 소개해주었다. 최서면 원장은 조선을 방문해 조선로동당 당사연구소와 함께 토의하여 남북이 공동으로 이 문제를 중국에 제안하였다. 그리고 남북은 공동 답사단을 조직하여 여순에 와서 발굴 답사도 진행하였다. 나는 이 때에 남북협력의 가교 역할을 수행하였던 것을 뿌듯하게 생각하고 있다.

안중근기념관을 별도로 조성하는 것은 중국 정부에서 계속 난색을 표했으므로 하얼빈 조선문화관 안에 안중근기념실을 만들기로 했다. 나는 하얼빈시 당서기를 찾아가서 설득했다. 또 하얼빈시 선전부장 박일이라는 조선족 간부를 찾아가 따로 부탁했는데, 박일은 안중근기념실 조성을 위해 앞에 나서서 아주 노력해주었다. 또 하얼빈시 문화국장은 우리 사업을 더욱 지지해주고 열정적으로 힘써 주었다.

하얼빈시 조선문화관은 직원이 10여 명 밖에 되지 않는 작은 기구이고 건물도 작고 낡은 상태였다. 시에서는 이번 기회에 조선문화관을 새로 크게 지어주기로 하였다. 새 조선문화관은 체적 9천㎡의 5층 건물로 크게 신축하고, 전시장 여러 개가 들어갈 수 있도록 설계했다. 그렇다면 전시실의 이름을 어떻게 할 것인가? '안중근 전시실'로 할 것인가 '안중근기념관'이라고 할 것인가? 대외적으로는 '기념관'이라고 하고 내부적으로는 '전시실'로 하기로 했다. 그리고 조선문화관의 격조를 보다 높이고자 안중근기념관 외에 '조선족민속박물관'도 새로 설치하기로 하였다.

하얼빈시 당서기 두위신杜宇新이 이 사업을 아주 적극적으로 지지해 주었다. 그는 동북항일연군 후예로 지금은 흑룡강성 정치협상회의 주석을 맡고 있다. 중국 중앙의 동의를 받지 않고 기념관을 수립하는 것이 불가하다는 비판이 제기되자 그가 우리 입장을 대변해 주었다.

"안중근 기념사업에는 물론 중앙의 동의가 필요합니다. 그러나 우리 하얼빈시와 안중근이 깊은 인연이 있으므로 시에서 안중근을 선전하고자 하는 것인데 그게 중앙과 무슨 관계가 있겠습니까? 나는 이 사업에 동의하니 우리가 안중근기념관을 만들어 봅시다."

그렇게 조선문화관은 '하얼빈시 조선족 민속박물관'과 '안중근기념관'을 꾸며서 2006년 '하얼빈시 조선민족예술관'으로 새로이 개관하였다. 기념관이 만들어지자 두위신은 직접 시장과 선전부장을 데리고 와서 참관하고 "우리는 조선족들의 안중근 기념사업을 적극 지지한다"라고 말해 주었다. 하얼빈시 당위원회 간부들은 조선민족예술관의 안중근기념관을 둘러보고 매우 감동하였고 안중근 기념사업을 적극 지지하게 되었다.

이에 힘입어 하얼빈역 내에 안중근기념실을 조성하는 사업이 추진되었다. 하얼빈시 당위원회 서기 두위신과 예하 간부들이 적극적으로 추진하였다. 시위원회에서 하얼빈 역에 기념물과 안중근 기념실을 조성하는 방안을 마련하고 하얼빈 철로국장과 협의하였다. 기념실 설치가 결정되자 나와 안중근연구회 성원들이 그 내용을 채워넣었다. 전시물도 많이 가져다주고 기념실 내용을 만드는 데에도 상세하게 조언해 주었다.

하얼빈 역에 기념실이 만들어지자 초기에는 아주 잘 운영되었다. 그런데 한 석 달 지나니 관람하러 찾아오는 사람이 없어서 아주 곤란하게 되었다. 하얼빈 역장이 나에게 전화해서 자꾸 나를 찾기에 하얼빈 역에 한 번 방문했다. 역장이 하는 말이 "처음에는 하루에 5~6명씩 와서 관람하곤 했는데, 한 달이 지나니 관람객이 뚝 끊겼습니다. 최근 두 달 동안에는 하루 한두 사람이 채 오지 않는 날이 많습니다. 와 보는 사람도 없는 이 기념관을 우리가 유지하자니 참으로 곤란합니다. 어쩌면 좋겠습니까?" 하고 하소연했다.

나로서는 이 문제에 답을 주기가 어려웠다. "그럼 어떻게 하려고 하십니까?"라고 물으니 "우리 입장에서는 이 기념관을 철수하는 수밖에 없습니다." 하는 것이었다. 내가 답했다.

"역장도 알다시피 하얼빈 역에 안중근기념관을 만든 것이 민간에서 한 일이 아닙니다. 하얼빈시에서 안중근기념관을 만들면 한국과의 교류사업에 좋은 영향을 줄 것이라고 해서 결정한 일입니다. 그런데 와보는 사람이 하나도 없어 곤란하다니, 당신들이 철거해야겠다고 판단했다면 시위원회에 보고하여 철거하십시오."

나는 그저 이런 말밖에는 해줄 수 없었다. 얼마 지나지 않아 하얼빈 역의 기념실은 철거되었다.

그런데 2013년 한국에서 박근혜 정부가 출범하면서 하얼빈 역에 다시금 안중근기념관이 조성되었다. 박근혜 대통령이 중국을 방문했을 때에 시진핑에게 안중근 기념에 대해 제의하고 시진핑이 이에 동의한 것이다. 중앙정부가 결정하니 하얼빈시 정부와 철로국 사업으로 안중근기념관 건립 사업이 내려왔다. 마침내 2014년 1월 19일, 하얼빈

역 안중근의사기념관이 정식으로 개관하였다. 하얼빈역의 의거 지점에는 표지가 만들어지고, 의거 지점이 바라다보이는 곳에 기념실이 마련되었다.

하얼빈 역의 안중근의사 기념실은 이제는 철수하지 않을 것이다. 이것은 그저 지방정부 차원에서 만든 것이 아니라 우리 당 중앙 최고지도자, 국가주석이 지시해 만들었기 때문이다. 찾아오는 사람이 적다 해도 감히 철로국에서 철수를 결정할 수 없을 것이다. 나는 하얼빈의 안중근 연구와 기념사업을 초창기부터 주도해 왔으나 이제는 내가 신경쓰지 않아도 문제없이 유지되고 발전되어 갈 것이다. 나는 아주 마음이 기쁘다.

2014년 하얼빈역에 기념관이 조성될 때에 나는 참여하지 않았다. 네가 해남도에 있을 때였으므로 하얼빈시 문화국 부국장 서학동이 이 소식을 전화로 알려주었다. 나는 새 기념관에 한 번 가보고 싶은 마음이 있지만 거동이 힘들기 때문에 아직 가보지 못했다. 사회과학원 동무들이 자동차로 나를 모시고 가겠다며 한번 같이 가보자고 권하고 있으니 조만간 가보게 될 것 같다.*

조선민족예술관의 안중근기념관도 계속 운영되고 있다. 이곳을 개관할 때에는 내가 모든 내용을 채워넣고 감독하였지만 나중에 독립기념관에서 와서 사진도 다시 넣고 전시물을 새로 꾸며서 재개관했다고 한다. 내가 몇 년째 거동을 하지 못하므로 새로 꾸민 전시관이 어떻게 변화했는지 모르겠다.

....
* 하얼빈 역의 '안중근 의사 기념관'은 하얼빈역 확장 공사에 따라 2017년 3월 임시 폐관되었다가 2019년 3월 30일 원래 위치에 재개관하였다.

8장 자본주의 세계와의 만남

1. 김대중의 중국 방문

나는 1996년 은퇴하면서 이제 일은 그만두고 자유롭게 지내고자 했다. 그저 중앙에서 지시하면 조선에도 가고 한국도 다니며 심부름하고, 그러다가 김정일도 만나고 한국 대통령도 만나면 더 좋겠다고 생각하였다. 이미 1980년대부터 조선에 다녔고, 1990년을 전후해서는 한국과도 연계를 맺은 나였다. 내가 중공당의 신뢰를 받는 당의 간부였으므로 대외 활동이 자유롭고 중국 내에서 영향력이 높았기 때문에 한국에서 인맥을 넓히기 수월하였다. 나는 중국의 조선족 간부로서 한국과 두루 좋은 관계를 만들어 나갔다.

나는 중국과 한국, 중국과 조선, 그리고 조선과 한국 사이의 민간사절로서 일정한 역할을 하기도 했다. 그러면서 동아시아 평화와 관계개선에 어느 정도 이바지하지 않았는가 생각한다. 앞에서 하얼빈 안중근기념물 조성을 둘러싼 남북한 간의 협력 사업을 이끌어내는 데 조력했던 사실도 간단히 언급한 바 있다. 이제부터는 나와 한국과의 관계에서 있었던 일들을 이야기해 보려고 한다.*

김대중 전 대통령이 1994년 10월에 처음으로 중국을 방문했다. 김대중은 1992년 12월 대선에서 낙선한 후 정계 은퇴를 선언하고 아직 복귀하지 않았던 시절이다. '아시아태평양평화재단아태재단' 이사장이자 '아시아-태평양 민주지도자회의FDL-AP' 상임공동의장으로 있던 때였다. 김대중의 중국 방문은 이번이 처음이었다. 김대중은 중국을 방문하며 몇 가지를 요구했는데, 중국에서 국제학술회의를 한다는 것, 당시 병원에 입원 중이던 등소평을 병문안하고 싶다는 것, 그리고 국가주석 강택민을 짧은 시간이라도 좋으니 만나고 싶다는 것이었다. 중국에서도 김대중이 중요한 정치인물이라는 사실을 잘 알고 있었으므로 최대한 협조하고자 하였다.

김대중은 산동성의 청도에 연락해 방문 일정을 짰다. 한중관계가 처음 열리기 시작할 때 중국 각 성 가운데서 산동성이 제일 먼저 왕래를 시작하였고 청도에서는 한중 간의 왕래가 이미 활발했던 것이다. 학술회의는 해양문화를 주제로 하였다. 9세기에 신라 사람 장보고가 청도에 와서 법화원을 세우고 중국 및 동남아 무역을 진행하였는데 이 역사적 사실을 끌어와서 한중 친선과 동아시아 발전의 상징으로 만들자는 것이었다. 이미 1994년 7월 산동성 룽청시榮成市에 한중 합작으로 장보고 기념탑을 조성한 바 있으며, 한국의 통일원 산하 사단법인 세계한민족연합과 해운항만청이 중국에서 장보고 기념사업과 한중 교류를 추진하고 있었다.

중국 측에서 학술회의를 준비하면서 나에게도 참가를 요청하는 연락이 왔다. 당시 학술회의를 중국 중앙 사회과학원에서 주재했는데, 사회과학원 원장인 호승胡繩은 중국인민정치협상회의 부주석이며** 또한 중앙당사연구실 주임을 겸직하였으므로 나는 업무상 그를 잘 알고 있었다. 사회과학원 부원장은 우광원于光遠이라는 분으로 그전부터 나와 친밀한 사이였다. 북경 사회과학원 회의에 내가 참석할 때면 따로 그분 집에도 방문하곤 했다.

....
* 중국-조선 간 비공식 사절로 역할한 내용은 다음 장 중국-조선관계에서 설명할 것이다.
** 전임 사회과학원 원장 호교목은 당 중앙 서기처 서기이고 역시 중앙당사연구실 주임을 겸직했다.

애초에 학술회의는 청도에서 여는 것으로 계획하였으나, 사회과학원 원장과 부원장의 생각은 달랐다. 김대중이 등소평·강택민과의 접견을 요청하였는데 접견 일정을 미처 잡지 못한 상황이었다. 기회를 틈타 접견 자리를 만들려면 북경에서 회의를 열어야 한다는 것이다.

나는 사회과학원의 협조 요청에 따라 북경에 가서 학술회의 준비 과정에 참여했다. 호승과 우광원은 나에게 회의가 열리게 된 자초지종을 알려 주었고, 몇 가지 문제에 대하여 나의 의견을 물었다. 그들은 김대중을 중국 사람들 앞에 무엇이라고 소개할 것인지 곤혹스러워 했다. 김대중은 한국에서 대단한 명성이 있는 사람이므로 한국에 관심이 있는 사람들은 김대중을 잘 알고 있었다. 그러나 대부분의 중국인들은 김대중을 잘 알지 못했다. 김대중은 대통령이니 무슨 당 총재니 하는 직함이 없었으므로 그냥 '김대중 씨'라고 하면 될 것이지만, 그 정도의 호칭으로는 그의 대단한 위상을 전혀 반영하지 못한다. '한국의 저명한 정치활동가'라는 표현도 물망에 올랐으나 그것도 딱 들어맞는 느낌이 들지 않았다.

"중국에서 이 분에게 가진 존경의 뜻을 나타낼 만한 그런 표현을 생각해 보자."

마침내 내게 딱 맞는 표현이 떠올랐다. "한국 민주화운동의 걸출한 영수." 내가 이것을 말하니 우광원 부원장이 무릎을 탁 치며 "아주 좋다!"고 했다. 우광원은 학술회의에서 자신의 환영사에 이 표현을 넣었는데, 우광원이 환영사를 직접 작성하고 내가 번역해 주었다. 또 김대중 측에서는 회의 축사 등 한글로 된 문건을 미리 보내왔으므로 내가 다 번역해 놓았는데, 그들이 중국에 올 때에 중국어 번역본을 만들어 가지고 와 내가 만든 번역본은 필요없게 되었다.

학술회의에서 사회과학원 측이 나에게 맡긴 가장 주요한 임무는 김대중과 중국 측 단장 통역이었다. 나는 통역을 위해 김대중의 연설문을 미리 받아 번역해놓았다. 그런데 행사장에 가서 보니 동시통역을 하게 되어 있고, 또 김대중 측에서 중국어에 능통한 한국인 여성 통역을 한 명 데리고 와서 일반 발언 통역을 맡겼다. 그 여성 통역은 북경 어느 대학에서 공부하는 학생이라고 했다. 그러니 내가 굳이 통역할 필요가 없게 되었다. 나는 중국 측 환영사만 통역했다.

　회의가 끝나자 저녁 만찬이 마련되었다. 그때에 나는 김대중과 인사도 하고 악수도 나누었다. 이희호 여사와도 그때 인사했다. 김대중은 비서관을 세 사람 데리고 왔다. 비서 중 한 사람인 최성이 나를 찾아와서 "우리 김 총재께서 오늘 저녁에 호텔에서 만나고 싶어하십니다"라고 하기에 나는 승낙했다.

　약속한 시간에 호텔에 찾아갔는데 김대중이 없었다. 한참을 기다려 밤 열한 시가 되어도 돌아오지 않았다. 그날 김대중은 천진대학에서 연설하는 일정이 있었는데, 연설이 끝나고 환영 연회가 열려 생각보다 늦게 끝났다는 것이다. 그때만 해도 고속도로 사정이 좋지 않아 천진에서 북경까지 오려면 시간이 많이 걸렸다. 결국 그날 김대중을 만나지 못했다.

　다음날 학술회의에서 나는 <중조 두 나라의 역사적 관계와 미래의 전망>이라는 주제로 논문을 발표했다. 한중 간의 역사상 친선관계를 개괄하고 향후 경제교류의 밝은 전망과 한중관계의 지향을 밝히는 내용이었다. 내 발표는 한국 인사들로부터 좋은 평가를 받았다. 최성 비서도 찬사를 보냈고, 또 그때에 함께 온 김성훈 박사도 "선생님 논문이 아주 좋고, 이번 학술회의 주제와도 잘 맞는 훌륭한 논문입니다"라며 칭찬했다.

　김성훈 박사는 농업 전문가이다. 한국 중앙대학교 교수이며 김대중 정부 시절에는 농림부장관을 지냈다. 그는 김대중이 민주화운동을 하던 시기 적극적으로 그를 후원했던 사람이다. 김성훈 박사와는 학술회의에서 토론도 하고 회의 후에도 이야기를 나누며 친해졌다. 그가 농림부장관을 지내던 시절 나는 한국에 간 김에 한 번 찾아가 이야기를 나누고 식사도 한 적이 있었다. 그는 나에게 농림부에서 귀빈에게 주는 선물이라며 아주 고운 전통 단지를 하나 주었는데, 그 안에 뭐가 들었는가 보니 고추장이 담겨 있었다. 참으로 재미있고 의미 깊은 선물이라고 생각했다.

2. 서울 NGO 세계대회에 중국 대표단 일원으로 방문

1995년 중국에서 'NGO 부녀대회제4차 세계여성대회'가 개최되었다. 중국으로서는 처음 치르는 국제대회였으므로 국가적으로 상당히 신경을 썼는데, 이것이 국제적으로 큰 위상을 가진 대회는 아니므로 다른 나라들에서 그다지 중요시하지 않았다. 그런데 유독 한국에서 중국에 고위급 대표단을 포함한 여러 대표단을 보내고 열렬히 축하해주었다.

4년 뒤인 1999년, 이번에는 서울에서 'NGO 세계대회'가 열렸다. 한국의 NGO 세계대회를 주관하여 총지휘한 사람은 경희대학교 총장 조영식이었다. 이분도 김대중의 야당 시절에 많은 후원을 했고 대통령 당선에도 크게 역할한 인물이라고 알려져 있다. 그가 한국 NGO대회를 주최하니 김대중 대통령도 적극 지지하고 대회장에 이희호 여사와 함께 참석하기도 했다.

한국 NGO대회를 개최하게 되자 중국에서는 대표단 파견을 아주 성의 있게 준비했다. 1995년 중국에서 열린 제4차 세계여성대회에 한국이 대규모 고위급 대표단을 보내고 축하해 주었으므로 이에 보답하는 차원이었다. 그런데 한국에서는 중국의 전반적인 단체들을 다 오라고 초청했는데 중국에서는 '부녀 대표단'을 조직해 보냈다. 북경에서는 중국 중앙 부녀 대표단을 조직하고 흑룡강에서도 부녀 대표단을 조직했다. 과거 북경 세계여성대회에서 한국이 참여했던 인연이 있고, 또 중국이 과거에 신세졌던 것을 갚는다며 중국이 할 수 있는 한 최고의 고급 대표단을 보내기 위해 부녀 대표단을 꾸린 것이다.

중국이 파견한 대표단은 중화전국부녀연합회 서기처 서기가 단장이 된 고위급 대표단이었다. 우리 흑룡강성에서는 흑룡강성 정치협상회의 부주석 리민이 참가하게 되었다. 리민은 나에게 도움을 요청했다.

"우리 부녀 대표단이 한국에 가게 되었는데, 우리는 한국말도 모르고 한국 관습도 모릅니다. 김우종 동무가 부디 함께 가서 우리를 도와주면 좋겠습니다."

그래서 내가 부녀 대표단 일원으로 함께 한국을 방문하게 되었다. 중국에서 보낸 부녀 대표단 성원들은 대부분 여자였으나 남자들도 일부 들어 있었다. 그때는 중국에 인권단체가 만들어진 지 얼마 안 되었던 시기였는데, 그 인권단체에서도 몇 명이 함께 대회에 참가했다. 중국 각 언론매체의 기자들도 많이 따라갔다. 대표단 성원들은 나에게 한국 정황이나 김대중 대통령에 관한 것들을 물어보아 내가 상세히 설명해주었다. 한국 측에서는 대회 주최자인 조영식 총장 이하 여러 사람들이 우리를 아주 잘 접대해 주었다.

우리는 기회가 닿는다면 김대중 대통령을 만나고자 하는 마음이 있었다. 진뢰 성장이 김대중 대통령께 보내는 선물도 가지고 왔다. 대회 주최 측을 통해 타진하니, 김대중 대통령은 무척 바쁘신 분이라 만나기 어려울 것 같다며 대신 이희호 여사를 만나면 어떻겠는가 하는 답변을 주었다. 그렇게 우리 대표단이 이희호 여사를 한 번 만났는데, 여사는 우리가 떠나기 전에 흑룡강성 대표단을 친히 초청하여 단독으로 만찬회도 마련해 주었다. 우리는 일본 등 다른 나라에서 온 대표단도 자유로이 만나며 지냈다. 오키나와에서 온 대표단은 미군 철수를 요구하는 피켓 시위를 벌이기도 했다.

한 번은 중국 대표단이 단독으로 기자간담회를 열었다. KBS와 MBC 등 한국 방송사와 신문사 기자들뿐 아니라 외신 기자들도 많이 참석하여 회견장이 북적였다. 우리 중국 대표단은 회견장 앞쪽에 정렬해 앉았다. 단장인 전국부녀회 서기처 서기가 가운데에 앉고 좌우로 나와 리민이 앉았다. 일반적인 문답은 주로 단장이 대답하고 한국어 통역원이 배정되어 통역했다. 간혹 한국 통역원이 잘 모르는 내용이 있으면 나에게 통역을 부탁하여 내가 보충해 주었다.

그런데 기자간담회 끝 무렵에 한국의 어느 기자가 중국과 북조선과의 관계에 대해 질문하면서 분위기가 싸늘해졌다. 단순한 질문이 아니었고 날카롭게 중국 정부를 질책하는 내용이었다. 북한은 1990년대 중반 경제위기와 식량난이 겹쳐 큰 어려움을 겪었다. 북한 주민들 상당수가 기아를 피해 중국으로 도망쳐 나왔는데 이 문제에 대한 질문이었다.

"북한에서 김정일 통치의 압박 밑에서 식량을 구하지 못해 굶주려 죽는 사람이 많습니다. 그래서 북한 주민들이 북한을 탈출해 몇 만 명이 중국으로 건너갔는데 중국 정부에서는 그 사람들을 강제로 북으로 돌려보내고 있습니다. 탈북자들의 소원은 한국으로 오는 것인데 중국 정부는 왜 그 사람들을 보호해주지 않고 강제로 북으로 보내는 것입니까? 중국 정부의 그러한 행위가 참으로 비인도적이라고 외부에서 평가하고 있는데 이에 대해 말씀해 주십시오."

이렇게 대놓고 묻는 것이다. 우리 단장이 통역을 통해 전해 듣고는 어리둥절했다.

"저는 그 이야기를 처음 듣습니다. 중국으로 도망친 북조선 사람이 얼마나 되는지, 그 사람들이 어디로 보내졌는지 저는 아는 바가 없습니다. 이 문제는 우리 흑룡강성 당사연구소의 김우종 소장이 잘 아시지 않을까 생각합니다. 김우종 소장께서 답변해 주십시오."

나는 한국말을 알아들을 수 있으므로 그 기자가 질문을 가장하여 중국 정부를 드러내놓고 비난하는 무례한 발언을 하였음을 잘 알았다. 그러니 나 역시 예의를 차려 답변할 필요를 느끼지 못했다.

"기자에게 먼저 묻겠습니다. 기자께서 말씀한 그 몇 만 명이라는 숫자는 어디에서 나온 숫자입니까? 우리 중국 측에서는 어떤 통계도 정식으로 발표한 것이 없는 걸로 알고 있습니다. 일단 그 숫자가 확실한지 다시 확인해보기 바랍니다. 물론 조선에서 중국으로 건너온 사람도 있습니다. 그러나 내가 아는 한에서는 지금 기자가 말한 것처럼 몇 만 명이라는 그런 숫자에까지 도달하지는 않습니다. 한 몇 백 명이나 천여 명 남짓 되는 사람들이 넘어온 일은 확실히 있는 것 같습니다.

중조관계에 대해 여러분들이 이해해야 하는 것이 있습니다. 중국과 조선 관계는 친선관계이고 형제적 관계입니다. 중조 국경지대는 평화롭고 친선적이어서 왕래가 자유롭습니다. 과거 중국에 기황이 들었을 때에는 중국 사람들이 5만 명이나 북으로 넘어갔는데 조선에서는 이들을 다 거두어주었습니다. 몇 년 후 중국 상황이 안정되자 조선에 건너갔던 사람들은 다시 중국으로 돌아왔습니다.

서로 형편이 좋지 않을 때에 국경을 넘어 오고가는 것은 중조 변경에서 자연스러운 일입니다. 역사적으로 이어진 중조 친선관계를 감안한다면 이해할 수 있습니다. 형제

나라 사람이 곤란하면 찾아오는 것이고, 찾아오면 또 형제 나라의 의리로서 접대하는 것입니다. 우리가 조선에 건너가면 또 거기에서 잘 접대해 줍니다. 요 몇 년간 조선 사람들이 중국으로 건너오는 일이 잦다고는 하지만 역사적으로 있어 온 일이므로 우리들은 거북해하지 않고 잘 처리하고 있습니다. 이것은 새로운 국제 문제도 아니거니와 인권 문제와는 하등 관계가 없습니다.

그런데 상황을 문제로 만드는 것은 일부 한국 사람들입니다. 당신네 한국 NGO 산하에 있는 종교단체니 인권단체니 하며 활동하는 사람들 말입니다. 중국에서 활동하는 이런 단체들이 북에서 잠시 나온 사람들을 충동질하고 있습니다. 간섭하고 사통해서 한국으로 가자고 추동하고, 한국 가면 어떻게 해 주겠다고 거짓 약속을 하면서 사람들을 현혹합니다.

이런 상황을 중국 정부가 지켜볼 때 어떻겠습니까? 중국에 건너온 조선 사람들이 이런 사람들에게 넘어가 한국에 가게 되면 마냥 잘 살 수 있는 것이 아니지 않습니까? 또 조선에서는 불만을 가지고 중국 정부에 항의할 것 아니겠습니까? 조선에서 그 사람들을 돌려보내 줄 것을 요구하므로 중국에서 때로 돌려보낼 때도 있습니다. 그러나 자발적으로 돌려보내 주는 것이지 강제로 압송하는 것은 아닙니다."

나는 말을 꺼낸 김에 더욱 강력하게 이야기했다.

"북한 이탈민들의 문제가 심각하게 불거졌는데, 이렇게 정치화되고 인권의 문제로 비화된 것은 당신네 일부 한국 사람들이 만든 일입니다. 한국 사람들이 아무런 간섭을 하지 않았다면 북에서 중국으로 건너온 사람들은 중국에서 살다가 상황이 나아지면 모두 돌아갔을 것입니다. 아주 자연스러운 양국 주민 간의 교류를 이렇게 중대한 문제로 만든 것은 한국 일부 목사들입니다."

내가 탈북자 문제에 대한 발언을 시작하자 내게 향하여 조명이 눈부시게 쏟아져왔고 카메라가 내 방향으로 집중되었다. 그런데 내 발언의 맥락이 강경하게 전개되자 내가 말을 마치기도 전에 조명이며 카메라 장비들을 착착 끄는 것이다. 그들은 처음에 탈북자 이슈라는 기사거리를 잡았다고 여겼으나 나의 발언 내용은 한국 방송에 내보낼 수 있는 내용이 아니었다. 한국의 몇 개 이해집단이 걸린 문제이고, 한국으로서는 도리어 역풍을 맞을 내용이었기 때문이다.

3. 한국 정치상황에 대한 나의 견해

김대중 대통령의 비서로 중국에 왔던 최성은 북경대학에 와서 공부하고 이를 토대로 박사학위를 받았다. 그는 박사학위 논문을 한 부 나에게 보내며 좀 봐달라고 했다. 내가 검토해 보니 내용도 충실하고 서술도 잘 되었으므로 찬성한다고 했다. 박사학위를 받은 후 그는 김대중 대통령 시절 대통령비서실 북한 담당 국장을 지냈다. 중국에서 만났던 김대중의 다른 보좌진들과도 계속 내왕했다. 김대중 대통령 이후 한국의 다른 대통령들과는 인연을 맺지 못했다. 노무현 대통령도 한 번도 만나보지 못했다.

2007년 한국은 제 17대 대통령 선거를 앞두고 있었다. 이명박 전 대통령이 한나라당 후보로 출마했고 가장 유력한 후보였다. 중앙에서 나에게 한국의 선거 정황에 대하여 자문해 왔다.

"한국 대통령 선거가 진행 중인데 각각의 후보자들에 대하여 김우종 동무는 어떻게 평가하는가?"

나는 한국 정치를 직접 겪어 아는 바가 없었으므로 내가 교류하는 한국 학자들의 의견을 듣고 그것을 수렴하여 답변했다. 각 후보자들의 경력과 성향을 설명하고 중국의 입장에서 누가 대통령이 되면 유리할 것인지에 대한 평가도 내렸다.

중앙에서 특히 관심을 가진 것은 새로이 취임할 한국 대통령의 정치 및 외교적 성향에 대한 문제였다. 그 사람이 친미파인지, 또는 중국과의 우호 관계를 중요시하는지에 대하여 관심을 가진 것이다. 그때에 내가 보고해 올린 평가를 나중에 다시 짚어보니 틀린 때도 있었는데, 특히 이명박에 대해 나는 틀린 판단을 했다. 나 자신은 이명박을 그다지 좋게 보진 않았으나 내가 만난 한국 분들이 그의 능력에 대해 많은 기대를 하여 긍정적인 평가를 올렸다.

"이명박은 아주 좋은 사람입니다. 이 사람이 대통령이 되면 우선 한국 경제가 성장할 것입니다. 남북관계도 오히려 훨씬 잘 될 것입니다. 왜냐하면 노무현 대통령은 남북관계 개선에 분명한 의지가 있었으나 정파가 약해서 일을 제대로 추진하지 못했습니다. 이명박은 정당이 강하므로 남북관계 개선책을 강력하게 추진할 힘을 가지고 있습니다."

주로 이런 견해였다. 게다가 이명박과 '6·3세대'로 과거에 함께 학생운동을 하면서 잘 알고 지냈다는 분도 몇 분 있었다. 그래서 내가 중앙에 보고할 때 이명박에 대하여 긍정적인 방향으로 썼던 것이다.

이명박이 대통령에 취임하니 나의 평가가 틀렸다는 것을 금방 알게 되었다. 이후 중앙정부의 질의가 있을 때에 나는 이명박에 대한 평가를 고쳐서 제출했다. 5년 뒤 박근혜가 대통령 선거에 나올 때에는 나는 이미 대외 활동을 전혀 안 하는 사람이 되었으므로 중앙에서 자문하는 일도 없었다.

박근혜가 대통령이 되니 그의 부친인 박정희의 친일 논란에 대하여 말하지 않을 수 없다. 이전에 나는 『중국조선민족발자취 총서』 부총주필을 맡아 책을 펴낸 적이 있다.* 이 총서는 연변이 주도하고 흑룡강이 공동 집필자로 참가했다. 총 여덟 권 가운데 제3·4·5권을 흑룡강에서 맡아 집필했는데 대략 1930년부터 1950년까지의 항일전쟁과 해방전쟁을 다루었다. 나는 제3책 『봉화』와 제4책 『결전』의 주필을 맡았고 5책 『승리』 편찬도 관여했다.

이 『총서』 가운데 박정희에 관한 내용이 딱 한 곳 있다. 만주국 시대의 한국인 친일 인물들을 소개하는 부분이었다. 제4권 『결전』의 <악명 높은 간도특설부대> 항목에서 박정희를 간도특설부대 중대장급 군관이라고 소개하고 다음과 같이 서술하였다.

"그는 해방이 되자 시세에 편승하여 하북지대 조선 청년들을 묶어 세워 조선의용군에 참가하려 하였다. 그러나 받아주지 않자 곧추 남조선으로 내뺐는데 그 뒤 우익세력

---

* 『중국조선민족발자취』 총서 편집위원회 편, 북경 민족출판사, 1989년부터 순차 발행. 조선 민족이 중국에 이주한 1800년대 중반부터 1990년까지의 역사를 여덟 시기로 나누어 편찬하였다. 각 권 제목과 다루는 시기는 다음과 같다. 제1권 개척조선민족의 중국 이주부터 1920년까지 제2권 불씨1920년부터 1931년 9·18사변까지 제3권 봉화9·18 사변부터 1937년 7·7사변까지 제4권 결전7·7사변부터 1945년 8·15 광복까지 제5권 승리제3차 국내혁명전쟁 시기 제6권 창업중화인민공화국 창건부터 사회주의 개조 완성까지 제7권 풍랑사회주의 건설 시작부터 1978년 당 중앙 11기 3차 전원회의 전까지 제8권 개혁개혁·개방시기부터 1990년까지

을 긁어모아 나중에는 대통령까지 되었던 것이다."*

그런데 이 책이 한국에서 문제가 되었다고 한다. 그 내용의 사실관계가 정확한지 아닌지에 대해 논란이 일고, 박근혜의 동생인 박근령이 소송하겠다고 언론에 공표하기에 이르렀다. 한국의 학자들이 더러 와서 나에게 이 일을 귀뜸해 주기도 하고, 연변 학자들도 여러 번 나에게 이 일을 이야기했으나 나는 개의치 않았다.

"소송하려면 소송하라고 하라. 그 책은 내가 주편을 맡았으므로 나에게 책임이 있다. 그런데 한국의 법이 나를 구속할 수 있는가?"

그런데 연변대학의 박창욱 교수가 "박정희 친일 의혹은 증거가 없다"고 말했다는 이야기가 퍼지면서 문제가 되었다. 그는 연변의 저명한 역사학자로 『발자취 총서』 편찬의 중심인물 중 하나였다. 나는 바로 연변대학교 박창욱 교수에게 전화를 걸어서 그런 말을 했는가 물었다. 박창욱 교수는 "나는 그런 말을 한 일이 없습니다. 내가 어떻게 그런 말을 하겠습니까? 내가 그럴 사람입니까?"라며 강하게 부정했다. 그리고 연변에서는 박정희 친일 행적을 반박하는 내용의 책이 나왔다는 이야기도 들려왔다.

박정희가 만주 군관학교에 입학하고 졸업한 뒤 일본 육군사관학교에 다녀와 만주국의 군관이 되어 팔로군 토벌을 했다는 행적은 의심할 바 없이 확실한 사실이다. 나머지 행적에 대해서는 다소 불분명한 점이 있다. 팔로군 토벌을 나갔다가 일본이 패망하니 포로가 되었고, 한국 사람이므로 쉽게 석방되어서 조선 북부를 거쳐 남조선으로 갔다는 이야기도 있다. 또는 포로가 된 게 아니라 토벌대에 복무하던 중 일본이 패망할 무렵 탈출해서 한국으로 돌아왔다는 설도 있다. 그가 어떻게 해방을 맞았는지에 대해서는 확실하게 해명이 되지 않았지만 이 부분은 박정희 친일 논란에서 중요한 지점이 아니다.

가장 논쟁이 되는 부분이 '간도특설대'에 참여했는가의 문제이다. 1930년대 후반 동만 지역에 항일부대를 토벌하는 임무를 가진 특설부대가 만들어졌고 이것을 통상 '간도특설대'라고 한다. 한쪽에서는 박정희가 간도특설대 군관이었다고 주장하고, 다른 한쪽에서는 간도특설대원이라는 문헌 증거가 없으므로 인정할 수 없다고 주장한다.

내가 조사한 바에 따르면 박정희는 간도특설대원은 아니었다. 박정희가 간도특설부대에 찾아가긴 했지만 입대하지는 않았다. 박정희의 고향 사람이 간도특설부대에서 군관으로 있었으므로 박정희가 그 사람을 찾아가서 입대를 청원했다. 그 고향 사람은 박정희에게 "너는 아직 나이가 어리니 이런 부대에 있지 말고 군관학교에 가라"고 권유했고, 그 사람이 직접 연길에서 목단강까지 박정희를 데리고 가서 군관학교 시험을 치르게 했다고 한다. 그러므로 박정희가 간도특설대 군관으로서 항일부대를 토벌한 일은 없었다. 이 내용을 증언한 사람이 두 사람이나 있다.

"'다카키高木'라는 젊은 청년이 특설부대를 찾아와서 저녁에 함께 막걸리를 마셨다. 그 사람이 아주 젊었으므로 특설대 대신 군관학교에 가라고 하고는 직접 데리고 갔다."

이렇게 증언한 사람들이 2010년 무렵까지는 장춘에 살아 있었다.

4. 2001년부터 끊이지 않고 지속된 국제학술회의

한국 국사편찬위원회와 흑룡강성은 오랜 협력 사업을 진행하면서 사료 수집과 편찬, 연구 면에서 지속적으로 교류하여 왔다. 가장 중요한 협력 사업은 매년 하얼빈에서 열리는 국제학술회의로 2001년부터 시작해서 현재까지 한 해도 끊이지 않고 개최되었다.* 동북항일투쟁 역사 가운데 매년 대주제를 정해 회의를 개최하고 있다. 한국의 국사편찬위원회와 함께 중국 측에서는 흑룡강성 사회과학원이 공동 주최하고 있고, 나는 이 세미나의 주요 책임자였다. 회의에는 중국과 한국, 조선, 일본, 러시아의 권위 있는 학자들을 초청하였다.

국사편찬위원회와의 협력 사업으로 진행한 『동북지역 조선인 항일력사 사료집』 간행 사업, 조선의 김일성 주석과 중국인들과의 연대를 기념한 『우의의 장정』 편찬 사업

....
* 2018년 현재 총 18회의 국제학술회의가 진행되었다.

같은 일들은 중국에서 일반인들이 추진 가능한 사업이 아니다. 학술회의 문제도 그렇다. 중국은 출판이나 학술회의 방면에서 대외협력 사업을 진행하려면 절차가 복잡하다. 오늘날 개혁개방으로 많이 간소화되었음에도 여전히 어렵다. 우선 계획을 세워 정식 보고를 성위 선전부에 올린다. 성위 선전부의 동의를 받으면 다시 중앙당 선전부와 외교부의 동의를 받아야 한다. 이렇게 수속해서 허가를 받는 데 시간도 걸리고 까다롭다.

그런데 나에게는 학술회의 개최를 자유로이 할 수 있는 특혜가 있다. 내가 1990년대에 강택민의 심부름을 하며 조선 및 한국과 내왕하였는데, 그 후 강택민은 관계 부문을 통하여 지시를 내렸다.

"김 소장은 학자로서 유리한 점을 잘 발휘해서 한국·조선과 자유로이 내왕하게 하라. 김 소장이 중조친선, 중한친선을 위하여 하는 사업은 모두 우리 당 중앙에서 지지하는 사업이다. 그러므로 김 소장이 편하게 활동할 수 있도록 조건을 마련해 주어라. 이를테면 책을 편찬 간행하는 사업이나 학술세미나 등 김우종 소장이 주최해서 하는 사업은 지지해 주도록 하라."

당에서는 나에게 마음껏 대외협력 사업을 진행하라고 배려해 주었지만 나는 규정을 가급적 따르고자 했다. 국제학술회의는 규정상 지방에서 자체적으로 열 수 없으며 중앙의 허가와 지도·감독이 필요하다. 한국과의 국제학술회의를 개최할 때마다 나는 규정에 따라 성위 선전부를 통해 중앙 선전부에 보고하는 절차를 밟았다. 사업을 시작했던 첫 해와 두 번째 해인 2001년과 2002년에 각각 보고를 올려 허가를 받았고, 회의 진행 결과에 대해서도 보고했다. 2002년에는 외교부에서 답신하기를 "김 소장이 주최해서 하는 학술회의는 이제는 따로 보고할 필요 없이 알아서 계속하여 진행하라"는 답변이 내려왔다.

내가 여러 해 동안 중조친선과 중한친선을 위하여 많은 일을 해 왔으므로 중앙 지도층에서 나를 신임하여 내 운신의 폭을 넓혀 준 것이다. 또한 중앙에서는 내가 한국·조선과 대담하게 친선·교류 사업을 추진하는 것이 중한·중조관계 진전에 도움이 된다고 판단하였다. 그리하여 이후에는 따로 보고하지 않고 학술회의를 개최하였고 지금에 이르고 있다.

국제학술회의에는 여러 나라 학자들이 참가하므로 언어가 통하지 않아 어려움이 많았다. 특히 논문집을 낼 때에 논문 개요를 작성하는 일이 곤란했으나 원인산 동지가 주로 맡아서 잘 해결해 주었다. 나는 여러 모로 회의 경비를 절약하기 위해 각 부문에 도움을 청했다. 하얼빈시 당위원회 서기에게 부탁하여 호텔비를 할인받기도 했다.

이때만 해도 조·중 간의 학술 교류는 많지 않았다. 주로 진뢰·리민·리재덕 등 항일투사나 항일투사 후손들이 조선을 방문하고 조선에서는 이들을 취재하여 항일투쟁에 대한 서로의 시각을 공유하는 정도에 머물러 있었다. 그러나 지속적으로 국제세미나를 열게 되니 서로의 논문을 통해 동북항일투쟁에 대한 각자의 관점을 교류하게 되고, 보다 정확하고 상세한 자료도 얻을 수 있었다.

국제세미나는 한국과 북조선 학자들 간의 친선 교류 현장이기도 했다. 처음에는 사소한 오해로 어려움도 겪었다. 가령 이런 일화가 있다. 회의 참석차 하얼빈에 온 한국 학자들이 '한국판점'이라는 식당으로 조선 학자들을 초대하였다. 그런데 식당 앞까지 와서 조선 측 단장이 이런 저런 핑계를 대면서 차에서 내리지 않았다. 미리 음식을 다 주문해 놓은 상태여서 낭패가 이만저만이 아니었다. 나중에 들으니 조선 측 단장은 간판만 보고 한국인이 경영하는 식당인 줄 오해했다고 한다. 나는 나중에 조선 측을 거듭 설득하여 송별만찬을 다시 '한국판점'에서 마련하고 한국과 조선 모두를 참석하게 했다. 그리고 이 음식점은 조선족이 운영하는데 한국 손님을 끌기 위해 가게 이름을 '한국판점'이라 지은 것이라고 설명해 주었다.

이처럼 처음에는 남과 북이 서먹서먹하고 함께 만찬장에 모이기도 어려웠지만 해를 거듭하면서 양측은 점점 친밀해졌다. "우리끼리는 이미 통일되었다. 이제 윗사람들이 할 일만 남았다"며 축배를 들고 스스럼없이 여러 이야기를 나누었다. 헤어질 때에는 다음에는 서울에서, 평양에서 세미나를 하자고 약속하기도 했다. 한국 국사편찬위원회와 조선로동당 역사연구소가 직접 교류하자는 소망도 피력하였다. 그 후 평양에서는 한 차례 회의를 열었는데 서울에서의 회의는 무산되고 말았다.

세미나를 진행한 초창기에 조선은 김일성이 중국 동북에서 활동한 내용만으로 발표했고 한국 측은 민족주의 계열의 독립군 활동만 가지고 이야기했다. 그러므로 논문의 내용이 풍부하지 못했고 서로 토론할 내용이 많지 않았다. 그러나 차츰 논문 주제도 다양해졌고 논의는 발전해 갔다.

세미나 기간에는 항일전적지 답사 일정이 반드시 포함되었다. 2006년 경에는 남호두 항일전적지를 답사했는데 그곳에는 현지 주민들이 세운 김일성 항일전적 기념비가 있어 그것을 보러 가는 길이었다. 조선 학자들은 물론이고 한국 학자들도 모두 가겠다고 했다. 남호두는 깊은 산골이므로 몇 개의 고개를 넘어야 했고, 자동차가 들어가지 못하므로 걸어서 산을 넘어야 했다. 한족 학자들은 자동차가 들어갈 수 있는 곳까지만 따라가고 더 이상 들어가지 않았으나 한국과 조선 학자들은 모두 걸어서 산을 넘었다.

"항일투쟁기에 연합전투를 할 때에도 중국 군대인 구국군은 늑장부리며 잘 오지 않고 빨치산과 독립군이 제일 앞장서 나아가곤 했는데 이번에도 그렇습니다."

내가 이렇게 농담을 했더니 남북의 학자들이 모두 유쾌하게 웃었다.

2009년에는 안중근 의거 100주년으로 중국과 한국의 학자들이 참여하는 안중근 기념 학술회의를 하얼빈에서 크게 개최하고자 하였다. 그런데 하얼빈시에서는 "이 학술회의는 외교부 허가를 맡아야 하는 것이므로 개최가 불가하다"고 반대했다. 원래 조선민족예술관 주최로 하려고 했는데, 예술관 관장은 이런 사업을 마련하고 외교부에 허가를 신청할 자격이 되지 않았다. 그래서 학술회의가 무산되려는 참에 내가 나섰다.

"걱정 마십시오. 올해의 우리 항일투쟁사 국제학술회의 주제를 '안중근 의거 100주년 기념 학술회의'로 바꾸면 됩니다."

그렇게 해서 합법적으로 대규모 학술회의를 열고, 학술회의 논문집도 정식으로 출판했다.

2012년에는 치치하얼시에서 <눈강 항일전역에 대한 기념학술회의> 개최를 추진했다. 중국 국내 학자들이 주최하고 한국과 일본의 학자들을 초청하기로 하여 외교부에 허가를 신청했는데 이번에도 외교부가 불허를 통보하였다. 치치하얼시에서 나에게 대책을 문의했다.

"우리 시에서 한국과 일본의 학자들을 초대하여 국제학술회의를 열려고 하는데 외교부에서 답신이 없습니다. 어떻게 하면 좋겠습니까?"

나는 학술회의를 내가 주최하는 것으로 바꾸면 된다고 답변해 주었다.

"개의치 마십시오. 나는 벌써 외교부에 국제학술회의를 자유롭게 해도 된다는 허가를 받아 10년 넘게 해 오고 있습니다."

그래서 이 치치하얼 항일전역 기념학술회의 역시 성사시킬 수 있었다.

5. 일본 방문

해방 후 내가 공식적인 자리에서 처음 일본 사람을 만난 것은 1959년 일본 마쯔야마松山 발레단이 하얼빈을 방문했을 때이다. 마쯔야마 발레단은 1959년과 1964년 중국을 방문하고 순회공연 했는데 그들이 하얼빈에 올 때에는 내가 우리 측 통역을 맡았다.

중국이 외교관계를 맺고 교류하는 나라는 소련과 조선 등 사회주의 국가들 뿐이었고, 일본 사람들이 때때로 중국을 방문했지만 중국인들의 반일 정서가 강해 어려움을 겪었다. 주은래 총리는 중국에서 일본에 대한 적대감을 해소하고 두 나라의 친선교류를 발전시키기 위해서는 문화교류가 중요하다고 생각하여 일본 마쯔야마 발레단을 중국에 초청하였다. 발레단 단장은 친중 인사로서 주 총리와도 각별한 사이라고 알려져 있었다. 또한 하얼빈은 도시 건설, 문화, 예술 면에서 러시아의 영향을 깊이 받았고 중국에서도 일찍 개방된 도시였으므로 발레단이 북경과 상해에서 공연을 마친 후 하얼빈까지 공연을 오게 된 것이다.

1959년 6월 발레단이 처음으로 하얼빈에 왔을 때였다. 나는 위만 시절 국민고등학교를 다녀 일본어를 잘 했지만, 이미 일본어를 사용하지 않은 지가 15년이 되어가던 때였으므로 과연 통역을 잘 할 수 있을지 걱정이 앞섰다. 그러나 막상 일본인과 대면하니 신기하게도 일본말이 막힘없이 나왔다. 발레단을 통역하면서 나는 당시 일본의 상황에 관하여 여러 이야기를 들었다.

당시 일본은 국가 경제가 어려워 발레단 단원들이 월급을 제대로 받지 못하는 지경이었다. 전쟁 때에 많은 주택들이 파괴되었으나 아직 복구되지 못하여 주택난이 심각했고, 특히 도쿄에서 집을 구하기란 하늘의 별따기라고 했다. 단원들은 생계를 위하여 낮에는 발레를 하고 저녁이나 쉬는 날에는 아르바이트를 한다고 했다. 그들은 중국의 발전상과 체제의 이점을 보고 경탄하기도 했다. 하얼빈 계기공장에 견학 갔을 때 그들은 노동자들이 살고 있는 공장주택을 보면서 "나라에서 공짜로 집을 주는 법도 있는가?"하며 중국이 일본보다 훨씬 좋다고 부러워했다. 어떤 단원들은 반 농담조로 나에게 중국에 남게 해달라고 간청하기도 했고, 심지어 내가 미혼이라는 것을 알고 나에게 호감을 표시하는 젊은 여성도 있었다. 물론 그들은 중국에 오기 전에 나름대로 방중 교육을 받았을 것이고, 우리를 위해 일부러 듣기 좋은 말을 한 것인지도 모른다.

일본 사람들을 만난 나의 인상은 그들이 참으로 예의바르고 깔끔하다는 것이었으나, 그들의 생활이 어렵다는 것을 그대로 알 수 있었다. 1964년 발레단이 두 번째 하얼빈을 방문했을 때의 일이다. 발레단 단장이 입고 온 고급 코트가 차문에 끼어 찢어지는 사고가 났다. 단장은 물론이고 발레단의 안무를 맡고 있던 단장의 부인도 당황해서 어쩔 줄을 몰랐다. 알고 보니 그 코트가 단장의 옷이 아니었다. 중국을 방문하는데 마땅한 옷이 없어 친구의 옷을 빌려 입고 왔다는 것이다. 빌린 옷에 흠집을 냈고 갚아 줄 여력이 없으니 그토록 당황했던 것이다. 나는 이 일을 성 외사판공실 주임계에 알리고 옷을 고칠 방안을 수소문했다. 하얼빈시 도리구 츄린 백화점에 유명한 재봉사가 있다는 사실을 알아내 단장 부부와 함께 재봉사를 찾아가 수선을 부탁했다. 이틀 후 츄린 백화점의 재봉사를 찾아가니 찢어진 코트가 전혀 티 나지 않게 새것처럼 고쳐져 있었다.

이처럼 1960년대 중반만 해도 일본은 풍족한 나라가 아니었고 중국과 비교하여 딱히 선진국이라 할 수 없었다. 하지만 불과 15년이 지나자 상황은 완전히 바뀌었다. 나는 1979년에 생애 첫 외국 방문이자 첫 일본 방문을 하게 되었을 때 일본의 놀라운 발전상을 목격했다. 세상은 돌고 돈다는 옛말이 전혀 틀리지 않다는 것을 체험하고 격세지감을 느꼈다.

하얼빈시와 일본 니가타시新潟市가 1979년 12월 자매도시로 결연을 맺으며 양측은 서로 방문단을 교환했다. 일본 측에서 먼저 하얼빈시를 방문했고, 하얼빈 대표단도 곧 일본을 방문했다. 대표단은 하얼빈시위 서기 겸 혁명위원회 주임 원민생后에 국가우전부 부장동지가 단장이 되고, 흑룡강성 부성장과 성 외사판공실 주임 및 하얼빈시 주요 부문의 국장 등 16명으로 꾸려졌다. 나는 대표단 단장의 통역 겸 비서로서 대표단에 포함되었다.

이때만 해도 다른 나라로 여행한다는 것, 그것도 자본주의 나라에 간다는 것은 중대 사항이었기에 우리는 출국 준비에만 근 한 달이 걸릴 정도로 신경 써야 할 일이 많았다. 제일 먼저 한 일이 번듯한 옷을 장만하는 일이었다. 츄린 백화점에서 대표단 전원이 양복 한 벌과 중산복 한 벌, 그리고 진회색 겨울코트를 한 벌씩 맞췄는데, 16명이 맞춘 옷이 전부 똑같았다. 출국 직전에는 북경에 가서 대외우호협회의 영도로부터 일본에 대한 대략적인 정보를 듣고 일본에 가서 꼭 지켜야 할 사항들을 교육받았다. 가래나 침을 함부로 뱉지 말며 개별행동을 하지 말 것 등이었다. 대만 특무의 납치공작 가능성도 배제할 수 없었고, 특히 단장의 신변 안전이 중요했으므로 단장의 비서 격인 나의 임무가 특히 막중했다.

우리는 마침내 일본으로 가는 비행기를 탔다. 이륙한 지 세 시간 만에 밟게 된 일본 땅은 완전히 다른 세상이었다. 나리타공항은 규모도 크고 번쩍거렸고 깨끗했다. 지나가던 사람들이 발길을 멈추고 우리를 쳐다봤다. 우리는 모두 똑같은 양복에 똑같은 트렁크를 든 신기한 이국인이었다. 겨울이라 일본도 추울 줄 알았으나 공항 안은 봄날처럼 따뜻하여 우리는 입고 갔던 겨울코트를 벗어 챙기느라 분주했다.

공항을 나서자 소형버스 한 대가 우리를 마중나와 있었다. 우리는 모두 당황해 수군거렸다. 중국 관례대로 하면 단장은 별도로 승용차에 타야 하는데 다 같이 한 차를 타고 가니 너무나 민망했다. 호텔에 도착했을 때에는 16명 모두 1인실을 배정해주어 또한 번 놀랐다. 중국에서라면 단장과 부단장만 1인실을 내주고 나머지 사람들은 2인실을 주었을 것이다.

음식문화가 달라서 생긴 해프닝도 있었다. 저녁식사로 이탈리아식 스테이크가 우리 앞에 놓였는데 고기에 벌건 피가 그대로 스며났다. 아무도 먹지 않고 있으니 높고 하얀 원통 모자를 쓴 주방장이 우리 테이블에 직접 찾아와 자기가 만든 음식인데 맛이 없는가 하고 공손하게 물었다. 내가 중국에서는 고기를 완전히 익혀 먹는다고 설명해 주니 접시를 모두 가져가 익혀서 다시 내왔다. 이튿날 조식은 호텔 안에서 뷔페식으로 먹는데 모두들 뷔페가 처음인지라 무엇부터 어떻게 먹어야 할지 몰랐다. 서로 눈치를 살피다가 삶은 달걀과 소시지만 접시에 담아왔다. 그게 우리에게 제일 익숙한 음식이었기 때문이다. 일본에서는 달걀 가격이 중국과 비슷할 정도로 매우 싸다는 것을 나중에야 알았다.

니가타는 인구 40만 정도의 작은 도시였지만, 당시 150만 인구를 가진 하얼빈에 비해 공업 총생산량은 10배가 더 많았다. 하얼빈시의 대표 건물인 우의궁은 5층 건물이었는데 니가타에는 고층빌딩이 즐비했고 거리는 널찍했다. 하얼빈에서 제일 규모가 큰 상점인 츄린 백화점에도 상품 종류가 다양하지 않았고 어떤 상품은 배급표가 있어야만 살 수 있었는데 일본의 백화점에는 없는 것이 없고 물량도 풍부했다. 우리 모두는 일본의 발전된 모습에 탄복했다.

농촌에 갔을 때였다. 바닷가 옆에 수전을 일구어 벼농사를 짓고 있었는데 바닷가에 높은 방파제를 쌓아 해일의 침해를 막았고 침수 때를 대비하여 펌프 설비로 물을 퍼 올리는 배수시설도 잘 되어 있었다. 또 일본은 채소를 비닐하우스나 유리 온실에서 재배하고 있었는데, 이렇게 재배하면 노지 재배에 비하여 소출이 다섯 배나 높다고 했다. 또한 농업과 목축업을 잘 결부시키고 있었다. 옥수수를 재배하여 옥수수는 식용으로, 옥수수 대는 가축 사료로 활용했다. 그때 중국의 많은 농민들은 옥수수마저 충분히 먹지 못하는 상황이었다.

12월 18일, 호텔에서 아침을 먹고 있는데 호텔 총지배인이 와인 한 병을 들고 내 테이블로 다가왔다.

"오늘이 김 선생님의 즐거운 날이라고 알고 있습니다."

총지배인은 이렇게 말하며 와인 한 잔씩을 돌려 가볍게 축하하고는 저녁에 성대한 일본식 생일 만찬을 준비해 주었다. 니가타시 시장 부부가 생일축하 선물도 보내주었다. 내가 50세 생일을 일본에서 이렇게 맞을 줄을 어찌 생각이나 했겠는가! 귀국한 후 내가 일본에서 생일상을 받은 에피소드가 『하얼빈일보』에 기사로 실려 화제가 되기도 했다.

우리 대표단은 보름 동안 니가타현을 비롯하여 도쿄·교토·나라·고베·요코하마 등 여러 도시와 농촌을 참관하며 일본의 산업 현황에 대해 보고 느낄 수 있었다. 우리는 가는 곳마다 환대를 받았다. 닛산 자동차공장이나 도시바 전자연구단지를 참관할 때에는 직원들 모두가 하던 일을 멈추고 우리를 반갑게 맞아주었다. 이 1979년이 중일관계의 밀월기간이었다고 나는 생각한다.

6. 미국 방문

1994년 8월, 나와 리민 동지는 미국 필라델피아 한인회 회장 현봉학 교수의 초청을 받아 미국을 방문하게 되었다. 세계 각국에 살고 있는 한인동포 생활상을 소개하는 세미나에 초청한 것이다. 우리는 도쿄를 경유하는 비행기편으로 뉴욕으로 향했다. 존 F. 케네디 국제공항에 내리자마자 곧바로 세미나 장소로 향했다. 나는 하얼빈의 안중근 의사 기념사업에 대하여 소개하였다. 또 나는 뉴욕에 가기 직전에 평양에 가서 김일성 주석의 장례식에 참석하였으므로 조선의 상황도 알려 주었다. 그런데 세미나 도중 예기치 못했던 일이 발생했다. 나의 발표를 듣던 한 남성이 자리에서 벌떡 일어나 나에게 항의하는 것이다.

"김일성을 왜 자꾸 '김 주석'이라고 부릅니까? 듣기 거북합니다."

나는 망설임 없이 그에게 답변했다.

"카터 대통령도 방북했을 때에 '김 주석'이라고 불렀고, 미국의 부시 대통령도 '김일성 주석의 서거에 비통함을 표한다'고 했는데 내가 그렇게 호칭한 것이 무엇이 잘못입니까?”

나의 말에 좌중에서는 “옳습니다!” 하는 탄성이 터져 나왔다.

이튿날 우리는 뉴욕 시내를 참관하였다. 나의 눈에 비친 뉴욕 맨해튼은 그다지 번화한 곳은 아니었지만 고급스러웠다. 백화점에 가니 상품 가격이 상상 이상으로 비쌌다. 그러나 가판대에서 판매하는 신발·모자·옷 등은 가격이 저렴했는데, 모두 중국산 제품이었다.

뉴욕시박물관에 갔을 때였다. 홀에 한 폭의 큰 세계지도가 걸려 있었는데 중국의 동북 3성과 한반도 전체가 모두 일본 국토처럼 표시되어 있었다. 현대 세계지도지만 극동아시아만큼은 1930년대에 머물러 있었던 것이다. 나는 통역에게 박물관 직원을 불러오도록 하여 어찌 된 영문으로 이런 지도가 걸려있는 것인지 따져 물었고, 수정하거나 철거할 것을 요구했다. 직원은 이 지도가 일본 정부의 선물로 박물관에 보내온 것이므로 함부로 할 수 없다고 대답했다. 박물관에 동행한 현봉학 교수는 자기도 몇 번 이 박물관에 왔었지만 이런 오류를 발견하지 못했노라며 송구스러워 했다. 나는 현봉학 교수에게 한국 정부 측에 연락하여 지도 문제를 항의하도록 해 달라고 부탁했다.

이곳에서 뜻밖에 역사학자 이정식 교수를 만났다. 그는 미국에서 한국공산주의운동사를 연구하는 학자이다. 그는 나의 책을 본 적이 있다며 내게 반갑게 인사를 건넸다.

“내가 만주 조선인 공산주의운동에 대한 책을 쓰면서 중국 문헌은 보지 못하고 썼기에 이게 실제와 얼마나 맞겠는가 걱정되었는데 후에 선생님이 편찬한 동북항일연군투쟁사를 보고 마음이 놓였습니다.”

이정식 교수는 이렇게 말하며 앞으로 서로 교류하길 바란다고 말했다.

필라델피아에 사는 한인들은 이북 출신이 많았는데, 주로 세탁소를 운영하거나 기계수리공 일을 하며 살아갔다. 뉴욕의 할렘가는 중국의 여느 거리와 별반 차이가 없이 허름했다. 할렘가의 주민은 대부분 흑인이었다. 호텔에서 아침에 창밖을 내다보면 흑인들이 쓰레기통에서 먹을 것을 뒤지는 모습이 보이곤 했다. 미국의 도시 건설을 보니 도심 속의 공원은 자연을 그대로 보존하는 데에 중점을 두고 식물을 자연스럽게 자라나도록 한 것이 인상적이었다. 한국이나 일본의 공원이 깎고 다듬어 인공적인 것과 대비되었다. 동서양 문화의 차이를 실감할 수 있었다.

자연사박물관에서는 동식물 표본을 보았다. 미주 지역은 지렁이조차 굵기가 어른 손가락만큼 굵은 것을 보고는 '이러니 사람들도 서양 사람들이 동양 사람들보다 체구가 큰 것이로구나' 하는 생각이 들어 웃음이 나왔다. 인디언들의 생활을 보니 중국 대흥안령에 사는 몽골족의 생활 풍습과 유사하다고 느꼈다.

미국의 고속도로를 달릴 때였다. 길 양편으로 가로수가 우거져 마치 원시림 속을 달리는 기분이 들었다. 문득 내가 1950년대에 살았던 하얼빈시 남강구 화원가 거리가 떠올랐다. 그때 화원가는 나무가 많아 녹음이 우거졌고 꽃을 많이 심은 예쁜 2층 양옥이 많았다. 거리 전체가 화원과도 같아 '화원가'라는 이름이 붙은 것이다. 하얼빈은 과거 러시아의 영역이었으므로 러시아 문화가 많이 전파되었는데, 특히 러시아혁명 이후에 백계러시아 사람들이 하얼빈에 이주해 오면서 서양식 주택이 많이 지어졌다. 1960년대 이후에는 도시가 개발되면서 서양풍의 집들도 모두 허물어 지금은 흔적을 볼 수 없다.

2부

—

현대 조선-중국 관계와 나

1. 만주 공산주의운동 발전과 조선인 공산주의자들

중국과 조선과의 관계를 이야기할 때 대체로 1949년 10월 중화인민공화국 건국 이후부터 시작하게 된다. 그런데 1949년 이전에도 중국과 조선과의 관계는 오랜 역사를 가지고 이어져 왔다. 중화인민공화국 건국 이전의 양국 관계는 중국과 북조선의 관계 또는 중국과 한국과의 관계가 아니라 두 민족 간의 관계라고 할 수 있다. 여기서는 현대 중조관계의 모태가 형성된 항일투쟁 시기부터 살펴보고자 한다.

항일투쟁 시기 중국은 조선민족 항일 독립운동의 중요 기지였다. 조선민족은 일본이 조선을 강점하자 중국 동북 지역과 관내 지역을 터전 삼아 주권 회복을 위한 항일 독립운동을 전개했다. 자연스레 조선의 항일 독립운동가들은 중국의 정치활동가, 지식인 및 민중들과 긴밀한 연계를 맺게 되었다. 이후 조선 민족운동의 분화와 더불어 민족주의 계열 운동세력은 주로 장개석 정부와 내왕하였고, 공산주의 계열 활동가들은 중국 공산당과 관계를 맺었다. 조선 공산주의자들과 중국공산당의 관계는 매우 긴밀했고, 특히 동북 지역에서 더욱 그 연계가 강하였다. 만주 지역에서 공산주의 운동의 발생·발전 과정을 살펴보면 이에 대해 잘 이해할 수 있다.

만주 지역 공산주의 운동에서 조선인들은 대단히 선봉적으로 활동하며 골간 작용을 했다. 만주사변이 일어날 무렵 만주의 중국공산당 당원 수가 모두 2천 명에 불과했는데 그 가운데 1천 8백 명이 조선 사람이었다. 중국인 공산당원들은 하얼빈·심양·대련 등 주요 대도시에서 활동한 반면 조선 공산주의자들은 거의 농촌과 현 단위에서 활동했다. 따라서 광활한 만주 전역에 걸쳐 기층 당 조직을 성립하는 데에는 조선 공산주의자들이 주도적인 역할을 했던 것이다.

그렇다면 어떻게 조선 공산주의자들이 만주 당 조직을 선도하는 것이 가능했을까?

이는 당시 조선 공산주의자들이 처했던 조건과 깊은 관련이 있다.

1925년, 서울에서 조선공산당이 결성되었다. 1926년 5월 흑룡강성 일면파에 조선공산당 만주총국이 창립되고 이어 조선공산당 상해총국이 창립되어 만주와 관내의 조선 공산주의자 활동을 각각 영도하도록 되었다. 조선공산당 만주총국은 이후 여러 분파로 갈라졌다. 조선공산당 자체가 화요파·엠엘파·상해파서울파로 분화되니 그 영향을 받은 것이다. 일면파의 만주총국을 화요파가 장악하자 엠엘파와 상해파가 각각 따로 만주총국을 수립했다. 엠엘파 만주총국이 남만의 반석에 세워졌고 길림에는 상해파 만주총국이 만들어졌다. 이렇게 남만·북만·동만에 각각 조선공산당 근거지가 세워짐으로써 결과적으로 조선인 공산주의자들이 만주 전 지역에서 뿌리를 내릴 수 있었던 것이다. 조선공산당의 분열은 한국 공산주의 운동 발전을 저해하였지만 한편 만주의 공산주의운동 발전을 이끌었다고도 볼 수 있다.

조선공산당은 일제의 지속적인 탄압을 받아 당 조직이 붕괴되었고 당 조직 재건 운동도 계속적으로 실패하였다. 1928년 '코민테른 12월 테제'는 조선공산당 재건이 어려운 조건에 처하였으므로 종전과 같은 인텔리 중심의 당조직 방식을 버리고 노동자·농민 조직에 주력하라는 결정이었다. 그 후 '1국 1당 원칙'에 의거하여 조선 공산당원 가운데 중국에서 활동하는 공산당원은 중국공산당에, 일본에서 활동하는 당원은 일본공산당에 가입하도록 결정되었다. 이에 따라 만주의 조선 공산당원들은 1930년 초부터 중국공산당에 가입하였다. 만주의 중국공산당 당원들이 원래 200여 명에 불과하였는데, 조선공산당 당원들이 일거 가입하니 당원 수가 순식간에 불어나게 되었다.

중국공산당에서는 중국공산당 만주성위원회를 설치하였다. 만주 지역은 당원 수는 많지 않았지만 지역이 광대하고 관내와 구분되는 특수한 조건을 가졌기 때문이다. 만주성위는 처음에 심양에 조직되었으나 후에 하얼빈으로 이동하였다. 만주 공산주의자들이 만주성위의 영도 하에 각 지방당 조직을 만들어나가면서 만주 지역 당 조직은 틀을 갖추게 된다. 기층당조직 건설을 위하여 규모가 큰 현을 '중심현위'로 두고 이를 중심으로 주변의 작은 현 4~5개 정도씩을 영도하도록 하였다. 중심현위는 녕안·주하·탕원·요하·반석 등에 두었다.

대도시의 당 조직을 이끈 것은 중국인들이었지만 중심현위를 구성한 것은 모두 조선인들이었다. 중심현위 산하 현위와 지방 지부 서기들도 대부분 조선인들이었다. 일반당원들 구성에서도 조선인 비중이 더 높았다. 특히 농촌에서는 당원 100명 가운데 90명이 조선인이었다. 농촌에서 활동한 중국인 공산당원은 모두 조선 공산주의자의 영향을 받아 공산당원이 된 사람들이었다.

만주 항일유격대는 1930년대 초반 만들어졌다. 초기의 14개 유격대 가운데 두 개가 중국인 중심의 유격대였고, 그 외 열 두 개 유격대는 모두 조선인들이 중심이 되어 만든 유격대였다. 이 유격대가 이후 동북인민혁명군, 동북항일연군으로 발전되어 나갔던 것이다. 유격대의 발전 과정에서 조선인들은 골간 작용을 하였다.

이처럼 만주에서 공산당 활동을 먼저 시작한 것도 조선인이고 유격대를 조직한 것도 조선인들이므로 조선인들이 만주 항일투쟁의 선봉자들이었다고 말할 수 있다. 또한 항일투쟁의 기초가 있었기에 해방전쟁에서도 인민군중이 공산당을 따르게 된 것이 아니겠는가? 조선 공산주의자들의 역할은 항일투쟁 뿐 아니라 중국해방 역사에까지 큰 족적을 남기고 있는 것이다.

만주 공산주의 운동에서 조선인들의 역할이 크다는 사실은 처음에는 잘 알려지지 않았었다. 만주 지역은 중국 관내와 조직적 연계가 소원하였고 인적 교류나 정보 교환이 어려웠기 때문이다. 그러나 중국공산당은 중화인민공화국 건국 이후 차차 만주 지역의 특수한 상황을 이해하고 조선인들의 역할을 인식하게 되었으며, 항일투쟁 시기의 중-조 친선관계에 대하여 깊은 이해를 갖게 되었다.

"조선전쟁 시기 우리 중국이 '항미원조抗美援朝'를 하였으나 사실 중국의 '항미원조' 이전에 조선의 '항일원화抗日援華'가 있었다. '항일원화'는 '항미원조'보다 더 오랜 시간 동안 이루어졌고 큰 작용을 했다."

모택동을 비롯한 중국의 지도자들은 이렇게 칭찬하였다.

국민당의 장개석도 처음에는 조선인들의 항일투쟁을 잘 알지 못했고 별다른 관심을

재중 동포의 현대사 조선족 역사가 김우종의 생애

돌리지 않았다. 김구가 대한민국 임시정부를 지원해달라고 요청했을 때 승낙하지 않았고 한 번 만나보지도 않았다. 그러다 1932년 윤봉길의 상하이 의거가 일어났다. 25세의 조선 청년 윤봉길이 홍커우 공원에서 벌어진 일왕 생일축하 및 일본 전승기념식장에서 단상에 폭탄을 던지고 체포된 것이다. 이 의거로 일본군 상하이 파견군 사령관 시라카와 요시노리白川義則 대장과 상하이 거류민단장 가와바타 테이지河端貞次가 폭사하고 그외 몇몇 요인들이 중상을 입었다. 이 사건은 일본과 중국 모두에게 충격을 주었다. 장개석은 이 사건을 두고 크게 감동했다고 한다.

"한국의 애국자들은 대단하구나! 중국의 100만 대군이 해내지 못한 일을 조선 청년 혼자서 해냈다. 중국 청년들아! 이렇게 용감한 일을 보고서도 어찌 일본이 무섭다고 달아나기만 할 것인가!"

장개석은 중국 청년들이 한국 민족을 본받아 항일투쟁에 일어설 것을 독려했고, 이후 대한민국 임시정부에 대한 지원을 아끼지 않았다. 1943년 카이로회담에서 한국 독립의 당위성을 대변한 것도 장개석이었다. 이처럼 항일투쟁 과정에서 좌우 할 것 없이 두 민족 간 친선의 기초가 마련되었던 것이다.

2. '동북해방전쟁'과 조선-중국관계

'동북해방전쟁' 개시

해방 후 중국은 제2차 국공 내전, 중국에서 해방전쟁이라 불리는 내전을 치렀다. 장개석은 처음에 국공합작으로 연합정권을 세우자고 공산당 측에 제의했고 모택동을 중경까지 초청하여 담판했다. 공산당 측에서는 장개석의 연합 제안에 응하지 않으면 '공산당이 연합을 반대했다'고 빌미를 잡힐 것이라 생각하여 담판에 응했다. 그러나 장개석은 겉으로 연합정권 수립론을 내세워 담판하고 그 틈을 타서 군대를 동원해 공산당을 소멸시키려는 속셈이었다. 중경에서 모택동과 장개석이 담판하고 있는 와중에도 국민당은 공산당 토벌 작전을 벌였다. 담판 기간에 장개석이 각 부대에 내려보내 공산당 토벌을 지시한 수첩도 남아 있다.

장개석과 모택동의 담판 자체는 잘 진행되었다. 공산당의 노력과 양보로 '쌍십협정雙十協定'을 맺고 협력과 평화를 약속하였다. 그러나 장개석은 합의 사항을 집행하지 않았고, 공산당을 비적이라 하여 전면 토벌을 감행하면서 내전이 벌어졌다.

내전 초기 국민당 군대가 800만이었고, 미국은 60만 달러 어치의 무기를 장개석에게 지원하였다. 미국은 제2차 세계대전 이후의 잉여 무기를 무상 제공한 것이며, 그 무기는 백 개 사단을 무장시키고도 남을 만큼의 어마어마한 무장력이었다. 800만 대병력과 최신형 무기를 가진 장개석은 의기양양했다. 아무도 장개석의 패배를 예상하지 않았다.

"공산당은 3개월 내에 소멸될 것이다. 길어도 1년 내에는 소멸될 것이다."

장개석은 그렇게 호언장담하며 '대토벌'을 시작하였다.

공산당의 팔로군은 항일전쟁 시기 유격전쟁을 치르면서 농민 출신 해방군으로 성장했다. 개전 무렵 해방군은 약 120만 명을 헤아렸으나 그들의 무기는 일본군 38식 보총 보병총과 수류탄 뿐이었다. 처음에 해방군은 관내와 만주 모두에서 국민당군에 고전을 면치 못했다. 해방구를 빼앗겨 후퇴하고, 때로는 전략적으로 철수하기도 하였다.

전쟁은 특히 동북에서 크게 벌어졌다. 동북지역은 2차대전 종전 후 소련군 주둔지가 되었는데, 소련은 장개석 정부와 '중소우호동맹조약'을 맺고 만주 지역의 주권을 국민당 정부에 이양해주기로 되어 있었다. 그렇기 때문에 소련군은 팔로군이 만주에 들어오는 것을 지시하거나 공개 환영하지는 않았지만, 그렇다고 특별히 금지 조치를 취하지도 않고 방관하는 입장을 보였다. 팔로군은 만주 각지에 들어왔는데 대도시에는 들어오지 못하고 여러 농촌으로 흩어져 들어갔다. 팔로군은 원래 농촌에서 농민을 대상으로 공작하는 것이 주요 행동방침이었으므로 농촌에 팔로군이 들어가는 것은 자연스러웠다. 한편 소련군 88여단 소속으로 있었던 동북항일연군도 해방 후 소련군을 따라 만주로 나와서 각 도시 접수공작을 진행했다.

모택동은 동북을 아주 중요시하여 국공내전에서 '북진남방北進南防', 즉 북방으로 진출하고 남쪽으로 방어한다는 방침을 세웠다. 해방구에 있던 중요 당 간부들을 만주로 보내서 농민을 발동하고 청년들을 조직하여 만주 자체적으로 군대를 키워나갔다. 동북 해방전쟁이 시작되었을 때 관내의 팔로군 가운데 만주로 들어온 군사력은 10만에 지나지 않았으나 간부 수는 2만에 달하였다.

중공 중앙 동북국 평양주재 판사처

그렇게 중국이 해방전쟁에 돌입하던 시기 조선은 벌써 독립적으로 건국을 위한 정치과정을 밟아나가고 있었다. 북조선임시인민위원회를 수립하고 그 지도하에 토지개혁·산업국유화 등 '민주개혁'을 단행하였다. 물론 소련군이 주둔해 있었고 정식 국가를 수립한 것은 아니었으나 미군정 통치하의 남한에 비해서 북측의 초기 정권은 자율성을 갖고 있었다. 조선은 인민자치기구인 각급 인민위원회를 중심으로 사회개혁을 추진하고, 군대를 세우고, 경제를 발전시키는 조치들을 착착 만들어 나갔다.

이러한 상황 속에서 해방전쟁 시기의 중조관계는 조선이 중국을 지원하는 관계였다. 당시 중조관계는 국가간 관계 성립 이전 단계로서 두 나라 공산당의 관계, 형제당 관계였다고 볼 수 있다.

해방전쟁 시기 중공 중앙 동북국에서는 평양에 '중국공산당 중앙 동북국 평양주재 판사처'를 설치하였다. 이는 중국공산당 중앙의 공식 대표기구는 아니었고 일종의 대표부로서, 해방전쟁 시기 두 민족 간 관계에서 중요한 역할을 하였다. 중국공산당의 중요 간부들이 평양판사처로 파견되었다. 판사처 주임으로 부임한 사람이 중국공산당 중앙위원 주리즈朱理治인데 그는 아주 유명하고 유능한 경제전문가였다. 부주임은 샤오진광蕭勁光으로 후에 중국인민해방군 해군사령관이 된 인물이다. 판사처 판공실 주임으로 파견된 정설송丁雪松은 중국 여성간부 가운데 대단히 명철한 인물로 손꼽히는 사람이다. 문화대혁명 이후에 정설송은 네덜란드 대사로 임명되는데, 이로서 그는 중국의 첫 여성 대사가 되었다.

정설송의 남편은 음악가 정율성이다. 그는 중국 3대 현대음악가 중 한 사람으로 꼽힐 만큼 중국 역사에서 큰 위치를 차지하고 있는 인물이다. 한국 전라남도 광주 출신으로 조선의용군과 팔로군에서 음악가로 활약했다. 중국인민해방군 행진곡, 연안송, 조선의용군 행진곡 등 중공당 역사상 중요한 음악들을 작곡하였으며, 해방 후에는 조선에 들어와 조선인민군 협주단 단장을 하고 조선인민군 행진곡을 작곡했다. 정율성·정설송 부부는 조선전쟁이 일어난 1950년 가을에 중국으로 돌아왔다.

조선의 중국 해방전쟁 지원

이처럼 중국공산당의 유능하고 신망 깊은 간부들로 구성된 중공 중앙 동북국 평양판사처는 동북해방전쟁 시기 조선이 중공당을 적절히 지원할 수 있도록 매개하는 중요한 역할을 하게 된다. 해방전쟁에서 조선은 만주의 후방 역할을 하고 교통로를 제공하였으며 무기와 물자를 공급하고 부상자를 치료하는 등 전반적인 지원을 아끼지 않았다.

중국에서 국민당 정예부대가 진공하여 한때는 공산당군이 단동-신의주 국경지대까지 후퇴하였다. 이대로는 국민당에 투항하지 않을 수 없는 판국이었으나 조선의 도움으로 모두 무사히 조선 경내로 후퇴해 들어와 병력을 보존할 수 있었다. 조선은 소련의 점령구역이므로 국민당군이 감히 무력시위하거나 진공해 들어오지 못했다. 특히 팔로군은 내전 시기에도 가족들을 대동하고 다녔는데 조선은 팔로군과 그 가족 모두를 자기 경내에 들여서 식량과 주거를 제공하고 보호해주었다.

조선의 또 다른 역할은 중공당군의 교통 운송을 위한 우회로를 제공한 것이었다. 국민당 군대는 한때 심양·장춘을 점령하고 하얼빈의 송화강 이남까지 들어왔다. 국민당 군대가 만주 주요 도시들을 점령하니 팔로군은 기차로 군수물자나 인력을 수송하는 것이 불가능하게 되었다. 만주의 공산당 점거지가 국민당 점령지를 사이에 두고 쪼개져 남북만 간에 교통이 단절된 것이다. 이로써 공산당의 작전 수행에 큰 차질을 빚게 되었다. 그러나 공산당은 조선을 경유지로 활용함으로써 상황을 타개하였다. 남만이나 북만에서 우선 조선으로 들어와 조선 철도로 이동하여 맞은편 지역으로 이동할 수 있게 되었던 것이다.

조선은 중국 관내 지역과 만주를 연결하는 교통로의 역할도 톡톡히 수행했다. 관내 지역에서 공산당에 합류하고자 하는 인사들이 조선을 통해 만주의 공산당 지역에 합류할 수 있었다. 당시 중국의 주요 인사들 가운데는 공산당도 아니고 국민당도 아닌 중간 성향의 민주인사들이 많았다. 아주 유명하고 중국에서 위신 높은 학자와 정치가들 가운데서도 국민당에 반감을 가지고 공산당 편에 들어오고자 하는 사람들이 있었다. 그런데 이들이 상해·광주·홍콩 등지에서 공산당이 있는 만주 지역으로 올 수 없었으므로 주로 조선을 경유하여 공산당 지역으로 들어왔다. 상해나 광주에서 배를 타거나 아니면 대련을 거쳐 남포로 들어온 후 조선 땅을 경유하여 목단강을 거쳐 하얼빈으로 들어와 공산당에 합류했다.

동북 해방구에서 제일 큰 도시인 하얼빈에는 중공 중앙 동북국이 있었다. 림표·팽진 등 동북국 지도자들이 모두 하얼빈을 근거로 하여 동북해방전쟁을 지휘하였다. 국민당 군대가 하얼빈의 송화강 이남까지는 들어왔으나 송화강 북쪽 지역은 들어오지 못했으므로 중공 동북국 지도부는 온존될 수 있었다. 중공당의 세력 거점은 하얼빈에서 시작하여 이후 장춘과 심양을 해방하고 해방지구를 넓혀 나가 북경으로 나아갔던 것이다. 이러한 중공당의 승리 요인 가운데 하나가 바로 조선이라는 후방의 존재였다. 해방전쟁 시기 조선은 중공 측에 무기와 물자도 상당히 많이 공급해주었다.

동북해방전쟁 초기 팔로군 10만 명이 동북에 들어와 2년 만에 120만 군대를 만들었다. 그 군대는 아주 용감하고 전투에 능한 군대였으나 1백 만이 넘는 인원을 무장시키는 문제를 해결하기란 아주 곤란했다. 일본군이 투항할 때 버리고 간 무기를 쓰기도 했고 소련군이 일본군에게서 압수한 무기를 넘겨받기도 했다. 국민당군을 무장해제시키면 보다 수월하게 많은 무기를 얻었다.

조선에서는 적지 않은 무기와 물자를 지원해주어 군비 문제 해결에 도움을 주었다. 해방전쟁 당시 동북인민해방군 부사령이었던 주보중은 김일성과 동북항일연군 시기부터 아주 친밀한 관계였다. 1940년대 노령에 들어와 동북항일연군 교도려를 조직해 활동하던 시기 주보중이 여장, 김일성은 제1영 영장이었다. 주보중은 직접 쓴 편지를 자신의 처 왕이즈王一知에게 들려 김일성에게 보냈다. 동북해방 지원을 요청하는 편지였다. 평양판사처를 통해서도 많은 지원을 요청했다. 김일성은 가능한 한 최선을 다해 중국의 요구를 충족하고자 노력했다. 군화를 보내달라고 요청이 오면 조선에도 군화가 부족했음에도 중국에 우선적으로 군화를 보내주었다.

가장 중요한 물품은 화약이었다. 중국공산당은 폭약 제조공장을 갖고 있지 않았으나 조선에는 홍남에 질소비료공장이 있었다. 일제강점기에 건설된 홍남 질소비료공장은 전시총동원 시기 폭약을 제조하는 군수공장으로 전환되었다. 막대한 양의 포탄과 폭발물이 제2차 세계대전 시기 홍남에서 만들어졌다. 해방 후 북한은 홍남 질소비료공장을 다시 비료공장으로 되돌려 농업 증산을 도모하려 하였으나 중공당이 요구하니 계속 화약과 폭탄을 제조하여 대량 지원했다.

조선의 폭약 지원으로 중국 포병부대의 위력이 강대해졌다. 중국 해방전쟁에서 포병부대의 역할은 매우 높이 평가되고 있다. 중요 군사지점이었던 북경·천진 등 대도시를 방어하기 위하여 국민당군은 성을 쌓아 기관총과 대포를 걸고 방어했다. 그러므로 도시를 공격해 점령하려면 제일 먼저 국민당군의 기관총 진지나 포대를 폭파시켜 없애야 한다. 그것을 폭파하는 화력 유무가 전쟁의 승리에 큰 작용을 하게 되는 것인데, 그 화력을 조선에서 다 대주었던 것이다.

조선은 이처럼 동북해방전쟁 시기 중국에 대한 지원을 아끼지 않았다. 조선 역시 파괴된 산업을 재건하고 민주개혁을 수행하느라 인력과 물자가 아주 부족했던 시기였으나 자기 능력 이상으로 중국을 지원해주었던 것이다.

해방전쟁에서 조선인 부대의 역할

중국 동북해방전쟁에서 조선은 여러 방면으로 중국을 도와주었으나 그 중 무엇보다도 비중 있게 이야기해야 할 것은 분명 조선인 부대의 존재일 것이다. 동북해방전쟁 당시 공산당 군대 1백 만 가운데 조선족 부대가 약 5만 명 가량이었다. 조선족 부대의 숫자는 적었지만 다른 어느 부대들보다도 전투력이 강했고 해방전쟁에서 중요한 역할을 했다.

우선 조선족 부대들은 한족 부대에 비해 국민당 군대에 투항하는 일이 없었고, 공산당 명령에 철저하게 복종했다. 중국인 부대들은 싸움에 밀리면 철수하거나 국민당 앞에 투항했고 민족적 동질감이나 인맥 관계 때문에 국민당 부대의 영향을 받는 일이 많았다. 국민당은 자기 군대만이 정식 정부군대이고 공산당은 비적이라고 선전했는데, 이런 선전에 중국인들은 흔들리곤 했다. 그러므로 중국인 부대는 상대적으로 전투력이 약했다. 조선인 부대는 국민당과의 민족적 연계가 없으므로 국민당의 선전에 거의 넘어가지 않았고 당에 대한 충성도가 높았다.

관내에서 온 공산당 주요 지도간부들은 자기 경위원이나 수행 인력이 필요할 때 조선 사람들을 많이 기용했다. 중국인들은 거의 누구나 국민당부대 사람들과 연계가 있기 마련이었다. 친척이나 사돈 관계거나, 지인 가운데 몇 사람은 국민당 사람들과 연결되었다. 따라서 언제든지 국민당과 내통할 수 있다는 경계심이 있었다. 실제로 중국인 내통자에 의해 지도간부들이 암살된 사례가 많이 있다. 그러나 조선인을 자기 부대 부하로 두면 아주 안전했다. 특히 사령부 경위려와 경위연은 거의 조선 부대들에게 맡게 했다.

중공당 점령 도시의 통치를 담당하기 위해 설치되는 위수사령부 역시 조선인 부대가 주로 맡았다. 하얼빈 위수사령부는 조선의용군 3지대가, 장춘 위수사령부는 독립1퇀 조선인 부대가 맡았다. 심양도 해방 직후에는 조선족들이 위수사령부에서 활동했다. 이처럼 조선족들은 동북해방전쟁 기간에 큰 공헌을 했으며 중공당의 큰 신임을 받았다.

중국에 살던 조선인들은 중국공산당의 민족평등 정책과 농민해방 정책에 동의하여 공산당 편에서 해방전쟁에 참가했다. 당시 만주의 조선인들은 강건·김광협 등 항일연군의 조선인들, 이상조·주덕해·김웅 등 조선의용군 출신자들의 영향을 받아 공산당에 협력하면서 동시에 민족적 지향이 강했다.

"지금은 중국 해방을 위하여 전투하지만 우리는 조선 사람이다. 언젠가는 조선에 돌아갈 것이다."

조선인 전사들은 이런 마음가짐으로 해방전쟁에 임했다. 그러므로 동북 지역이 해방된 뒤에 조선인들은 "이제 우리 공산당 부대가 동북을 해방시켰으니 조선으로 돌아가자!"고 주장하기도 했다. 그러나 조선인 간부들은 이들을 격려하고 교양했다. 조선은 소련 군대가 도와주고 있고 중국보다 안정적으로 발전하고 있으므로 걱정없다, 일단 중국을 완전히 해방하는 일이 중요하다고 조선인 전사들을 설득하여 계속 중국해방전쟁에 복무하도록 했다.

동북해방전쟁의 승리는 전 중국 통일전쟁의 승리를 예고하는 신호탄이었다. 동북인민해방전쟁이 승리한 후 1백 만 군대가 관내로 진공하여 불과 한 달 남짓한 기간에 북경과 천진을 모두 해방시켰다. 거기서 50만 군대가 더해져 모두 150만 군대가 남으로 밀고 내려가니 장개석 국민당을 남방으로 밀어내고 중국을 통일하게 되었다. 그리하여 동북해방전쟁의 승리는 다만 동북 지역만을 해방한 승리가 아니라 전 중국을 일거에 해방시키는 거대한 작용을 했다. 동북인민해방군 총사령관 림표는 해방전쟁이 끝나자 중남군정위원회 주석, 중남군구 사령원이 되었고, 1954년에는 국무원 부총리 겸 국방위원회 부주석에 올랐다. 무엇보다 림표는 동북을 해방시키고 장개석 군대를 궤멸시킨 영웅으로 크게 명성을 떨치게 되었다.

중국인민해방군 조선인 부대의 '귀환'

이처럼 해방전쟁 시기 조선이 중국을 전폭적으로 지원해주어 중국의 전쟁 승리에 도움을 준 것은 분명하나 중국에서는 그 빚을 일찌감치 다 갚았다. 중국 내 조선인 부대가 조선으로 귀환한 것이다. 이것은 해방전쟁기 조선의 모든 헌신적 지원을 상쇄할 만큼의 의미를 가진다. 이들의 존재는 다만 조선인민군 병력 증대라는 차원을 넘어 조선인민군의 전투력을 결정적으로 향상시켰다는 점에서 중요하다.

동북이 완전 해방되고 내전이 마무리 단계에 접어들고 있던 1949년 5월, 조선은 중국에 있는 조선인 부대를 모두 조선에 보내줄 것을 요청했다. 김일이 직접 김일성의 친서를 들고 중국에 와서 모택동·주은래에게 전달했고 모택동은 이 요청을 쾌히 승낙했다. 모택동은 중국 각지에서 활동하고 있던 조선 부대 전사들을 정돈해 한 달 내에 돌려보내 주겠다고 약속했다. 뿐만 아니라 총 3개 사단 병력을 보내면서 그 사단이 지녔던 무장력을 대포와 탱크를 포함하여 모두 가지고 돌아가도록 조치했다. 즉 모택동은 무장 병력 세 개 사단을 즉각적 실전 투입이 가능한 상태로 조선에 보내준 것이다.

그렇게 중국에서 넘어온 조선인 부대 3개 사단은 이후 조선인민군의 성장과 조선전쟁 시기 전투에서 골간 작용을 했다. 조선은 1948년 2월 조선인민군을 창설하면서 주로 학생들과 일본군 출신 병사들을 모집해서 훈련했지만, 이들은 전쟁 경험이 없었다. 그런데 중국에서 온 부대는 해방전쟁 3년 내내 전쟁을 치른 부대였다. 만주에서 조직되어 북경·천진, 이후 해남도 전투까지 참가한 사람이 있었다. 이들은 오래고 치열한 전투 경험을 가졌으므로 다른 어떤 부대보다 침착하고 대담했으며 전투력이 높았다.

3. 6·25전쟁과 조선—중국관계

전쟁 결정과 소련·중국의 입장

1950년 조선전쟁 시기 미국이 역공하여 조선이 위기에 처하자 중국이 항미원조에 뛰어들었다. 항미원조전쟁이 개시된 것은 1950년 10월이었으나, 모택동은 개전 직후부터 조선전쟁에 크게 관심을 갖고 전쟁 판도가 어떻게 전개되는지 주시했다.

조선전쟁은 조선의 김일성이 주장하고 소련과 중국이 동의하여 개시되었다. 전쟁 결정에 소련과 중국이 어느 정도 개입했는지에 대해서는 의견이 갈리고 있는데, 소련 외교문서가 공개된 이후 논쟁은 더욱 팽팽해졌다. 중국 학계 내부에서도 의견이 엇갈리고 있다. 전통적으로 중국에서는 모택동이 조선의 전쟁 수행을 적극 지지했다는 것이 일반적인 시각이었으나, 1990년대 이후에는 모택동이 개전에 소극적인 입장이었다는 주장도 제기되고 있다.

김일성은 남북 간의 전쟁이 언젠가 반드시 발생할 것이므로 전쟁을 피동적으로 맞이할 것이 아니라 주동적으로 진격해야 한다고 주장했다. 김일성은 1950년 3월에 스탈린을 방문하고 4월에 모택동을 방문하였는데, 김일성의 적극적인 설득으로 두 나라 지도자가 찬동한 것이다. 중국과 소련이 전쟁을 찬동한 것을 '전쟁 승인'이라고 보기는 어렵지만, 중국과 소련의 찬성 없이 김일성이 독자적으로 전쟁을 일으켰다는 것도 말이 되지 않는다.

지금 소련이나 중국의 어떤 학자들은 김일성이 너무 강하게 요구하므로 소련과 중국이 마지못해 피동적으로 찬성했다고 주장하고 있다. 스탈린은 미국이 전쟁에 개입할 것을 우려하였으나 김일성은 미군이 개입하기 전에 전쟁을 결속시킬 것이라고 주장하여 스탈린이 동의했다는 것이다. 중국에서도 비슷한 맥락의 시각이 확산되고 있다. 모택동 역시 전쟁에 찬성하기를 주저하였으나 이미 스탈린이 찬성한데다가 김일성이 강한 자신감을 표명하며 여러 번 채근했고, 조선이 자기 나라를 통일하고 혁명하겠다는데 형제당의 입장에서 반대할 수도 없는 일이므로 피치 못해 찬성했다는 시각이다.

나는 이런 중국과 소련 학자들의 주장은 다만 변명일 뿐이라고 생각된다. 내가 아는 한에서 말하자면 모택동은 미군이 전쟁에 개입할 것인가, 미군과 전쟁이 벌어지면 조선이 감당할 수 있는가에 대해 의구심을 갖고 김일성과 의견 교환을 한 바는 분명히 있었다. 그러나 당시의 아시아 형세 등 전체적인 시각에서 스탈린이나 모택동이 김일성의 전쟁 주장에 찬성한 것만은 분명한 사실이다.

지원군 파병을 위한 준비

김일성은 모택동에게 전쟁을 설득할 때 소련이나 중국의 도움 없이 조선 자체의 역량으로 남조선 이승만 일당을 전승하고 해방시킬 수 있다는 확신을 표했다고 전해지고 있다. 사실 전쟁 개전 이전에는 '미군이 참전하면 중국이 지원한다'는 이야기는 거론된 바 없다. 그런데 막상 조선전쟁 개전 직후 미국이 유엔을 통해 전쟁에 직접 참전하자 모택동은 조선전쟁의 향방과 중국의 향후 방침에 대해 고민하지 않을 수 없었다. 미군이 한국에서 대규모 작전을 수행하면 조선인민군 혼자의 역량으로 감당해 낼 수 있겠는가 현실적으로 생각하고 대책을 마련해야만 했다.

1949년 10월 중화인민공화국이 성립되고 중앙정부가 조직되었으나 아직 장개석은 남방에서 잔여 부대들을 수습하여 항전을 계속하고 있었다. 광동성·광서성·운남성 등지에서 계속 전투가 진행 중이었으며, 서장지구와 사천성에서도 전투가 계속되고 있었다. 그러므로 해방군 병력은 대부분 전투가 진행되는 남방 지역에 진출해 있었다. 중국으로서는 전쟁의 완전한 종식이 급선무였던 상황이다.

그런데 모택동은 조선전쟁이 일어나자 조·중 국경 방비를 위한 군대 전출을 명령했다. 제4야전군 동북해방군 가운데 1개 병탄을 당장 남방에서 철수하여 압록강 연안의 통화·집안 등지에 주둔하도록 하였다. 1개 병탄이면 3개 군 9개 사단의 대부대이다. 중국은 해방전쟁이 끝나자 전투에 종사하지 않는 부대들에게는 식량을 공급하지 않고 부대별로 직접 식량을 생산하여 충족하도록 하였다. 해방군 전체 부대 가운데 1/3정도의 부대들이 이에 해당되었는데, 중공당 중앙은 이런 부대들을 묵은 땅이 있는 곳으로 보내 농업 노동에 참가시켰다. 그런 '생산부대'들이 하남성·산동성 등지에 흩어져 있었는데, 이들 가운데 한 개 병탄을 다시 동북으로 불러들여 국경지대에 배치했던 것이다. 뿐만 아니라 광주에 가 있던 한 개 병탄도 북방으로 올려 보낼 준비를 하라고 지시했다.

중국인민지원군 파병 결정 과정

1950년 9월 미군은 인천상륙작전에 성공하고 38선으로 진격해 올라왔다. 서울이 함락되고 이제는 평양이 위협받는 판국이었다. 9월 30일, 조선은 김일성·박헌영 공동 명의로 스탈린에게 편지를 보내 소련군 파병을 요청하였다. 그러나 소련군의 출병 가능성이 높지 않다는 것은 인지하고 있었다. 10월 1일에는 중국의 모택동에게 편지를 보냈다. 연합군 부대가 대병력을 집중하여 인천 상륙을 성공시키고 북진하고 있는 전황인데, 조선 단독으로는 이를 저지하기 어려우므로 지원군을 보내달라는 요청이었다.

1950년 10월 1일 중국은 중화인민공화국 창건 1주년을 기념하느라 한창 축제 분위기였다. 각계 대중들이 시위행진하고 천안문 앞에서 경축행사를 열었는데 모택동을 비롯한 정부 핵심 요인들이 모두 이 행사에 참석했다. 천안문 경축행사에 올라가기 직전 김일성의 편지를 전달받은 모택동은 떠들썩한 행사가 진행되는 내내 조선전쟁 지원 문제에만 골몰해 있었다. 모택동은 그날 저녁 곧바로 중공 중앙정치국 확대회의를 소집했다. 회의에서 모택동은 김일성·박헌영의 편지를 내밀고 위원들의 의견을 물었다.

"조선에서 우리에게 파병을 요청하는 편지를 보냈다. 나는 이런 편지가 오리라고 예상하고 있었다. 조선이 이렇게 어려운 형편인데 우리가 어찌해야 되겠는가?"

모택동이 중국 남부 지역 군사력 일부를 동북의 조·중 국경지대로 이동 배치해놓은 것은 파병을 염두에 둔 조치였다. 그러나 막상 이들 부대를 전쟁에 투입하는 문제를 모택동 개인이 결정할 수는 없었다. 파병은 당 중앙위원회 정식 결정이 필요한 사안이었으므로 정치국 확대회의를 소집하고 토론하도록 한 것이다. 그런데 정치국 위원 중 단한 사람도 부대를 즉시 파견해야 한다고 주장하는 사람이 없었고 오히려 반대 의견이 많았다.

"우리가 내전을 끝내고 정부를 수립하였으나 아직 내전이 완전히 끝난 것도 아니며 국지적인 전투가 계속되고 있습니다. 우리는 지난 시기 8년간 항일전쟁을 치렀고 또 3년간 내전을 겪었습니다. 10년이 넘는 세월을 전쟁만 계속하다 보니 지금 힘이 빠질 대로 다 빠졌는데 지금 우리가 무슨 힘이 있어서 또 조선을 원조하는 전쟁에 나간단 말입니까? 더욱이 미국 군대와 직접 싸워야 하는 상황이니, 우리가 어떻게 해나갈 수 있겠습니까?"

모택동은 상무위원들 중 누군가가 자신만만하게 미국과의 항전을 주장해 주길 기대했으나 그런 사람은 아무도 없고 모두가 곤란하다고 말하는 판국이었다. 모택동은 림표를 아주 신임했으므로 림표와 같은 유능한 장군이라면 자신이 직접 맞서 보겠다며 배짱 좋게 나서리라고 기대했었다. 그러나 림표는 기대를 저버리고 참전이 곤란하다는 논리를 폈다.

"미군 장비와 우리 장비가 비교나 될 줄 압니까? 미국 군대 한 개 사단이면 대포가 120문이 넘고 그 외에도 최신형의 장비를 완전히 구비한 것이 미국군입니다. 우리 1개 군이 가진 병기가 미국군 1개 사단 병기의 절반도 안 되는 상황입니다. 이렇게 군비가 초라한 군대를 가지고 어떻게 미국 군대와 맞서 싸우라고 할 것입니까?"

림표는 남들보다 훨씬 구체적인 논거를 대며 적극 반대하는 것이었다.

모택동은 파병을 꼭 해야 한다고 마음을 굳힌 상황이었는데 단 한 사람도 찬성하며 나서는 사람이 없으니 답답한 노릇이었다. 그렇다고 파병안 부결로 회의를 끝낼 수는 없는 일이었다. 모택동은 회의를 끝내지 않고 며칠간 계속 토의했다. 누군가 자신의 의

중을 헤아려 파병을 주장할 사람이 나오지 않겠는가 기대한 것이다. 모택동은 자신의 주장을 내세우지는 않고 여러 사람의 의견을 충분히 발표하게 하였다.

"아…! 저 이웃 사람들이 아주 곤란하게 되었는데, 그것을 옆에서 지켜보기만 하는 그런 공산당이 어디 있는가? 조선이 저런 상황이 되니 내가 며칠째 잠도 오지 않습니다."

중국공산당에는 전통이 있어서 모택동이 결심해서 "하자!"고 말하면 모두들 그것을 당의 결정으로 받아들이고 따른다. 그러므로 파병 문제도 역시 모택동이 결단하면 바로 해결되었을 것이다. 그러나 아무리 모택동이라도 미국과의 전쟁이라는 너무나 크고 위험한 사안을 독단으로 결정할 수는 없었다. 그러므로 모택동은 여러 위원들을 돌아가면서 발언하게 하고 그 의견들을 여러 방면으로 분석해보는 것이었다.

"다음에는 주은래 동지가 의견을 말하겠는가? 또 누가 말해 보겠는가?"

주은래는 조선인들과의 관계가 상당히 좋았으므로 동정은 가지만, 중국이 미국에 맞설 상황이 아니라는 점에서는 위원들과 같은 생각이었다. 그 외 해방군 원수로 여러 해 전쟁을 치른 역전의 노장들도 망설였다. 누구 하나 선뜻 나서는 사람이 없었다. 그렇게 약 3일간 회의를 진행하다가 모택동은 서북에서 팽덕회를 불러들였다. 팽덕회라면 자신과 뜻을 같이해줄 것이라고 생각했다.

팽덕회는 서북인민해방군이후 제1야전군 사령관으로 신강을 막 해방하고 지역 정돈과 건설 사업에 매진하고 있었다. 모택동은 '북경에 중요한 회의가 있으니 곧 올라오라'는 명령과 함께 팽덕회가 바로 올 수 있도록 비행기를 보냈다. 모택동의 급박한 명령을 받은 팽덕회는 모택동이 신강 건설 문제를 토의하려고 자신을 부르는 것으로 오해했다. 팽덕회는 각급 부서에 신강 건설 방안을 빨리 만들라고 재촉했고, 모두가 밤새워 만든 자료를 들고 서둘러 북경으로 날아왔다. 그는 당장의 신강 건설 문제에 몰두해 있었으므로 조선전쟁 문제는 생각지도 못했던 것이다.

팽덕회는 정치국 상무위원 확대회의에 출석하여 조선전쟁 파병 문제로 난감한 상황에 처해 있다는 사실을 비로소 알게 되었다. 모택동은 조선전쟁 파병을 결심한 듯 했지만 직접 의견 표명을 하지는 않고, 림표나 고강 등 다른 지도자들은 모두 곤란하다고 주장하는 것이었다. 팽덕회는 그날 밤 모택동을 단독으로 찾아가 물었다.

"모택동 동지! 동지의 진심이 무엇입니까?"

모택동은 자기 생각을 솔직하게 이야기했다.

"나는 조선이 죽어가고 있는 현 상태를 그냥 지켜보고 있을 수만은 없소. 우리가 반드시 지원해야 된다고 나는 확신하는데, 다른 동무들은 모두 곤란하다고 말하고 있는 형편이오. 그들이 근거 없는 주장을 하는 것이 아니므로 내가 반박할 수 없고, 그렇다고 조선을 모른체 할 수도 없는 일이니 어떻게 하면 좋겠습니까?"

팽덕회는 내일 회의에서 자신이 발언하겠다고 모택동에게 말했다. 이튿날 회의에서 모택동은 팽덕회에게 발언할 것을 청하였다.

"팽덕회 장군이 뒤늦게 회의에 참석하였는데 어디 한번 의견을 말해보시오."

팽덕회가 나서서 내놓은 주장은 모택동의 기대를 저버리지 않는 것이었다.

"우리가 오랜 전쟁을 겪어 지쳐 있는 것이 사실입니다. 그러나 동지들, '중국혁명이 몇 해 늦게 성공했다', 이렇게 생각하면 되지 않겠소? 우리가 중국혁명을 하는 와중에 미국이 간섭해서 한 3년 중국혁명이 지체되었다, 이런 마음을 다지고 조선을 도와줍시다. 해방전쟁 시기에 우리는 미국과의 항전도 충분히 각오하지 않았습니까? 그리고 미국과의 군비 격차가 크다고 두려워하고 있는데, 미국 군대 그까짓 얼마나 오겠소? 아무려면 우리 중국 군대보다 더 많이 오겠소? 군비 차이가 있다고는 해도 우리가 몇 해 결사적으로 싸우면 이기지 못할 게 무어가 있겠습니까? 나 팽덕회가 직접 조선에 가서 미국과 한번 결판짓고 오겠소."

팽덕회는 전날 모택동과 이야기하고 결심을 굳혔으므로 이렇게 강경하게 미국과의 항전을 주장했다. 팽덕회가 앞장서서 지지하자 모택동도 확연하게 자기 의견을 주장할 수 있었다.

"조선에서 우리에게 지원을 부탁해오는데 우리가 어떻게 보고만 있겠소? 그리고 조선이 잘못되어 미군이 압록강변까지 오면 우리가 편안히 동북을 건설할 수 있겠는가?

출병하여 조선을 지원하는 것이 백방 유리한 것이며, 출병하지 않으면 우리에게 더욱 불리해집니다. 그러니 반드시 출병해야 합니다."

모택동이 이렇게 단정적으로 발언하니 위원들이 손뼉 치며 동의했다. 이어 몇몇 위원들도 찬성 발언을 보태기 시작했다.

"우리는 모택동 동지와 같은 생각이었습니다. 다만 곤란한 점이 너무 크므로 나서서 주장하지 못하였으나 팽덕회 장군과 모택동 동지의 발언을 듣고 나니 대미항전도 한번 해볼 만하다고 생각됩니다."

이렇게 당 정치위원회에서 파병 결정을 내린 것이 10월 8일이었다. 이튿날인 10월 9일, 모택동은 중국 대사에게 전보를 보내 중국공산당의 결정을 김일성에게 통지하도록 하였다. 중국 대사관은 한국전쟁 개전 직후 설치되었는데 초대 대사는 니즈랑倪志亮이다.

"중공 중앙에서 중국 인민지원군을 파견하여 조선을 지원하기로 결정하였으니 이 사실을 속히 김일성 수상에게 통지하라. 그리고 조선의 박일우가 중국 정황에 능통하고 중국 간부들과 긴밀한 관계이니 박일우를 곧 심양에 파견하도록 하라. 중국의 팽덕회·고강과 조선의 박일우가 함께 구체적인 사안을 토의하여 중국인민지원군 출병 날짜와 전투 협조문제 등을 결정하도록 하라."

소련의 후방지원 문제

모택동은 정치국 회의에서 조선 파병을 결의하기 전부터 소련측에 중국군 파병 의지를 밝히고 소련의 지원을 요구하는 교섭을 시작했다. 스탈린과 모택동은 여러 번 전보를 교환하여 상의하였다.

"우리 소련이 직접 출병하여 미국군과 충돌하면 3차 대전이 일어나게 된다. 그러므로 소련은 출병할 수 없다. 중국에서 지원군 3개 사단을 보내 미국 군대의 북진을 제지해 주기 바란다."

모택동은 보다 적극적으로 출병 의지를 밝혔다.

"미국군과 연합군이 조선에서 북진하는 태세가 이토록 위중한데 3개 사단으로는 상황을 반전시키기에 턱없이 부족하다. 3개 사단이 아니라 3개 군단은 보내야 한다. 우리 중국군 3개 군단 12개 사단을 보내겠다.

우리가 지원군을 보내면 전쟁의 형세가 전변하게 된다. 이제는 북한과 미국의 전쟁이 아니라 중국과 미군 간의 전쟁으로 확대되는 것이다. 그러면 미군이 중국으로 들어와 동북지역 도시들, 특히 심양 등 대도시들을 폭격하려 할 것이므로 공중 엄호가 필요하다. 우리 해방군은 공군 2개 사단을 가지고 있지만 독립된 공군 사령부가 없고 장비와 인력 수준이 취약하다. 그러니 소련에서 우리 부대의 조선 진공을 공중 엄호해 주고, 또 우리 동북지구 도시들을 미군의 폭격에서 방비하기 위하여 속히 공군을 파병해 줄 것을 요청한다."

모택동은 대규모 출병 의지를 드러내며 한편으로 소련의 후방 지원을 당당히 요구한 것이다. 스탈린은 답변했다.

"우리가 비공개로 공군을 보내는 것은 아무 문제될 것이 없으니 보내주겠다. 그리고 중국이 지원군을 보내면 소련이 무기를 지원해주겠다."

모택동이 정치국 회의를 진행하는 동안 스탈린과 이 정도의 합의가 이루어진 상황이었다. 그런데 막상 정치국에서 지원군 파병을 결정하여 조선에 통보하고, 팽덕회와 고강을 급히 심양에 보내고 나니 스탈린에게 다시 전보가 왔다.

"우리 공군이 아직 준비되지 못했으므로 당장 공중 엄호를 지원하기 어렵다. 일단 중국은 지원군을 먼저 보내서 사태에 대처하라."

모택동으로서는 당혹스럽고 화가 나는 일이었다. 모택동이 정치국 위원들 앞에서 당당하게 파병을 설득할 수 있었던 것은 스탈린이 후방 지원을 약속해 주었기 때문이다. 모택동은 즉시 주은래와 임표를 모스크바로 보내 스탈린과 담판하게 했다.

"미군이 공습하면 지원군이 큰 손실을 볼 것인데 무슨 승산이 있겠는가? 소련의 공군 지원이 없으면 중국군도 출전하기 어렵다."

모택동은 주은래를 통해 이렇게 뜻을 밝혔다. 아울러 심양으로 보낸 팽덕회와 고강에게 지시 집행을 보류할 것을 통지했다.

"9일자 나의 지시는 보류하고 집행하지 말라. 지금은 출병할 수 있는 상황이 아니다. 팽덕회와 고강은 즉시 북경으로 돌아오라."

이렇게 출병 일정을 보류시켜 놓고 모스크바에서는 주은래와 스탈린의 담판이 이어졌다. 중국이 현 상황의 어려움에 대해 아무리 설명해도 스탈린은 입장을 바꾸지 않았다.

"우리 공군은 지금 전투력이 없다. 훈련도 못한 상황이고 출병할 준비가 전혀 안 되어 있다. 서둘러 준비해 출병해도 1~2개월은 소요된다. 소련이 공군 지원을 않겠다는 것이 아니라 시간이 걸린다는 뜻이다."

이 사실을 볼 때 소련은 한국전쟁에 개입할 준비를 전혀 하지 않고 있었음을 알 수 있다. 모택동은 조선전쟁이 시작되면서부터 중국이 파병해야 할 상황에 대비하여 부대를 재배치하는 등 조선을 지원할 준비를 하고 있었다. 그에 비해 소련은 조선전쟁에서 김일성이 이길 것이라고만 생각하고 아무 준비도 안 한 것이 확실하다. 소련은 실제로 12월이 되어서야 공군 3개 사단을 보내 단동에 주둔시켰다.

모택동은 고민에 빠졌다. 공군의 엄호도 없이 참전한다면 중국군 부대가 조선에 가서 크게 손실을 볼 것이 명백했다. 뿐만 아니라 미군 비행기가 동북의 공업도시들을 폭격하여 큰 피해를 초래할 위험도 있었다. 전선은 시시각각 조·중 국경을 향해 북진하고 있었다.

10월 13일, 모택동은 마침내 결단을 내렸다. 소련 공군 지원이 없이도 중국은 항미원조에서 이길 수 있으며, 비록 희생이 있더라도 출병하겠다고 입장을 정한 것이다. 모택동은 즉시 팽덕회에게 지시를 내렸다. 신속하게 준비를 마치고 17일 또는 18일에 압록강을 도강해 조선으로 들어가라는 지시였다. 스탈린에게도 중국군 출병 결정을 알리는 전보를 보냈다. 스탈린은 모택동의 의지에 크게 감동했다.

"중국공산당의 모택동이 진짜 공산당이구나!"

그전까지 스탈린은 모택동을 '농민 영수'라며 다소 얕보는 마음이 없지 않았다. 한갓 농민 지도자일 뿐이지 정통한 공산주의에 대해서는 잘 모르는 사람이라고 비하해 왔던 것이다. 그러나 스탈린은 이때부터 모택동을 높이 평가하게 되었다.

모택동이 팽덕회에게 파병 준비를 지시하자 중국인민지원군의 참전은 신속하게 이루어졌다. 항미원조전쟁은 이렇게 시작되었다.

지원군 참전, 거듭된 전세 역전

중국군 파병은 비밀리에 이루어졌다. 대규모 지원군 병력은 10월 19일과 20일 밤 출병하여 단동과 신의주 사이에 놓인 철교를 넘어 조선으로 들어갔다. 해가 완전히 저문 밤 9시부터 새벽 5시 사이에만 도강했으므로 미군 정찰기에 발견되지 않았다. 이렇게 이틀에 걸쳐 보병부대 열 두 개 사단과 포병부대 두 개 사단, 총 14개 사단이 도강하여 20일 아침에는 모두 조선 경내에 들어갔다.

미국과 한국은 중국 부대가 참전하리라는 것을 전혀 예상하지 못하고 있었다. 유엔군이 파죽지세로 북진하는 상황에서 중국이 어떻게 나올 수 있겠는가? 상식적으로 중국은 감히 유엔군에 대적하지 못할 것이 분명해 보였다. 미군은 자신감에 넘쳐 "성탄절 전에 조선전쟁을 완전히 끝내겠다"고 큰소리쳤다.

25일 운산에서 중국인민지원군이 참여한 첫 전투가 개시되자 미군은 매우 당황했다. "북한의 후방에 이런 예비부대가 남아 있었는가?"

차차 전투를 계속하다 보니 중국인 포로가 잡힐 때도 있고, 중국어로 들리는 말소리를 알아듣는 사람도 있었다. 운산 전투에서 생포한 중공군 포로를 심문한 후에 미군은 이 군대가 조선 군대가 아니라 중국 군대라는 것을 알게 되었다. 중국은 운산 전투 후 공식 성명을 내어 지원군 파견 사실을 공표했다.

미군 사령부에서는 이제 중공군 참전 사실을 알게 되었으나 크게 우려하지 않았다. 중국군이라야 재래식 총을 가진 보병뿐이므로 쉽게 물리칠 수 있을 것으로 생각한 미군은 자신만만하게 계속 진격을 명령했다. 그러나 미군의 작전은 계속 실패했다. 미군 1개 연대가 포위되어 탈출하지 못하고 포로가 되었고, 한국군은 1개 사단이 포위되었다. 반복되는 패전을 겪은 뒤에야 미군은 중국군을 업신여길 일이 아니라고 경각심을 갖게 되었다.

미군이 중공군과 실제로 전투해 보니 상대하기가 쉽지 않았다. 전투는 밤에만 진행되었는데, 밤에 부대가 휴식하려는 참에 중공군이 맹렬한 기세로 쳐들어오는 것이었다. 유엔군은 중공군에게 밀려나 퇴각할 수밖에 없었다. 퇴각도 진격만큼이나 빨랐다. 유엔군은 바로 평양을 내주고 38선 이남까지 철수해 내려오게 되었다. 이렇게 팽덕회가 지휘하는 중국인민지원군의 1, 2차 전역으로 평양까지 해방되었다.

2차 전역까지 중국과 조선 양국군 사령부의 공동작전체계는 거의 마련되지 않았다. 중국 부대가 급하게 들어와 유엔군을 밀어 내리느라 양국군 사령부가 거의 만나지 못했고, 따라서 공동작전 문제도 협의가 미흡한 상황이었다. 다만 서로 정보는 교류했으므로 그에 근거하여 개별 판단 하에 전투를 진행하는 상황이었다. 평양을 되찾은 1950년 12월 초 조중연합사령부가 구성되었다. 이어진 3차 전역에서 조중 연합군은 유엔군을 서울 밑으로 밀어냈다.

중국인민지원군이 참전하여 단시일에 유엔군을 밀어내리고 서울을 탈환하니 김일성은 다시금 전쟁 승리를 자신하게 되었다. 이번에야말로 미군을 몰아내고 남조선을 완전히 해방할 수 있겠다고 생각했다. 그런데 서울 이남까지 진격한 후 팽덕회는 전체 지원군 부대에 정지 명령을 내리고, 일부 부대는 주동적으로 후퇴시켜서 전선을 정비하는 것이었다.

김일성은 지원군 부대가 계속 진격해주기를 바라고 있었다. 유엔군이 바삐 도망가고 있는데 그들을 더 멀리 쫓아내지 않고 가만 놔둘 필요가 있는가? 추격해서 밀어내 버리면 바로 남북을 통일할 수 있으니 계속 전진해야 한다고 보았다.

당시에 조선인민군에는 소련 고문들이 있었다. 그들은 조선전쟁 초기에 전략을 세우고 전투를 지휘하는 데 상당한 역할을 했으나, 전세가 불리해지자 별다른 대책을 내놓지 못하고 무기력하게 후퇴하기 바빴다. 그러한 소련 고문들도 이제 와서는 다시금 큰 소리치며 팽덕회를 재촉했다.

"왜 계속 전진하지 않는가? 승리한 군대가 계속 추격하지 않고, 자기 부대를 멈추게 하는가? 도망치는 놈을 쫓아가지 않고 가만히 보고만 있는 그런 군대가 어디 있는가? 어서 미군을 추격하여 소멸시켜야 한다."

새로운 전선 지휘자인 팽덕회는 보다 현실적으로 전반 상황을 고려할 수밖에 없었다. 지원군 부대의 무기며 식량이 바닥을 드러낸 것이다. 지원군 부대 보병들에게는 이제 한 사람당 수류탄 세 개와 총알 60알 정도밖에 남아있지 않았다. 이대로 한 사흘 전투하면 수류탄이며 총알이며 모두 소진되고 만다. 총알이 없는 군인이 무엇을 하겠는가? 또 해방군들은 사흘치 양식을 메고 다니며 전투하는데, 그들의 양식도 떨어져가고 있었다. 팽덕회는 이런 정황을 모두 알고 있었다. 양식도 총알도 모두 떨어졌으니 정지하고 정돈할 수밖에 없었던 것이다. 계속 진격할 것인지 임시 정지할 것인지의 문제를 둘러싸고 조중 양 사령부 사이에 의견차가 생긴 것이다.

팽덕회는 성격이 아주 단호하고 직설적이었다. 주변과 논의할 때에 차근차근 상의하고 설득하는 법이 없었다. 그저 "된다!" 또는 "안 된다!" 통보하고는 더 이상 말하지 않았다. 안 된다면 안 되는 것이니 그런 줄 알라는 식이었다. 무장 특유의 독선적인 성격으로, 자기 책임 하의 모든 일은 혼자서 결정하고 이의를 받지 않았다. 다만 결정을 내릴 때에는 깊이 심사숙고해서 최선의 결정을 내렸고, 전사들을 아끼고 전쟁을 종합적으로 이끄는 훌륭한 군사 지도자였다.

한국전쟁 당시 제2군단장을 지낸 무정武亭도 팽덕회와 비슷한 성격이었다. 그가 1950년 12월 조선로동당 중앙위원회 제3차 전원회의에서 비판당하고 해직된 데에는 그런 독선적이고 불같은 성격도 크게 작용했다. 김일성은 무정이 군벌주의와 책벌주의로 후퇴 시기 더 큰 어려움을 초래했다며 크게 질책하였다.

팽덕회의 독단적인 성격에 대해서는 김일성도 미리 들어 알고 있었다. 김일성은 팽덕회와 맞서서 주장하지는 않았다. 팽덕회도 자기 결정을 하달하면 그대로 끝일 뿐, 따로 시비를 걸려 하지 않았다.

소련 고문과 김일성이 모두 팽덕회의 정지 명령을 반대하며 계속 진격하자고 주장하고 스탈린 역시 진격해야 한다는 의향을 피력했다. 모택동은 팽덕회에게 "계속해서 전진하라"는 명령을 내렸다. 지금 전진하는 것이 군사전술상으로는 옳지 않으며 손실도 있고 불리할 수 있지만, 정치적으로는 큰 의의가 있다는 것이었다. 팽덕회가 모택동의 명령을 무시할 수는 없었으나 그렇다고 묵묵히 따를 수도 없었다.

팽덕회는 모택동과 직접 담판하기로 마음먹고 모택동의 명령이 내려온 그날로 부대를 떠나 북경으로 향했다. 기차를 타고 압록강까지 와서 단동으로 건너가 비행기를 타고 그날 밤 북경에 도착했다. 팽덕회가 모택동의 거처에 도착했을 때 모택동은 이미 잠자리에 들어 있었다.

"이제까지 일하시다 방금 잠드셨으니 깨우지 마십시오."

모택동 침실 앞의 비서가 제지했다. 팽덕회는 호통을 쳤다.

"내가 지금 어디서 왔는지 아는가? 전선이 하루가 바쁜데도 날아왔는데 네가 감히 나를 가로막느냐!"

팽덕회가 큰소리를 치며 소란을 일으키니 모택동이 일어나 팽덕회를 맞아들였다.

"아, 팽덕회 장군 왔는가? 장군이 직접 왔는데 내 어찌 안 만나겠는가?"

그리하여 팽덕회가 모택동을 만나 사정을 설명했다.

"모택동 동지, 당신이 나를 지휘원의 지위로 파견했으면 나의 의견을 들어야 합니다. 지휘관의 입장에서 생각해 주십시오. 내가 지휘하는 군대가 총알도 수류탄도 없고 식량도 떨어지고 전쟁에 필요한 것이 아무 것도 없는데 어떻게 계속 진격하겠습니까? 그런 군대를 가지고 당신의 명령대로 유엔군을 추격한다면 그 뒤는 어떻게 되는 것입니까? 당신이 그런 전쟁을 지휘해 보았습니까? 모택동 동지 당신이 직접 이야기해 보십시오."

정곡을 찌르는 팽덕회의 말에 모택동은 그저 수긍하는 수밖에 없었다. 모택동은 팽덕회의 뜻을 받아들여 새로운 명령을 내렸다. 지원군 병사들은 1950년 10월부터 3개월간 1~3차 전역을 치르느라 지친 상황이었으므로 3개월간 휴식할 것, 부상병을 후방으로 이송하고 새 부대원을 모집하여 보충하고 훈련시킬 것, 3개월 후 4차 전역을 개시할 것 등의 내용이었다. 모택동은 팽덕회에게 김일성을 잘 설득해서 전투를 정지한 다는 데 합의하라며 격려하고 돌려보냈다. 팽덕회는 북경에서 돌아와 김일성을 설득했고, 이어서 조중연합사령부에서 3개월 휴식과 4차 전역 준비에 관한 작전 회의를 진행했다.

그런데 회의가 진행되는 도중 긴급 보고가 들어왔다. 미군과 한국군이 반격해오고 있다는 것이다. 급박한 상황이었다. 중공군이 한창 진격하던 중에 멈추니 미국 측에서도 중공군의 탄환과 식량이 바닥났다는 것을 눈치챘을 것이다. 이때에 미군 2개 사단이 보충되었다. 미군은 중공군의 내부 실정에 대한 정보와 군사력 확충에 힘입어 반격을 감행했던 것이다.

참으로 전쟁이란 뜻대로 되지 않는 것이다. 전투를 계속할 것인지 중단할 것인지의 문제를 가지고 조선과 중국 지도부에서 팽팽하게 대립하였고, 이제 막 어렵게 합의를 이루어낸 참이었다. 3개월 휴식하며 전열을 가다듬을 계획을 마련하고 있는데, 적들이 갑자기 반격해오니 쉴 틈이 어디 있는가? 바로 4차 전역에 돌입하게 되었다.

4차 전역이 시작되자 전략 문제를 둘러싸고 양 지도부 사이에 다시금 논쟁이 벌어졌다. 팽덕회는 지금은 유엔군이 진공하고 있으니 조·중 양국군은 주동적으로 후퇴하여 그 뒤에 태세를 가다듬고 유리한 위치에서 다시 반격하자고 주장했다. 김일성은 즉시 반격할 것을 주장했으나 팽덕회는 동의하지 않았다.

"조·중 연합군이 3개월간 정비 시기를 갖기로 합의한 지 며칠 지나지 않았는데 아직 아무런 준비도 못 한 상황에서 어떻게 반격할 것입니까?"

소련 고문들은 별다른 의견을 내지 않았다. 스탈린이 특별히 지시를 내려 팽덕회 사령관의 지휘에 절대적으로 복종할 것을 당부했던 것이다. 결국 팽덕회의 뜻이 관철되어 조·중연합군은 서울을 내주고 38선 부근으로 후퇴하였다. 이때부터 전선이 고착되어 38선 인근에서 고지를 뺏고 빼앗기는 전투를 2년 이상 지속하였던 것이다.

전쟁은 다시 원점으로 돌아갔다. 중국이나 미국 모두 국가의 전 역량을 쏟아 붓지 않고서는 승리를 장담할 수 없었고, 양국 모두 그렇게까지 큰 희생을 원하지는 않았다. 누구도 이길 수 없는 전쟁이라는 것이 점차 명백해지자 이제 남은 길은 정전협상 뿐이었다.

1951년 7월 정전담판이 시작되었다. 정전회담 대표단 조선 측 단장은 남일이후 이상조, 중국 측 단장은 중국인민지원군 부사령 등화鄧華가 맡았다. 모택동과 주은래가 회담을 배후에서 지휘했으며, 이극농李克農과 교관화喬冠華를 보내 정전담판을 지도하도록 했다.

조선전쟁 시기 조·중 양국 관계는 중국이 조선을 지원해주는 관계였다. 이들은 힘을 합쳐 전쟁을 승리로 이끌었다. 승리라는 것은 반드시 적을 무찔러 멸망시켜야 승리인 것이 아니다. 조선은 한국전쟁이 미국의 정치도덕적 실패였으며 정전협정 체결은 미국의 '침략적 야망'의 실패를 의미한다고 보았다. 중국은 '항미원조전쟁'을 수행함으로써 조선을 위기에서 구하고 아시아에 평화를 정착시켰다고 평가하며 이 전쟁은 승리한 전쟁이라고 설명하고 있다.

조선에 남은 중국인민지원군

조선전쟁이 끝난 이후에도 중국인민지원군은 몇 년 동안 조선에 머물렀다. 조선이 전쟁을 겪으면서 심하게 파괴되었으므로 소련과 중국은 전후 복구건설을 위하여 많은 지원을 해 주었다. 특히 중국은 식량·물자를 지원해주었을 뿐 아니라 복구건설의 인력도 지원하였는데, 그 인력이 바로 중국인민지원군이었다. 지원군은 1953년 7월 정전협정의 체결부터 1958년 2월 최후 철수할 때까지 거의 5년 가까운 시간 동안 조선을 떠나지 않고 머물며 많은 일을 해주었다. 도로 및 주택 건설, 교량 복구, 도시 정비 등의 일이었다.

중국인민지원군 총사령관 팽덕회가 1952년 4월 본국으로 귀환하자 등화가 지원군 사령관 대리에 임명되었다. 정전 후에는 양용이 지원군 총사령이 되었다. 양용 총사령관은 김일성을 존중하였으므로 중국인민지원군은 조선 인민들과 더욱 친밀한 관계를 유지했다. 과거에 소련 홍군이 만주에 나왔을 때 주민들의 재산을 강탈하거나 폭력을 행사하는 등 문제가 발생하기도 하였으나 중국 지원군 부대는 조선에서 이런 문제를 일으키지 않았다. 미국 군대가 한국에 주둔하여 일으킨 것과 같은 문제는 당연히 없었다.

다만 지원군이 복구건설을 돕기 위해 조선에 오래 머무르니 다소 곤란한 일들이 발생했다. 지원군으로 조선에 온 병사들 중에는 중학이나 대학에 다니던 학생들도 있었다. 젊고 친절한 청년 병사들이 주민들과 접촉하게 되니 조선의 처녀나 과부들과 연애 관계를 갖는 일들이 생겼다. 지원군 군대 규율은 아주 엄격해서 처녀를 다치게 하는 일이 절대 금지되었는데, 이는 중국 팔로군의 '3대 기율 8항 주의'에서부터 이어진 전통이다. 또 조선의 어머니들이 지원군에 대한 고마움을 표시하고 위로하고자 하는 마음에서 지원병들을 돌봐준 경우에도 이 '3대 기율 8항 주의'를 위반했다며 비판받는 일이 생겼다. 이런 문제들이 심각한 수준에서 발생한 것은 아니었다. 그러나 어떤 경우에도 인민들에게 피해를 주지 않는다는 팔로군의 전통과 기풍을 훼손하는 문제임은 분명했다. 또 지원병 병사들은 오래도록 집에도 가지 못하고 학업이 중단된 상태였으니 수많은 병사들의 개인 처지를 배려해줄 필요가 있었다.

지원군은 1956년부터 일부 부대를 철수하기 시작했고, 1958년에는 전군 철수를 결정하였다. 다만 중국공산당은 지원군 철군을 조선이 주동하여 결정한 것으로 외부에 비쳐지게끔 하였다. 조선에서 "외국군 철수를 요구한다"는 성명을 발표하도록 하고, 중국이 그 요구를 승인하는 형태로 중국군 철수의 모양새를 갖추게 한 것이다. 한국에 계속 자기 군대를 주둔시키고 있는 미국을 압박하기 위한 것이었다.

조선은 1958년 2월 5일, 「일체 외국 군대를 철거시키며 조선을 평화적으로 통일시킬 데 대한 방안들」이라는 성명을 발표하여 외국군 동시 철군 문제를 공식 제기하였다. 조선의 성명이 발표된 이틀 후인 2월 7일에는 중국 정부가 성명을 발표하였다. 조선 정부의 성명을 완전히 지지하고 옹호하며, 중국은 조선과 철군 협의를 시작하겠다는 선언이었다. 그리고 조·중 양국은 중국군이 철수하니 미국군도 남조선에서 철수하라고 공개적으로 요구하였다. 지원군 철군은 신속하게 진행되어 1958년 10월 모든 지원군 병력이 조선을 떠났다.

김일성은 지원군이 좀 더 조선에 남아 노동력이 부족한 조선을 계속 도와주길 원했다. 지원군 부대가 계속 있어준다면 경제건설에 더욱 유리하였을 것이다. 중국으로서는 지원군을 조선에 머물게 하는 것이 무상 노동을 제공한 것과 같았다. 게다가 지원군의 식량을 본국에서 해결해 주었으므로 지원군은 밥값조차도 안 받고 공일해 주는 부대였다. 지원군이 철수하면 이제는 그 공백을 자체의 힘으로 메꾸어야 했다. 그러나 지원군이 일하던 곳에 인민군 부대를 보내서 생산과 건설에 참여시키기에는 그 인원이 턱없이 부족했고, 조선 노동자 가운데는 부녀자들이 많았다. 때문에 조선측 입장에서는 아쉬움이 컸으나 중국에서 철수해야 되겠다고 하니 만류할 수 없었다. 조선도 복구건설이 차차 마무리되어 전반적으로 회복되는 상황이었다.

한편 한국전쟁 시기에는 지원군 숫자만큼의 조선인이 중국으로 들어왔다. 우선 조선의 간부 가족들이 중국으로 피난을 와서 중국 당국의 도움을 받으며 머물렀다. 중국은 이들을 전쟁이 끝나자마자 돌려보낸 것이 아니라 조선에 터전이 정비될 때까지 중국에 머무를 수 있도록 배려해주었다. 전쟁이 끝나고 복구사업이 어느 정도 진행되면서 주택이 마련되고 안착할 만한 생활조건이 회복된 뒤에 이들은 조선으로 돌아갔는데, 대략 1955년~1956년경이었다.

또 중국은 2만 명이나 되는 고아들을 만주 지역으로 받아들여 돌봐주고 학교를 세워 공부시켜 주었다. 고아들이 조선으로 돌아갈 때에는 다들 소학교나 중학교를 졸업하고 중국 각 공장에서 실습까지 마친 성숙한 노동력이 되어 돌아갔다. 조선 문화선전상 허정숙이 직접 중국에 와서 고아들을 데려갔다. 나는 성 교육청에 근무하던 시절 조선 전쟁 고아들을 위문하기 위해 매년 각 학교를 방문했다. 1955년 허정숙이 중국에 왔을 때에 나는 허정숙을 내내 모시고 다녔다. 이때에는 조선에서 산업이 상당히 회복된 시기였으므로 허정숙이 조선에서 인삼주와 인삼차 등 많은 선물을 가지고 왔던 기억이 난다.

이처럼 조선전쟁 시기 지원군이 조선에 건너가 활동하고, 조선의 피난민과 고아들이 중국에 와서 피신했던 그러한 인구의 교차 관계는 1950년대 중후반에 모두 본국으로 되돌아가면서 정리되었다.

4. 조선의 정치파동과 중국

조선전쟁이 끝나고 지원군이 철수하는 사이에 조선에서는 일련의 정치적 파동이 일어났다. 첫째가 남로당사건으로 1953년 박헌영과 리승엽 등 남조선로동당 일파를 숙청한 사건이었다. 이어서 1956년에는 소위 '8월 전원회의 사건'이라 불리는 연안파·소련파 숙청 사건이 벌어졌다. 한국의 적지 않은 학자들이 이러한 조선의 정치숙청에 대하여 김일성이 개인 독재 야망을 실현하기 위해 벌인 일이라고 주장하는데, 그것은 사실과 맞지 않는다.

전쟁기 리승엽의 간첩 혐의

나는 남로당의 박헌영·리승엽 패들은 확실히 미국의 앞잡이이며 미국 간첩이 틀림없다고 본다. 한국의 일부 학자들도 박헌영과 리승엽에 문제가 있다는 점을 잘 알고 있다. 미국 CIA 보고서 가운데에는 리승엽 자료도 들어 있다고 한다.

리승엽은 조선전쟁 때 제2군단 군사위원이었다. 인민군에서 군사위원이면 군대를 주관하는 게 아니라 정치를 주관하는 자리이다. 2군단의 당대표인 셈이다. 제2군단장은 무정으로, 그는 중국에서도 이름난 장군이며 김일성도 그의 전투력을 크게 신뢰하였다. 그러므로 처음에 포병사령관, 다음에 2군단장과 평양방위사령관의 중책을 맡긴 것이다. 그런데 조선전쟁 초반 서부 군단들이 파죽지세로 진공하는 상황에서 2군단은 맥을 못 추었고 제일 성과가 나빴다. 금강산 일대 산골에서 전투했는데 성과가 미약했고 부산까지 해방하지 못한 데에는 2군단 전과가 미진했던 이유도 있는 것이다.

중국인민해방군 장령들은 무정을 모르는 사람이 없다. 팽덕회 역시 마찬가지였다.

팽덕회가 지원군 사령관으로 조선에 나갔을 때 무정을 만나서 질책했다고 한다.

"무정 동무, 중국에서는 그렇게 전쟁을 잘 하더니, 왜 조선에서는 맥을 못 추는가?"

그랬더니 무정이 하는 말이 의미심장했다.

"이상한 일이오. 내가 방귀 몇 번 뀐 것까지 미군 사령부에서 다 알 정도로 우리 전략이 확연히 노출되었소. 상황이 이런데 내가 무슨 재간으로 미국 놈과 싸워 전투에서 이길 수 있단 말이오?"

무정은 자기 작전계획이 적들에게 다 흘러들어갔다고 느꼈다. 이렇게 무정이 어디로 움직이는지, 작전계획을 만들고 나서 그 계획에 따라 부대를 어떻게 포치하는지, 그 모든 정보를 미군이 다 장악하고 있었다. 무정이 지휘한 군단 정치위원 리승엽이 간첩이므로 무정이 싸움에서 이길 재간이 없었던 것이다.

물론 무정의 문제는 정보 노출 문제뿐만이 아니었다. 전쟁 시기 인민군 군단·사단 이상 단위에는 소련군 고문이 있었는데, 무정은 소련군 고문과 갈등 관계에 있었다. 당시만 해도 조선인민군 부대가 전투행동 명령을 내릴 때에는 소련군 고문이 승인 서명해야 행동할 수 있었다. 그런데 소련군 고문이 무정의 계획에 동의하지 않고 다른 주장을 내세워서 무정이 자기 능력을 발휘하기 어려운 점도 있었다. 나는 조선전쟁 시기 무정의 부하로 있던 사람에게 이와 관련된 경험담을 들었다. 무정은 소련군 고문과 심하게 다투곤 했는데, 어떨 때는 화를 참지 못해 소련군 고문을 겨누고 욕설을 내뱉으며 "쏘아 죽여버리겠다!" 하고 윽박지른 일도 있다고 한다.

실제로 무정은 부하들이 명령을 즉각 이행하지 않으면 그 자리에서 쏘아 죽였다고 했다. 이에 대한 여러 목격담이 있다. 1950년 12월 당중앙위원회 3차 전원회의에서 김일성은 무정의 군벌주의 작풍을 강하게 비판하는데, 이는 분명 그의 중대한 결함이었다. 3차 전원회의 결과 무정은 해직당하고 물러났으나 그 외에 다른 큰 처벌을 받지는 않았고 곧 병에 걸려 전쟁 시기 내내 중국 안동에 와서 지냈다.

무정이 안동에 와서 지낸 이유는 무정의 처 등기騰綺가 안동에 있었기 때문이었다. 일제가 패망해 물러나자 무정은 목단강 포병사령부에 부임했는데 무정의 처 등기도 함께 목단강에 왔다. 등기는 중국인으로, 목단강에 처음으로 건설된 방직공장에서 당서기로 활동했다. 이후 무정이 조선에 들어갈 때에 등기는 따라가려고 했으나 무정이 반대하여 조선에 못 들어왔다.

최용건의 처 왕옥환도 중국 사람이지만 최용건과 함께 조선에 들어왔다. 왕옥환은 조선에 와서야 비로소 조선말을 배웠는데, 아주 깨끗한 조선말을 구사했고 옷도 조선옷 차림을 하고 다녔다. 왕옥환이 나를 처음 만났을 때 "이 총각이 참 기특합니다"라고 말한 기억이 난다.

정율성도 부인 정설송을 조선에 데리고 들어왔다. 이렇게 중국인 부인을 가진 조선인 간부들은 거의 부인과 함께 조선에 들어갔는데, 무정만은 어쩐 일인지 부인이 따라오는 것은 절대 안 된다며 뿌리쳤던 것이다. 등기는 하는 수 없이 조선과 가까운 안동에 가서 안동 방직공장 당서기를 했고 무정이 죽은 후에는 가족을 데리고 북경으로 올라갔다. 무정은 그렇게 성격이 괴팍한 사람이었다.

다시 리승엽의 이야기로 돌아가자. 김일성이 최고군사회의를 소집하면 회의가 파한 후에 회의 장소가 폭격당하는 일이 몇 차례 있었다. 김일성은 괴이하게 여겼다. 회의 일정과 장소는 극소수의 사람만이 알고 있었는데 이들 가운데 혹여 미국 측과 내통하는 사람이 있는 것인지 의심이 들었다. 그렇다고 최고군사회의 핵심 인사들을 김일성이 공개 추궁할 수도 없으니 난처한 상황이었다.

김일성은 항일무장투쟁 시기부터 중요 회의를 소집할 때 회의 장소를 정하고 통지하는 일에 아주 신중했다. 모든 정황을 면밀하게 포치하고, 각 참가자에게 보내는 회의 소집 통지서도 참가자별로 따로 만들고, 누구에게 몇 시에 통지서를 전할 것인지까지 세세히 고려해서 전령에게 지시를 내렸다. 조선전쟁 시기에는 더욱 조심스럽게 행동했는데도 회의 장소가 폭격당하는 일이 생긴 것이다. 김일성이 시험 삼아 회의 장소를 미리 통지한 후 회의 직전에 회의 장소를 변경했다. 그러니 처음 통지했던 회의 장소가 폭격을 맞았다.

김일성은 최고군사회의 성원들 가운데 첩자가 있다는 확신을 갖게 되었다. 김일성은 다음 방안을 강구했다. 예정된 회의 장소에서 회의 시간만 몇 시간 앞당겨 회의를 끝내 버리고 사람들을 다 해산시키고는 회의장 부근에 경호부대들을 포치하여 폭격 양태를 유심히 지켜보도록 했다. 예정되었던 회의 시간이 되자 아주 큰 군용 전지로 신호가 나타났고, 신호 직후 폭격기가 날아와 폭격했다. 경호부대원들이 폭격 신호 발사 지점을 수색하여 몇 사람을 붙잡아 심문했는데, 그들은 이남에서 파견해 온 사람들이었다. 그들에게 회의 장소를 통지해 준 사람을 마침내 잡게 되었다. 그를 추궁하니 리승엽에게 첩보를 전달받았다고 자백하였다.

이와 같이 리승엽의 간첩 행위는 이미 전쟁 시기에 드러나 있었다. 김일성은 그 혐의를 알고 있었고, 전쟁이 정리되면서 제일 먼저 붙잡힌 것도 리승엽이었다. 리승엽은 체포된 후 자신의 간첩 활동에 대한 총적인 상황을 박헌영도 알고 있다고 자백했다.

김일성은 박헌영에 대해서도 전쟁 시기에 의혹을 가졌는데, 그러한 정황을 조선 주재 중국 대사 니즈량倪志亮도 목격한 바 있다. 모택동은 1950년 10월 중공당 정치국 상무회의에서 중국인민지원군의 파견을 결정하고 이를 니즈량 대사를 통해서 조선에 통지하였다. 10월 9일 저녁에 통지문을 받은 니즈량은 이를 전달하러 김일성을 찾아갔다. 김일성은 모란봉 지하 방공동에 있었다. 내각 비밀 사무소로 사용되고 있던 그 지하 동굴에는 김일성과 김책, 박헌영 등의 집무실이 있었다. 이 지하 집무실은 아직까지 보존되어 있고 나도 예전에 참관하였다.

니즈량이 지하 방공동의 김일성 집무실에 찾아가자 집무실 앞을 호위병이 지키고 있었고 그 안쪽에는 비서가 있었다. 대사가 호위병에게 통고하고 비서에게 다가갔다.

"모택동 동지에게서 긴급한 중요 통보가 왔으므로 김일성 수상을 곧 만나야 한다. 김일성 수상에게 즉시 통보하라."

비서가 대사의 말을 전하기 위하여 집무실 문을 여는데, 안에서 요란한 소리가 터져 나왔다. 마구 소리치며 싸우는 두 사람의 목소리였다. 니즈량은 조선말을 모르므로 내용은 알아듣지 못하였다. 비서가 나와서 아직 회의 중이니 조금 기다려 달라고 전하였으나 대사의 전갈은 시급하여 지체할 수 없었다. 대사는 재촉했다.

"이것은 아주 긴급한 통지이다. 모택동 동지의 중요한 전보를 바로 전해야 한다."

비서가 다시 들어가 전하자 얼마 후에 김일성이 대사를 맞으러 나왔고, 김일성 뒤로 박헌영이 따라 나왔다. 안에서 김일성과 싸우고 있던 사람이 바로 박헌영이었던 것이다. 박헌영은 중국어를 모르지만 김일성은 중국어에 능통했다. 김일성은 중국 사람과 대화할 때는 늘 중국어로 말했다. 김일성은 문 밖으로 나오며 니즈량을 보고는, 노기가 등등해서 인사조차 할 겨를이 없이 중국어로 몇 마디 내뱉었다.

"참 별난 사람이 다 있구려. 나보고 미국 놈 앞에 같이 가서 투항하자니! 나에게 그렇게 권고하는 사람이 있습니다!"

니즈량은 당시 분위기를 보아 그 '투항을 권고'한 사람이 박헌영이라고 짐작했다. 이것은 니즈량의 회고록에 실려 있는 일화이다.

조선전쟁 당시 한국 측에서는 삐라나 방송을 통해 인민군 회유 공작을 펼쳤다. 미국 역시 북한 지도부를 대상으로 한 회유 공작을 진행했다. 김일성이 투항한다면 목숨도 보전해 줄 것이며 북한 정권도 완전히 철수시키지는 않겠다는 등의 회유를 한 일이 있었다. 1950년 10월의 후퇴 시점에서 박헌영이 김일성에게 미국에 투항하자고 하지는 않았을 것이고, 미국과 담판하자는 주장을 했을 것 같다. 이에 대해 김일성은 전세가 급격히 역전된 시점에서 담판하는 것은 투항이나 다를 바 없다고 생각했다. 이때부터 김일성은 박헌영에 대해 의혹을 가지게 되었으며, 후에 리승엽의 죄상이 드러나고 박헌영까지 연루되었다는 단서가 잡히니 박헌영을 파면하고 숙청했던 것이다.

이런 정황을 볼 때 남로당 사건은 김일성이 권력을 독점하려는 욕구로 조작해낸 것이 아니라 나름의 근거 속에서 표출된 사건이었다고 할 수 있다. 박헌영은 부수상으로 김일성과 공동으로 정권을 꾸려나가는 인물이었을 뿐 아니라 한국 공산주의 운동의 오랜 영도자였으므로 아무런 죄 없이 숙청할 수 있는 인물이 절대 아니었다.

'8월 전원회의 사건'과 중국

1956년에는 조선 내부에서 '반종파투쟁'이 벌어졌다. 연안파가 김일성 중심의 당 권력구조에 반기를 들고 일어나 이에 대한 정치투쟁이 대대적으로 진행된 것이다. 중국에서는 남로당 문제와 연안파 문제 등 조선의 정치 문제에 대해 사전에 어느 정도 파악하고 있었는데, 1958년까지 중국인민지원군이 조선에 체류하고 있었으므로 조선 현실을 파악하기가 더 수월했다.

연안파 사람들은 당 사업을 토론할 때 모택동사상을 기준으로 설정하여 김일성의 정책을 비판하고 평가절하하는 일이 빈번했다고 한다. 모택동의 사상과 과거 지시 내용을 거론하며 "김일성 동지, 당신은 모택동 동지의 이런 지시를 알지 못합니까?"라고 비난하곤 했다.

김일성과 연안파의 갈등 관계는 전쟁 시기까지 거슬러 올라간다. 김일성과 팽덕회가 의견 충돌이 잦았던 반면 조중연합사령부 부사령관 김웅 등 연안파들은 중국 장령들과 이전부터 아주 잘 아는 사이였고 친밀했다. 즉 김일성보다 연안파가 중국인민지원군과 더욱 밀접한 관계였던 것이다. 그런 상황이므로 1950년대 초·중반 연안파 인사들이 처벌·숙청당할 때 중국에서는 큰 관심을 기울였다.

그러나 중국공산당에는 규율이 있다. 타국의 내정에는 절대 간섭하지 말라, 형제당의 분쟁에 어느 한 쪽 편을 들어서는 절대 안 된다는 것이 중국공산당의 원칙이었다. 그러므로 중국에서 드러내놓고 연안파를 지지하거나 조선로동당의 처분을 비판하지는 않았다. 다만 무정·최창익·박일우·김웅 등 중국에서 조선으로 간 간부들이 다 해직되니 좋아할 수는 없었다. 중국이 조선의 정치상황에 공개적인 의사 표명을 하지 않을 뿐 큰 관심을 갖고 있던 것만은 사실이었다. 1955년 무렵부터는 조선에서 김일성이 하는 일들이 정말 옳은가, 그렇지 않은가에 대하여 보다 적극적으로 주시하기 시작했다.

조선에서 연안파를 숙청하고 '반종파투쟁'을 대대적으로 전개한 배경과 과정에 대해서는 아주 긴 설명이 필요할 것이다. 다만 반종파투쟁의 직접적인 계기가 된 것은 8월 전원회의에서 연안파가 김일성 개인숭배를 비판한 사건이었다. 소련공산당은 1956년

2월 열린 20차 당대회에서 '개인숭배 청산'을 공식 결정했고, 그 당대회 문건을 각국의 공산당·로동당에 배포하여 당적 토의를 하도록 지시했다. 이것은 조선에서 연안파의 도전을 고무하였다.

"소련에서 흐루쇼프가 스탈린을 비판했는데 우리가 김일성을 비판하지 못할 이유가 무엇이겠는가?"

이리하여 최창익을 중심으로 한 연안파 인사들이 김일성의 권력 독점에 반기를 드는 계획을 세웠다. 마침내 1956년 8월 조선로동당 전원회의에서 연안파가 김일성의 개인 숭배와 권력 독점을 비판했다. 김일성파는 이를 즉시 제압하여 연안파를 숙청하고 당 직을 박탈했다. 사건을 주도했던 연안파 인사들은 압록강을 건너 중국으로 달아났다. 이것이 이른바 '8월 전원회의 사건'이다.

이 사건은 중국과 소련 지도부에 충격을 주었다. 소련과 중국은 미코얀과 팽덕회를 조선에 파견하여 조선 정치에 개입하였다. 중국공산당 8차 당대회에 참가하기 위해 중 국을 방문했던 미코얀이 팽덕회와 함께 조선으로 들어갔고, 두 사람의 강한 개입 하에 조선로동당 9월 전원회의가 열려 연안파 처벌 결정이 번복되었음은 잘 알려진 사실이 다. 그러나 팽덕회와 미코얀의 통역으로 동행했던 설철의 회고에 의하면 팽덕회와 미 코얀이 조선에 가서 김일성을 크게 강압한 것은 아니라고 한다. 미코얀은 김일성에게 다음과 같은 말로 설득했다고 한다.

"지금 조선의 형세로 보아 안정과 단합이 중요하지 않겠는가? 조선로동당이 내부 분 열해서는 곤란하다. 잘못한 사람이 있으면 개별적으로 처벌하는 것이 맞다. 이렇게 특 정 파벌을 숙청해서 당이 분열되는 것은 조선에 아주 불리하다."

미코얀과 팽덕회는 연안파에 대한 처벌이 너무 과하므로 처벌은 좀 천천히 고려할 것을 권고하였다. 강대국의 권고가 조선로동당의 입장에서 강압이라고 받아들여졌을 수 있다. 그러나 팽덕회는 조선 동지들의 설명을 듣기만 하고 조선당에서 신중하게 처 리할 것을 바란다고 한 외에 다른 말은 삼가했다.

연안파를 숙청한 이유에 대해서는 후일 김일성이 풍중운에게 털어놓은 바 있었다.

풍중운은 동북항일연군 3로군 정치위원 출신으로, 항일연군의 중국인 지도자들 중 김일성과 가장 친한 사람이다. 풍중운이 조선을 방문했을 때 김일성은 그를 자기 별장에서 묵게 하며 오래 이야기를 나누었는데 그때에 김일성이 연안파 사건에 대해 풍중운에게 상세히 말했다. 풍중운은 중국에 돌아와 이 내용을 당에 보고했으므로 당에서 이 문제를 알게 된 것이다.

김일성이 풍중운에게 한 말에 따르면 연안파를 숙청한 것은 그들이 김일성 개인숭배를 비판한 문제 때문만이 아니었다. 김일성 자신이 개인숭배를 바란 것이 아니었고, 스스로도 개인숭배의 문제점을 인식하고 있었다는 것이다. 개인숭배 청산은 소련공산당 20차 당대회 결정 사항이기도 했으므로 적절히 수용할 수 있고, 서로 논의해 시정해나갈 수 있는 문제였다. 그렇다면 무엇이 문제였는가?

김일성은 연안파가 자신을 암살할 음모를 꾸몄다고 풍중운에게 말했다. 김일성이 동유럽을 순방하고 돌아올 때에 김일성이 탄 비행기를 격추시킬 계획을 세웠다는 것이다. 연안파는 공군사령관 왕련王連에게 김일성이 귀환하는 비행기를 호위해 모셔오는 척 하면서 김일성이 탄 비행기를 쏘아 추락시키라고 지시했다.

김일성으로서는 이런 음모 공작을 시도하는 종파분자들을 가만 놔둘 수 없었을 것이다. 다만 이 음모는 연안파 내부에서 정식으로 토론해 꾸민 일이라고 생각하긴 어렵고, 아마도 윤공흠 등 몇 사람이 독단적으로 꾸민 일이 아닐까 생각된다. 윤공흠은 이런 일까지 도모한 직후였으므로 '조선에 남아있어서는 살아남을 수 없겠다'고 생각하고 도망친 것이다. 8월 전원회의에서 문제 발언을 한 후 격렬하게 비판받자 회의장을 빠져나와 곧바로 지프차를 타고서 압록강을 건너 중국으로 넘어갔다.

그렇다면 박일우나 최창익은 8월 전원회의 사건과 얼마나 관계되었는가? 그들은 소련 대사의 사촉 하에 연안파의 배후에서 개인숭배 반대와 당 권력 분점을 요구하는 문제에 관하여 연안파를 지도하기도 했을 것이다. 당내 민주주의 원칙 하에서 이견을 제출하는 것은 얼마든지 허용되는 것이다. 그러나 박일우와 최창익이 김일성 암살 음모에까지 관여하지는 않았으리라고 본다. 김일성도 박일우나 최창익이 암살 음모에 관여되었다는 말은 하지 않았다. 그러므로 박일우가 박헌영처럼 총살당하거나 하는 강력한 처벌은 받지 않은 것이다.

이런 일이 밝혀지니 중국에서도 연안파를 비판했다. 개인숭배나 당내 민주주의에 대한 내부 문제 제기와 토의는 가능하지만 암살과 정권 탈취 음모를 꾸미는 것은 반당행위이며 있을 수 없는 일이기 때문이다. 중공당 중앙에서는 조선 정세에 대해 각 방면으로 조사하고 연구한 결과, 연안파를 숙청한 조선로동당의 결정이 옳으며 잘못은 연안파에게 있다고 인정하게 되었다.

김일성, 정권의 자주성을 획득하다

1957년 11월, 세계의 공산당·노동당 지도자들이 모스크바에 모여들었다. 볼셰비키 10월혁명 40주년 기념일인 11월 7일에 각국 공산당 및 노동당 대표회의가 열리기 때문이었다. 김일성은 11월 4일에 모스크바에 도착했고, 모택동은 회의 전날인 11월 6일 도착했다. 모택동이 도착할 때에는 흐루쇼프 등 소련 지도자들이 공항에 나와 모택동을 영접했다. 김일성도 흐루쇼프 일행과 함께 공항에 나가 비행기에서 내리는 모택동을 맞이하고 모택동이 머무르게 될 모스크바 동부지대 별장까지 동행했다. 별장에 도착하자 김일성이 차에서 내려 모택동에게 의례적으로 인사하고 돌아서는데 모택동이 김일성의 손을 붙잡고 각별하게 말을 건넸다.

"김 수상, 오늘 무슨 다른 큰 약속 있습니까?"

"없습니다."

"그래요? 그럼 내가 오늘 수상 동지 숙소를 방문할 테니 기다려주시오."

"주석께서 저를 방문하신다니, 그런 법이 있습니까? 주석은 연세도 많으시고 훨씬 선배이신데 제가 어떻게 앉아서 주석을 맞이하겠습니까? 하실 이야기가 있다면 제가 저녁에 다시 찾아오겠습니다."

"아니오. 이번에 내가 수상 동지를 찾아가기로 결심하고 모스크바에 왔습니다. 내가 찾아갈 테니 그저 나를 맞아만 주시오."

그날 저녁 모택동은 김일성의 별장을 방문하고 담화를 나누었다. 모택동은 김일성에게 말했다.

"우리 중국인민지원군 동무들이 조선에 가서 여러 모로 조선을 돕기 위해 애썼는데 그러던 중에 조선 동무들에게 가타부타 간섭한 일도 있었던가 봅니다. 그리고 팽덕회 동무가 재작년 9월 조선에 갔을 때에 조선로동당 내부 일에 대해 간섭하는 발언을 했는지 모르겠습니다. 당시 팽덕회 동무의 행동은 우리 중국공산당의 본의가 아니었고 내 생각이 아니었습니다.

나는 형제당 내부 일에는 절대 간섭해서는 안 된다는 관점을 가진 사람이오. 왜냐하면 내가 당을 발전시킬 때에 코민테른과 소련공산당의 간섭 때문에 너무나 힘들고 머리 아팠던 경험이 있기 때문입니다. 나는 형제당 방침에 대하여 간섭하는 것은 절대 있을 수 없는 일이라고 생각합니다. 그러나 우리 동무들 중 어떤 사람들이 과거에 조선로동당에 대하여 그런 행동을 했는지도 모르겠습니다. 그간에 잘못된 일이 있었다면 내가 이제 사과할 테니 받아들여 주시오."

모택동은 이렇게 간곡하게 사과했다고 한다.

이듬해인 1958년 2월 14일, 주은래 총리와 진의 부총리 일행이 조선을 방문해 1주일간 머물렀다. 이 시기는 마침 중국의 춘절음력설 기간이었다. 보통 중국인들은 춘절에 잘 외출하지 않고 명절을 즐긴다. 주은래 총리가 명절 풍습에도 개의치 않고 조선을 방문한 것은 중국이 조선과의 관계 발전에 그만큼의 의지를 갖고 있음을 보여준 것이다. 주은래는 평양 비행장에서 환영객들에게 한 연설에서 "중국 정부 대표단이 이번에 조선을 방문하는 중요한 목적의 하나는 사회주의를 건설하는 여러 분야에서 조선 인민을 향하여 배우는 것입니다"라고 발언하였다.

주은래는 조선에 체류하는 동안 평양·함흥·원산 등 여러 지역을 순회 연설하면서 조선로동당의 영도와 조선 인민의 성취를 존중하고 추켜세웠다. 뿐만 아니라 조선의 지도자로서 김일성의 권위에 대하여 공개적으로 지지하였다.

"중국공산당을 대표하여 나는 김일성 동지만이 조선의 위대한 영수임을 확인한다."

"김일성 동지를 수반으로 한 조선로동당과 조선 정부를 중국은 지지하고 옹호한다."

김일성 수상이 베푼 중화인민공화국 정부 대표단 환영 연회에서 주은래는 "조선로동당과 공화국 정부와 김일성 수상의 령도" 하에 조선인민은 거대한 성과를 거두었다고 찬사를 보냈다. 당시 『로동신문』은 주은래의 조선 방문과 활동, 발언에 대하여 상세하게 소개하였다.

1958년 11월 하순에는 김일성이 중국을 방문했다. 이때 김일성은 모택동과 장시간 담화했는데 그 담화의 일부가 기록에 남아 있다. 모택동은 김일성에게 말했다.

"사람과 사람 사이에는 서로에 대해 인식하고 이해하는 과정이 있습니다. 한 개 당과 당 사이도 그러하고, 한 개 민족과 민족 사이도 그러할 것입니다. 나의 당신에 대한 이해도 그렇고, 당신의 내게 대한 이해도 그 과정이 있지 않습니까? 내가 당신을 불신했다는 뜻이 아닙니다. 다만 일정한 과정을 거치면서 그 과정 속에서 당신을 비로소 깊이 이해하게 된다는 것입니다. 오래 접할수록, 그리고 많이 접촉할수록 호상 이해가 깊어지고 더욱 바르게 인식할 수 있습니다. 우리 사이는 이제 아주 명확하고 친밀한 관계가 되었습니다."

이어서 모택동은 중요한 발언을 한다.

"우리 중국공산당은 조선에 대하여 세 가지를 존중합니다. 첫째로 우리는 조선 민족이 아주 용감하고 정의로운 민족이라는 점에서 조선 민족을 존중합니다. 두 번째로 우리는 당신네 당, 조선로동당을 존중합니다. 당신네 당이 이제 아주 성숙되어서 모든 당 사업을 올바르게 처리한다고 굳게 신뢰하고 존중합니다. 셋째로 우리는 조선의 영도자인 김일성 수상을 존중합니다. 조선의 영도자는 김일성 수상이며 당신이 당과 국가를 올바르게 이끌고 있다는 사실을 존중합니다. 내가 우리 중국공산당을 대표하여 당신에게 말합니다."

모택동의 이날 발언은 조선의 당과 국가, 그리고 영도자인 김일성에 대하여 최고로 긍정해준 것이다. 김일성은 더 이상 만족스러울 수 없었다. 김일성 자신은 2년 전에 연안파를 숙청하고 반종파투쟁을 이제 막 종결한 참이므로 중국공산당이 조선을 어떻게 바라보고 있는지 신경쓰일 수밖에 없는 상황이었다. 그런데 모택동이 이렇게 명백하게 자신에 대한 지지를 표시해주니 이제는 자신감을 가질 수 있게 되었다. 이후부터 중조관계는 상당히 좋아졌다. 해마다 중국의 영도자들이 조선을 방문하고, 조선에서도 중국을 방문하는 등 교류가 활발해졌다.

5. 중국 정치변동과 조선-중국관계

중소관계 악화와 조중관계

모택동과 주은래의 특별한 노력으로 중조관계가 아주 친밀해지던 이 시기, 중국에서는 대약진운동과 인민공사운동이 시작되었다. 그런데 대약진운동을 시작한 지 1년 만에 중국과 소련 관계는 아주 나빠졌다. 국가를 영도하는 방법에서 소련과 중국의 의견이 완전히 달랐는데, 중국이 소련의 방식을 따르지 않고 자기들 식으로 추진해 나갔으므로 양국 관계에 금이 간 것이다.

대약진운동은 중국 지도부의 기대와 정반대로 흘러갔다. 대약진운동을 1년 넘게 진행하니 운동이 성과를 거두는 게 아니라 오히려 나라가 망할 지경이 되었다. 흐루쇼프는 혹독하게 비판했다.

"소련이 가르쳐주는 것을 듣지 않고 중국이 제멋대로 하니까 실패하지 않는가?"

소련 언론에서는 중국의 대약진운동을 공개적으로 비판했고 동유럽 사회주의 각국에서도 소련을 따라 중국을 비판했다. 1950년대 말 중국은 그렇게 국제적으로 차차 고립되어 갔다.

다만 조선만은 중국을 비판하지 않았다. 조선에서도 당시 대약진운동과 일부 유사한 '천리마운동'을 한창 진행하고 있었다. 조선이 중국을 모방한 것은 아니지만 두 나라는 사회주의 건설 방식에서 유사성이 있었다. 일부 조선 사람들은 "중국이 우리 천리마운동을 따라 배운 것이다. 천리마운동을 더 크게 발현시킨 것이 대약진운동이다"라고 평가하기도 했다.

중국과 소련 간의 관계가 악화되어가는 만큼 중국과 조선은 서로 접근해 갔다. 1962

년부터 1965년까지 조중 간 우호관계는 최고로 발전되었다. 조선과 중국은 형제당, 형제나라 관계로 아주 허물없이 교류했다.

1962년 조선은 인민군 창건기념일 행사를 대대적으로 치렀다. 원래는 조선인민군을 창군한 1948년 2월 8일이 조선인민군 창건일이었다. 그런데 이 해부터 김일성이 안도에 유격대를 창건한 1932년 4월 25일을 조선인민군 창건일로 새로이 지정하고 기념하기 시작하였다. 조선인민군 창건일이 변경된 첫 해이자 조선인민군 창건 30주년이 되는 경축대회가 평양에서 대규모로 진행되었다. 중국에서는 팽진을 단장으로 하는 축하사절단을 파견했다.

팽진은 경축대회에서 '과거 김일성 동지 영도 하의 조선인민혁명군이 중국에서 창건되어 조·중 혁명가들이 연대해서 항일투쟁을 전개하였다'는 요지로 연설했다. 즉 중국 공식 사절단이 김일성의 항일혁명을 찬양하는 연설을 해 준 것이다. 김일성은 해방 후 조선에서 이룬 업적 뿐 아니라 해방 전 중국에서의 항일운동 역사까지도 중국이 찬양하고 지지해준 데 대하여 아주 기뻐했다. 이날을 계기로 조중 친선관계는 한 단계 진전하였다.

이듬해인 1963년, 조선최고인민회의 상임위원회 위원장 최용건이 중국 북경을 방문하고 동북 3성 일대를 순회했다. 북경에서는 류소기가 최용건을 직접 안내하고, 주은래는 동북지역에 최용건과 함께 와서 안내하고 편의를 봐 주었다. 류소기는 국가주석이고 주은래는 총리이다. 이 정도의 최고위 지도자가 외국 손님을 모시고 다니는 것은 전에 없었던 일이며 최고의 예우였다. 진의 부총리도 주은래와 함께 최용건을 모시고 동북의 심양·장춘·하얼빈·대련까지 각지를 순회했다. 일행이 하얼빈에 왔을 때 나는 이들을 수행하며 통역을 맡았다.

최용건은 주은래·진의와 함께 동북을 다니면서 동북항일연군 역사와 자신의 경험을 들려주었다. 주은래 총리는 이때에 처음으로 동북항일연군 역사에서 조선인 투사들이 큰 역할을 하였음을 알게 되었다고 한다. 깊이 감명받은 주 총리는 방문하는 지역마다 환영연에 그 지역 성장이나 서기들을 참가시킬 뿐 아니라 항일연군 출신 간부들을 불러 최용건과 환담하도록 배려했다. 뿐만 아니라 최용건이 공장·기업 참관을 나갈 때면 진의 부총리가 동행하도록 하고, 주은래 자신은 그 도시에서 항일 노투사들을 모아 좌담회를 열었다. 동북항일투쟁에 대하여 상세히 물어보기 위해서였다.

"조선 동지들은 동북의 항일투쟁에서 어떤 활동을 했는가?"

주은래의 질문에 항일투사들은 하나같이 대답했다.

"우리가 항일연군에 참가한 것은 조선 동지들이 교양해 주고 소개해 주어서 참가한 것입니다."

그리고 항일투사들은 조선 동무들이 항일투쟁에서 아주 큰 역할을 했다고 찬양하는 것이었다. 주은래는 조선인들이 과거 동북 지역 항일투쟁에서 선도적이고 중요한 역할을 했다는 사실들을 정리해서 모택동에게 보고했다. 모택동도 동북 지역 조선 공산주의자들의 활동에 대해 이제서야 깊이 알게 되었다.

"아, 그러한가? 참으로 나도 처음 알았다. 동북항일연군이라는 것이 사실상 중조연합군이었구나!"

모택동과 주은래는 조중 간 단결과 우의의 역사를 새롭게 발견했다며 기뻐했다. 이들 중공당 지도자들은 동북항일연군 역사를 보다 깊이 연구해야 하겠다고 결론짓고 흑룡강성 당사연구소에 그 임무를 맡겼던 것이다.

1964년에는 김일성이 중국을 방문했다. 김일성은 동북 3성을 순방하고 대경까지 방문했다. 김일성이 하얼빈을 방문했을 때 환영대회가 열렸는데, 하얼빈시의 처장급 이상 간부들이 모두 참가했고 나도 그 자리에 있었다. 동북국 서기는 환영대회 서두에서 다음과 같이 재치있게 김일성을 소개하였다.

"조선 인민의 위대한 수령 김일성 동지가 조선전선에서 우리 동북지방 후방 공작을 시찰하러 오셨습니다."

이는 조선과 중국의 긴밀한 관계를 강조한 것이고 또한 김일성에 대한 중국 측의 신뢰와 경의를 최대한으로 표시한 것이었다. 참석자들은 이 소개사를 듣고 열정적으로 박수치며 김일성을 환영했다. 나는 이전에도 김일성을 멀리서 본 적이 있었으나 이때 처음으로 가까이서 만나고 통역도 했다. 주석단에 쭉 앉아있는 사람들 속에서 김일성은 유독 돋보였다. 중국의 주은래 총리나 진의 부총리가 모두 아주 대단한 인물들인데, 김일성도 그에 못지않게 인물이 훤하고 풍채가 좋았다.

이렇게 1960년대 전반기 중국과 조선은 서로 빈번하게 내왕했다. 중국은 경제적으로도 조선을 많이 지원해주었다. 조선은 중소 간 갈등이 심각해지던 상황에서 중국의 입장을 국제사회에 변호해 주는 한편 중·소 양국의 갈등을 해소하고 화해시키려 노력했다. 조선은 소련과 중국의 계속적인 경제 지원을 받는 속에서 중국과의 친선관계가 강화되어 든든한 우방을 가진 것이 큰 힘이 되었다. 거기에 더하여 김일성의 항일 역사를 중국이 모두 승인해주고 그것을 위대한 혁명 역사로 대접해 주었으므로 김일성은 매우 만족하였다.

조선으로 돌아간 조선족들

1960~1961년 무렵 중국은 대약진운동의 실패에 따른 혹독한 기근을 경험했다. 농업이 완전히 붕괴되어 많은 사람이 굶어죽는 참혹한 광경이 중국 전역에서 벌어졌다. 조선족들은 일반인, 간부 할 것 없이 숱한 사람들이 압록강과 두만강을 건너 조선으로 도망갔는데, 그 숫자가 5만 명에 달하였다. 주로 농민과 학생이었으나 간부들도 일부 섞여 있었다. 1990년대에 조선이 식량난을 겪어 아사자가 속출하니 엄청난 사람들이 중국으로 도망온 것처럼, 그때에는 중국에서 조선으로 기황을 피해 달아났다. 그 5만 명에 달하는 사람들을 조선의 김일성 주석이 다 받아들여서 직업을 해결해주고 살 길을 마련해 주었다.

중국에서 살기가 어려우니 살 길을 찾아 조선에 건너간 것인데 그것을 죄라고 할 수 없었다. 그러나 일반인이 아닌 간부들이 조선으로 도망친 경우에는 크게 문제가 되었다. 과거 김일성과 함께 항일투쟁에 몸담았던 간부들 몇몇이 이때 조선으로 들어갔다. 연변자치주 부주장 석동수, 연변자치주 공안처 처장 강위룡 등이었다. 이런 지위에 있는 사람들이 절차를 밟지 않고 조선으로 도망간 건 옳은 일이 아니었다.

연변자치주 주장 주덕해는 연안 출신 인사들은 중용했으나 만주 항일무장투쟁 출신자들은 잘 써주지 않았다. 만주 출신들은 이 때문에 주덕해에게 불만이 있었다. 석동수·강위룡이 조선으로 도망간 것은 이런 정황과도 무관하지 않았다.

주덕해는 조선으로 도망간 석동수와 강위룡을 간부회의에서 공개 비판하고, 조선으로 도망간 인사들에 대한 비판운동을 주창했다. 중국을 버리고 조선으로 갔으니 이들은 중국공산당을 반대한 반당·반국분자라는 것이었다. 나아가 조선에 대한 인식이 모호하고 조선을 조국이라고 생각하는 사람은 석동수·강위룡과 같은 배반분자라 하면서 함께 비판했다. 이렇게 연변에서 '반당반국분자 비판운동'이 벌어져 많은 사람들이 심사받고 비판되었다. 여러 사람들이 공개 반성을 해야 했고, 처벌받은 사람들도 있었다. 이미 조선으로 간 사람들은 출당 조치하고 그렇지 않은 사람들은 처벌했다.

비판운동을 한바탕 벌인 후, 주덕해는 석동수 강위룡 등 '반당반국분자 비판운동'에 관한 보고를 중국공산당 길림성위원회에 제출했다. 길림성위에서는 이 보고를 높이 평가해서 당 중앙에 그대로 올려 보냈다. 그러나 당 중앙에서는 사뭇 다른 결론을 내렸다. 이는 우리 중국공산당 내부 일이지만 엄연한 역사의 한 부분이므로 나는 그 사실을 전하고자 한다.

당 중앙에 전달된 보고에 대해 주은래는 아무 의견을 붙이지 않고 그대로 모택동에게 전달했다. 모택동은 보고서를 읽은 후, 거기에 대한 피스批示, 즉 비준하는 지시를 내렸다. 조선족 간부들 가운데 이 피스 문건을 본 사람은 몇 사람 되지 않을 것이다. 당 중앙은 이 문건을 동북국에 보내고 각 성에는 보내지 않았다. 내용은 이렇다.

"중국과 조선이 형제당, 형제국가라고 하면서도 어떻게 조선에 갔다는 이유로 반당·반국분자라고 할 수 있는가? 조선 동지들이 조선에 간다고 하면 응당 환송해야 하고, 조선 동지들이 조선에 갔다가 돌아오면 환영해야 한다. 만일 주덕해 동지도 조선에 가고 싶으면 중앙에 제출하라. 그럼 중앙에서 연구해서 비준해 주겠다."

이것은 모택동이 주덕해의 처사를 비판한 것으로, 주은래의 생각과도 상통하는 내용이었다. 주은래는 구체적으로 다음과 같은 몇 개 조목의 지시를 써서 국무원 문건으로서 각 성에 내려 보냈다.

"조선 동지들이 곤란한 시기에 조선에 간 것을 절대 비판하거나 비방하지 말라. 조선에 갔다가 돌아온 사람은 그가 당원이라면 당적을 회복시키고, 간부였다면 원래의 간부 직위에 해당하는 사업을 안배해 주라. 농민이라면 땅과 집을 다시 제공하여 생활을 안착시키도록 하라."

주은래의 이 지시가 내려오기 전에는 조선에 도망갔다 돌아온 사람들이 아주 난처한 상황에 놓여 있었다. 조선으로 간 조선족들은 중국의 상황이 나아지자 원래의 터전을 찾아 다시 돌아왔던 것이다. 그런데 돌아온 간부들에게 다시 직책을 줄 리가 만무했고 오히려 비판하고 처벌받아야 한다고 몰아댔다. 흑룡강을 비롯한 동북 전 지역에서 그랬고, 연변에서는 그들 처지가 더욱 곤란했다.

그런데 주은래의 지시가 아래로 전달되자 각 성에서 그대로 따랐다. 당원 신분을 다시 회복시키고 직업을 안배해주니 이후에는 돌아오는 사람이 더욱 많아졌다. 원래 건너갔던 5만 명이 다 돌아왔을 뿐 아니라, 미혼자가 조선에 들어가 결혼하여 아이를 낳으면 그 가족들을 다 데리고 들어왔으니 사실상 들어온 인구가 더 많았던 것이다.

모택동이 문화대혁명은 잘못했지만 그 외에는 중요한 치적이 많다. 소수민족 문제를 처리하는 방식도 이처럼 관대했다. 이 역사를 내가 말하지 않으면 모택동의 이런 치적을 우리 조선족의 후세에 전할 수 없게 된다. 나는 모택동의 비준 문서를 보고 깊이 감동하여 눈물을 흘렸다. 그 문건은 주덕해에게 불리한 내용이므로 각 성에 내려 보내지는 않고 동북국에만 하달하였다. 나는 그 문건을 볼 수 있는 직책이 아니었지만, 나를 아주 아껴주었던 중공당 동북국 선전부장이 나에게 보여주었다. 그는 원래 흑룡강성 선전부장으로 나와 인연이 깊었다.

나는 이 일을 계기로 주덕해를 존경하지 않게 되었다. 조선에 갔다고 해서 같은 민족에게 반당·반국분자라는 오명을 덮어씌워 비난하고 대중운동까지 벌인 사람을 어떻게 좋게 이야기할 수 있는가? 그건 조선 사람을 조선과 분리시키는 운동이었다. 연변 사람들은 비판운동이 중앙 지시에 따라 벌어졌다고 생각했지만, 그들이 잘못 아는 것이다.

비판운동은 주덕해가 단독으로 진행했으며, 중앙에서는 이에 동의하지 않았다.

조선족들은 평시에도 조선을 같은 민족으로 인식했고, 정치적으로나 경제적으로 어려움에 처할 때면 조선을 피난처로 생각하곤 했다. 내가 북경을 방문할 때면 북경에서 당과 국가기관의 간부로 복무하는 제자들을 만나보곤 했는데, 그들은 내게 이런 이야기를 들려주었다.

"저는 조선 대사관 사람들과 종종 어울립니다. 조선 대사관에서는 우리더러 국수를 먹으러 오라고들 하며 친근하게 대해주었습니다. 그래서 우리는 대사관에 종종 놀러갔고, 조선 대사도 자주 만났습니다. 조선 대사관 사람들은 중국에 있는 조선 사람이 모두 조선 국민이라며 조선으로 들어가라고 은근히 권하는 눈치입니다. 그들은 조선족들 모두 원하기만 한다면 조선에 귀국할 수 있고 조선 공민이 될 수 있다고 했습니다."

하얼빈의 조선족들도 중국을 떠나 조선에 가고자 하는 사람들이 있었다. 특히 문화대혁명이 벌어져 스산한 정국 속에서 더욱 동요하는 사람들이 늘어났다. 당사연구소 소장의 운전수로 나를 잘 모시고 다녔던 채蔡 아무개는 과거 해방군에도 복무한 성품 좋은 사람이지만 정치적 격동 속에서는 동요되었다. 그는 문화대혁명이 벌어지자 북경의 조선 대사관을 찾아가서 조선에 가고 싶다고 말했는데 대사관에서 흔쾌히 받아들였다.

"조선에 가는 건 아무 문제없습니다. 조선 사람이 왜 조선을 못 가겠소? 조선에서는 조선족을 환영하니 당신은 아무 때나 조선에 갈 수 있습니다."

나는 조선족들이 동요하여 이런 이야기를 해 올 때면 잘 타일러서 무리한 행동을 하지 않도록 조언했다. 그때 한창 문화대혁명으로 난장판인 시절이니 함부로 행동하지 말고, 조선에 가야겠거든 문화대혁명이 끝난 후에 정식으로 수속해 가는 것이 좋겠다고 말해주었다.

"지금 다니고 있는 직장에서 정식으로 퇴직하고 조선 이주를 신청해서 조선에서 비자가 오면 그때에 가도록 하십시오. 그러면 중국에서 퇴직금도 지불해 주고 잘 정리해서 환송해 보내줄 것입니다."

나는 이렇게 설복했다. 나는 북경의 조선 대사관에서 오히려 중국 조선족의 처지를 어렵게 만든 측면이 있다고 본다. 조선족들에게 친근하고 형제적인 우호심을 지나치게 표현하여 중국 당국을 긴장시키고 조선족들을 오해하게 한 것이다. 그리하여 문화대혁명 시기에 조선족들 상당수가 아주 어려운 처지에 놓이게 되었다.

문화대혁명기 중국-조선관계 악화

1966년 중국에서 문화대혁명이 일어났다. 문화대혁명 기간에는 중조관계가 아주 나빠졌다. 조선은 중국의 문화대혁명을 초기에는 공개적으로 반대하지 않았으나 실제상에서 찬성하지도 않았다.

김일성은 중국의 문화대혁명이 옳지 못하다고 비판했다. "어떤 나라는 우경 기회주의, 수정주의 길로 나가고, 어떤 나라는 또 수정주의를 반대하면서 도리어 좌경 기회주의의 길로 나아가는 경향이 있다"라며 소련과 중국 모두를 비판했다.

중국 지도층에서는 조선이 문화대혁명을 지지하지 않았으므로 기분이 좋을 리 없었다. 뿐만 아니라 조선은 이 시기 '주체 노선'을 강조하면서 소련에도 중국에도 의존하지 않겠다는 의지를 표명하였는데 중국은 그것이 무엇을 의미하는지 의구심을 가졌다. 또한 문화대혁명의 주축인 림표나 강청 등은 조선이 수정주의임에 분명하다며 비판하였다. 이러한 가운데 중조관계는 급격히 악화되었다.

중국과 조선 사이에 격렬한 상호 비난이 오고갔다. 문화대혁명 패거리들이 김일성을 타도하자며 사방에 대자보를 붙이는 판이 되었다. 중국은 조선에 석탄과 양식을 정기적으로 지원하고 있었는데 그 지원품 수송 차량에 김일성을 모욕하는 표어를 붙여 조선으로 보냈다.

"수정주의 두목 김일성을 타도하자!"

이런 구호를 식량 수송 차량에 붙여서 조선으로 보내고, 석탄을 수송하는 열차에는 페인트로 표어를 써서 보내는 것이었다. 수송 차량과 열차는 단동을 통해 압록강을 건너 조선에 들어가는데, 조선측은 차량을 인수한 후 과격한 표어를 모두 지워 조선으로 들어갔다. 표어가 붙어있는 것들은 다 뜯어내고 흰 페인트로 쓴 구호 위에는 검댕이를 가져다 발랐다. 물자를 받고 나서 수송 열차를 중국에 돌려보낼 때 조선 사람들은 중국이 보낸 비난 표어를 그대로 맞받아쳤다. 문화대혁명을 반대하고 중국을 공격하는 삐라를 붙여 보내는 일도 더러 있었다. 그러면 중국의 탄광 광부들은 "우리가 애써 지원해주는데 그 고마움도 모르는 나쁜 조선 놈들!" 하고 분개하였다.

이런 일들이 반복되면서 중국과 조선 간의 반목은 더욱 고조되었다. 중국 주재 조선 대사 박세창은 본국으로 돌아갔고, 북경에는 임시 대리대사가 주재했다. 중국 내에서는 조선에 대한 지원을 끊어버리자고 주장하는 목소리도 높았다.

"석탄은 우리 중국 내 수요도 충족하지 못하는 마당에 조선에까지 무리해 보낼 필요가 있는가? 우리가 어렵게 지원해도 조선에서는 고마워하지도 않고 우리 문화대혁명을 지지해 주지도 않고 있다. 더 이상 중국이 공짜로 물자를 지원할 필요가 없다."

그러나 중국은 조선에 약속한 경제적 지원을 중단하지는 않았다. 주은래 총리는 무역부와 석탄국에 직접 지시를 내려 석탄과 식량 지원을 계속해 주도록 했다. 조선에 대한 경제적 지원을 반대하는 주장이 제기되어도 주은래 총리는 단호하게 대응했다.

"지원 중단은 절대 불가하다. 조선에 주는 지원품은 양식 한 량 석탄 한 톤 모자라도 안 된다. 질량을 반드시 보존하고 꼬박꼬박 보내야 한다."

주은래 총리는 조선에 물자를 보낼 때마다 군대를 파견해 물품들을 꼼꼼히 검수하고, 물품이 파괴되거나 모자라는 일이 없도록 신경쓰며 지원 약속을 충실하게 지켰다.

하얼빈에서도 당시 석탄이 빠듯한 시기였으나 조선에 지원하는 석탄만은 최고급 석탄인 코크스탄을 보냈다. 조선에 지원하느라 막상 하얼빈에서는 석탄이 부족해졌으므로 조선의 무연탄이라도 달라고 요구하여 조선에서 실어와 인민들에게 배급했다. 질 좋은 코크스탄을 조선에 제공하고 우리 인민들은 질 나쁜 무연탄을 사용해야 했으니 인민들 사이에 불만이 생겼다. 그러나 조선 지원 문제에 대해서는 주은래 총리가 워낙 단호했으므로 어쩔 수 없었다.

중국의 여러 지도자들 중에서도 주은래는 유독 조선과 유대가 깊었다. 주은래가

1958년 조선의 평양·함흥 등지에서 연설하며 김일성을 찬양하였고 김일성은 주은래를 국제 공산주의 운동의 영수로서 승인해 주었다. 1970년대 후반 조선 함흥에는 주은래 동상이 세워졌는데, 주은래의 부인인 등영초가 조선에 와서 동상 제막 행사에 참가하였다. 이는 조선에 있는 유일한 외국인 동상이다.

중국-조선 친선관계 재결속

문화대혁명의 시작과 함께 중조관계는 급격히 악화되었으나 이후 차츰 평화적인 관계를 되찾아갔다. 1967년 말 김일성이 먼저 중국공산당 중앙에 서한을 보내 중국과 조선 양당·양국 관계를 정상화하기 위한 회담을 제의했다. 모택동이 이에 동의하여 양국 대표 회담이 이루어졌다. 김일성이 최용건을 중국에 파견하여 최용건과 주은래의 회담이 성사되었다. 두 사람은 중조 양국 관계가 더 이상 악화되어서는 곤란하며, 양국이 화해하여 정상적인 형제당, 형제나라 관계를 복원해야 한다는 데 공감하였다.

1969년은 중화인민공화국 건립 20주년을 맞는 해였으므로 대대적인 경축 행사가 마련되었다. 중국은 당초 베트남 대표단만 초청하고 다른 외국 손님을 부르지 않았다. 주은래가 천안문 경축대회 준비 계획을 최종 점검하던 중 조선 대표단을 초청하지 않았다는 사실을 깨달았다. 행사 전날 저녁 8시였다. 주은래는 당장 외교부에 지시를 내려 조선 대표를 긴급 초청하라고 지시했다. 외교부는 즉시 전보를 보냈다.

중국 외교부가 저녁 9시에 전보를 발송하니 김일성은 밤 열시가 되어 중국 측의 초청 사실을 보고받았다. 김일성은 즉시 최용건을 불러 대책을 토론하고 중국으로부터 초청이 왔으니 반드시 참가해야 한다는 결론을 내렸다. 최용건은 서둘러 여장을 꾸려 밤 11시에 비행기를 타고 북경으로 떠났다. 주은래는 최용건이 도착할 때까지 자지 않고 기다리고 있다가, 밤 열한시 반에 최용건을 맞이해서 환영 연회까지 베풀었다고 한다. 짧지만 숨 가빴던 역사 속 한 장면이다.

이튿날 천안문에서 경축대회가 열렸다. 모택동과 주은래, 최용건이 천안문에 올랐다. 모택동이 가운데 서고 최용건과 주은래가 좌우로 섰다. 그들은 잠시 담화를 나누었다. 나는 당시 통역을 맡았던 동무를 후일 만나서 대화 내용을 전해들을 수 있었다. 최용건은 중국어를 할 수 있었지만 모택동이 중국 남방 후난성湖南省 출신이라 그의 말을 알아듣기 어려웠으므로 통역이 필요했던 것이다.

연로한 모택동은 느릿느릿 이야기했다.

"저……. 여기 사람들이 다들 조선이 수정주의가 되었다고 이야기들 하고 있소. 김일성 수상도 수정주의로 간다더라는 그런 말도 있는데……."

최용건은 모택동의 말을 귀 기울여 들으며 바짝 긴장했다.

'아, 이 영감이 정말 우리를 수정주의로 보는가?'

무슨 말을 하려나 숨죽여 기다리니 모택동이 대뜸 확신에 차서 못 박는 것이다.

"그따위 말은 난 믿지 않는다!"

두 나라 사이의 모든 긴장과 불화가 안개 걷히듯 사라지는 순간이었다. 경축대회의 중간 휴식시간이 되어 최용건과 모택동이 함께 앉아 담화를 나누었다. 모택동은 최용건에게 말했다.

"내가 보건대 조선 당에서 현재 취하는 방침이 옳다. 김일성의 방침이 옳고 정확하다. 중국과 조선, 우리 두 당과 두 나라는 친선관계를 잘 유지하고 발전시켜 나가야 한다."

최용건은 아주 기쁘고 안심이 되었다.

"그러면 내가 조선에 돌아가서 수상께 그 말씀을 정확하게 전달하겠습니다. 모택동 동지의 의견대로 그렇게 조중관계를 발전시키겠습니다. 그러기 위하여 모택동 동지의 명의로 우리 김일성 수상을 중국에 정식 초청하면 더 좋겠습니다. 그러면 보다 확연하게 우리 두 나라 친선이 강화될 것입니다."

모택동은 최용건의 제의를 흔쾌히 수락했다.

주은래는 건국 20주년 경축일이라는 계기를 활용하여 모택동으로 하여금 조선 측에 화해의 말을 하도록 주선한 셈이다. 주은래의 일관된 입장은 조선과 우호적으로 지내야 한다는 것이었으나, 문화대혁명 기간에는 모택동의 발언만이 절대 권위를 가졌으므로 모택동이 직접 조선과의 화해를 주장해야만 화해할 수 있었던 것이다. 이렇게 양국 간 화해 분위기가 조성되고 이듬해에는 주은래가 다시 조선을 방문하는 등 중조관계는 회복되어 갔다.

문화대혁명이 거의 끝나가던 1975년, 김일성이 중국을 방문했다. 김일성은 모택동을 만난 자리에서 중요한 발언을 했다.

"모 주석께서 문화대혁명을 발동한 것은 중국의 역사현실에서 정확한 방침이었습니다."

조중관계는 문화대혁명 초기 악화되었다가 회복되어 가고 있었지만 조선에서 중국의 문화대혁명이 옳다는 말을 한 적은 이때까지 없었다. 그런데 1975년 문화대혁명이 끝나가는 마당에 김일성이 중국을 방문하고 주은래와 모택동을 만나게 되니 할 수 없이 문화대혁명을 승인하는 발언을 한 것이다.

모택동은 자기 인생의 두 가지 업적으로 "하나는 장개석을 타도한 것이고, 두 번째는 문화대혁명을 한 것이다"라고 생각하는 사람이었다. 말하자면 모택동의 최대의 자존심이 문화대혁명이었던 것이다. 김일성은 이를 지지해주지 않을 수 없었다.

그러나 문화대혁명이 옳다는 것은 김일성의 본심이 아니라 중국과의 우호관계를 위한 정치적인 선택이었다. 다만 모택동 주석의 전 생애에 걸친 위업을 존중하고 위로하는 발언이기도 했다. 문화대혁명 10년 간 김일성이 이를 찬양하지 않다가 이때에 딱 한 번 찬양했다. 그리고는 바로 문화대혁명이 끝났고, 중국에서는 문화대혁명이 잘못되었다고 정리했다. 김일성이 끝까지 문화대혁명을 찬양하지 않았더라면 좋았을 것이다. 그러나 모택동 나이 81세에 김일성이 그를 만나서 그만 하지 말아야 하는 말을 하였다.

조중 간 새로운 친선

모택동 사후 중국에서는 문화대혁명을 정리하고 개혁개방 정책을 펴기 시작했다. 이후에 조중 간의 우호 친선관계는 긴밀하게 유지되었다. 중국의 영도체계가 바뀔 때마다 중국의 새 지도자는 제일 먼저 조선을 방문해서 김일성과 대면하고 인사를 나누었다.

모택동 사망 후에 제1인자로 당 중앙 총서기이자 국가주석을 지낸 인물이 화국봉이다. 화국봉은 주석으로 취임한 지 불과 며칠 후에 조선을 방문했다. 화국봉은 조선에 양해를 구해야 하는 문제가 있었다.

"이전까지 중국이 조선을 꾸준히 경제적으로 지원해 왔는데, 지금 중국 경제가 완전히 파탄되어 버렸습니다. 이전처럼 조선을 지원하기가 참으로 곤란해졌습니다. 지원을 중단하겠다는 것은 아니고, 지원량을 종전의 1/3로 줄이고자 하는데 양해해 주십시오."

화국봉이 김일성에게 직접 양해를 구하자 김일성은 쾌히 승낙했다.

"중국이 곤란하다는 것을 우리도 알고 있습니다. 1/3의 물자를 계속 지원해주는 것으로도 우리는 감사합니다."

화국봉은 덧붙여 말했다.

"우리가 이제부터는 경제발전에 주력하려고 합니다. 이대로 계획을 추진하면 경제가 속히 발전할 것입니다. 한 10년 지나면 중국은 안산鞍山 강철 같은 것을 열 개는 세울 것이고, 대경大慶과 같은 유전도 열 개나 만들 것입니다. 그렇게 우리 석유 생산량도 열 곱 되고 강철 생산도 열 곱 되는 발전을 이룬다면 과거 주 총리 시절에 지원하던 것보다 곱절로 조선을 지원하겠습니다."

김일성은 "우리도 중국이 발전해서 그렇게 되길 바랍니다" 하고 답변했다.

화국봉 이후에도 국가주석이 되는 인물은 반드시 조선을 제일 우선하는 모습을 보였다. 조자양도 총서기가 된 후에 조선을 방문했다. 호요방은 총서기직에 오르기 전 등소평이 직접 호요방을 데리고 조선을 방문했다. "앞으로 당 총서기는 이 호요방 동무가 하게 되었습니다" 하고 조선에 호요방을 소개했다.

모택동이 사망한 이후 중국의 정치 지도자들은 김일성을 어른으로 모셨다. 등소평이 김일성보다 나이가 많고 경력도 높았으나, 등소평은 김일성이 조선의 오랜 지도자라는 점을 배려하여 늘 손위 사람 모시듯 깍듯이 대접했다. 등소평이 자신의 개혁개방 문제를 설명하고 논의하기 위해 김일성과 회담할 일이 있을 때면 김일성을 심양으로 초대하여 만났다. 북경까지의 먼 길을 부르기가 미안하니 조선과 비교적 가까운 심양으로 초대한 것이다. 등소평 자신이 먼저 심양에 와서는 "내가 심양에 왔습니다. 김일성 동지 심양에 오십시오. 함께 이야기할 일이 있습니다." 이렇게 초청해서 의견을 교환하곤 했다.

이처럼 중국에서 처리하는 모든 일들, 외교관계를 비롯하여 중요한 문제들을 모두 김일성과 사전에 의견 교환하고 처리했다. 중국의 지도자들이 이렇게 성의를 보이니 김일성으로서는 중국이 하는 일을 반대할 이유가 없었다.

6. 중국의 개혁개방과 중한관계를 둘러싼 갈등

개혁개방 후 중국의 대북원조 변화

중국의 개혁개방 후에도 조중관계는 여전히 우호적이었다. 호요방 시기에 중조관계가 제일 좋았는데, 호요방은 특히 김일성을 아주 존중하는 지도자였다.

1987년 조자양趙紫陽이 당 총서기에 오르자 조중관계가 미묘하게 변화하게 된 일이 생겼다. 이전까지 조선에 대한 물자 지원, 특히 군사 지원은 완전 무상으로 진행되어 왔으며 중국은 조선을 원조하는 데 대한 아무런 대가도 받지 않았다. 각 단위에서 조선에 물자를 보내면 중앙재정부에서 그 대가를 해당 단위에 지급해 주었다. 그런데 중국은 개혁개방 정책의 일환으로 각 단위의 경영 방식을 모두 독립채산제로 바꾸고 독립경영을 하게 하였다. 이때부터는 조선에 대한 지원 비용도 더 이상 중앙정부 재정에서 충당해주지 않고 자체적으로 책임지도록 하였다. 그러니 조선에 물자를 지원해 오던 각 단위에서는 중앙정부에게 항의하고 말을 듣지 않았다.

"과거에는 재정부에서 비용을 대 주었으므로 조선에 물자를 계속 보냈던 것입니다. 이제 재정부가 돈을 주지 않으면서 우리 자체 비용으로 조선에 지원하라고 하니 그만큼 손해 보는 비용을 어떻게 메꿀 것입니까? 공장을 어떻게 운영하며 노동자들은 뭘 먹고 살아갑니까?"

아래에서 자꾸 이렇게 항의가 올라왔다. 우리 흑룡강성에도 조선에 양식을 지원하라는 중앙 지시가 내려왔는데, 흑룡강성에서는 중앙재정부에서 돈을 안 주는 이상 성에서 책임지고 할 수 있는 일이 아니라며 거부했다. 조자양 총리 때에 이런 문제가 자꾸 생기니 중앙에서는 방안을 마련했다. 무상 지원을 유상 지원으로 전환한 것이다.

전통적으로 조선과의 무역은 '지장마오이'記帳貿易라 해서 장부에 기록하는 방식이었다. 1년간 진행되는 무역을 장부에 차례로 기재해서 연말에 총결산하면서 어떤 것은 무상이고 어떤 것은 대금을 지불받는 것인지 체크하고 이듬해 계획을 마련하였다. 조선에서 대금조로 중국에 보내는 물자는 주로 해산물, 과일 따위였다. 중국에서는 무역 계획에 정확히 일치하게 다 제공해 주는데, 조선에서의 대금 지불은 종종 어긋나는 일이 생겼다. 조선에서 "금년 농사를 망쳐서 과일 수확량이 적다"고 하거나 "올해는 어찌된 일인지 고기가 잡히지 않아서 줄 수가 없다"고 하면 못 받는 것이다. 이런 일이 흔했지만 중국이 대국이니 양해하고 더 따져 묻지 않았다.

중국의 사회경제체제 변화에 따라 이런 손해를 계속 감수하기 어려워졌다. 게다가 지방 자체적으로 조선에 물자 지원을 해낼 수 없다 하니 새로운 방안을 마련해야 했다.

"그럼 이제부터는 조선에 대한 군사장비 지원에 대하여 대금을 받도록 하자. 다만 이윤은 하나도 받지 말고 원가만 받도록 한다. 공장에서 제작에 소요된 원가를 계산하여 결산명세표를 조선에 보내라. 이윤 하나도 보태지 않은 원가가 이거니까 이만큼은 보상해줘야 한다는 명세표를 보내면 조선에서 지불해 줄 것이다."

조자양은 나름대로 합리적인 결정을 내렸다고 생각했다. 그러나 결산명세표를 받은 조선 무역부 당국자들은 당황했다. 물자를 공짜로 주다가 이제부터는 돈을 내라고 하니 어찌할 바를 몰랐다. 김일성에게 보고하고 장부를 바치니 김일성은 대수롭지 않게 대응했다.

"중국의 새로운 일꾼들이 아직 일을 잘 모르는 모양이군. 그저 아무 말 하지 말고 봉투에 넣어 되부쳐 주어라."

명세서가 반송되어 돌아오니 중국 무역부에서 조자양에게 이 사실을 보고했다. 조자양은 하는 수 없이 재정부에 지시해 생산 단위에 대금을 지급해주도록 했다. 이처럼 조자양 시대까지는 다소 균열이 감지되긴 했지만 전반적으로는 중조 우의에 기초한 사회주의 교역관계가 유지되었다.

그런데 조자양이 내려오고 강택민과 리붕이 올라간 뒤부터는 관계가 확연히 달라졌다. 중국 정부는 결산명세 장부를 조선에 다시 보내가 시작했다. 게다가 대금을 반드시 지불하라고 공개적으로 요구했다. 이 문제를 처리하기 위하여 중국과 조선 사이에 무역대표단 회담이 열렸다. 회담에서 중국 대표가 조선 측에 한 말이 두고두고 양국 간 불화의 빌미가 되었다.

"세상 어디에 영원한 벗이 있고 영원한 형제가 있는가? 이 세상에는 영원한 적도 없고 영원한 벗도 없다. 있는 것은 다만 이익일 뿐이다. 자기 이익을 차리는 것이 세상살이의 원칙이다. 우리 총서기가 그렇게 말했다. 그러니 이제는 형제 나라라는 이유로 무상 원조해 주리라는 생각은 하지 말라. 그리고 현금으로 딱딱 거래할 것이다. 달러를 가져오면 석탄도 석유도 쌀도 있다. 그러나 달러를 가져오지 않으면 우리는 석탄도 석유도 양식도 못 준다."

중국 대표단은 이렇게 내부쳤다. 중국이 경제난을 극복하고 개혁개방에 나서며 새로운 체제로 전환하니 조선에 무상 원조하는 관례도 변화시킬 수밖에 없었을 것이다. 그런데 강택민의 이름을 대고 '영원한 벗도 형제도 없다'는 말까지 붙여가며 몰아치니 조선으로서는 대단한 모욕을 당한 셈이었다.

중한수교와 중조관계의 경색

조선에서는 김일성의 생일을 국가 명절로 정하고 경축했다. 특히 70세 탄신과 80세 탄신에는 대대적인 경축행사를 열었다. 사회주의 국가들의 일반적인 관례이다. 반면 중국은 지도자의 생일을 기념하지 않는 전통이 있다. 중화인민공화국 건국 전에 열린 중공 제7기 2중전회 때 모택동의 제의로 중공 중앙위원들이 생일을 축하하지 않을 것, 지도자의 이름으로 지명이나 거리 이름, 공원 이름을 명명하지 않을 것, 죽은 후 모두 화장하며 묘역이나 비석을 세우지 않을 것 등을 일치하게 약속하였다. 그래서 모택동의 70세 생일, 80세 생일에도 아무런 축하행사가 없었다. 하지만 외국에서 자기나라 지도자의 생일을 축하할 때면 중국은 적당한 축하를 표시하였다. 스탈린의 70세 생일에 모택동이 직접 중국 당과 정부 대표단을 이끌고 모스크바에 가서 기념행사에 참가하였다. 베트남 호지명 주석 70세 생일과 조선 김일성 주석의 70세 생일 때에도 열렬한 축하전문을 보냈다.

1992년 4월 15일은 김일성 주석의 80세 탄신일이었다. 조선에서는 큰 경축행사를 진행하였다. 중국에서는 국가주석 양상곤을 단장으로 하는 대표단이 많은 선물을 가지고 평양을 방문하여 축하하였다. 축하행사가 끝난 후 두 나라 정상이 회담을 가졌는데 중국 측은 양상곤·전기침錢其琛, 조선 측에서는 김일성·김정일·김영남이 참석하였다. 두 나라 최고위 회담이었다.

회담의 중심 의제는 중한수교 문제였다. 먼저 양상곤이 김일성에게 중한수교의 불가피함을 김일성에게 설명하였다.

"이제 중국은 한국과의 수교를 더 미룰 수 없습니다. 우리는 오랜 숙고 끝에 이런 결론을 내리게 되었습니다. 이미 소련도 한국과 수교했고 동유럽 사회주의 국가들도 한국과 수교하였습니다.* 한국에서 우호적으로 중국에 수교를 제의하는데 우리가 반대할 정당한 이유가 없습니다. 만약 우리가 반대한다면 우리의 평화적 대외정책에 손상이 생기며 조선반도 문제에 있어서 우리의 발언권도 위축될 것입니다. 그리고 우리가 중조 친선관계를 계속 발전시키면서 한국과도 우호적으로 지낸다면 조선 남북관계 개선에도 유리한 작용을 할 수 있지 않겠습니까?"

김일성은 양상곤의 말을 듣기만 하고 아무런 태도도 표시하지 않았다. 그런데 김정일이 화를 내면서 맞섰다.

"소련과 동유럽 국가들이 남조선과 수교한 것은 그들이 사회주의를 버리고 변질되어 그런 것 아니오? 미국과 일본이 조선을 승인하기 전에는 중국이 남조선과 수교하지 않을 것이라고 약속했고 우리는 당신들의 약속을 믿고 있었소. 그러면 중국도 소련과 동유럽 국가를 따라간다는 것 아닙니까? 우리가 어떻게 동의한단 말입니까?"

....
* 한국은 1989년 3월 헝가리와의 수교를 시작으로 11월 폴란드, 12월 유고슬라비아 1990년 3월 체코슬로바키아 · 몽골 · 루마니아, 1990년 9월 소련과 수교하였다.

김정일이 큰 소리로 이렇게 말하자 회담 분위기는 싸늘해졌다. 원래 양상곤은 한 30분간 이야기를 나눌 예정이었으나 더 이상 말할 상황이 아니었다. 양상곤은 중국 측의 뜻을 더 이상 전달하지 못했다.

양상곤이 귀국한 후 등소평도 중한수교에 대해 조선 측에서 불만이 있다는 것을 알게 되었다. 등소평은 조선 측을 설득하는 데는 설명과 시간이 필요하다고 생각했다.

"중국이 조선과 한국에 대해 교차승인을 제기했을 때도 김 주석은 반대했고 또 남북이 유엔에 동시 가입하는 것도 반대했는데 교차승인도 아니고 중국이 남조선을 먼저 단독 승인한다고 하니 어떻게 선뜻 동의하겠는가. 시간을 두고 바른 도리로 잘 설명하면 이해해 줄 것이다. 김일성 주석이 중한수교는 2~3년 후에 하면 좋겠다고 했으니 절대 반대하는 것은 아니고 시간 문제인 것이다. 그런데 작금의 형세로 보아 중한수교를 미룰 수는 없으니 조선 측에 대한 설득과 중한수교를 지체 없이 동시에 추진하도록 하라."

등소평의 지시로 이 일은 강택민이 맡게 되었다. 이미 1991년 김일성이 내부적으로 중국을 방문했을 때 등소평은 강택민과 함께 김 주석을 만났다. 이 때에 등소평은 금후 중조 간의 중요한 문제는 강택민 총서기가 직접 처리할 것이며 자신은 참여하지 않을 것이라고 이미 언명한 일이 있었다. 그러니 중대한 문제에 있어서 김일성의 동의를 얻는 임무는 강택민에게 주어진 셈이다.

강택민은 중한수교 문제에 대하여 김일성의 양해와 지지를 얻기 위하여 김일성에게 서한을 보냈다. 중공 중앙 정치국 회의의 토론 결정에 의하여 한국과의 수교는 더 이상 미룰 수 없는 일임을 설명하고 김 주석의 양해를 구하는 내용이었다. 강택민은 이 편지를 외교부장 첸치천錢其琛에게 주어 김일성에게 직접 전달하고 중국의 입장을 간곡히 이야기하여 양해를 구하도록 지시했다. 첸치천은 김일성과 안면이 있고 이 문제를 가장 명석하게 처리할 수 있는 사람이었다.

1992년 7월 중순 첸치천은 강택민의 편지를 가지고 평양을 방문하였다. 관례대로라면 중국 외교부 부장이 조선을 방문할 때에는 열렬한 환영을 받는다. 꽃다발을 든 군중들이 맞이하여 차에 올라 고급 호텔로 모셔지는 것이다. 하지만 그날 첸치천이 평양공항에 내렸을 때에는 아무도 마중 나온 사람이 없었다. 비행기에서 내려 쓸쓸히 입국장으로 걸어 들어오니 비행장 귀빈실 문 앞에 김영남이 서 있는 것이 보였다. 김영남이 무뚝뚝하게 서 있기만 하여 첸치천이 먼저 다가가 인사하고 용건을 말했다.

"강택민 동지의 친서를 김일성 주석에게 전달하러 왔습니다."

"알고 있습니다. 그런데 김 주석께서 지금 평양에 안 계십니다. 편지를 꼭 전달하셔야 한다면 저쪽으로 가서 직승기_{헬리콥터}를 타고 가야 합니다."

헬리콥터를 타고 한 시간 쯤 되어 도착한 곳은 김일성의 묘향산 별장이었다. 첸치천은 김일성 주석을 만나 강택민과 중국 지도자들의 안부를 전하고 강택민의 친서를 전달했다. 김 주석이 편지를 찬찬히 읽는 앞에서 첸 부장은 묵묵히 기다렸다. 편지를 다 읽은 후에 추가 설명을 하고자 했던 것이다. 김 주석이 말했다.

"편지 잘 봤습니다. 당신네 당 중앙 정치국에서 만장일치로 결정한 일이라면서 나에게 무슨 의견을 묻습니까? 내가 당신네 당의 일에 간섭하는 사람인가요? 나는 편지를 잘 보았고 당신네 당의 결정에 대해 아무런 의견도 없으니 돌아가서 그렇게 전하시오."

면담은 이렇게 끝났다. 냉담하고 단호한 분위기였다. 옆에 있던 김영남이 일어나 이만 떠나자고 재촉하니 첸치천이 더 설명할 여지가 전혀 없었다. 곧바로 헬리콥터에 올라 평양으로 향했다. 평양에서 김영남과 간단하게 점심을 먹은 첸치천은 곧장 북경행 비행기에 올랐다. 조선을 방문한 중국 역대 외교부장 중 제일 푸대접을 받은 이가 바로 첸치천이었다.

그 후 중국과 조선의 외교관계는 거의 단절되다시피 되었다. 양국 당과 정부 고위급 대표단의 방문 교류는 끊어졌다. 1992년 7월부터 1994년 5월까지 조선 고위급 대표단의 중국 방문은 한 번도 없었다. 조선전쟁 승리 40주년 경축대회가 열린 1993년 7월 중국 국가 부주석 호금도를 단장으로 하는 대표단이 조선을 방문한 것 외에 중국 측의 조선 방문도 없었다.

중국 리봉 총리가 한국을 방문하게 되었을 때 관례대로 한다면 한국 방문 전에 반드시 조선을 방문해야 하는 것이지만 이 관례도 역시 깨졌다. 중국이 조선 측에 방문 시일을 타진하였으나 조선 측에서는 "지금 우리 자신의 일도 챙기기 어려우므로 외국 귀빈을 모실 겨를이 없다"고 거절했다. 중국으로서는 중한 국교 수립과 동시에 중조 우호관계도 지켜나가기 위하여 다시 한 번 양국 간 고위급 접촉을 타진하였다.

"그렇다면 조선에서 어느 지도자든 중국을 방문하길 바란다. 김일성 주석은 연로하니 김정일 동지나 김영남 동지가 와 달라. 그들이 아니라도 누구라도 방문하면 중국은 열렬히 환영할 것이며 함께 의견교환을 하려 한다."

그러나 이 제안 역시 조선은 거절하였다. 과거 중국과 조선은 해마다 크고 작은 대표단을 수시로 교환하였고 1년에 2~3차례 고위급 대표단이 상호 방문하면서 형제당, 형제국가로서의 친분관계를 돈독히 해 왔다. 하지만 중한수교 후 중조관계는 경색되어 2년간이나 내왕이 끊어졌으니 이는 단순한 외교상 갈등을 넘어서는 비상사태였다. 새로운 대책이 필요했다.

7. 양국 간 우호 회복의 길에서 나의 역할

중국공산당 중앙 지시로 조선 방문

중조관계가 이렇게 악화되는 것은 중국이 바라는 바가 아니었다. 당 중앙에서는 조선과의 경색된 관계를 타개할 방법을 강구하던 차 중국과 조선 사이에 다리를 놓을 수 있는 인물을 물색했다. 중국공산당 간부 가운데 조선과 내왕이 있고 자유롭게 대화를 나눌 수 있는 인사를 찾은 결과 내가 지목되었다. 나는 김일성 주석의 접견을 받은 적이 있고 또 조선을 여러 번 내왕하면서 조선 동지들과 일정한 친분이 있으며, 당에서 여러 면으로 나를 심사한 결과 신임할 수 있는 간부라고 보았기 때문이었다.

나의 정황이 강택민에게 보고되자 강택민은 나에게 맡길 임무에 대하여 상세한 지시를 내렸다.

"김우종 동무에게 조선을 한번 가보도록 하라. 그러나 중조관계를 회복해야 한다는 대의에 앞서서 무리하거나 성급한 행동을 하는 것은 삼가야 한다. 그저 조선에 가서 조선 동지들과 자유로이 의견 교환을 하면서 조선의 입장이 어떤 것인지 좀 듣고 오면 좋겠다. 조선이 무엇 때문에 중국과의 내왕을 이처럼 단절하고 있는가, 우리에 대한 불만이 어떤 것인가, 어떤 요구가 있는가 하는 것들을 알아 오라는 것이다. 절대 조선 동지들과 쟁론하지 말고 많이 듣고 보고 오도록 하라. 그리고 우리의 입장을 전달하도록 하라. 우리 당 중앙이 조선 문제를 매우 중대시하며 조선과의 친선을 중요하게 생각하고 있다는 점, 양국 친선을 계승하고 호상 호혜 단결하며 공동 발전하기를 바란다는 우리 입장이 조선로동당 중앙의 김일성·김정일 동지에게 전달되도록 하라. 조선 측의 이야기를 듣고 우리의 진심 어린 성의를 전할 수 있다면 그저 그것으로서 김우종 동무의 조선 방문은 성공인 것이다.”

당 조직에서는 강택민의 지시를 나에게 전달하고 내가 조선을 방문할 수 있도록 각 방면으로 도와주었다. 나는 적잖이 당황했다. 이런 큰 일은 중앙 지도층에서나 할 일이지 나와 같은 일반 간부가 할 수 있는가! 중조관계에 대하여 나 역시 큰 관심을 갖고 있었으나 이런 일은 자신이 없어 선뜻 승낙할 수가 없었다. 조직에서는 계속 나를 설득했다.

“지금 중조관계가 극도로 악화되어 양국 간에는 상호 내왕이 완전히 끊어졌습니다. 동무처럼 조선과 친분관계가 있는 동지들이 나서서 힘쓰지 않으면 더욱 소원해질 것이 아닙니까? 우선 조선에서 동무를 초청할 수 있는지 한번 연락해보십시오.”

조선이 나를 초청하도록 하는 것은 전혀 어려운 일이 아니었다. 3년 전 조선을 방문했을 때 조선 동지들은 나에게 ‘언제든지 환영이니 수시로 방문해 달라’고 말했던 것이다. 내가 조선 방문은 문제없다고 말하니 당에서는 반색하며 속히 일을 진행해 달라고 나를 독려했다. 나는 심양총영사관에 조선 방문을 신청했고 며칠 뒤 조선로동당 역사연구소 초청으로 1개월 간 조선을 방문할 수 있는 초청장이 도착하였다. 당 조직에서는 출발을 앞둔 나에게 다시금 당부하였다.

“강택민 동지의 지시대로 당조직은 아무런 구체적인 임무 지시를 내리지 않겠습니다. 어떻게든 조선 동지들과 잘 접촉하여 우리 당의 성의를 전달하고 경색된 관계를 타개하는데 도움이 되도록 하면 좋겠습니다. 김 동지는 당의 중요한 간부이고 중조관계를 누구보다 잘 이해하는 분입니다. 학자로서, 조선족 간부로서 관심 가는 문제에 대해 허심탄회하게 조선 동지들과 대화하시오. 조선 동지들의 의견과 불만을 많이 듣고 오십시오. 우리 당 중앙의 관심과 성의에 대해서는 기회를 보아 적당히 설명하십시오.”

당 중앙이 조선과의 관계 개선에 진정 어린 의지를 가지고 있음을 알 수 있었다.

나는 김일성 주석의 생일 직후인 1994년 4월 20일 평양에 들어갔다. 중앙에서 높은 기대를 가지고 나를 보낸 만큼 나는 내가 할 수 있는 모든 노력을 바쳐 중조 친선의 전기를 마련해 보리라 결심했다. 그러기 위해서는 조선 동지들과 진지한 대화를 나누고 우리 당의 뜻을 잘 전하여 김일성과 김정일에게까지 보고가 들어가도록 만들어야 했다.

조선에 가서 누구와 만나는 것이 적절할지 생각하던 중 1983년 9월에 조선에 가서 김일성의 접견을 받을 때 동석했던 현준극이 떠올랐다. 그는 당시 조선로동당 중앙위원회 국제부장이었다. 중국 관계 문제에 있어서 김일성의 신임을 받는 간부였고 중국에서는 우호적인 조선 동지로 잘 알려진 사람이다. 현준극은 문화대혁명 시기에 주중 대사로 지내면서 중조 친선관계의 발전을 위해 많은 일을 했다. 내가 그분과 그리 익숙하지는 못하지만 중조관계 문제에 대하여 이야기하면 쉽게 공통점을 찾을 수 있으리라 믿었다. 현준극 외에도 나는 조선로동당 역사연구소 소장·부소장들과 친숙한 사이였고 그분들에게 말해도 조선로동당 중앙에까지 나의 말을 전달할 수는 있을 것이었다. 그러나 이번 방문에서는 정치 문제와 두 당의 관계 문제에 대해 이야기해야 하기에 나는 가능하면 국제관계 중요 간부인 현준극을 만나고자 했다.

이번 방문에서는 당역사연구소에서 나를 접대하고 안내를 맡아 주었다. 현두혁 부소장은 내가 어떤 중대한 역사 문제를 토의하러 온 것인지 궁금해 하며 소장과 만나기 전에 먼저 주제를 말해 달라고 했다. 나는 부소장에게 이번 방문이 역사 문제를 토론하기 위함이 아니라 중조관계 문제에 대하여 토론하고자 온 것이니 국제부장인 현준극 동지를 만나게 해 달라고 요청했다. 부소장이 해당 관계 부문에 연락해보니 현준극은 국제부장을 그만두고 로동신문사 주필로 자리를 옮겼다고 했다. 나는 로동신문사 주필이라도 상관없으니 현준극을 만나게 해달라고 했다. 부소장이 다시 타진해 보고 돌아와 나에게 이야기했다.

"현준극 주필이 지금은 외지에 나가서 평양에 안 계시다고 합니다. 그냥 우리 역사연구소 소장 동지와 이야기 하시지요. 조중 당관계의 중대한 문제라도 이야기 나눌 수 있습니다. 중앙에 보고할 일이면 다 보고해 올립니다."

나는 부소장에게 나의 용건을 말해 주었다. 중조 양당 관계에 관한 중요한 문제를 토론하려고 하니 내가 하는 말이 좋은 말이건 나쁜 말이건 사실 그대로 당 중앙과 김일성 김정일에게 보고되게 해달라고 다짐을 받은 후 그들과 담화하기로 동의하였다.

조선로동당 중요 간부와의 대화

나는 강석숭 소장, 현두혁 부소장과 회의실에 마주앉았다. 다른 사람은 아무도 배석하지 않았고 단 세 사람뿐인 회견이었다. 중앙에서는 나를 조선에 보내면서 구체적인 토론 지침 같은 것은 내려주지 않았으므로 전적으로 나의 판단으로 이야기했다.

"중조관계가 지금 이렇게 경색되어서 1년 반이 넘게 서로 내왕이 없으니 이것이 정상적인 상황이 아니라는 것을 조선 동지들도 잘 알고 있지 않습니까? 중국공산당 중앙에서는 이런 정황을 우려하고 있으며 조선 동지들의 의견을 알고 싶어 합니다. 내가 여기에 온 건 그 이유 때문입니다. 조선 동지들이 이렇게 내왕을 끊는 것이 대체 무엇 때문입니까? 중국 측이 어떤 잘못이 있어 그러는지 알려주어야 하지 않겠습니까? 나는 중조관계에 큰 관심을 갖고 있는 조선족 간부로서 조선 동지들의 의견을 듣고 우리 당 중앙에 그에 대한 권고를 올리려는 생각에서 왔습니다. 중공 중앙에서는 조선과의 친선관계를 중시하며 관계개선을 위하여 노력하려고 합니다."

소장은 내가 이 같은 큰 문제를 이야기할 줄은 미처 생각지 못했던 모양이었다. 그는 바짝 당겨 앉으며 말했다.

"중조관계가 나빠져 가고 있다는 데 대해서는 우리도 알고 있으며 걱정하고 있습니다. 우리가 듣건대 중조 관계가 나빠진 것이 다만 실리에서 손해를 보기 때문만은 아닙니다. 지난번 조중 무역 대표단 회담 때에 중국 대표단 단장이 '중국에서 개혁개방 후 체제가 변하였기에 이제부터는 조선에 더 이상 무상지원 할 수 없다'고 언명한 것이 우리에게 타격이 되긴 했습니다. 그러나 우리가 더욱 충격을 받은 것은 중국 측의 언사 때문이었습니다.

중국 대표는 강택민의 담화까지 인용하면서 '세상에 영원한 벗도 동지도 없다. 영원한 것은 오직 자국의 이익을 지키는 것이다'라고 하지 않았습니까? 그래서 곰곰이 돌아보니 현재 중국의 지도층인 강택민과 리붕은 모택동 주은래와 비교할 수도 없거니와 호요방과 조자양 때와도 비교할 수 없을 만큼 조선과 멀어져 가고 있습니다. 중국은 조선을 지원할 생각이 없으며 오히려 친미, 친남조선 정책을 펴고 있다고 의심하지 않을 수 없습니다.

우리 조선당과 정부는 중국이 개혁개방 정책을 펼치며 경제발전을 이루고 있는 데 대하여 지지합니다. 중국이 남조선과 경제교류하는 것도 지지합니다. 다만 우리 수령 님께서 남조선과의 수교 문제만은 2~3년만 참아달라고 요구하였는데 중국이 서둘러서 남조선과 외교관계를 맺은 것입니다. 이제 중국은 남조선과의 친선관계를 정치·경제· 문화·군사 방면까지 전면적으로 발전시키고 있으며 우리에게는 관심이 없어 보입니다. 이런 형편에서 우리가 예전처럼 열렬한 태도로 중국을 대할 수 있겠습니까?

최근 미국과 남조선은 우리나라 주변에서 대대적인 군사훈련을 벌이며 우리를 위협 하고 전쟁 도발에 광분하고 있습니다. 그러나 중국 정부는 이전과 달리 아무런 항의와 성명도 발표해 주지 않습니다. 이런 시기에 우리가 중국을 방문한들 무슨 좋은 일이 있 겠습니까? 우리는 자체의 힘으로 사회주의를 고수하는 길로 가야지요.

우리는 확실히 큰 어려움에 처해 있습니다. 그전에는 우리에게 필요한 무기를 모두 소련과 중국에서 무상으로 제공해주었습니다. 지금은 우리 자체로 만들어야 하니 국방 비용이 몇 배 증가하여 인민생활은 어려운 형편입니다. 그러나 우리 인민들은 우리 당 의 주체 노선을 옹호하고 지지하고 있습니다. 중국과의 관계 문제에서 인민들 사이에 다른 의견도 있습니다만 당에서는 중조관계는 특수한 전우의 관계이며 중국과의 친선 은 꼭 지켜나가야 한다고 인민을 교육하고 있습니다. 우리도 조중 친선은 회복되리라 믿고 있습니다. 김 소장 동지도 각 방면으로 노력해 주십시오."

소장의 설명을 듣고 보니 조선에서는 강택민·리붕 등 중국 영도층을 불신하여 중공 당의 정책을 크게 오해하고 있었다. 이 점에 대해 어떻게 설명해야 할지 신중히 생각해 보니 1983년 9월 김일성 주석을 만났을 때 조선의 후계자와 후대 양성에 관한 이야기 를 들었던 것이 떠올랐다. 조선 측 세대교체 사례를 들어 중국 측 사정을 설명하면 강 택민과 리붕의 행동을 이해시킬 수 있을 듯 싶었다. 나는 중국의 입장을 차근차근 설명 해 나갔다.

"조선에서는 후계자 문제를 매우 신중하게 잘 해결하였는데 중국에서는 이 문제에 있어서 곡절이 좀 있었습니다. 그러나 이번에는 등소평 동지의 영도 하에 잘 해결되어 가고 있지요. 조선에서 김일성 동지의 후계자를 김정일로 결정할 때에도 어떤 과정이 있지 않았습니까?"

나는 조선로동당이 후계를 양성한 역사를 쭉 짚어가며 이야기를 풀어나갔다. 김일성은 일찍이 혁명 승리는 우리 세대에서 완성할 수 없으니 꼭 후계자를 잘 배양해야 한다고 말하였고 만경대유가족학원을 설립·경영하여 혁명열사 후대들을 혁명사상으로 교육시켰다. 조선 지도자들은 그들에게 큰 신임과 기대를 걸어 전쟁 때도 그들을 가까이 두고 잘 보살피며 단련시켰다. 전쟁 후에는 소련과 기타 사회주의 국가에 유학을 시켰고, 유학에서 돌아온 뒤에는 기층에 내려 보내 경험을 쌓도록 안배했다. 그렇게 배양한 혁명투사 후예들 가운데서 영민한 젊은이들을 찾아 뽑아 올리는 사업을 계속 진행하면서 후계 집단을 만들어나간 것이다.

후계 집단에서 김정일보다 먼저 주목받고 발탁되었던 사람들로 김국태·김환·오극렬 등이 있었다. 김국태는 당 중앙조직부 부부장, 김환은 부총리, 오극렬은 인민군 총참모장까지 올랐으니 모두 김정일보다 앞서 중요 위치에서 사업한 혁명후예들이었다. 그런데 이들 가운데는 높은 자리에 올라가니 세도를 부리며 노투사들을 존중하지 않는 사람도 있어 노투사들이 거세게 비난했다.

노투사들 중에는 김정일을 추대하는 사람들이 적지 않았다. 당 중앙위원회 회의에서 신진 간부를 선발하는 문제를 토론할 때 명단 속에 김정일이 빠져 있으면 많은 항일투사들이 김정일을 올리라는 의견을 제출했다. 그런데 김일성이 반대했으므로 김일·오진우·최용건 등 항일투사들은 김일성 앞에 나서서 따져 물었다.

"이제까지 우리가 수령님을 모시고 심부름하고 뛰어다니기를 수십 년간이나 해 왔지만 이제는 모두 늙어서 그렇게 뛰어다니지 못하겠습니다. 이제는 우리가 맡았던 중요한 자리에 젊은이들을 올려야 하겠습니다. 벌써 여러 명을 책임적인 지위에 올려놓지 않았습니까? 우리 보기에는 김정일이 가장 적임자로 보이는데 수령님은 왜 반대하십니까?"

노투사들의 간곡한 청원에 김일성도 김정일을 당 중앙의 부문 책임자로 정하는 데 동의했다고 한다. 그 후 김정일은 사업작풍과 추진력으로 김일성의 신임을 받게 되었으며 김일성은 김정일에 대하여 높이 평가해 주고 전폭적으로 지지해 주었다.

이런 사실은 내가 김일성 주석을 만났을 때 직접 들은 이야기로, 김일성 주석은 원칙적으로만 짧게 이야기하였으나 나중에 조선로동당의 중요 간부들과 접촉할 때 상세한 내막을 듣고 알게 된 것이다.

나는 이어서 중국의 상황을 설명하였다.

"강택민과 리붕도 혁명열사의 후예이며 일찍부터 당의 영도 하에 혁명투쟁 중에서 단련되었고 또 소련 유학을 하고 돌아온 후 공장·기업에 파견되어 실제 사업에서 단련된 믿을 수 있는 간부입니다. 그들은 둘 다 조선에서 후계를 발탁할 때와 같은 방식으로 선발된 우수하고 혁명사상이 높은 간부입니다. 또한 조선에 대해 큰 관심을 갖고 있다는 점에서 이전 지도자와 다를 바가 없습니다. 강택민 주석이 '영원한 벗도 영원한 적도 없으며 영원한 것은 이익 뿐'이라고 말했다는 것은 나도 들었습니다. 그러나 이 발언은 조선이나 형제당, 형제나라를 두고 한 말이 절대 아닙니다.

경위는 이렇습니다. 강택민이 미국에 대하여 이야기하던 중 '미국 대통령 부시가 한 말 중에 세상에는 영원한 친구도 영원한 적도 없으며 다만 자기 국가의 이익을 도모하는 것이 가장 중요하다는 말이 있더라'고 말했습니다. 강택민의 뜻인즉, 부시 대통령의 그 말이 딱 옳은 말은 아니지만 다소는 일리 있는 말이라며 인용했을 뿐입니다. 그런데 강택민의 이 말을 조선에 와서 중조관계에 적용되는 것처럼 떠벌린 사람들이 있다면 명백히 그들의 잘못입니다.

강택민과 리붕은 중조관계에 있어서 우리 두 나라 두 당의 훌륭한 친선 전통을 계승하여 양국이 선린 우호, 호상 방조하여 공동 발전을 이룩해야 한다는 것을 당의 방침으로 삼고 있습니다. 이러한 우리 당 중앙의 입장이 김일성 주석과 김정일 동지에게 올바로 전달되기를 바랍니다. 그리고 우리 두 당 두 나라 관계를 발전시키기 위해 서로 긴밀히 내왕하면서 수시로 의견교환을 하여 문제를 제때에 해결하도록 협력해 주시면 좋겠습니다. 나의 이번 방문은 이러한 뜻을 전하기 위해서이니 당 중앙에 잘 보고해주시기 바랍니다."

이날의 담화 이후에도 나는 외교부 아시아국 국장 주진극과 담화하게 해 달라고 현두혁 부소장을 통해 요구했다. 주진극 국장은 내 면담 요청을 신속히 수락해 주었다. 4월 25일 주진극이 외교부의 차를 보내 나를 옥류관 냉면옥으로 안내했다. 그와는 벌써 여러 번 만났었고 또 나의 아내와 본관이 같은 신안 주朱씨여서 더 각별하게 지냈다.

나는 주진극으로부터 조선 측의 불만에 대해 더욱 구체적으로 들을 수 있었다. 중국 정부의 경제지원 중단 문제, 중한수교, 외교관계에 있어서의 불만 등 굵직한 문제에서부터 양국 간에 벌어진 사소한 갈등까지 많은 문제들이 있었다. 그동안 정부나 당 차원의 담판에서는 이야기할 수 없었던 문제들이었으나 내가 터놓고 대화를 청하니 모두 털어놓은 것이다. 나는 그의 이야기를 듣고 조선에서 불만이 쌓일 만 하다고 생각되었다. 주진극이 말해 준 사연은 대략 다음과 같다.

"중공당 중앙에서 우리나라의 김정일 동지 계승 체제에 대하여 어떻게 보고 있습니까? 중국은 우리의 김정일 후계체제에 대해 신임하지 못하고 있는 듯한데, 우리로서는 이것이 조·중 갈등의 근본 문제라고 봅니다.

1992년 중국이 한국과의 수교를 발표하자마자 대만이 조선을 찾아왔습니다. 중국이 한국과 수교하니 조선도 대만과 수교하자는 제의를 하면서, 수교할 수 없다면 경제·무역 내왕이라도 하자는 내용이었습니다. 한국이 중국에 20억 달러를 투자한다고 하니, 대만도 조선에 20억 달러를 투자하겠다고 하면서 평양에 대만 경제연락사무소를 설치하게 해 달라고도 제안했습니다. 그러나 우리 조선은 대만이 중국의 한 개 섬에 불과하며 국가로 인정하지 않으니 수교는 있을 수 없는 일이라 거절했습니다. 당연히 경제연락사무소 설치 제안도 불가하다고 일축했습니다. 우리로서는 중국과의 의리와 원칙을 충실히 따른 것입니다. 그런데 오히려 중국에서는 우리에게 왜 대만과 접촉하였느냐며 항의해 왔습니다."

조선이 중국을 배려하여 거액의 투자 제의마저 뿌리쳤는데 중국은 조선의 성의를 인정하지 않고 오히려 대만과 접촉한 사실만 가지고 갈등을 일으켰다는 것이다. 주진극은 대만과 관련된 또 다른 사례로서 1989년 평양 세계청년학생축전 당시에 벌어졌던 일을 이야기해 주었다. 한국에서 1988년 서울올림픽을 유치하자 조선에서도 자신의 국가적 역량을 선보이기 위하여 세계청년학생축전을 유치하여 성공적으로 치러낸 일이 있다.

"우리나라에서 1989년 세계청년학생축전을 열었을 때 국제 관례에 따라 대만 대표단도 초청했습니다. 물론 중국의 입장을 고려하여 '중화민국'이나 '대만'이라는 명칭은 쓰지 못하게 하였습니다. 대표단 명칭을 '중국 타이베이臺北팀'이라고만 내걸도록 하고 단단히 다짐을 받아 두었으며, 조선에 와서 대만 국기를 게양하지 말 것도 약속받았습니다. 대회 개막식에서도 이 약속이 잘 지켜졌습니다. 그런데 대만 학생 몇몇이 경기 중 대만 대열 뒤에서 대만 국기를 흔드는 일이 벌어졌습니다. 이는 예상치 못한 상황이었으나 조선 측 관리인원이 즉시 발견하고 제지시켰으므로 별다른 문제가 되지 않았고 밖으로 알려질 만한 사건도 아니었습니다. 그런데 이 당시 대만 학생들을 주시하고 있던 중국 측 기자들이 뛰어들어 촬영했고, 그 사진을 가지고 중국 대사관이 조선 외교부에 항의해 나섰던 것입니다. 우리 조선으로서는 이것이 중국 정부가 조선을 불신하기 때문이라고 받아들였습니다. 그간 이런 일들로 중국에 대한 불만이 쌓인 와중에 조중 간 무역 문제도 나오고 중한수교 문제도 발생하니 조선에서는 더욱 더 중국 지도부를 불신하게 되는 것입니다."

그는 또 조중 친선관계의 변화는 일반 인민들의 내왕에서도 나타나고 있다고 하면서 또 다른 사례를 들었다.

"중국 어부들이 조선 영해에 와서 불법 어로작업을 하는 일은 그전에도 있었으나 최근 들어 상황이 심각해졌습니다. 조선 땅에 상륙하여 천막까지 치고 고기잡이를 하고 있으며, 조선 경비대가 와서 철거하라고 하면 오히려 폭력을 행사하며 저항하는 등 예전과는 판이한 행동을 하고 있습니다."

조선에서는 이 문제를 중국 측에 제기하였음에도 아직 해결되지 않고 있으니 이 역시 조선을 무시하는 처사라고 조선 측은 받아들이고 있다는 것이다.

주진극은 다만 조선이 여전히 중국과의 관계를 크게 중시하고 있음을 강조했다. 조선 인민군중들 속에서는 중국이 변해서 남조선과 친하고 조선과의 관계를 등한시한다는 말이 돌고 있지만 조선당에서는 조중관계가 피로써 맺어진 친선관계이며 중국은 조선의 가장 친근한 전우라는 점을 인민들에게 교육하고 있다고 설명했다.

나는 주진극에게도 중국의 입장을 이해시키기 위하여 애썼다. 중국은 김일성·김정일 체제를 지지하며, 중조관계의 개선을 위해 노력하고 있음을 다시 한 번 설명하였다.

"냉전 후 세계가 많이 변하고 있으며 중국도 개혁개방 후 많은 변화를 겪게 되었습니다. 따라서 조선에 대한 중국의 지원도 주은래 때와 같을 수가 없습니다. 과거에는 어느 성에서는 식량을, 다른 성에서는 석유를, 어느 탄광에서는 석탄을 기일 안에 조선에 보내라고 지시하면 중앙의 지시가 그대로 집행되었습니다. 그러나 지금 중국은 각 성, 각 기업체들이 독자 경영을 하고 있습니다. 그러므로 중앙에서 그런 지시를 내릴 수도 없고 지시를 내린다 해도 집행될 수가 없는 것이니 이런 변화에 대해 조선 동지들이 이해해 주기 바랍니다. 이런 새로운 형세 속에서 중조 양당, 양국 관계를 잘 조율하여 우호관계를 계승 발전시켜 두 나라 모두 이로워지는 것이 중요하지 않겠습니까?"

내 말을 들은 주진극은 "이것이 김 소장의 생각입니까? 아니면 중국 당 중앙의 생각입니까?" 하고 물었다. 나는 물론 내 생각이긴 하지만, 당 중앙에서 조선 동지들과의 대화를 바라고 있는 만큼 얽힌 문제들을 대화로 풀어나가고자 한다는 사실만은 틀림없다고 대답했다.

"그리고 주진극 국장 동지가 많은 구체적 문제를 이야기했는데, 이 문제들을 내가 당 중앙에 보고하여 잘못을 바로잡도록 하겠습니다. 내가 이번에 온 것은 중조관계 문제에 대한 중국 당 중앙의 관심과 진심을 조선 당 중앙에 전달하기 위함입니다. 이런 뜻을 영도 동지들에게 보고해 주십시오."

나는 이렇게 부탁하고는 6월~7월 경 하얼빈에서 다시 만날 기회가 있으니 그때에 다시 이야기하기로 약속하고 헤어졌다.

얼마 후에 나는 역사연구소 소장과의 담화가 중앙에 보고되었다는 소식을 들었다. 혹시 무슨 답신이 있을지도 모르므로 나는 평양 부근의 고적을 참관하면서 며칠간 기다리다가 5월 3일 경 평양을 떠나 귀국하였다.

조선-중국 간 교류 재개

중국으로 돌아와서 나는 조선로동당 역사연구소 소장과의 담화 및 외교부 아시아국 주진극 국장과의 담화에 대해 보고서를 써서 당에 보고하고 구두로도 설명했다. 당에서는 내가 한 발언이 모두 옳으며 당의 요구대로 일을 잘 해 주었다고 답해 주었다.

그리고 5월 10일, 조선에서 중국에 한 통의 통지를 보냈다.

"조선이 고급 군사 대표단을 중국에 파견하려고 하는데 중국의 입장은 어떠한가?"

중국에서는 흔쾌히 환영한다는 답변을 보냈다. 그리하여 조선인민군 총참모장 최광이 군사 대표단 10여 명을 이끌고 중국을 방문했다. 조중 간 왕래가 완전히 끊어진 상황에서도 군사상의 정보교환 필요성 때문에 군사 계통에서만은 조금 연계가 유지되고 있었다. 그러므로 조선 측이 끊어진 왕래를 다시 회복하고자 한다면 군사 부문에서 시작하는 것이 수월했을 것이다.

최광의 군사 대표단이 방문하니 중국에서는 양상곤 국가주석과 그의 6촌 동생인 양백빙楊白冰 총참모장이 북경역에 친히 나와 맞이하고 안내하며 의전에서 숙식에 이르기까지 아주 높은 대우를 해 주었다. 그리고 이 방문 기간에 중국은 북한에 새로운 군사 지원을 약속했다. 강택민은 대표단을 접견한 자리에서 최광에게 말했다.

"중국과 조선 간에 서로 전통을 계승하고 선린 우호하며 호조 합작하여 공동의 발전을 도모합시다. 중국공산당 중앙은 이런 태도를 가지고 있습니다."

강택민은 이렇게 중조 간 우호를 다시금 강조하였다. 강택민의 말은 내가 조선에 갔을 때 전해 올린 말과 완전히 일치하는 말이었으므로 조선에서는 나의 역할에 대해 깊이 생각하게 되었을 것이다.

'지난번에 방문한 김우종이라는 사람이 비록 중국의 변방 흑룡강에 있는 사람이지만 중국 중앙에서 파견한 사람이 맞구나. 조선에 와서 한 이야기가 사적으로 한 말이 아니라 중국 중앙의 입장을 제대로 전달한 것이로구나.'

　나 역시 조선 군사 대표단의 중국 방문을 통해 화해의 분위기가 조성되는 것을 보며 내가 다녀온 일이 바로 성과를 거둔 것이라고 생각하게 되었다. 물론 어떤 다른 계기도 있었는지 알 수는 없는 일이다. 이렇게 조선과 중국 간의 내왕이 차차 진척되니 내 마음도 뿌듯했고 당 중앙에서도 나를 보낸 것을 잘한 일이라고 평가했다.

　"김우종 동지가 조선을 방문하여 이렇게 빨리 조선이 태도를 전향할 줄은 몰랐다. 조중관계가 빨리 발전되어서 참 기쁘다."

　당에서는 내게 그렇게 전해 왔다.

8. 김일성 주석과 나

하얼빈에 온 김일성 주석

1964년 9월 김일성 주석이 중국 동북지구를 방문했을 때였다. 그때 중공 중앙 동북국 제1서기 송임궁 동지, 동북국 제2서기이자 흑룡강성위 서기인 구양흠 동지가 김 주석을 모시고 북방호텔 극장에서 환영 연출演出이 있었다. 당시 30대 초반의 나이로 흑룡강성 당사연구실 부주임이었던 나는 이 자리를 함께 할 수 있는 영광을 가졌다. 처음으로 가까운 자리에서 김 주석과 대면한 것이다.

연출이 시작되기 전 김 주석과 중국 측 간부들이 모두 무대 위에 올라갔고 송임궁 동지가 김 주석을 소개했다.

"조선로동당의 김일성 동지께서 이번에 우리 동북지방 후방 사업을 시찰하러 오셨습니다!"

송임궁 동지가 이렇게 중조관계의 특별한 유대를 강조하며 김 주석을 소개하자 무대 밑에서 큰 박수 소리가 터졌다. 김일성 주석은 그때 50대 초반으로 무대 위에서 가장 환하게 빛나는 인물이었다.

환영 연출은 당시 새로 창작된 경극 〈홍등기〉 공연이었다. 경극의 중국어 대사를 통역하기 위하여 조선 손님들은 통역용 이어폰을 귀에 걸도록 하였다. 김일성 주석에게 이어폰이 전달되자 김 주석은 이어폰을 밀쳐내면서 중국어로 "나 이거 필요 없소"라고 하였다. 김일성 주석은 중국어에 워낙 능통하므로 경극의 어려운 고어마저도 이해할 수 있었던 것이다.

김 주석의 뒷좌석에 앉아 통역을 책임졌던 나는 안도의 숨을 내쉬었다. 나는 그때까지 〈홍등기〉 내용은 대강 알고 있었지만 직접 관람한 적이 없었으므로 통역에 자신이 없었다. 김 주석이 통역을 거절한 것이 한편으로는 나를 구제해 준 셈이 되어 내심 고마웠다.

김 주석은 중국어 수준도 높았고, 기억력이 아주 탁월했다. 김 주석은 진뢰·리민 부부와 젊어서 항일투쟁을 함께 했다. 김 주석은 리민을 보자마자 그의 손을 덥썩 잡으며 "명순이!" 하고 리민의 어릴 적 이름을 불렀다. 김 주석은 20년이 지났음에도 그의 본명을 기억할 정도로 기억력이 좋고 세심했다.

김 주석은 리민의 손을 잡고는 잠시 머뭇거렸다. 반가운 마음에 조선말로 그를 불렀지만, 이제 조선말을 다 잊었을 리민과 어느 나라 말로 대화해야 할지 순간 망설였던 것이다. 하지만 그런 머뭇거림도 잠시였고, 김 주석이 유창한 중국어로 대화를 시작하자 세 사람의 대화는 화기애애하게 이어졌다.

나의 첫 조선 방문

1936년 일곱 살의 나이로 부모님을 따라 중국 땅에 온 내가 다시 고향 땅을 밟게 된 것은 46년이 지난 1982년 9월이었다. 흑룡강성과 자매결연 성도 관계인 함경북도 도당위원회의 초청으로 흑룡강성 친선 대표단이 함경북도를 방문했는데, 당시 흑룡강성 당사연구소에서 근무하던 나도 대표단에 포함되었다. 흑룡강성과 함경북도는 일찍부터 자매결연을 맺고 서로 방문단과 가무단을 교류하였지만 성 정부 차원에서 조선을 방문하기는 이때가 처음이었다. 흑룡강성의 첫 여성 부성장인 왕군王軍 동지가 단장을 맡았다.

우리 대표단은 기차로 길림성 도문을 지나 중조 국경의 작은 도시인 남양에 도착했다. 남양역을 비롯하여 건물과 거리는 깨끗하고 시야가 시원했다. 기차가 남양을 떠나 회령으로 갈 때 굽이굽이 흐르는 두만강을 옆에 끼고 달리는 차창 너머로 청기와를 얹은 하얀 집들이 보였다. 강 건너 중국 쪽에 있는 볏짚 지붕의 흙집들과 사뭇 대조를 이루는 정겨운 풍경이었다. 어릴 적 기차를 타고 처음 만주의 풍경을 바라보던 옛 기억이 떠올랐다. 고향의 모습은 예나 지금이나 변함없건만 일곱 살의 꼬마는 어느덧 반백의 중년이 되었구나! 장장 46년의 세월, 고향에 오는 길이 이토록 멀고 먼 길이었던가 생각하니 가슴이 먹먹했다.

우리 대표단의 첫 방문지는 회령이었다. 김정숙의 생가와 도자기 공장, 술 공장을 방문했다. 이곳에서 생산되는 도자기와 술은 모두 동유럽으로 수출되어 외화를 벌어들이고 있다고 했다. 다음으로 청진에 있는 김책 제철련합기업소 강철공장을 방문하였을 때 우리는 그곳에 구비된 선진적인 설비에 놀라움을 금치 못했다. 중국에서 강철대왕으로 자랑하는 안산 강철공장과 비교해도 월등했다. 안산 강철공장은 1950년대에 소련 설비를 갖춘 반면 김책 강철공장은 1970년대에 소련에서 최신 설비를 들여왔기 때문이다. 당시 김책 강철공장은 싱가포르와 말레이시아 등 동남아로 대량 수출을 하고 있었고 베트남에도 원조를 제공하는 막대한 생산량을 자랑하고 있었다.

우리는 마지막 일정으로 평양을 방문했다. 보통강변에 있는 호텔에 묵게 되었는데, 평양에서 주로 외국 손님들을 접대하는 호텔이라고 했다. 호텔 주변은 물론이고 평양 전체가 깨끗하고 아름다웠다. 평양은 공원 안의 도시로 불릴 만큼 시내에 공원이 많았고 굽이굽이 대동강과 보통강이 평양 시내를 흐르고 있었다.

평양은 버드나무가 많아서 옛날에 류경柳京이라는 이름으로 불렸다고 한다. 서너 줄씩 심은 버드나무가 길가와 강변에 휘휘 늘어져 있는 모습은 참으로 인상적인 평양의 풍경 중 하나이다. 옛 평안도 사람들의 기질이 워낙 강하므로 버드나무를 많이 심어 사람들의 정서를 유화시키려 했다는 이야기를 어느 수필가의 책에서 본 기억이 있다. 그래서인지 평양에서 풍류객들이 많이 났다고 하는데, 역사적인 연원이 있는 것인지 그저 문학적인 이야깃거리일 뿐인지는 알 수 없다.

보통강변에는 야외극장과 놀이동산이 있다. 아이들 손을 잡고 나온 평양 시민들의 얼굴에는 여유로움이 한껏 묻어났고 표정도 밝고 행복해 보였다. 나는 그들의 평화롭고 행복한 모습에 부러운 마음이 들었는데, 나뿐만 아니라 대표단 모두가 같은 마음이었다. 이때 우리 눈앞에 펼쳐졌던 조선이라는 나라는 가난이나 불행 같은 표현과는 너무나 거리가 먼 나라였다.

금수산 주석궁에서 만난 김일성 주석

이듬해인 1983년 9월 나는 흑룡강성 당정 대표단 성원으로 다시 조선을 방문하였다. 그때 나는 조선의 여러 지역을 돌아보고 평양의 금수산 주석궁에서 김일성 주석의 접견을 받았다. 이번에는 함경북도 당위원회와 인민대표대회의 초청으로 방문하였다. 대표단은 중공 중앙위원이자 흑룡강성 성장인 진뢰와 그의 부인인 리민, 성정부 비서장과 성위 조직부 부장 등으로 구성되었다. 나는 진뢰 성장의 통역으로 대표단에 들어갔다.

방문 일정은 지난해와 비슷했다. 도문에서 출발하여 남양을 거쳐 회령을 방문하고 마지막에 평양을 방문했다. 다른 점이라면 김일성 주석을 만나는 일정이 들어 있었다는 것이다. 그런데 공교롭게도 김일성 주석이 중국 등소평 주석과 대련에서 회담하는 바람에 우리와의 면담 날짜가 연기되었다. 우리는 김 주석을 기다리는 동안 함경북도 경성군에 있는 주을온천에서 휴가를 보내게 되었다.

예로부터 북에는 주을온천, 남에는 유성온천이 유명했고, 부산의 동래온천까지 합하여 조선의 3대 온천으로 불렸다. 우리는 일제강점기에 만들어졌다는 주을온천에서 온천욕도 하고 강변의 자갈 위에 돗자리를 펴고 쉬기도 했다. 그런데 진뢰 성장은 불만을 터뜨렸다.

"할 일이 많은데 온천에서 한가하게 놀 때인가? 김 주석의 일정 때문에 붙잡혀 시간을 허비하다니, 우리가 조선에 놀러 왔단 말인가?"

함경북도 도당위원장이 이 이야기를 전해 듣고는 나를 찾아와 진뢰 성장을 잘 달래달라고 부탁했다. 나는 남의 집에 왔으니 그들의 접대에 따라야 하지 않겠는가 하며 진뢰 성장을 다독였다. 성장은 자신이 성급하게만 생각했다며 뉘우쳤다.

우리는 온천에서 3일간 휴양한 후 주을을 떠나 평양으로 가는 열차를 탔다. 우리 일행 여섯 명이 기차의 한 칸을 차지했는데, 중국 열차의 여느 침대칸에 비해 시설이 매우 훌륭했다. 이 기차가 김일성 주석의 전용 열차였다는 사실을 나중에야 들었다. 평양에 도착한 후에도 우리는 며칠 동안 개성과 판문점 등을 참관하면서 김 주석이 돌아오기를 기다렸다.

어느 날 아침, 우리는 중요한 일정이 있으니 복장을 갖춰 입고 나오라는 조선 측의 통보를 받았다. 이제 김일성 주석을 만나게 된다는 것을 바로 알 수 있었다. 아침 8시 30분, 호텔을 나선 우리는 주석궁인 금수산 기념궁전에 도착했다. 기념궁전의 정문은 주석이 출입하는 문이므로 우리는 옆의 동문을 통해 들어갔다. 우리는 널따란 응접실에 잠시 앉았다가 곧바로 접견실로 안내되었다. 김일성 주석이 문어귀에 서서 우리를 맞아주었다.

배석자는 전에 주중대사를 지냈던 현준극 한 사람뿐이었다. 현준극은 문화대혁명 기간에 주중 대리대사로 북경에 나와 있었고, 친중파로 알려진 인물이다. 문화대혁명 후에 중국이 조선과 우호관계를 유지한 데에는 현준극의 역할이 컸다. 그가 대사직을 마치고 중국을 떠날 때에 중국은 크게 송별회를 열어 주었는데, 이 송별회에는 이례적으로 등소평·이선념·화국봉·엽검영 등 중앙의 고위 간부들이 모두 참석했다고 한다.

우리는 벽에 걸린 대형 풍경화를 배경으로 기념 촬영을 했고, 이어 다시 다른 방으로 안내되었다. 김일성 주석은 자리에 않으며 말문을 열었다.

"우리는 오랜 전우이고 친구이니 통역을 쓰지 말고 이야기합시다. 내가 중국어로 말하겠소."

이어 김일성 주석은 진뢰 성장을 마주 바라보며 그간의 안부를 물었다.

"문화대혁명 기간에 중국에서는 많은 간부들이 고생했다는데 동무들은 어떻게 지냈습니까?"

진뢰 동지가 "저는 7년 동안 감옥에 있었습니다"라고 대답하였다. 리민 동지는 5년, 나는 1년이 채 못 되었다고 대답했다. 김 주석은 며칠 전에 조선을 방문했던 팽진 동지를 만난 이야기를 해 주었다. 팽진 동지가 말하기를 자기는 국민당 감옥에서 7년간 옥살이했고 공산당 감옥에서 7년간 옥살이를 했는데 차라리 국민당 감옥에서 지내던 때가 나았다더라는 것이다. 그리고 이어서 말하기를

"중국에서 문화대혁명 기간에 조선 간첩, 소련 간첩이라는 억울한 누명을 쓴 간부들이 많았지요. 중국의 상황이 좋지 않아 우리마저 잠을 이룰 수 없는 지경인데 무슨 간첩을 파견한다고들 그리했단 말이오?"

이렇게 진지하게 말씀하는 것이었다. 또 김 주석은 대련에서 등소평·호요방을 만나고 그들이 며칠 더 쉬고 가라고 만류하였는데 진뢰 부부가 기다리고 있으니 빨리 돌아가야 한다고 뿌리치고 왔다는 이야기도 했다.

우리는 타원형의 큰 테이블에 앉아 오전 9시부터 11시 30분까지 이야기를 나누었다. 주요 내용은 중조 친선관계와 조선의 각 부문 건설과 발전상, 그리고 항일투쟁 역사 문제 등이었다. 김일성 주석은 자신의 현지 지도에 대해 이렇게 말했다.

"내가 일 년 중 3분의 2를 현지에 내려가 농촌과 공장에서 보내는 이유는 그들에게서 배우기 위해서입니다. 내가 무엇을 알겠습니까? 농사를 할 줄 압니까? 노동자처럼 기술을 압니까? 나는 조선을 구석구석 현지지도하며 안 가본 곳 없이 다 다녀보았습니다."

나는 이전에 어느 당 간부에게서 김일성 주석의 현지지도에 관한 일화 하나를 전해 들었다. 김 주석이 어느 산골 마을에 갔는데, 마을 뒤쪽 산 너머 골짜기에도 세 집이 살고 있다는 말을 듣자 김 주석은 그곳도 가봐야겠다고 말했다. 도로가 없어 자동차가 들어갈 수 없다고 하자 김 주석이 "그 마을에서 평생을 산 사람들도 있습니다. 차가 못 들어간다면 걸어서 가면 되지 않습니까?"라고 말하더라는 것이다. 김 주석은 결국 걸어서 산을 넘어 한밤중에 마을에 도착했고, 산골 영감과 이야기를 나누며 하룻밤을 지냈다. 조선의 방방곡곡에 김 주석의 발자국이 찍히지 않은 곳이 없다고 한다. 진뢰 성장은 물론이고 우리 일행 모두가 김 주석의 군중에 대한 극진한 마음에 큰 감동을 받았다.

회견을 마친 후 김 주석의 초대로 점심식사를 함께 하면서 또한 많은 이야기를 나누었다. 김 주석은 표준 북방어를 구사하고 있었다. 우리 대표단 성원들은 김 주석의 중국

어가 통역인 나보다 더 훌륭하다며 나를 놀려댔다. 나는 20세 이후에야 중국어를 배웠고 김 주석은 소학교부터 육문중학교까지 중국에서 한족 학교를 다녔으니 내가 어떻게 김 주석을 따를 수 있겠는가? 나는 이날의 만남을 통하여 김 주석이 사람을 편안하게 대해 주고 격식을 차리지 않고 다른 사람의 말을 경청할 줄 아는 겸손한 분이라고 느꼈다.

김일성 주석 사망 당시 조문 방문

1994년 7월 8일 김일성 주석이 급작스럽게 사망했다. 조선은 10일 간의 긴 애도기간을 선포하고 19일에 장례식을 치렀다. 조선은 국상을 알리면서 외국의 조문객을 일체 받지 않겠다고 대외적으로 발표했다. 나는 리민 동지 등 하얼빈의 조선족 인사들과 함께 심양 총영사관에 가서 조문하고 심양 총영사를 만나 이야기했다.

"저와 여기 항일투사 동무들은 김일성 주석의 마지막 얼굴이라도 한 번 꼭 뵙고 싶었습니다. 우리는 평양에 가서 추도식에 참가하려고 했는데, 외국 조문객을 안 받는다는 발표를 듣고 할 수 없이 이곳에 와서 조문했습니다. 그러나 추도식에 참가하지 못하니 너무나 아쉽습니다."

진뢰·리민 부부는 김일성 주석의 오랜 항일 전우이다. 리민은 통신부대 공청 책임자로 김일성 주석의 지도를 받았다. 진뢰는 1943년 김 주석이 지휘하던 1지대의 정치학습 지도원을 맡았는데, 3지대에서 활동하던 진뢰를 김 주석이 눈여겨보고 직접 불러들인 것이었다. 진뢰는 김 주석의 지시에 따라 정치학습 강의안을 작성하고 각 중대 전사들의 정치사상 강의를 맡아 하는 최측근이었다. 내가 이러한 사실들을 심양 총영사에게 이야기해 주었더니 심양 총영사는 곧바로 조선로동당 중앙에 보고했다. 곧 김정일 동지가 우리를 초청하라는 지시를 내렸다.

"항일투사는 한 집안 식구와 같다. 김일성 동지가 생사고락을 함께 하며 항일혁명 활동을 펼쳤던 그분들은 그저 외국 손님이 아니니 모두 초청하라."

그리하여 우리는 김일성 주석의 장례식에 초청받게 되었다. 우리가 초청 통지를 받은 것은 김일성 주석 장례식 이틀 전인 7월 17일이었다. 성장이 함께 가게 되었으므로 당 중앙의 허가를 받아야 했지만, 마침 일요일이었으므로 절차를 받기가 쉽지 않았다. 하얼빈에서 북경 외교부에 전화로 문의했는데 그때 첸치천 외교부장은 외지에 나가 없었다. 외교부 담당자들이 첸치천 부장을 급히 찾아서 보고했다. 첸치천은 "초대장이 왔다면 마땅히 조문하러 가야 한다. 속히 준비해 떠나도록 하라"고 허가 지시를 내렸다.

일요일 오후 1시 무렵 우리는 허가를 받자마자 바로 출발했다. 하얼빈에서 조선으로 가려면 비행기도 없고 기차 시간을 맞추기도 어려웠다. 진뢰·리민 부부와 비서 한 명, 그리고 나까지 4명이 자동차 두 대에 나누어 타고 하얼빈을 떠나 밤 아홉 시에 심양에 도착하였다. 하룻밤을 지내고 이튿날 새벽에 다시 출발해 단동까지 오니 단동 외사판공실에서 조선 측과 연락을 취하고 우리를 맞아 주었다. 18일 월요일 오후에 압록강을 건너 신의주로 들어갔다. 신의주에는 평양에서 보낸 벤츠 두 대가 기다리고 있었다. 우리는 그 차에 올라 평양으로 출발했다. 신의주에서 평양으로 가는 길은 국도였는데, 여러 해 동안 보수하지 못했는지 도로 사정이 아주 나빴다.

그렇게 우리가 꼬박 하루 반이 걸려 평양에 도착하니 장례식 바로 전날인 18일 밤 열 시가 넘은 시각이었다. 우리는 간단히 늦은 저녁식사를 하고 주석궁에 마련된 빈소에 가서 김일성의 영전에 꽃다발을 올리고 참배했다.

이튿날에 추도대회가 열렸다. 평양 전체는 울음바다였다. 우리 일행 중 진뢰 동지만 추도대회 주석단에 올라갔고 우리는 주석단 옆의 귀빈석에 앉았다. 귀빈석에는 우리 외에 중국에서 온 항일투사와 유가족 7~8명이 함께 앉았다. 영결식에서 김정일 동지의 모습을 보았고, 김영남이 추도문을 낭독하였다. 추도대회가 끝나자 대회장 아래 영접실에서 진뢰 동지와 부인 리민 동지가 김정일을 만났다. 김정일 총서기는 진뢰 동지에게 말했다.

"오시느라 수고하셨습니다. 수령님은 돌아가셨으나 우리들의 정은 여전하니 앞으로도 자주 조선을 방문해 주십시오."

우리는 추도대회가 열린 다음날 평양-북경행 기차를 타고 돌아왔다. 조선 측에서는 조금 더 머물다 가라고 권유했으나 우리는 사양했다.

"주석의 추도회를 열고 조선 전체 인민이 비통해하는 중이니 우리가 여기에 더 머무른다면 도리어 부담을 줄 것이므로 편치 않습니다. 그러니 빨리 돌아가겠습니다."

이것은 나의 거짓말이었다. 나는 이때 미국 뉴욕에서 열리는 국제세미나에 참석하기로 되어 있었는데 갑자기 주석의 추도대회에 초청되어 조선에 오게 된 것이다. 평양으로 떠나기 전에 내가 미국에 못 가게 되었다고 알리니 미국 측에서는 자기들의 세미나를 3일 연기할 테니 추도대회에 참석하고 곧장 뉴욕으로 오라고 말해 주었다. 미국에서 나 때문에 세미나 일정까지 미루며 기다리고 있었으므로 나는 대강 둘러대고 평양을 떠날 수밖에 없었다.

내게는 김일성 주석에 대하여 애도하는 마음과 더불어 특별히 김일성의 사망을 안타깝게 여기는 사연이 있다. 재일교포 논픽션 작가인 김찬정金賛汀이라는 사람이 김일성 주석의 항일 무장투쟁 역사를 비방하는 글을 한국에서 펴냈다. 잡지 『신동아』는 이 글을 소개하며 김 주석을 비하하였다. 나는 김찬정의 주장을 논박하는 글을 발표하였다. 이 글이 일본의 신문에 실렸다.

김일성 주석이 내 글을 보고 마음에 들어 당역사연구소 소장 강석숭에게 "김우종이라는 이 사람 한 번 초청하라"고 지시했다고 한다. 1994년 4월, 내가 평양에 가서 당사연구소 소장과 담화를 나누고 돌아온 직후의 일이었다. 강석숭 소장은 내가 바로 얼마 전 평양에 다녀갔다는 사실을 김일성 주석에게 알렸다.

"지난번에 주석께 중조관계에 대하여 보고를 올린 것이 있지 않습니까? 바로 이 김우종 동무가 와서 저를 만나 이야기한 것입니다."

"아, 그런가? 그렇다면 내가 특별히 단독으로 만나고 싶으니 초청하라."

이렇게 김일성이 친히 지시를 내려서 나를 초청하기로 되어 있었다는 것이다. 김일성이 돌연 사망하여 그를 단독 접견할 기회를 놓치게 된 것이 참으로 안타까웠다.

김일성 사망에 대한 낭설과 진실

김일성이 갑자기 사망하자 그의 사망 이유에 대하여 여러 낭설들이 분분했다. 중앙에서는 평양의 추도식 참석을 허가하면서 내게 따로 무엇을 알아오라는 지시를 내리지는 않았다. 그런데 예전에 중앙에서 내게 조선과 연락하는 임무를 주기도 했고, 여러 가지 자문 의견을 중앙에 제출할 수 있는 기회를 주겠다고도 했었으므로 나는 스스로 임무를 수행하고자 했다. 나는 일부러 평양의 조선 간부들을 몇 명 만나서 이야기를 나누었다. 진뢰 성장이 귀빈 자격으로 행사에 참가하는 동안 나는 주로 조선로동당 책임간부들을 만나 이야기를 들었다.

조선로동당 역사연구소 소장 강석숭의 동생이 외교부 제1부상 강석주이다. 그는 미국과의 담판에서 조선 측 대표로 나서는 등 조선의 대미외교사에서 빼놓고 이야기할수 없는 인물이다. 나는 강석주를 만나보고자 했으나 마침 긴급한 일로 바빠서 만날 수 없다고 했다. 대신 외교부 아시아국 국장 주진극을 만났다. 나는 주진극에게 세 가지를 물었다.

첫째, 김일성 동지의 사망 원인이 무엇인가?

둘째, 김일성 동지 사망 후에 중조관계가 어떻게 변화할 것인가?

셋째, 김일성 사망 후 조선의 지도체계가 어떻게 바뀌는가?

김일성의 추도대회에서 김영남이 추도사를 했다는 사실이 이웃 나라들의 시선을 사로잡았다. 다른 나라의 관례를 보면 권력자 사망 당시 추도사를 하는 사람이 그 뒤를 이어 1인자가 되곤 했다. 스탈린이 사망했을 때에는 말렌코프가 추도사를 했고, 이후 말렌코프가 각료회의 의장과 당서기를 맡아 1인자가 되었다. 김일성의 사망 후 누가 후계자가 되는가 하는 문제가 세계의 이목을 집중시키고 있는 상황에서 영결식 추도문을 김영남이 낭독한 것은 여러 가지 억측을 낳을 만 한 일이었다. 주변국에서는 김영남이 추도사를 했으니 김영남이 1인자가 되는 것인가 의심하는 사람들이 있었다.

주진극은 나의 질문 세 가지에 대하여 간략하게 답변해 주었다. 주진극은 향후 조선의 지도체계 전망에 관하여 김정일을 중심으로 한 지도체제에 변화가 없을 것이라고 답변했다. 김영남이 추도사를 하긴 했지만 그것은 김정일이 비통한 나머지 추도사를 제대로 할 수 없었기 때문이며 또 김영남이 연설을 잘 하기 때문이기도 했다. 당시 조선로동당 정치국 위원인 김정일·오진우·황장엽·김영남·김기남 중 연설을 제일 잘 하는 사람이 김영남이라고 했다. 김영남이 추도사를 한 데에는 어떤 정치적인 의미도 없으며, 김일성 생전에 마련해 둔 체제에 아무 변화가 없을 것이라고 주진극은 말해 주었다.

중조관계 문제와 관련해서 주진극은 특히 정부를 대표하는 어조로 나에게 답했다. 중조관계에 대한 김일성의 정치유언은 "모든 외국 관계에서 중국과의 관계를 가장 중시할 것이며 따라서 중국과의 친선을 흔들지 않기 위해 노력해야 한다"는 것이었다. 조선 측은 이를 김일성의 유언처럼 받들고 있으므로 중조관계는 매우 평탄하게 발전해 나갈 것이라고 했다.

추도식 당일 저녁에는 우리를 위한 연회가 마련되었다. 주최자는 최광과 그의 부인 김옥순이었다. 며칠 쉬었다 가라는 권유를 사양하고 추도식 이튿날 바로 돌아가겠다는 뜻을 밝히니 김정일이 급히 지시하여 마련된 연회였다. 김정일이 최광과 김옥순에게 우리를 잘 환대하여 전송하라고 특별히 당부했다고 한다. 추모 기간에는 일체의 연회를 열지 않는 것이 관례인데 우리를 위하여 연회를 마련해 주니 우리는 매우 놀랍고 고마웠다.

최광·김옥순 부부는 김일성·김정숙, 진뢰·리민 부부와 항일투쟁 옛 동지이다. 특히 김옥순은 김일성의 부인인 김정숙과 아주 친한 사이였다고 한다. 우리는 그들에게서 김일성 동지의 사망 경과에 대하여 보다 정확하게 들을 수 있었다. 그들의 말에 따르면 김일성 주석이 묘향산에서 휴식을 하면서 남북 정상회담 준비를 하던 중 갑작스러운 심장 발작을 일으켰고, 급히 평양으로 이송되던 중 심장이 멎어 사망했다고 한다. 한편 최광은 중국을 향한 김 주석의 애정이 매우 깊었으며, 김 주석이 중국과의 친선을 강조한 것은 다만 말뿐인 것이 아니라 진심에서 우러나온 것이었음을 강조했다. 김 주석이 중국을 무려 48차례나 방문한 것은 여느 국가 관계에서도 찾아볼 수 없는 일이라고도 말했다.

김일성 사망 경위에 대하여 이들이 알려준 내용은 간략하지만 매우 귀중한 정보였다. 중국에서는 아직 김 주석의 정확한 사망 원인을 모르는 상황이었다. 한국의 일부 매체어서는 많은 요언을 조작하여 모독하느라 여념이 없었다. 김정일이 총으로 아버지를 쏘아 죽였다는 등 근거 없는 보도들이었다. 아마도 중국인 가운데 김 주석의 사망 원인을 제일 먼저 알게 된 것이 우리들이었을 것이다. 주진극과의 담화, 그리고 최광·김옥순과의 대화를 통하여 나는 필요한 정보를 얻고 교차 확인까지 한 셈이 되어 상당히 마음이 놓였다.

이튿날 평양을 떠날 때에 중국 대사 차오중화이喬宗淮가 평양역에 전송을 나왔다. 그는 전 외교부장 차오관화喬冠華의 아들이며 나보다 한참 젊은 나이였다. 그는 나의 손을 잡고 "이번에 김 동지와 이야기를 좀 나누고 싶었는데 미처 자리를 마련하지 못해 아쉽습니다. 김 동지께서 너무 바삐 다니셔서 이렇게 평양까지 오셨는데도 접대하지 못했습니다" 하며 아쉬움을 표했다. 그 역시 내가 귀띔해 주기 전까지는 김일성의 사망 경위에 대하여 알지 못했던 것이다. 그는 나에게 중국에 돌아가면 직접 외교부에 보고해 달라고 부탁했다.

기차를 타고 저녁에 단동에 도착하여 식사를 하고 있는데 북경에서 전화가 걸려왔다. 전화한 사람은 외교부 아시아국 국장 왕이王毅였다. 그는 지금 중국 외교부장으로 있다. 왕이가 전화로 나에게 물었다.

"김일성 사망 원인에 대해 혹시 알아보았습니까?"

내가 다 알아보았다고 대답하니 그는 다시 물었다.

"김정일이 혹 다리를 절지 않습니까?"

김정일이 김일성을 쏠 때 경호원이 쏜 총에 다리를 맞았다는 한국 측 낭설을 듣고 의심한 것이다. 나는 그런 기색이 전혀 없었다고 대답하고, 더 구체적인 이야기가 있는데 전화로 말하기 곤란하니 이튿날 직접 북경에 가서 외교부에 보고하겠다고 말했다.

내가 북경에 도착하니 세 곳에서 마중 나와 있었다. 외교부, 국가안전부, 그리고 우리 흑룡강성 북경 주재 판사처에서였다. 그렇다면 우선 어디로 갈 것인가? 흑룡강성 북경

주재 판사처의 고유 업무 중 하나가 북경을 방문한 흑룡강성 고위 간부를 접대하는 것이므로 나는 우선 흑룡강성 판사처에 가서 짐을 풀었다. 오후 1시에 외교부와 국가안전부에서 판사처로 찾아와 나의 보고를 들었다. 나는 김일성 사망 원인, 김일성 사후의 중조관계, 그리고 향후 조선 영도체계 전망이라는 세 가지 문제를 가지고 보고했다. 아울러 내가 목격한 조선의 경제상황에 대해서도 이야기했다. 특히 에너지와 식량이 곤란한 정황에 대하여 자세히 보고하고, 식량 지원이 필요하겠다는 나의 의견을 덧붙였다.

당 중앙에서는 내가 참으로 유용한 일을 해주었다며 고맙다고 인사했다. 김일성의 사망이라는 중대한 상황에서 당에서 가장 관심을 가진 문제를 내가 알아다 주었으므로 자기들의 일을 덜게 된 것이다. 게다가 중조관계의 전망이 밝다는 데 대해서도 반기는 눈치였다. 저녁에는 국가안전부 아시아국 국장이 나를 일부러 찾아와 저녁식사에 초대했다. 그는 나의 보고에 큰 의미를 부여하며 공식 보고서를 만들어 중앙에 제출하도록 권유했다.

"우리가 미리 말하지도 않았는데 김우종 동지가 주동적으로 이야기를 듣고 전해 주시니 참으로 감사합니다. 동지께서 알아온 문제들이 우리에게는 아주 중요한 일이며, 중앙에서 대단히 관심을 기울이는 문제들입니다. 그러니 동지가 직접 서면으로 보고서를 만들어 당 중앙의 강택민 총서기에게 제출하는 것이 어떻습니까? 김 동지께서 내일 미국에 가신다 하니 미국에서 돌아온 뒤에 제출해도 좋습니다."

중국의 대북 식량지원

나는 8월 말에 보고서를 정식으로 제출했다. 보고서에서는 김일성 사망의 정황과 향후 권력 전망, 중조관계 전망에 대하여 들은 대로 상세히 썼다. 또 조선의 경제 현황에 대하여 상세하게 보고했다. 중국은 1960년대 조선에 대하여 콩·옥수수 등 식량과 석유·석탄 등 에너지를 지속적으로 지원해 왔다. 매년 석탄 250만 톤, 석유 200만 톤을 지원했으나 1976년부터 지원이 대폭 줄어들었다. 화국봉 동지가 주석에 당선된 후 조선을 방문했을 때 중국도 사정이 좋지 않으니 지원을 줄일 수밖에 없다고 양해를 구하였다. 이때 화국봉은 "모택동의 유지를 받들어 열 개의 대경大慶과 열 개의 안강鞍鋼을 건설할 계획이니 그 때 중국의 사정이 좋아지면 조선을 더욱 많이 지원하겠다"고 약속했었다.

1990년대에 들어와서 조선을 자주 방문하면서 나는 조선의 어려운 실상을 목격하였으므로 내가 아는 바를 그대로 보고서에 썼다. 소련이 해체되면서 소련의 지원이 아예 끊어지고 중국의 지원도 현저히 줄어들면서 조선의 살림살이는 어려운 상황에 처하게 되었다. 조선의 경제가 파탄되고 노동자들의 수입이 줄어든 데에는 소련·중국의 지원이 중단된 데에도 상당한 관련이 있다. 나는 조선에서 굶어 죽고 얼어 죽는 사람들이 늘고 있는 실정을 그대로 보고서에 기술했다. 그리고 무너진 조선 경제를 복구하기 위하여 조선에 대한 지원을 재개해 줄 것을 건의하였다. 당 중앙에 정식으로 서면 보고할 기회가 주어졌으므로 조선에 대해 잘 알고 있는 당 간부로서 나름의 의견을 개진해 본 것이다.

보고서를 제출하고 한 달 남짓 지나자 강택민이 나의 보고서를 읽고 비준했다는 연락을 받았다. 당에서는 내가 보고서에 쓴 내용 가운데 "조선 동무들은 중국이 식량을 20만 톤 정도 지원해주길 바란다"는 내용을 승인했다. 다만 강택민은 식량 지원 20만 톤 가운데 10만 톤을 무상으로, 10만 톤을 변경무역으로 해결하도록 지시하였다. 또 강택민은 조선에 양식을 지원할 때 양질의 식량으로 제공하고, 제공량에도 모자람이 없도록 정확하게 보장하라고 관계기관에 당부했다고 한다.

그리고 당 중앙이 나에게 특별 지시한 것도 있었다. 중국이 식량을 지원하기 위한 필요 절차를 내가 직접 통지·안내해 해결하라는 지시였다. 중국 정부가 직접 조선 정부에 통지하는 것이 아니라, 내가 중간에 서서 중공당 중앙의 결정을 조선에 통지하고 조선의 외교·무역 당국으로 하여금 중국 외교·무역 당국과 접촉하여 식량 지원을 받도록 안내하라고 하였다. 강택민은 내가 성심껏 노력하여 국가에 공헌했다는 사실을 인정했고, 그에 걸맞는 대우를 해 주어야겠다고 배려해 준 것이다.

나는 심양 총영사관을 통해 조선 외교부에 통지해서 조선 외교부 아시아국 국장 주진극을 하얼빈으로 오게 했다. 나는 하얼빈에서 주진극에게 이 지시를 알리고 관련 서류를 직접 전달해서 양식 지원 문제를 해결해 주었다. 마침내 1994년 10~11월경 중국의 대북 지원은 재개되었다. 중국은 이때부터 매년 연속으로 해마다 10만 톤의 식량을 무상으로 조선에 지원해 주었다. 나는 경색된 중조관계의 개선을 위해 나의 힘을 보탰고 어려움에 처한 우리 동포를 도와주는 데에 작으나마 기여할 수 있었던 것을 내 일생의 자랑으로 여기고 있다.

내가 나서서 중국의 대북 지원 재개를 이끌어낸 이러한 내막은 조선로동당 중앙에도 보고가 올라갔던 것 같다. 다음에 내가 조선을 방문하니 조선 측 인사들이 나에게 묻는 것이다.

"선생님, 혹시 강택민과 동창생입니까? 친분이 깊으신 듯합니다."

그러나 나는 강택민을 만나본 적도 없는 사람이다. 다만 강택민이 나보다 두 살 위이니 나와 나이가 비슷하며 경력으로 보아도 해방 후에 입당하고 사업 능력을 인정받아 당 간부로 올라가게 된 시기가 비슷했다. 내가 조선에 와서 강택민을 대리해서 중국의 입장을 대변하고, 내가 조선에서 한 말과 똑같은 말을 강택민이 조선 대표단에게 하기도 했다. 또 나는 강택민과 리붕의 역사에 대해서도 마치 친한 사람 이야기하듯이 술술 이야기하고, 결정적으로 내가 조선에 다녀가 보고를 올려서 강택민이 조선 원조 결정을 하도록 만들었다. 이런 정황들 때문에 조선에서 나와 강택민이 친분이 있다고 오해했으나, 사실 그런 친분 같은 것은 아무것도 없다.

김정일은 1995년 초 내게 연하장을 보냈다. 나는 조선의 지도자들에게 받은 연하장과 선물들을 잘 간직하고 있다. 그 해 조선 외교부에서는 나에게 가족과 함께 조선에 와서 휴양하라고 초청장을 보냈다. 내가 큰딸을 데리고 조선을 방문했더니 나는 외국 손님이 아니라 동포라면서 '해외동포원호회'에서 우리를 영접하여 주었다. 그때 우리는 묘향산과 금강산에서 휴양하고 돌아왔다.

김정일의 연하장이나 선물은 심양의 총영사가 직접 집에 찾아와 전달했다. 김정일은 나에게 몇 차례 선물을 보냈다. 내가 조선에 있을 때에 선물을 보내면 당 중앙위 비서 김기남이 김정일을 대리하여 직접 증정했다. 중국으로 선물을 보낼 때는 심양 총영사관으로 보내서 총영사가 나에게 직접 전달하도록 하였다.

나는 김일성 주석으로부터도 한 번 선물을 받은 일이 있다. 크고 화려한 꽃병으로, 나는 아들에게 그 꽃병을 주어 기념으로 간직하도록 했다.

김정일의 선물은 한 서너 차례 받았었다. 꽃병이나 술 등을 보내왔다. 김정은이 지도 자가 된 뒤에는 나에게 약을 보내왔다. 김일성 주석 탄생 1백 주년으로 『우의의 장정』 증보판을 펴냈을 때였다. 조선에서 기념행사가 열렸는데, 나는 몸이 편치 않아 참석하지 못하고 대신 다른 사람 둘을 보내서 참석하게 하였다. 조선에서는 내가 보낸 사람들을 잘 접대해주었고, 또 당 중앙 부부장과 과장이 직접 김정은의 선물을 가지고 일부러 하얼빈에 찾아왔다고 한다. 나는 그들이 찾아왔을 때 상해에 있었으므로 만나지 못했다. 그들은 내게 연락하여 말하였다.

"저희가 상해까지 찾아갈 수가 없으니 김정은 동지의 선물은 심양 총영사관에 맡겨놓고 후에 총영사가 김우종 동지께 전달하도록 하겠습니다."

내가 사람을 시켜서 받아놓으라 하겠다고 말했으나, 그들은 최고지도자의 선물을 그렇게 소홀히 전달할 수 없으며 조선 측이 책임지고 나에게 직접 전달해야 한다고 했다. 선물은 한 해 겨울 동안 심양 총영사관에 보관하였다가 이듬해인 2013년 봄에 내가 남방에서 하얼빈으로 돌아오자 심양 총영사가 일부러 하얼빈까지 와서 나에게 전달했다. 총영사는 김정은을 대신해 나를 병문안하고 선물을 전달했다.

9. 1990년대 중반부터 조선-중국 간 비공식 사절 역할

조중관계는 차츰 개선되어 양국 간의 문이 열리고 교류하게 되었다. 중앙에서는 아주 기뻐하면서 나에게 매년 적어도 한두 번은 조선에 다녀오라고 했다. 친밀한 관계를 유지하며 서로 의견을 교환하고 필요한 내용은 당에 전달하기도 하라는 것이다.

조선은 중국에 대해 오랜 불만이 있었는데, 중국 사람들이 대국 티를 내면서 거만하게 행세한다는 것이다. 중국의 일부 대사관 일꾼들이 조선을 낮잡아보며 대하므로 조선 외무성과 관계 기관에서는 아주 기분 상하는 일이었다. 내가 이 일을 조사해 중앙에 보고하니 중앙에서는 대사관 직원들의 태도를 개선하도록 하였다.

이처럼 내가 물밑에서 상황을 들여다보고 중앙에 건의하면 당 중앙에서는 그 내용을 상당히 중시했고 고칠 게 있다면 적극적으로 고치도록 조치하였으며 어떤 지원이 필요하다면 긍정적으로 검토하고 가능한 한 지원해주도록 했다. 조선에서도 나에게 시간만 된다면 수시로 다니라고 말해주었고, 또 휴식하러 오라고 초청하기도 했다. 나는 적어도 1년에 한 번씩은 조선을 방문했다. 너무 자주 드나들어도 폐를 끼치는 것이니 1년에 두 번을 넘기지는 않았다.

이때에 당 중앙은 북한뿐 아니라 한국에도 자유롭게 드나들라며 나를 적극 독려해 주었다. 1989년 나의 첫 한국 방문은 비밀리에 이루어졌고 이후에도 매번 허가를 받아야 한국을 방문할 수 있었지만 1990년대 중반부터는 강택민이 나에게 한국도 자주 드나들 수 있도록 자유로운 여건을 마련해 주었다. 나는 과거에 비밀스럽게 한국 다녀온 일을 비로소 털어놓았다. 그러나 중앙에서는 전혀 개의치 않았다.

"김우종 동무는 이제 걱정 말고 조선을 가든 한국을 가든 마음대로, 기회 있을 때 계속 다니도록 하십시오. 누구를 만나도 좋습니다. 한국 대통령을 만나도 좋고, 조선에 가면 김정일 국방위원장을 만나도 좋으니 가능하다면 높은 사람을 만나면 좋겠습니다."

당에서는 이렇게 비공식 민간사절로서의 나의 역할을 확인해주었다. 나로서는 한국, 조선을 자유롭게 드나들고 여러 부문과 교분을 맺고 왕래하며 민족적 교류의 폭을 넓힐 수 있는 길이 활짝 열린 셈이다. 나는 마음 놓고 한국과 조선을 매년 한두 번씩 드나들었다.

1995년 이후 중조관계는 점점 좋아졌으나 예전 같은 관계로 완전히 회복된 것은 아니었다. 김정일이나 강택민 등 최고 정상이 상대국을 방문하고 회견해야 최고 수준으로 회복되는 것이 아니겠는가? 그렇게 되기까지는 몇 해가 걸렸다. 여러 원인이 있겠지만 무엇보다 김일성 사망 후에 조선에서 '3년상'을 치른다 하면서 김정일이 국외 출입을 전혀 하지 않았던 것도 하나의 이유였다.

1999년 11월, 김일성 사망 후 처음으로 조선 고급 대표단이 중국을 방문했다. 조선의 공식 국가원수인 김영남 조선최고인민회의 상임위원회 위원장과 홍성남 정무원 총리가 함께 중국을 방문했다. 중국에서는 이들의 방문을 열정적으로 환대하고, 경제협력 협정도 체결했다.

2000년 6월에는 평양에서 남북 정상회담이 열렸다. 남북 정상회담이 열리기 직전 김정일이 중국을 비밀 방문해서 정상회담에 관하여 논의하였다. 양국의 외교관계에 중요한 변동이 있을 경우 사전에 상대에게 상담하거나 통보했던 과거의 전통을 회복한 것이다. 김일성과 등소평이 수립하고 지켜 온 양국 동맹관계의 전통을 김정일과 강택민 시대에 복원하였다는 의미가 있다.

2001년에는 강택민이 조선을 방문했다. 김정일은 강택민과의 회견에서 중조관계의 새로운 발전을 희망하는 발언을 했다.

"우리가 과거 중국이 한국과 수교를 맺는 것을 보고 중국의 진심을 오해했습니다. 이제 우리는 그에 대하여 1천 분의 1만큼의 이견도 없습니다. 중조친선을 계속해서 발전시켜 나간다면 중한관계는 계속 발전시켜 나가도 좋습니다."

김정일의 발언은 1992년 중한수교로 중조관계가 경색되었던 것을 완전히 해소시킨 것이다. 이후부터 중조 양국은 관계를 완전히 정상화하여 최고위급에서부터 아래 단위까지 활발히 내왕하며 관계를 발전시켜 나갔다. 대사들도 여러 번 교체했다.

중국 외교부 실정을 풍자하는 우스갯소리가 있다. 중국 외교부 일본 관계 담당자는 친일파이고 미국 관계 담당자는 친미파인데, 유독 조선 부문 담당자는 친조선파가 아니라는 이야기였다. 그만큼 중국 외교부에서 조선을 푸대접했다고 의심받은 것이다. 그런데 이제는 친조선파로 분류되는 인사들이 조선 대사로 부임되어 왔으므로 그런 의심이 풀리고 조선에서도 기뻐했다. 김정일은 이전에는 중국 대사를 잘 만나주지 않았으나, 이제 중요한 사안이 있으면 중국 대사관을 자주 활용했다. 김정일이 대사를 자주 만나 의견을 교환하니 대사들에게도 좋은 일이었다.

나도 조선으로 부임하는 대사들을 만나면 조선에서 무엇을 주의해야 하는지 언질해 주곤 했는데 대사들은 내 말을 경청하고 조심해서 행동하도록 노력했다. 제일 중요한 것은 조선에서 김일성과 김정일에 대한 태도를 늘 조심해야 한다는 것이었다. 조선의 최고지도자들을 혁명 선배로서 숭배한다고 말하고, 사적지에서는 진심을 담아 경의를 표해야 한다. 그렇게만 하면 조선에서는 무슨 일이든 부드럽게 풀리게 된다. 그러나 조금이라도 김일성에 대하여 불순한 태도를 취한다면 아무 일도 이루어지지 않는다. 중국 대사관 동무들은 내가 말해 주는 유의점들을 잘 지켜준 것 같다. 내가 『우의의 장정』이라는 책을 펴냈을 때에 대사관에 한 권 가져다주니 아주 좋아하며 다섯 권쯤 더 보내달라고 요청하기도 했다.

김정일은 사망 전 해인 2010년까지 해마다 중국을 방문했다. 2010년에는 동북 지방을 두 번이나 방문하였는데, 과거 한국전쟁 때 길림에 피난을 와서 중국 소학교에 다녔던 일을 회상하며 감회에 젖었다고 한다. 중국에서 지낸 어린 시절을 들어 이야기하면서 중국에 대한 특별한 유대의 정서를 에둘러 표시했던 것이다.

10. 『우의의 장정』 편찬

2002년 4월은 김일성 주석 탄생 90주년이었다. 이를 앞두고 조선에서는 각 방면에 걸친 대대적인 기념사업들을 준비하였다. 그 가운데 하나로 조선에서는 중국에 있는 옛 항일투쟁 동지와 그 자녀들에게 김일성 주석에 대한 회고담을 부탁하였다. 글로 써 잡지에 싣도록 해 달라고도 했고, 조선중앙방송에서도 중국을 방문하여 녹화 취재하였다. 그런데 많은 항일투사들과 그 유가족들은 역사적 사실이나 행적들을 기억해 내는 데 어려움을 느꼈으므로 나에게 자료를 부탁하거나 자신이 쓴 글을 교정해달라는 부탁을 해 왔다. 심지어는 대신 글을 써 달라는 사람도 있었다.

이때 진뢰 동지가 김 주석 회고담을 모아 중국에서 책을 출판하는 것이 어떻겠느냐고 나에게 의견을 물었다. 내가 다른 동지들에게도 의견을 물으니 상당히 적극적인 태도를 보였다. 육문중학교 시절 김일성 주석의 은사였던 상월 선생의 딸 상가란도 찬성 의향을 보내 왔다. 우리는 책을 내기로 결정하고 조선 측에 이 결정을 알렸다.

생각해 보면 김일성 주석이 중국에서 지낸 시기는 거의 20년에 가까웠다. 중국에서 소학교와 중학교를 6년간 다녔고 젊은 시절 14년간이나 항일투쟁을 했으니 그의 가장 빛나는 시절을 중국에서 보냈다고 할 수 있다. 중국의 항일투사들은 김일성 주석의 그 젊고 빛나는 시절에 그와 생사고락을 함께 하고 사선을 넘나들며 하나의 신념을 위해 몸 바쳤던 것이다. 그러므로 중국 항일투사들과 그 후손의 글을 중국에서 발표하는 것도 김일성을 기념하는 것이며 동시에 중조친선의 역사를 후대에 남기는 것이므로 아주 큰 의미가 있다고 나는 생각했다.

나는 이 책의 출판에 대하여 당 중앙에 보고했다. 당시 중앙선전부 부장이며 정치국 상무위원이었던 정광근丁光根 동지에게서 다음과 같은 답신이 왔다.

"김일성 주석의 역사에 대해 당 중앙에서는 이미 결론을 내린 바 있다. 역사 사실만 정확하다면 김일성 주석을 얼마든지 찬양해도 나쁠 것이 없다는 것이니 책을 내는 데 동의한다."

책의 제목을 두고 여러 가지 의견이 있었다. 어떤 이들은 『중조친선에 대한 김일성 주석의 중대한 기여』라고 하자고 했다. 나는 책 제목이 너무 길면 좋지 않으므로 『우의의 장정』이라고 하면 어떻겠냐고 제의했고, 내 의견이 받아들여졌다. 책의 내용은 동북 항일전쟁부터 중국해방전쟁, 그리고 항미원조전쟁까지 이어져 온 두 나라 사람들의 우의에 관한 내용이다. 단순한 우의가 아니라 반세기에 걸쳐 쌓아온 우의이며 전투를 거쳐 쌓은 친선이다. 조선인민군 창립기념식 때에 중국 영도자 모택동·류소기·주은래 등이 조선에 보낸 축하전보 등 중요 사료들도 책에 넣었다.

책은 김일성 탄생 90주년을 앞둔 2002년 3월 중문판과 조선문판으로 출판되었다. 2002년 4월 10일 경, 나는 『우의의 장정』 편집자 대표단 단장으로 항일투사 자녀들과 편저자들과 함께 평양을 방문했다. 우리는 책을 50부 가져가 조선 측에 주었다. 조선 측은 책을 매우 반겼고, 『로동신문』은 우리의 책 소식과 함께 내 사진을 두 장이나 실었다. 후에 한국의 진보 잡지 『말』에도 책의 내용을 발췌한 기사가 실렸다.

『우의의 장정』 초판 출간 후 10년이 지난 2012년 4월에는 김일성 주석 탄생 1백 주년을 맞아 증보판 간행을 보았다. 증보판에는 여러 저술에 실린 중·조 지도자들의 친선 일화를 추가하고 김정일 시대의 중조관계 문헌도 함께 실었다.

『우의의 장정』에 실린 김일성 주석과 중국 동지들의 깊은 우정과 동지애는 결코 항일투사들만의 것이 아니며 또한 말뿐인 것이 아니다. 중국인들은 조선과 김일성 주석에 대하여 깊은 우정과 존경하는 마음을 품고 있다. 김일성 주석은 국가원수로 있었던 40여 년간 48차례나 중국을 방문하였다. 여타의 외교관계에서는 전례가 없는 일이며 그 뜻에 대해서도 중국 지도자들은 잘 알고 있다. 중앙의 일부 간부들이 김일성 주석에 대해 존중하지 않는 언사를 할 때면 등소평은 "지금 사회주의 국가 중 제일 오래 당과 국가를 영도한 경험을 가진 분이 김 주석이다"라며 설득하고 타일렀다고 한다. 나는 책의 서문에서 김일성 서거 당시 등소평 동지가 보낸 조전의 내용 일부를 다음과 같이 인용하였다.

"김일성 동지의 생애는 조선 민족의 해방과 인민의 행복을 위하여 바쳐온 한생이었으며 중조우의를 마련하고 발전시키기 위하여 분투하여 온 한생이었다."

11. 김정은 시대 조선의 노선과 중국의 입장

2011년 김정일이 사망하고 김정은이 새로운 지도자로 올라섰다. 김정일의 후대 계승에 대해 한국과 서방에서는 비난 일색이었다. 중국은 명확하게 찬양하는 입장 표명을 하지 않았지만 그래도 김정은 체제의 출발을 축하하였다. 조선의 특수한 정황에서 이해할 수 있다는 입장이었다.

김정은 시대 북한의 문제 가운데 가장 중국이 신경 쓰는 것은 핵문제이다. 김정일 시대에도 핵문제가 있었지만 김정일은 핵무기 보유에 대해 비교적 여지를 두고 있는 입장이었다.

"우리가 핵을 개발하는 것은 미국의 위협이라는 중대 환경 속에서 어쩔 수 없는 선택이다. 미국의 위협을 방어하고 협상력을 갖추기 위하여 피동적으로 하는 것이지 적극적으로 핵보유를 원하는 것이 아니다. 수령님께서도 조선반도의 비핵화를 강하게 주장하셨다. 그러니 향후 언젠가 미국이 조선반도의 평화를 완전히 담보한다면 우리가 핵을 가질 필요도 없게 되고 더 이상 핵개발 할 필요도 없지 않겠는가?"

김정일은 이처럼 핵을 하나의 도구로 간주하였으므로 김정일 시대에는 비핵화를 위한 협상의 여지가 있었다. 그런데 김정은이 권력을 승계한 후에는 핵개발을 조선 당과 국가의 중요 노선으로 설정해버렸다. 핵개발과 인민경제 발전을 병행 추진한다는 방침을 내세운 것이다. 따라서 중국이 미국과 조선과의 사이에서 합의점을 찾아보려 노력해도 상황은 점점 어려워졌다.

중국이 조선에 계속해서 권유해 왔던 것은, 조선이 핵개발에 지나치게 치중하지 말고 어떻게든 인민경제를 회복하기 위해 보다 많은 노력을 기울여야 된다는 것이다. 그러기 위해서는 일정한 수준의 개혁개방이 필요하다고 중국은 판단하였으므로 중조 합작으로 압록강 하류 지역과 라진·선봉에 경제특구를 만들었다. 이 중조합작 경제특구 사업을 직접 맡아 한 사람이 바로 장성택이었다. 원래 중국과 연계가 깊었던 그는 이 사업을 통해 한층 중국과 잘 통하는 인사가 되었다. 그런데 조선은 장성택을 처단하면서 '매국노'라는 혐의를 붙였다. 장성택이 중국과 맺은 합작사업과 협정 등을 문제삼은 것이다. 그것은 곧 중국과의 경제합작, 나아가 개혁개방 자체에 대단히 거부감을 갖고 있다는 뜻이다. 즉 김정은이 중국과의 연대와 협력을 중시하지 않는다는 것 아니겠는가? 그러므로 중국에서는 김정은에 대하여 의구심을 가지게 되었다.

물론 중국이 핵개발이나 장성택 처형 등을 문제 삼아 당장 조선에 대한 입장을 변화시킨다거나 하지는 않았으며, 그저 조금 두고 보리라고 하는 것이었다. 모택동도 김일성을 좀 두고 봐야 한다고 말했었으나 후에 "김일성 당신을 완전히 지지한다"고 입장을 정리했다. 김정은에 대해서는 어떻게 정리될지 지금으로서는 알 수 없다.

김정은 집권 초기부터 조선의 핵개발에 대한 우려가 높아지자 후진타오가 이끄는 당 중앙은 나에게 조선에 가서 좀 설득해 핵실험을 중단하도록 해볼 수 있겠느냐고 타진해 왔다. 나는 자신이 없어 솔직히 말했다.

"조선 사람들이 십여 년 전부터 총력을 기울이고 그렇게 고생해서 핵개발에 노력해 왔는데 그것이 지금 완성 단계라는 것입니다. 내가 설복한다고 그들이 마음을 접을 수 있겠습니까? 소용없을 것입니다."

그러나 당에서 자꾸만 나에게 가보라고 하기에 나는 조선에 연락했다. 아주 중한 일로 가야겠으니 초청장을 보내달라고 요청했다. 조선에서는 곧바로 초청장을 보내왔다. 조선로동당 비서이며 당 역사연구소 소장 김기남이 일부러 총영사관에 당부했다고 한다.

"이제 김우종 선생이 연세도 많고 몸도 편치 않으시니 꼭 누가 대동해 함께 오시도록 하라. 그리고 건강에 특별히 유의하여 가능한 한 편안히 여행해 오실 수 있도록 배려하라."

나는 비자를 받고 비행기 표도 샀다. 내 딸을 데리고 가려고 해남도에서 하얼빈까지 불러들이는 등 준비를 마치니 출발 전날이 되었다. 이튿날 심양에 가서 당 중앙 인사와 담화한 후 조선에 들어갈 예정이었다. 그런데 갑자기 중앙에서 연락이 왔다.

"김우종 동무 의견이 옳다. 지금 설복한다고 바뀔 일이 아니니 김우종 동무가 갈 필요가 없다는 데에 동의한다. 당분간 조선에 가지 않는 것이 좋겠다."

중앙에서는 조선 문제가 해결되지 않으니 나의 힘이라도 활용해보려고 했던 것인데, 연구해 본 결과 그렇게 해결될 문제가 아니라는 결론을 내고 내가 출발하기 직전에 계획을 취소한 것이다. 이후에 나는 핵문제와 관련하여 중앙의 자문을 받을 때면 다음과 같이 조언했다.

"조선의 핵개발 문제가 쉽지 않은 이유가 있습니다. 지금 조선은 미국의 위협으로부터 자국을 보호해줄 수 있는 '핵우산'이 없기 때문에 핵개발을 포기 못하는 것입니다. 미국이 한국을 핵우산으로 보호해 주는데 조선에는 그런 보호 장치가 없습니다. 중국 중앙에서 크게 결심해서 조선을 보호해 주는 확실한 대책을 내놓는다면, 그리하여 조선에 핵개발이 더 이상 필요 없다는 명백한 근거가 생긴다면 조선의 입장도 변화시킬 수 있을 것입니다. 중국 단독으로 하기가 힘들다면 중국과 러시아가 공동으로 조선을 핵으로 보호하는 방안도 있습니다. 이런 조치가 마련된다면 내가 조선에 가서 설복하여 조선이 핵을 포기하거나 아니면 보류하도록 하는 계기를 만들 여지가 있습니다. 그러나 그런 조건이 마련되지 않은 상태에서는 누가 가도 소용없는 일입니다."

김정일 위원장이 사망 전에 하얼빈을 두 번 방문했는데 그때에는 내가 만나보지 못했다. 내가 나이가 많으므로 통역이나 안내를 맡을 연배도 아니었고, 또 은퇴한 지 10여 년이 지났으므로 함께 자리할 명목이 없기 때문이다. 다만 성위 비서장 등이 김정일을 영접한 후에 내게 와서 김정일 방문이 어떻게 진행되었는지 정황을 이야기해 주었다. 2000년대 후반 즈음부터 나와 조선과의 내왕이 끊어졌으므로 이후의 조중관계에 대해 내가 서술한 내용은 그저 내 논리로 추측한 것이지 확실한 근거가 있어서 한 말이 아니다.

중조 두 나라 관계는 역사 전통과 현실 이해의 전략적 의의로 보아 선린우호관계를 저버릴 수 없으며 다시 새로운 우호관계로 발전하리라고 나는 믿는다.

글을 맺으며

글을 맺으며

1. 중국 조선족의 나아갈 길

나는 중국의 조선족 간부로서, 그리고 중국의 역사학자로서 살아온 소회를 정리해볼까 한다.

중국의 조선족은 한국-조선과 뿌리와 경험이 같은 한민족이다. 중국에서 살아도 그건 변하지 않는 사실이다. 나는 조선민족으로서 중국공산당 당원이며, 중국 공민이지만 조선민족이라는 정체성을 갖고 있다. 역사 연구를 할 때에도 언제나 우리 민족의 장래 발전을 희망하는 자세로 임해 왔다. 옛날에 누가 잘못한 것을 끄집어내어 비판하는 것이 아니라, 역사 속에서 우리 민족 발전에 도움이 되는 경험을 제시하려고 노력해 왔다. 역사학자들의 임무란 그런 것이 아니겠는가?

나는 우리 민족의 장래가 아주 밝다는 신념을 갖고 있다. 우리 민족은 세계에서 다른 민족에 못지않은 민족이며, 장래에는 세계 무대에서 더욱 활약하리라고 확신한다. 이것은 그저 감정에 치우쳐 허공에 뜬 상념이 아니다. 우리 조선족은 중국 55개 소수민족 중 하나에 불과하지만 중국의 다른 민족과 비교할 때 무엇 하나 모자라는 점이 없다. 중국 혁명역사 속에서 조선족은 늘 앞장서서 싸워왔다. 가장 견결하게 공산당을 옹호해 왔으며 인민을 위한 혁명사업에서 특별히 우수한 활동을 이어왔음은 우리 역사가 증명하고 있다.

오늘날에도 중국 여러 민족 가운데 조선족이 제일 교육·문화수준이 높다. 대학 입학률이 중국에서 제일 높은 민족이 조선족이다. 또 개혁개방 후에는 조선족들이 가장 앞장서 외국에 진출해 국가에 공헌하고 민족 발전을 도모하고 있다. 우리 조선족은 중국 공산당 지도체계 속에서 우리 체제를 가장 옹호하고 떠받드는 민족이다. 심지어 한족들보다도 더욱 당 지도체계에 대한 신뢰와 헌신성이 높으며, 신강이나 티베트·몽고 등 여타 민족에 비하여 우리 민족이 제일 충실하다. 그러므로 나는 중국 조선족들의 전도에 대해 아주 큰 믿음을 가지고 있다.

그러나 지금의 현실에서 다소 아쉬운 점은 있다. 조선족 가운데 가장 우수한 인재들이 이제는 당과 정부기관에 들어가 복무하거나 혹은 교수로서 사업하는 것을 기피하고 돈벌이를 위해 한국이나 미국 기업에 들어가는 추세이다. 나의 아들도 미국 기업에서 일하고 있다. 중국의 인재들은 이제 당과 국가기관에 들어가 부지런하고 성실하게 복무해서 간부가 되고 직급을 올려 사회의 지도자가 되겠다는 그런 생각들을 안 하게 되었다. 그러므로 중국의 당과 정부기관에 조선족 간부들이 점점 적어지고 있다. 북만뿐 아니라 동만-연변지구에서도 같은 추세라고 하니 참으로 아쉬운 일이 아닐 수 없다.

어느 집단이 후대를 교육해서 집단 전체를 발전시키는 것은 경제적인 발전만으로 담보될 수 없는 일이다. 한 개 민족이 그 나라에서 자기 위치를 계속하여 높이려면, 우선 정치적인 부문에서 자기 지위를 찾아야 한다. 물론 중국공산당은 여러 소수민족의 지위를 다 배려해주긴 하지만, 중앙에서 해 주는 것 이외에도 각 민족이 자기 자체의 노력으로서 자기의 정치적 지위를 바로 찾아야 하지 않겠는가? 이런 원칙에서 볼 때에는 지금의 현실이 많이 아쉽고 고민스럽다. 그러나 총체적으로 본다면 중국의 조선족들은 앞으로 다른 민족 못지않게 계속하여 발전해 나갈 것이라고 본다.

2. 남북관계와 통일에 대한 전망

한국은 경제적으로 세계 10위권에 들어가는 부강한 나라를 건설했다. 그것이 전쟁 이후의 여러 가지 조건, 특히 미국의 도움과 같은 이유가 있겠으나 그 민족이 열심히 노력하지 않았다면 외부에서 아무리 도움을 준다고 해도 그런 성과를 내기는 어려운 것이다.

조선은 지금 경제적으로는 곤란한 상황이다. 그러나 자기 주체를 가지고 자기 주권을 지키는 나라이다. 미국에 맞서서 가장 당당하게 자기 주관을 내세우고 밀어붙이는 나라가 조선이다. 그것은 조선이 무슨 큰 힘이 있어서가 아니라 줏대가 있기 때문이다. 힘이 없다 해서 비굴하게 숙이지 않고 따질 건 따지고 욕할 건 욕하고, 또 이익을 취할 건 취하겠다는 태도이다. 조선이 이렇게 '주체'를 내세우는 것은 김일성이나 김정일이라는 지도자 일 개인의 문제가 아니라 민족 차원의 대응이다.

외부에서는 북에 어떤 전망도 없다고 본다. "국민이 배불리 먹지도 못하는 사회에 무슨 전망이 있는가?"라며 조선이 곧 망할 것처럼 이야기한다. 그러나 나는 그렇게 보지 않는다. 내가 조선에 가면 조선 사람들은 나에게 이렇게 자신감을 표하곤 했다.

"우리가 미국과 맞서서 오랜 기간 대립하는 바람에 여력이 빠듯하면서도 선군정치를 하여 국방사업에 힘쓰고 있습니다. 그러다 보니 인민들이 허리띠를 졸라매고 경제가 아주 어려운 형편임은 틀림없습니다. 그러나 미국과 대립하는 문제만 해결된다면 우리도 단시간에 경제를 회복하고 한국을 따라잡을 수 있습니다."

물론 나도 조선이 한국처럼 발전해 나갈 수 있다고 믿고 희망한다.

중국은 조선과 대화하며 개혁개방의 필요성을 강조하곤 한다. 개혁개방에 힘써야 경제가 활성화되고 발전할 수 있는 것이지 문을 닫고 아무리 건설해도 한계가 있다는 것이다. 그러나 조선은 개혁개방 문제가 중요한 것이 아니고 미국이 조선을 압박하는 상황이 자기들의 발전을 가로막고 있다고 생각한다. 그들은 조선전쟁에서 최종적인 승리를 거두지 못한 것도 미국의 간섭 때문이었다고 말한다.

"미국 놈들만 간섭하지 않았더라면 우리가 벌써 통일하여 하나의 국가가 된 지 오래

다."

그런데 왜 우리는 아직 통일을 이룰 수 없는 것인가? 세상에 통일되지 않고 분단국으로 살고 있는 민족이 이제 없는데 하필 우리가 그런 처지이다. 왜 우리 민족은 우리 스스로 단합할 수 없는 것일까? 나는 역사를 연구하는 사람이므로 역사에 비추어 이야기하려고 한다.

우리 민족의 역사상 나쁜 전통이 있다. 우리 역사에서 독립운동에 나서 위대한 투쟁을 보여준 독립운동가들이 아주 많고 여러 계열로 존재했다. 그런데 이들이 여러 파벌로 나누어졌고, 역량을 통일해서 싸우지 못했다. 독립운동가들은 다른 계열의 독립운동가들을 적대시했다. 서로 주장이 다르지만 형제이며 동포이며 동지이므로 어떻게든 공통점을 찾아 단합해야 했는데 오히려 극단적으로 대립했다. 이런 전통이 해방 후에도 계속되었고 지금은 남과 북으로 갈려 대립하고 있다. 남과 북이 어떻게든 민족적으로 단결해야 하는데, 김일성 주석과 한국의 지도자들이 모두 단합을 주장하면서도 실제로 단합을 이룰 수 있는 방안을 실천에 옮기지 못했다.

남북의 정치가들 가운데 내가 제일 숭배하고 존경하는 사람이 두 사람으로, 김일성 주석과 김대중 대통령이다. 한국에서는 김일성이 조선전쟁을 일으켰다 하여 최악의 악인이라고 생각한다. 그러나 나는 김일성이야말로 민족의 통일과 단합을 위해 일생을 바친 인물이라고 생각한다. 김대중 대통령은 한국의 여러 인사들 가운데 통일을 위해 가장 많이 노력했고 실제로 남북관계 개선에 큰 성과를 거둔 인물이다. 노무현 대통령도 김대중 대통령의 큰 뜻을 이어받아 계승하려 했지만 기대한 성과를 거두지는 못했다. 남북 화합에 첫 발을 내딛고 진전시켰다는 점에서 나는 김대중 대통령이 우리 민족을 위해 크게 공헌한 분이라고 높이 평가한다.

이명박 전 대통령은 남북관계에 대해 큰소리만 치면서 마치 자신이 민족의 큰 은인인 것처럼 행세했다. 자기가 대통령이 되면 여러 방향으로 지원하고 투자해서 조선의 경제수준을 당장 3천 달러 수준으로 올려준다고 호언장담했다. 그러나 이루어진 것은 아무것도 없었다. 이명박이 언제 조선에 대해 한번 알아본 적이나 있는가? 조선이 이명박의 말을 그대로 믿고 무조건 따를 나라가 아니며, 설령 그렇게 따른다 해도 이명박의 호언장담이 실현될 수는 없었다. 이명박 같은 사람은 남북 화합에 전혀 도움을 주지 못한 지도자였다.

이명박이 대통령에 취임한 후, 나는 처음에는 이명박이 좋은 사람이라는 평을 여러 분들로부터 들었기에 다소 기대도 되었고 조언하고 싶은 마음이 있었다. 그래서 나는 한국의 분들에게 "내가 하는 말을 이명박 대통령께 좀 전할 수 있는가?" 하고 물었다. 사람들은 국사편찬위원회 정옥자 위원장이 이명박 대통령과 유대가 있으므로 정옥자 위원장에게 말하면 기회를 보아 대통령에게 전달할 것이라고들 했다. 그래서 나는 정옥자 위원장을 만나 몇 마디 조언을 전해 준 일이 있다. 그런데 이명박 대통령이 취임하고 얼마 지나지 않아 그는 내 기대와는 다른 인물이라는 것을 알게 되었고, 그 뒤로는 만나거나 조언할 기회를 얻지 못했다. 앞으로도 내가 한국의 대통령을 만날 기회가 있을 것 같지는 않다.

지금 남북관계의 형세에서는 남측이 우세를 차지하고 주도적 지위를 가지고 있다. 나는 남측 사람들을 만나면 이렇게 말한다.

"남북한이 형제나라라고 한다면 남측이 형이 되는 격입니다. 그러므로 남측이 동생 돌보듯 북측에 아량을 베풀어야 합니다."

그러면 한국 분들은 반문하는 것이다.

"선생님, 북에서 우리를 형으로 인정해줍니까?"

그러나 북이 인정하건 인정하지 않건 간에, 형이 되고 주도적 지위에 있으면 그 몫을 해야 한다고 생각한다. 어느 관계에서든 그렇듯이 주도적 지위에 있는 쪽이 더 포용력을 가지고 화합을 위한 보다 너그러운 구상을 그려내야 하지 않겠는가? 그리고 그 구상을 실현하기 위하여 남측의 포용력을 나서서 보여주어야 상대방을 감싸안고 단합의 길로 나아갈 수 있는 것이다. 이런 점에서 남측이 더욱 노력하지 못하는 점이 늘 아쉽다.

남측의 정치인들을 보면 마치 장사꾼들을 보는 것 같다. 이명박 대통령 때 했던 사업들은 모두 장사꾼의 행동이었다. 무언가를 주고 나면 꼭 보상을 바라는 것, '상호주의'니 '퍼주기' 논쟁 같은 것이 그런 장사꾼의 행태를 보여준다.

남측 사람들은 이야기하곤 한다.

"우리가 북측에 배려하고 협력해주고 있으니 북에서는 그것을 감사히 여기고 그에 대한 대가를 우리에게 주어야 하지 않는가?"

그러나 남북관계를 진전시키기 위해서 이제는 정말로 정치적인 배려가 필요한 것이다. 남측이 너그럽게 할 수 있는 조건이 갖추어 있고 생활도 남측 사람들이 훨씬 좋지 않은가? 보다 잘 사는 사람이 못 사는 사람을 도와주는 것이지, 못 사는 사람이 무엇이 있다고 잘 사는 사람을 도와주겠는가? 중국에서 장사치들이 흔히 하는 말이 있다. "돈벌이를 하려면 빌어먹더라도 부자 놈과 붙어야 된다"는 것이다. 지금 남측에서 하는 말은 이런 중국 장사치의 말과 같다. 남북관계의 진전을 위한 사업을 가지고 퍼주기라고 말하는 사람부터가 장사치 생각을 갖고 있다. 그렇게 말하는 자들은 정치인도 아니고, 민족을 위하는 사람도 아니다.

누구든지 역사의 미래를 전망하기는 쉽지 않은 일이다. 역사란 예측하기 어렵고 돌발 변수도 많다. 그러므로 언제 통일될 것인지 나는 말할 수 없지만, 남북간의 통일은 긴 과정을 거쳐야 할 것이라고 생각한다. 정치인들 가운데 몇 해 사이에 통일될 것이라는 자신감을 내비친 사람들이 간혹 있다. 김대중 대통령도 5년, 10년 단계를 거쳐 15년이면 완전한 통일을 이룰 수 있다는 단계론을 제시한 적이 있는데, 그분도 좀 성급하지 않았나 생각된다. 통일은 당장 몇 해 사이에 되는 것이 아니다.

나는 한국의 정치지도층이 중국과 대만과의 관계를 면밀히 살펴보고 거기에서 교훈을 얻을 수 있을 것이라고 생각한다. 지금은 중국이 대만과의 관계에서 주도적 지위를 차지하고 있다. 옛날 모택동 시대와는 상당히 달라졌다. 지금은 미국의 군사적 위협을 경계하던 예전의 중국인민해방군이 아니며, 중국은 미국이 간섭하고 싶어도 간섭하지 못하는 그런 군사적 억지력을 충분히 갖고 있다. 그러므로 중국의 일부 성급한 사람들은 대만을 군사적으로 쳐서 해방시키자고 주장한다. 그러나 중국이 그런 방법을 쓰지 않는 것은 미국의 간섭이 두려워서도 아니고 국제사회의 비난이 두려워서 못 하는 것도 아니다. 다만 한 개 민족이 자기 민족 내부 문제를 해결하는 데 그런 극단적 방법을 쓰는 것이 옳지 않기 때문이다. 대세를 보아 민족 전반의 이익을 위해서, 특히 대만 인민의 이익을 위해서 행동하려는 것이다. 중국은 힘을 더 가졌다는 이유로 대만 인민들의 이익에 해가 되는 일은 하지 않겠다는 의지를 갖고 있다.

아직까지는 대만 인민들의 생활수준이 대체로 중국보다 높다. 대만 사람들은 대륙과 합쳐져 한 개 나라가 되면 자기들이 세금도 많이 바치고 경제적으로 손해를 볼 것이라고 생각하고, 또한 자기들의 국제적 지위에서도 손실이 있다고 생각해서 통일을 반대한다. 그러나 만일 대만 인민들에게 더욱 큰 이익이 보장될 것이 확실하다면 대만 인민들이 왜 병합을 반대하겠는가? 그러므로 중국은 대만을 자꾸 지원해주고, 점점 더 대만과의 경제적 통합을 이루도록 노력하는 것이다.

사실 지금 이미 대만은 대륙과 분리되어서는 살기 곤란한 상황이다. 대만 사람들이 본토에 투자한 자본이 그만큼 크다. 대만 자본가들이 대만 본토에 투자한 자금보다 중국에 투자한 자본이 더욱 큰 것이다. 그러므로 자본가들 역시 중국 본토에 대한 투자를 성공시키지 않으면 계속해서 성장할 수 없다는 것을 잘 알고 있다. 이처럼 대륙과 밀접한 연계를 갖게 되면서 대만의 통일 반대 의견이 예전보다 확연히 줄어들었다. 과거에 통일 반대 의견이 80~90%였으나 지금은 50~60%로 줄어들었다. 중국이 대만에 대한 정책을 잘 이끌어나가면 그 50%가 40%가 되고, 또 30%가 되면 그만큼 통일에 가까워지는 것이 아니겠는가?

이렇게 중국이 대만과의 관계에서 주도적 지위를 가졌으므로 포용과 경제적 유인을 쓰고 있다는 것을 한국도 많이 연구해야 한다. 이러한 측면에서 한국도 통일을 서두르지 말고, 어떻게든 북과 화해하고 상호 교류·협력하는 공생체제를 만들어 나가다 보면 언젠가는 통일이 눈앞에 다가올 것이라고 생각한다.

어느 대통령이든 자기 시대에 통일하는 것을 바라기 마련이겠지만, 대통령들도 그런 마음을 조금 누르고 여유를 갖길 바란다. 자신보다 5대, 10대 후에 통일되어도 좋으니 자신의 임기 중에는 어떻게든 교류 협력을 발전시키고, 남북 사람들을 화해시키고 단합하기 위해서 노력하겠다는 그런 마음가짐으로 대북정책을 이끌어주기 바란다. 대통령들이 모두 이런 생각으로 장기간 노력하면 우리 민족이 언젠가는 더욱 다가설 것이다.

통일을 어떤 방식으로 할 것인지 논란이 많다. 우리는 독일식의 통일도 아니고 베트남식의 통일도 아닌, 우리 민족 자체의 특수하고 아주 화해로운 그런 통일을 이룰 수 있을 것이다. 그러한 통일이 가장 바람직한 통일이 아니겠는가. 나는 그렇게 생각한다.

남북 정상회담이 열리던 2000년, 한국의 한겨레신문사에서 통일 문제에 관한 국제 세미나를 열었다. 그때에는 3년이나 5년 안에 통일될 것 같은 그런 분위기로 통일 논의를 진행하던 시대였다. 나는 그 학술회의에서 발표하였는데, 발표 요지는 '제도적 통일과 병행하여 문화적 통일에 힘써야 한다'는 것이었다. 지금도 남과 북의 사람들 생각이 아주 다르지 않은가? 김정은과 박근혜의 생각이 다를 뿐 아니라 북에 사는 일반 시민들과 한국 시민들의 생각에도 아주 많은 차이가 있다.

북에서도 한국을 모르고, 한국 사람들도 북을 모른다. 한국에서는 탈북자들의 이야기를 듣고 그것만이 진실인 것처럼 이야기하지만 탈북자들의 증언만으로 조선을 인식하려 해서는 곤란하다. 황장엽 같은 사람은 그래도 일반 탈북자들처럼 과도하게 왜곡된 증언을 하지는 않았다. 그러나 황장엽의 이야기도 비판적으로 독해할 필요가 있다. 역사학자도 언론인도 마찬가지이다. 북쪽 사람들의 진실을 바로 알리고 노력해야 한다. 그리고 북의 사람들도 한국에 대해 제대로 이해하며 민족적인 동질성을 찾아나가는 것이다. 이러한 과정은 서둘러서 좋을 일이 없다. 내 생각에는 적어도 20년은 걸릴 것이고, 30년, 50년을 바라보는 마음으로 통일을 준비해나가야 한다. 평화롭고 항구적인 통일을 위하여 우리 민족이 단합하여 천천히 한 걸음씩 나아가기를 바란다.

이 책을 읽는 이들에게

이 책은 중국 조선족 원로 김우종의 회고록이다. 그는 흑룡강성 공산당 고위간부이자 역사연구가이다.

김우종의 90년 생애는 식민 압제와 디아스포라, 해방과 건설, 분단과 전쟁, 사회주의 중국의 건설과 격동, 냉전의 출발과 종막이라는 거친 역사의 물결 속에서 흘러왔다. 독자들은 김우종의 생애사를 통하여 20세기 동북아 지정학과 민족사의 굴곡을 가장 가까이서 들여다보게 될 것이다.

어릴 적 고국을 떠나 중국 북방의 작은 조선인 마을에서 성장한 김우종은 만주국 치하에서 중학교를 다니던 중 해방을 맞았다. 1940~1950년대의 중국은 해방과 내전, 사회주의 국가 건설이라는 일대 변혁기에 있었다. 김우종은 교육사업에서 지혜와 열성을 발휘하는 청년 당간부로서 일찌감치 두각을 나타냈다. 중국에서 극좌적 정치파동이 전역을 휩쓴 1950년대와 중·소 분쟁이 한창이던 1960년대 초반, 김우종은 흑룡강성 교육계의 선진인사였다.

1963년 김우종은 중국공산당의 북·중 친선사업으로 마련된 동북항일연군 조사·기념사업에 투입되면서 생의 전환점을 맞았다. 흑룡강성 사회과학원 당역사연구소에서 35세에 역사연구를 시작한 그는 동북항일연군 연구의 개척자가 되었다. 김우종이 중심에 서고 중국의 당 지도부와 역사연구 일꾼들이 공동으로 조사 연구한 결과 1930년대 항일 연합 무장투쟁의 역사가 낱낱이 세상 위로 드러났다. 그 연구성과는 중국 뿐 아니라 탈냉전 시기 한국과 일본의 역사학계에 신선한 파장을 불러일으킨 바 있다.

중국을 비롯한 사회주의권이 개혁·개방을 추진하자 김우종의 보폭도 넓어졌다. 한국과 일본, 미국 등 서방 자유주의 세계와 교류하고, 안중근 기념사업을 매개로 중한간의 거리를 더욱 좁혀나가는 민간사절의 역할도 했다. 한중 수교 직후 중국과 북한과의 갈등이 불거져 양국간 교류가 완전히 단절되었을 때에는 중국공산당 중앙의 지시를 받아 직접 평양을 방문하여 소통의 물꼬를 트고 나아가 중국의 대북 식량지원을 이끌어 냈다.

이 책에는 중국 조선족 고급 당간부이자 교육가, 역사연구가 김우종이 경험하고 이루었던 놀라운 역사들이 페이지마다 새겨 있다. 어느 하나로 단순화될 수 없는 그의 정체성에 기인하여 김우종의 생애는 중국의 발전과 중국 조선족의 발전, 그리고 조선민족의 융성과 북·중 인민의 친선을 위한 끈기 있는 투쟁으로 일관되었다. 그 지향성은 국가의 경계를 넘나들며 자유로이 역사의 지평을 확장한다. 편협한 민족 안에 갇히지 않는 화해와 융화의 지향이다.

긴 세월 역사의 흐름을 지켜보며 때론 온몸으로 겪으며 살아온 인물의 생애란 그 자체로 우리에게 기억의 임무를 부여한다. 모든 일들이 순탄하게 진행되지만은 않았다. 가난과 이산, 문화대혁명, 중국에서 소수민족으로 산다는 것, 인간의 열망에도 불구하고 해결되지 않는 구조의 제약도 있다. 때로는 돌파하고 때로는 구부려 순응했던 그 모든 이야기들 속에 우리가 어떻게 미래를 향해야 하는지, 평화를 어떻게 이룰 것인지에

이 책을 읽는 이들에게

대한 지혜가 숨어 있다.

이 책의 밑바탕은 2014년 국사편찬위원회 구술자료 수집사업으로 수행된 <중국 조선족 고위 역사연구자의 생애로 본 중국조선족 역사와 북한·중국관계>이다. 구술 작업이 진행되는 동안 김우종은 능동적인 구술자로서 자신의 생애를 체계적으로 맥락화하고 기억을 되살렸다. 덕분에 면담을 진행하는 동시에 이 책의 틀이 만들어졌다고 해도 과언이 아니다.

출판을 위하여 필자와 주변 인물들이 몇 차례 중국과 한국을 오가며 내용을 보충하였다. 또한 김우종은 은퇴 후 자부子婦 심남숙沈南淑과 함께 구술-채록 방식으로 작성한 자서전 원고를 필자에게 제공하였다. 심남숙은 연변대학교 한국어학과와 서울대학교 중국어과 대학원에서 수학한 언어학자이다. 그의 자서전 원고에서 많은 부분을 이 책에 반영하였다. 중한 및 남북 역사교류 사업을 통하여 김우종과 오래도록 깊은 인연을 맺었던 국사편찬위원회 이만열 전 위원장께서 친히 이 책을 검토하고 추천사를 써 주셨다.

이 글을 통해 국사편찬위원회와 심남숙 선생님, 그리고 이만열 전 위원장님께 감사의 뜻을 전한다.

엮은이 류 승 주